科学出版社“十三五”普通高等教育本科规划教材

（供中西医临床医学、中医学、针灸推拿学等专业使用）

中医诊断学

主　　编　范　恒
副 主 编　邹小娟　石月萍　唐　庆　凌江红
编　　委　（按姓氏汉语拼音排序）
戴幸平　中南大学湘雅医院
范　恒　华中科技大学同济医学院附属协和医院
金晓滢　浙江大学附属第二医院
李　晶　河北医科大学中西医结合学院
李一明　深圳大学第一附属医院
凌江红　上海中医药大学附属曙光医院
刘星星　华中科技大学同济医学院附属协和医院
潘宇政　广西医科大学第一附属医院
石月萍　锦州医科大学附属第一医院
宋恩峰　武汉大学人民医院
孙勤国　武汉大学同仁医院
唐　庆　华中科技大学同济医学院附属协和医院
王文竹　华中科技大学同济医学院附属协和医院
文　磊　厦门大学医学院
吴喜利　西安交通大学第二附属医院
杨　佳　华中科技大学同济医学院附属协和医院
张秋云　首都医科大学
张诗军　中山大学附属第一医院
邹小娟　湖北中医药大学
学术秘书　刘星星　（兼）

科 学 出 版 社

北　京

内 容 简 介

中医诊断学是根据中医学的理论，研究诊察病情、判断病种、辨别证候的基础理论、基本知识和基本技能的一门学科。它是高等医药院校中西医结合、中医、针灸推拿等专业的必修课程。本书以教学大纲为依据，广泛汲取现行使用教材的成果，在保持现有教材优势与特色的基础上，进行了必要的更新与补充，使之更好地适应现代教学和学科发展的需要。全书分为绪论、四诊、八纲、辨证、诊断与病历等五章，全面总结了中医诊断学发展概况，介绍了中医诊断的理论与方法。

本书可供高等医药院校中西医临床医学、中医学、针灸推拿学等专业学生使用。

图书在版编目（CIP）数据

中医诊断学 / 范恒 主编 .— 北京：科学出版社，2019.11

ISBN 978-7-03-062809-1

Ⅰ.①中… Ⅱ.①范… Ⅲ.①中医诊断学－医学院校－教材 Ⅳ.①R241

中国版本图书馆 CIP 数据核字（2019）第 239842 号

责任编辑：张天佐 朱 华 / 责任校对：郭瑞芝

责任印制：李 彤 / 封面设计：陈 敬

科 学 出 版 社 出版

北京东黄城根北街 16 号

邮政编码：100717

http://www.sciencep.com

北京中石油彩色印刷有限责任公司 印刷

科学出版社发行 各地新华书店经销

*

2009 年 11 月第 一 版 开本：787×1092 1/16

2022 年 7 月第 三 次印刷 印张：15 1/2

字数：350 000

定价：65.00 元

（如有印装质量问题，我社负责调换）

前　言

中医诊断学是根据中医学的基本理论，研究诊察病情、判断疾病、辨别证候的一门基础学科。它是中医基本理论和中医临床各科之间的桥梁，是中医学专业课程体系中的主干课程，是学习临床各科的基础。要防治疾病，必须能正确诊断疾病和证型，故中医诊断学是一门重要的学科，也是中医或中西医结合类专业学生的必修课程。

中医诊断学作为中医或中西医结合类专业的一门主干课程，经过五十多年的教学实践，已形成较为稳定的课程体系。本教材以高等医药院校《中医诊断学》历版教材为基础，结合编写者长期的教学经验和临床实践，精心编撰而成。全书涉及绪论、四诊、八纲、辨证以及诊断的综合运用等内容，以四诊和辨证为重点，它们相互联系，逐步深入。文字力求通俗易懂、简明扼要，便于教和学。本教材主要供中西医临床医学、中医学、针灸推拿学等专业使用，突出中西医结合类专业特色，是本教材的一大亮点。中西医结合是我国医学发展过程中产生的特色学科，自 1956 年 8 月毛泽东提出，把中医中药的知识和西医西药的知识结合起来，创造中国统一的新医学、新药学。中西医结合工作开始得到重视，应用现代科学包括现代医学方法整理研究中医，使中医辨证论治与现代医学辨病相结合，之后数十年中西医临床研究与实验研究相结合，开展了多学科、多层次、多水平的综合研究，使中西医结合达到新水平，本教材体现了本领域的新发展、新成果。

本教材的学术思想、内容范围、结构体系、写作特点如下。

1. 教材定位准确　本教材以 5 年制中医学本科生为基本对象，以中西医临床医学专业学生为重点对象，兼顾中医学、针灸推拿学等专业学生需求，方便教师教学和学生学习是其出发点。本教材紧紧围绕专业培养目标：培养具备中西医两套基础理论、专业知识和临床技能的学生，并尽量使之融会贯通，能够胜任中西医临床工作。同时满足教学者对知识传授的要求，力求使学生掌握中医学的基本理论、基本知识和基本技能（掌握中西医结合的基本思路和方法），努力探索中西医结合医学的发展方向。

2. 树立精品意识，保证教材质量　教材注重体现科学整体性思想，树立精品意识、质量意识，内容简明实用，并遵守行业标准及规范，增强本教材的科学性、可读性。

3. 内容公允稳妥，增加认可宽度　教材不同于学术专著，在编写过程中，应特别强调其公允性。对成熟的知识不再“标新立异、故弄玄虚”，做到严谨求实。本教材出版后，会有较为广泛的受众面和读者群。

4. 集思广益　其一，在参考教材编写组人员意见的基础上，更注重广泛听取学生、教师及临床医生的意见与建议，尤其是了解学生的需求与接受能力，因为他们是最大的使用人群和受益者。其二，注意承前启后，了解学习本课程之前、之后所学习的相关课程的教材情况，尽可能使前后学习的知识互相衔接、连贯，避免内容发生矛盾冲突。

5. 课程内容满足三个层次的需求　①教育部制定的教学大纲；②学生毕业后执业医

师资格考试的需求；③硕士研究生入学考试的需求。本教材内容紧跟研究生入学考试和国家执业医师资格考试的命题方向。

6. 突出“三基、五性”原则　编写时，突出“三基”（基本理论、基本知识、基本技能）内容，注重“五性”（思想性、科学性、先进性、启发性和适用性），知识点明确，力求教师好教，学生易学，使学生在尽可能短的时间内掌握所学课程的知识点及重点内容。

7. 便于学习和理解　每章以表解的形式进行小结，对该章的基本知识和关键内容作了画龙点睛的归纳。

8. 附录部分包括鉴别诊断、特色诊法、专科辨证等，可为学有余力、要求深造以及临床应用诊断者提供帮助。

本教材由全国多所高等医药院校的教授及全国中西医结合类专业教学指导委员会委员通力合作，集中大家的智慧共同编写而成。同时也得到了华中科技大学领导的大力支持，还得到了华中科技大学同济医学院第一临床学院中医教研室的全体老师和博士研究生、硕士研究生的帮助和支持，在此一并致谢！

本书的编写，由于时间较紧及编者水平有限，如有不当之处，欢迎批评指正，以便再版时修订。

《中医诊断学》编委会

2019 年 1 月 8 日

目　　录

第一章　绪　　论

中医诊断学是根据中医学的理论，研究诊察病情、辨别病证的一门基础学科；是中医学专业的基础课；是中医学专业课程体系中的一门主干课程。

中医诊断学的主要任务，包括对患者进行诊察，掌握病情资料，运用中医学的理论和思维对病情资料进行分析与判断，并做出正确的诊断，为临床防治疾病提供依据。

在长期的医疗实践活动中，历代医家积累了丰富的中医诊断经验，其独特的诊断方法和对人体疾病本质的整体、动态认识，一直指导着中医临床实践，并不断地丰富和发展。

第一节　中医诊断学发展简史

人类在生产、生活实践的过程中，不断与疾病进行斗争，逐渐积累了丰富的医疗知识，总结出诊察疾病的方法，掌握了疾病变化的规律。中医诊断学就是在这样的过程中形成与发展起来的，具有中华民族特色的一门医学学科。

（一）先秦两汉时期

在迄今出土的殷墟甲骨文中，有不少记载疾病的卜辞。据胡厚宣《殷人疾病考》记载："殷人之病，凡有头、眼、耳、口、牙、舌、喉、鼻、腹、足、趾、尿、产、妇、小儿、传染等十六种，具备今日之内、外、脑、眼、耳、鼻、喉、牙、泌尿、产妇、小儿、传染诸科。"说明早在商代，中医诊断已具有一定水平，对疾病的分类较细，能够根据人体不同部位来命名疾病。甲骨文卜问疾病的记载，可看作我国现存最原始的病历。其中公元前13世纪的武丁期卜辞中"有疾齿住蛊"的记载，比《史记·扁鹊仓公列传》中提到龋齿要早一千多年，比国外早七百年以上，是世界上最早的记载。

《周礼》是记载周朝社会情况的古籍（书中掺杂了秦、汉社会的一些内容），书中将医生分为食医、疾医、疡医与兽医，可见当时已分内科、外科、营养科等。医生已采用望诊、闻诊等多种诊察方法，能够诊断多种疾病。患者死后，医师要填写死亡原因的报告，并加以保存，实际上，这也是一种早期的病历。公元前5世纪著名医家扁鹊就擅长"切脉、望色、听声、写形、言病之所在"。

约成书于公元前3世纪的《黄帝内经》（简称《内经》），不仅在诊断学的方法上奠定了望、闻、问、切四诊的基础，更重要的是提出诊断疾病必须结合致病的内、外因素加以全面综合考虑。书中有大量关于望、闻、问、切四种诊法的记载，其中对望诊及切脉叙述尤多，对问诊也十分重视。《内经》提出在诊察患者时，必须联系天时、地理、生活环境、个人体质等，强调四诊合参，全面了解病情，才能做出正确的诊断。在辨证方面，《内经》的病机十九条，以及脏腑、气血、阴阳五行诸理论，对后世的辨证论治有着原则性的指导意义。后世的一些辨证方法，如八纲辨证、脏腑辨证、经络辨证、气血津液辨证、病因辨证及六经辨证等，均起源于《内经》。对于咳嗽、疼痛、伤寒、疟疾、痹证、厥证、水肿等常见疾病，《内经》的论述已显示出相当高的诊断和治疗水平。

据《史记》记载，公元前2世纪的西汉名医淳于意对于所诊治的患者，均有"诊籍"，即病历，详细记录患者的姓名、居址、病状、方药及就诊日期等，并且以此来验证诊治的得失，使自己的医疗水平在实践中不断提高。这表明古代医家在诊断方面具有严谨的科学态度和良好的医疗作风。

托名扁鹊所著的《难经》，在诊法中独重切脉，并改人迎、气口、趺阳诸诊为独诊寸口之寸、关、尺，对后世影响极大。

张仲景的《伤寒杂病论》成书于东汉末年，是中医学中关于辨证论治的经典著作。关于四诊，张仲景尤重脉诊，在论述疾病时往往脉与证并列。此外，按脘腹、按肌表、按手足等都被列入切诊范围。问诊在书中也占有重要位置，如六经病的提纲内容，多由问诊获得。在望诊方面注意望面色和舌苔，还有根据闻诊来判断病位的记载。这些都表明张仲景在四诊方面较前人有了进一步的发展。张仲景总结了前代的诊疗经验，将病、脉、证、治结合起来，以六经为纲辨伤寒，以脏腑为纲辨杂病，理、法、方、药一气贯通，建立起比较完整的辨证论治体系，对中医诊断学做出了突出的贡献。

相传由华佗所著的《中藏经》中，有五脏六腑、虚实寒热、生死逆顺脉证诸篇，叙述脏腑病变时出现的脉与证。在八纲辨证方面，当论及阴阳、寒热、虚实时，亦多联系脏腑。因此，本书可视为脏腑辨证专书。

（二）晋唐宋金元时期

自两晋、南北朝至唐宋金元，中医诊断学有很大的发展。古代有关脉学的专书虽然名目不少，但多已亡佚。西晋王叔和撰集《内经》以来，扁鹊、张仲景、华佗诸家关于脉学的论述，撰成我国最早的脉学专著《脉经》。该书阐述了脉象产生之原因，两手寸关尺所主之脏腑，24 种脉象的区别与所主病变，并联系外感、内伤、妇儿疾加以论述。《脉经》对世界医学有着广泛影响，早在公元 6 世纪，脉学便传到亚洲国家。到公元 17 世纪，《脉经》已被翻译成多种文字在欧洲流传。

这一时期对疾病的认识日益加深。晋代葛洪的《肘后备急方》中有关于天行发斑疮（天花）、麻风等病的记载，还有不少关于急症的临床表现及预后的翔实叙述。隋代巢元方等著的《诸病源候论》是我国第一部论述病源与证候诊断的专著，全书分 67 门，列各种疾病的证候 1720 条，其中内科疾病最多，该书内容丰富，诊断指标明确；同时，对一些传染病，寄生虫病、妇科病、儿科病等的诊断，有不少精辟的论述。书中对临床各科疾病的病源、病机与症状均有详细说明，特别对症状鉴别诊断的描述尤为细致，如将咳嗽病分为 15 类，痢疾分为 40 类等，可视为古代的鉴别诊断巨著。该书对后世医学影响颇大，如《外台秘要》《太平圣惠方》等对疾病的病因、证候的辨别，大多以此为据。唐代孙思邈在《备急千金要方》三十卷中，有十卷专从脏腑的生理、病理、脉象、症状各方面进行论述。

宋代崔嘉彦撰《脉诀》，以浮、沉、迟、数为纲，文字通俗，使初学者易于掌握。元代滑寿于《诊家枢要》中，以浮、沉、迟、数、滑、涩六者为纲，使习脉者能执简驭繁。滑氏论小儿脉时，根据宋代刘昉《幼幼新书》中看小儿指纹的叙述，明确指出：三岁以下，看虎口三关纹色；三岁以上，方能据脉诊病。元代戴起宗鉴于当时流传的托名王叔和撰的《脉诀》谬误较多，文理亦晦，故考证经文，撰写《脉诀刊误集解》，对脉学颇有发明。元代危亦林在《世医得效方》中，描述了在患者垂危时出现的釜沸、鱼翔、雀啄等十种怪脉，为《内经》中的“真藏脉”提供了较为形象的说明。

辨证之风亦在此时期兴起。除了宋代陈言提出三因致病说及病因辨证，刘完素在治疗外感病时立足火热进行辨证外，许多医家对脏腑辨证尤为重视。例如，宋代钱乙的《小儿药证直诀》，对小儿病专从五脏进行辨证；金代张元素的《医学启源》，以《内经》为依据，摘录《中藏经》中脏腑虚实寒热诸篇，参以《小儿药证直诀》的五脏辨证，从辨证、立法、处方、用药方面，对脏腑病机及证候进行了系统的阐述，从而突出了脏腑辨证在各种辨证中的主导地位。此外，尚有李东垣对脾胃及内伤、外感病的辨证，王好古、朱丹溪对阴阳盛衰的辨证等，均有卓越的发挥。

（三）明清及近现代时期

明清及近现代时期在诊断方面的发展，主要表现在问诊、舌诊、切诊与辨证四个方面：

1. 问诊 问诊与病历书写到明代已基本定型。张介宾的《景岳全书》，归纳了前人的诊断经验，把问诊的基本内容归纳为“一问寒热二问汗，三问头身四问便，五问饮食六问胸，七聋八渴俱当辨，九因脉色察阴阳，十从气味章神见”。韩懋的《韩氏医通》提出医案书写应包括望形色、闻声音、问情况、切脉理、论病源、治方术六个方面。喻昌在《寓意草》中主张治病必先识病，议病然后议药，与门人定出议病式，即目前通称的病历格式，其内容详尽，有关病情、辨证、方药、治疗过程等，均囊括无遗。

2. 舌诊 继元代杜清碧增补的敖氏《伤寒金镜录》——我国现存最早的验舌专书之后，明代申斗垣集舌诊之大成，著《伤寒观舌心法》，把《伤寒金镜录》中的36种舌象扩增为137种。清代张登又将《伤寒观舌心法》中的137个舌象缩减为120个，据舌辨证，以治伤寒。傅松元著《舌苔统志》，将舌苔的适用范围扩充至杂病。在分类上一改过去舌苔、舌质不分，仅以舌苔颜色分门之旧俗，而以舌色分门，分为枯白舌、淡白舌、淡红舌等八类。曹炳章著《辨舌指南》，集历代医家关于舌诊之论述及近世中西医对辨舌察病的见解于一炉，共列彩图百余幅。

3. 切诊

（1）脉诊：明代李时珍集诸家脉学精华，撰《濒湖脉学》，列27脉，比晋代王叔和的《脉经》24种脉象多3种，并详述诸脉形象、主病及相类脉之区别，并附崔嘉彦四言脉诀，对后世影响甚大。张介宾在《景岳全书·脉神章》中，对于各种脉象之主病、脉症之从舍等，多有发挥，分析精辟，议论发人深思。明末李中梓（字士材，号念莪）的《诊家正眼》增疾脉为第28种，与近代中医临床所运用的脉象数一致。

清代医家对脉学的研究又深入一步。李延昰的《脉诀汇辨》以浮、沉、迟、数、虚、实六脉为纲，还主张辨析相类之脉，对举相反之脉，熟悉兼至之脉，明察正常之脉，了解四时变脉，确认真藏之脉，明确提出脉诊之关键所在。周学霆则于《三指禅》中，以缓脉为平脉，其余脉为病脉，较之过去医家将缓脉既列为平脉，又视为病脉，有其独到之处；他还用对比的方法鉴别各种脉象，结合脉症论病用药，切合临床实用。周学海综合自《内经》《难经》以来的诸家脉学著作，撰《重订诊家直诀》等脉学专著，对切脉方法、脉象、主病等阐述甚详，并提出以位、数、形、势、微、甚、兼、独八项作为辨脉纲领。古代医书中，论脉最详者，当推此书。

（2）按诊：按诊，肇端于《内经》，发挥在张仲景。此后医家对此论述较少。到了清代，按诊又引起诸多医家的重视。俞根初在《通俗伤寒论》中，单列按胸腹一节，提出“欲知其脏腑何如，则莫如按胸腹，名曰腹诊”，内容有按胸膈胁肋、按虚里、按腹、按脐间动气等。何廉臣则明确指出诊胸腹较切太溪、趺阳脉更为可靠，可见当时医家对按诊之重视。

在脉学和舌诊取得进展的同时，亦出现了不少四诊的综合研究。明代张三锡《医学六要》之一的《四诊法》，内容虽偏重于切脉，但也详述了五官、色脉、听诊、问病、辨舌等诊察方法。清代吴谦等编撰的《医宗金鉴·四诊心法要诀》首列十二经脉歌，接着依次对四诊心法撮要、辨阴证阳证要诀、脉诊、望色、察面五官唇齿、辨舌、闻声及问诊等分别予以论述，并介绍八脉要诀，小儿诸诊歌及奇经八脉图歌等，多以韵语加注的形式阐述。清代林之翰的《四诊抉微》以《内经》色脉并重为依据，选取历代有关四诊论述编纂而成。望诊详论神气、形色、颜面、五官、苗窍、齿、项、爪甲等各种形色变化，并附小儿指纹的特殊观察方法。闻诊中指出听声审音，可察盛衰存亡，并可征中外情志之感。强调问诊为审察病机之关键。诊脉部分详于脉理，并结合诊断介绍治法。该书盛赞张介宾的“十问篇”详细得中、纲举目张，推崇李时珍的《濒湖脉学》为脉书之翘楚。此外，陈修园的《医学实在易·四诊易知》，论述四诊简明扼要，可为后学程式。

清代还出现了一些望诊专著，如汪宏的《望诊遵经》，搜集有关望诊资料，从眼睑、口舌、唇、齿、须、发、腹、背、手、足等部位的形态、色泽和汗、血、便、溺的稀稠有无等，通过分析比较，以辨别病证的表里、虚实、寒热、阴阳，并预计其顺逆安危，内容精要而实用。又如周学海的《形色外诊简摩》，内容亦很丰富，足资临床参考。

4. 辨证 明清医家承袭前人经验，诊病辨证更为深入。《景岳全书·传忠录》首先讨论阴阳与六变，他说：“阴阳既明，则表与里对，虚与实对，寒与热对，明此六变，明此阴阳，则天下之病，固不能出此八者。”明确地肯定了八纲辨证的重大作用。喻昌在《寓意草》中提倡的先议病后议药，其实质就是在全面诊察的基础上辨证论治。清代陈士铎的《辨证录》分叙伤寒、中寒、中风等病126门，七百余证，其辨证着重于症状的鉴别分析。清代程国彭的《医学心悟》提出，疾病诊断错误，最重要的原因是切脉不真，浮沉迟数辨析不清；同时，认为诊病有其总要，即寒、热、虚、实、表、里、阴、阳八字而已。

在杂病的辨证方面，沈金鳌的《杂病源流犀烛》以脏腑疾病为纲，旁及奇经、外感、内伤、外科诸门，每种疾病均列源流、脉法、症状、方药等内容，博采诸家之说。叶天士的《临证指南医案》于每类疾病后，均有对此病的症状、病因、病机、用药的分析，法度严谨，能启迪后学。脏腑辨证与病因辨证在这一时期也进一步深化，如林佩琴、王旭高等对肝病的论述，王清任、唐容川对血证的辨证，叶天士对脾胃病的辨证，石寿棠对燥湿二气的辨证等。

明清致力于《伤寒论》六经辨证研究的医家众多，各有精辟见解。如清代柯琴所撰《伤寒来苏集》以证为主，将《伤寒论》原文归类阐释，并主张“仲景之六经为百病立法”。鉴于伤寒与温病的辨治长期混淆不清，元末明初王安道的《医经溯洄集》对二者作了原则上的区分，杨栗山在《伤寒温疫条辨》中针对伤寒与温病在病因、症状、治疗方面的差异作了较详细的说明。吴又可的《温疫论》、戴天章的《广瘟疫论》、余霖的《疫疹一得》等，阐述了疫疠，即急性传染病的辨证，指出它们与一般外感病的区别。

清代医家在辨证方面的最大成就，在于创立了外感温病的卫气营血辨证和三焦辨证纲领。叶天士的《外感温热篇》创立了卫、气、营、血的辨证方法，并重视察舌、验齿等望诊法的重要临床意义。吴鞠通的《温病条辨》创立了温病的三焦辨证方法。清代温病学家根据新的临床实践，提出了与《伤寒论》截然不同的辨证方法，大大地丰富和发展了中医辨证学。

明清时期还出现了不少关于传染病诊疗的专著，如卢之颐的《痎疟论疏》、王孟英的《霍乱论》、郑肖岩的《鼠疫约编》，专论白喉的《时疫白喉提要》《白喉全生集》《白喉条辨》，专论麻疹的《麻科活人全书》《郁谢麻科合璧》《麻证新书》《麻症集成》等。

在清代，由于四诊与辨证已经基本定型，并形成了完整的诊断体系，医家对积累、总结诊疗经验更加重视，编写了大批的医案，其中影响较大者有《名医类案》《临证指南医案》《古今医案按》等，为中医学发展保存了丰富的资料。

近百年来，中医诊断学发展迅速，取得了可喜的成就。编撰出版的中医诊断专业书籍有陈泽霖等的《舌诊研究》、赵金铎等的《中医证候鉴别诊断学》、宋天彬的《中医舌苔图谱》、朱文锋等的《中医诊断与鉴别诊断学》和《证素辨证学》，以及制定了中医疾病、证候术语的国家标准等，尤其是《中医诊断学》教材的编撰，使中医诊断学的内容趋向系统、完整和规范。

随着医学科学的进步，人们对诊断疾病的方法提出了新的要求，如对体征和症状不明显的患者，可以借助实验诊断或仪器检测的方法，从宏观到微观，从定性到定量，使一部分不易为医生感官觉察的病情得以及时发现，为早期诊断及治疗提供依据。科研人员研制和应用了一些用于中医诊断的仪器，如脉象仪、舌诊仪、色差计等，在运用生物医学工程和光学、声学、电学、磁学、计算机科学等方面，进行了多学科交叉综合研究；同时，开展了中医病证术语规范化、标准化研究，建立了常见病证诊疗体系。总之，中医诊断学科是中医基础和临床各科的桥梁学科，它的创新也推动了中医其他学科的迅速发展。

第二节　中医诊断学的基本原理及原则

一、中医诊断的基本原理

中医学认为，人体是一个有机的整体；在疾病状态下，局部的变化与全身的病理反应相互影响，脏腑阴阳失调与临床表现相互对应；因此，透过现象可以把握对疾病本质的认识。

《素问·阴阳应象大论》曰：“以我知彼，以表知里，以观过与不及之理，见微得过，用之不殆。”明确指出司外揣内、见微知著、以常达变的中医认识和诊察疾病基本原理。

（一）司外揣内

司外揣内，又称“从外知内”或“以表知里”，是指医生通过观察、分析患者的外部表现，可以测知其体内的病理变化。

《灵枢·本脏》说：“视其外应，以知其内脏，则知所病矣。”《灵枢·论疾诊尺》曰：“从外知内。”由于“有诸内者，必形诸外”，认识到人体内部的脏腑活动必然在人体外部以一定的形式表现出来，所以，在疾病状态下，通过对患者外部现象的观察，可以测知人体内部的脏腑病理变化。

《灵枢·外揣》把患者的内脏变化与外在表现的关系，形象地比喻为日月之投影、水镜之照形、击鼓之有声，体现了本质和现象的对立统一关系：医生诊断疾病时，通过观察患者表现于外的症状、体征，去推测患者体内不能直接感觉到的病机，体现了司外揣内的基本原理。医生望形色、听声音、问二便、切脉象、触肌肤等，均属“司外”；而对上述临床表现进行分析、综合、判断的思维，以审察病机，识别证候，便是“揣内”。

（二）见微知著

见微知著，语出《医学心悟·医中百误歌》；是指医生通过观察患者微小的、局部的变化，可以测知明显的、全身的变化。这是因为人体是一个不可分割的有机整体，其任何一部分都与全身或其他部分密切联系，因而局部可反映全身的生理、病理信息。中医对面、舌、耳、脉象的诊察，以小见大，从局部变化推测全身变化，体现了见微知著的基本原理。

例如，舌为五官之一，是人体很小的一部分，然而舌为心之苗，又为脾胃之外候，舌与其他脏腑以及经络也有着密切联系。因此，舌象的局部变化可以反映脏腑气血的整体状况，这正是中医注重舌诊的原因所在。又如耳鸣、耳聋，不仅是耳的局部症状和疾病，更由于肾开窍于耳，足少阳胆经入通于耳，因此，耳鸣、耳聋常与肾脏或肝胆的病证有关。

长期的临床实践证明，把局部变化视为脏腑乃至全身变化的一种反应，并密切注意微小的变化，这一基本原理不仅适用于对局部症状、体征的证候辨证，而且有效地指导着疾病的早期诊断与治疗。

（三）以常达变

以常达变，是指以健康状态为标准，在认识生理的基础上，可发现太过或不及的异常病理变化。这一基本原理的运用，就要求医生在认识健康状态人体的正常生理变化的前提下，通过观察比较以发现患者的异常之处及病变所在，从而为做出正确的病证诊断提供线索和依据。

《素问·平人气象论》说："常以不病调病人，医不病，故为病人平息以调之为法。"就是以健康状态的生理变化去衡量患者，医生不患病，所以医生可以凭借自己的正常呼吸去衡量患者的呼吸，同时以呼吸时间去衡量患者脉搏跳动速率的迟数。医生常用手掌去触摸患者的额头或肌肤，以了解患者是否寒、热及其程度，都是以常达变这一原理的体现。

二、中医诊断的基本原则

中医诊断，是在中医理论指导下，依据直观诊察和逻辑思维辨识病证的过程。临床上疾病的表现错综复杂、千变万化，为了正确诊断病证，中医特别强调用以下三个法则指导诊断的思维过程。

（一）整体审察

整体审察，是指医生在诊断疾病时，重视患者整体的病理联系，同时将患者所处生活环境结合起来综合地判断病情。因此，整体审察的基本原则是"整体观念"在中医诊断学中的具体体现。

1. 把人体作为一个整体来诊察 在生理情况下，人体各部分是一个有机联系、相互作用的整体；在病理情况下，人体各部分又按照一定规律相互传变、相互影响。人体一旦发生疾病，体表的病变可以传入脏腑，脏腑的病变可以反映于体表；局部的病变可以影响全身或其他局部，全身的病变也可通过局部反映出来；精神刺激可以影响脏腑的功能，脏腑的病变可以出现情志活动的变化。

从整体观念出发，任何局部病变都可以看作局部和整体的统一。所以任何疾病都与整体有关，局部表现只不过是整体病变的反映而已。例如，目赤肿痛，中医不只认为它是眼睛的局部病变，而常把它与肝胆、脾、心等脏腑的病理变化联系起来诊察，并可获得预期的疗效。

2. 重视环境对人体病变的影响 人的生命是自然界长期演变过程的产物，人体从组织结构到功能活动，都必须适应自然环境的变化，其生命过程随时受到自然界环境、气候的影响，古人把这一规律称为"天人相应"。

人体的生命活动与外界环境密切联系，形成了体内外环境维持阴阳动态平衡的各种周期性调节机制。天气炎热时，人体阳气发泄，气血趋于表，则腠理疏松，加强出汗散热以维持正常的体温，从而适应炎热的气候；而天气寒冷时，人体为了保持稳定的体温，阳气内藏，气血趋于里，腠理致密而出汗少，以减少散热。因此，诊察患者的体温、汗、尿等时，应充分考虑到季节气候的影响。又如，受四时气候变化的影响，脉象亦有春弦、夏洪、秋毛、冬石的相应变化。

感冒，受季节、气候及地理环境的影响，有风寒、风热、夹暑、夹湿等不同证候类型。某些慢性病易发作或加剧于早春或晚秋（立春、立冬），是因为这些时令气候极不稳定。哮喘、痹证及瘾疹等病，多在气候剧变、季节转换或环境潮湿等情况下发作或加重。此外，四时或昼夜阴阳消长的变化，也可加重或缓解病情，并影响疾病的转归。这些都是中医诊断疾病时应加以考虑的因素。

（二）四诊合参

四诊合参，是指医生临证时将望、闻、问、切四诊收集的病情资料，综合判断，参照互证，以准确地做出诊断。《难经·六十一难》谓："望而知之谓之神，闻而知之谓之圣，问而知之谓之工，切脉而知之谓之巧。"所谓神、圣、工、巧，就是要求医生掌握四诊方法，综合诊察病情。

四诊是医生获取病情资料的四种途径和方法，是从不同侧面对患者的病情进行了解、诊察，都具有一定的局限性，四诊互相补充而不能彼此取代。只有全面地应用四诊，系统地收集临床病情资料，为诊病、辨证提供尽可能完整的依据，才能保证诊断结论的正确。在临床实践中，医生通常在询问病情的同时，也听其语言呼吸，望其神色形态，并察舌切脉，触按肌肤。夸大任何某一诊法的作用，而忽视其他诊法都是片面的。所谓"一望即知"或"三指定乾坤"的诊法，违背了中医四诊合参的基本原则，临床诊疗中应予以注意。

疾病的表现错综复杂、变化万千，尤其在疾病危重的时刻，不仅寒热并见，虚实夹杂，而且某些临床表现有虚假的形式。在这种情况下，如果我们片面相信某一诊法的决定性作用，先入为主，很容易被假象所迷惑，做出错误的诊断。因此，四诊合参是识别假象、去伪存真的重要保证。

四诊合参是正确诊断的前提。认识疾病的本质，必须对四诊获得的感性材料，加以反复思考，由此及彼，由表及里，去伪存真，分析综合，判断推理，准确辨证。只有四诊，没有合参，就等于只有感知，没有判断，认识仍停留于感性阶段，没有上升到理性阶段，认识疾病的过程还没完成。

（三）病证结合

中医诊断包括辨病和辨证，中医的诊断结论由病名诊断和证型诊断组成。"病"与"证"是中医诊断的两个不同的侧重点，辨病是探求病变全过程总的发展规律，认识贯穿疾病始终的基本矛盾；辨证是识别疾病某一阶段的主要病理症结（病位、病性等），抓住当前疾病的主要矛盾。

中医历来既强调辨证，也重视辨病，有机地将辨证论治与辨病论治结合起来，以提高临床诊疗水平。中医的病名多以主症或病机命名，如头痛、咳嗽、泄泻、黄疸、伤寒、风温等。病有特性，证有共性。中医在诊断时，往往辨病与辨证交织在一起，它既要求从"纵"的方面辨别疾病的规律和临床特点，又要求从"横"的方面辨别患者现阶段的证候病机特征。

中医学有"异病同治"和"同病异治"之说，异病之所以同治是因为出现了相同的证，同病之所以异治是因为出现了不同的证。所以，中医诊断仍以辨证为主，结合辨病，体现了辨证论治的中医理论精髓。

第三节 中医诊断学的主要内容

中医诊断学的内容由四诊、辨证、辨病和病历书写四个部分组成。其中，以四诊和辨证为重点，辨病的内容主要见于临床各科，而病历书写则需要临床实习才能掌握，本课程只对其书写通则、基本内容及格式作适当介绍。

（一）四诊

四诊是中医诊察病情、收集病情资料的方法，包括望、闻、问、切四种诊察手段。

望诊是医生运用视觉，观察患者的神、色、形、态，舌象、头面、五官、四肢、二阴、皮肤以及排出物的变化，从而获得病情资料的方法。

闻诊是医生运用听觉与嗅觉，辨别患者的发声、语言、呼吸、咳嗽等声音，身体及其排出物、分泌物的异常气味，从而获得病情资料的方法。

问诊是医生对患者或陪诊者进行有目的的询问，以了解疾病发生发展、诊治经过、现在症状、既往病史、生活习惯等情况的诊察方法。

切诊是医生用手切脉和触按患者的肌肤、手足、胸腹、腧穴等部位，以诊察脉象与其他部位的状况，从而获得病情资料的方法。

总之，望、闻、问、切四诊，是医生从不同角度全面地收集病情资料，包括症状、体征和病史等；也是医生诊病、辨证的必然途径。

（二）辨证

“证”是中医学特有的诊断概念，“辨证”是中医诊断思维过程的核心。

“症”，即症状，包括症状和体征。“症状”是医生问诊所获患者对痛苦或不适的自我感受，如头痛、耳鸣、胸闷、腹胀等。“体征”是医生诊察患者身体所发现的异常征象，如面色苍白、咽喉红肿、舌质红、脉弦滑等。另外有些病证，患者自觉症状不明显，但经现代医疗仪器检测所得到的异常结果，如蛋白尿、大便潜血阳性等亦属病理征象。症状和体征，是医生通过四诊获得的最有价值的病情资料，是中医诊断病证的基本依据。

“证”，即“证候”，是疾病发生发展中某一阶段本质的反映，它以一组有内在联系的症状和体征为依据，不同程度地揭示疾病当前的病位、病性、病机等，即通常所说的证型。

例如，肝胆湿热证，病位在肝胆，病性为湿热，病机是肝胆湿热，其临床表现为胁肋胀痛灼热、厌食腹胀、口苦、身黄、舌红苔黄腻、脉弦数等。脾气虚证，病位在脾，病性为气虚，病机是脾气虚，其临床表现为纳呆、腹胀、便溏、舌淡脉弱等。

“辨证”是在中医理论指导下，对四诊收集的患者病情资料进行分析、综合、判断，并做出证型诊断的思维过程；它是将患者周围环境、饮食起居、精神情志、体质强弱与疾病发生发展综合考虑的诊断思维过程，具有整体、动态和个体化特色。

历代医家创造了许多辨证方法，如八纲辨证、病因辨证、气血津液辨证、脏腑辨证、六经辨证、卫气营血辨证、三焦辨证、经络辨证，以及当代提出的证素辨证。这些方法从不同角度总结了疾病证候的一般规律，各有特点，又相互联系和补充。

（三）辨病

辨病，亦称诊病，是在中医学理论指导下，综合分析四诊资料，对疾病的病种做出判断，得出疾病病名诊断的思维过程。病名是对疾病整个过程的特点与发展规律所做的概括与抽象，如肺痨、胸痹、消渴、疟疾、麻疹等，都是病名。中医诊断有疾病诊断和证型诊断，体现了辨病与辨证相结合的诊断原则。

“疾病”是机体在病因作用下，正邪斗争，脏腑阴阳失调，引起的具有一定特点与发展变化规律的异常过程，具体表现为若干相关的症状和不同阶段相应的证候。

（四）病历书写

病历，又称病案，古称“诊籍”，是医生对患者诊疗情况的书面记录。病历是医疗、科研、教学、管理和司法的重要资料。

病历书写是临床工作者必须掌握的基本技能，它要求将患者的病情、病史、诊断和治疗等情况，按国家统一的要求翔实记录。

第四节 中医诊断学的学习方法和要求

中医诊断学是一门理论性、实践性很强的课程，是中医基本理论、基本知识和基本技能的具体运用，既有理论知识，又有实际操作，还有诊断的辩证思维。因此，学习中医诊断学有一定难度，必须掌握正确的学习方法。

第一，要熟练掌握中医学的基本理论。只有对人体的正常生理状态了如指掌，才能知常达变地把握疾病状态下的各种病机和证候。所以，学习中医诊断学的基本理论、基本知识，必须将所学的中医基础理论结合起来，才能深入理解和牢固掌握中医诊断学的内容。

第二，要加强临床实践，重视能力培养。前人说：“熟读王叔和，不如临证多”，说明医学理论必须与临床实践相结合。诊断的方法与技巧，只有在临床实践和长期操作过程中仔细揣摩，反复体会，才能逐渐掌握和不断提高，除此别无捷径可走。

第三，要学会中医的科学思维方法。中医的临床诊断过程，特别是辨证阶段，需要运用司外揣内、见微知著、以常达变、整体审察、四诊合参、病证结合等原理和法则，这些都是古代医家把当时的思维方法用于中医诊断实践中而逐渐形成的。因此，要提高临床诊断水平，不仅要有渊博的医学知识，还要有科学思维方法。历代名医医案中，尤其在对疑难、危重病证的诊断过程中，蕴涵着丰富的辨证思维技巧及灵活运用经验，值得我们很好地继承和借鉴。

本章内容小结表解

绪论
- 中医诊断学的主要内容：四诊、辨证、辨病、病历书写
- 中医诊断的基本原理：司外揣内、见微知著、以常达变
- 中医诊断的基本原则：整体审察、四诊合参、病证结合
- 中医诊断学发展简史
- 中医诊断学的学习方法

复习思考题

1. 中医诊断学的主要内容有哪些？

2. 中医诊断的基本原理有哪几条？

3. 中医诊断的基本原则是什么？

4. 了解中医诊断学发展简史，特别是中医诊断学发展史上有重要贡献的医家医著。

第二章　四　　诊

第一节　望　　诊

望诊，是医生运用视觉观察患者的全身和局部的外在表现、舌象、排出物及小儿指纹等变化，以收集病情资料，了解机体生理功能和病理变化的诊察方法。

中医学认为，人体是一个有机的整体，局部与整体、体内与体外有着密切联系，体内的脏腑经络、气血阴阳等生理和病理变化，必然在其体表的相应部位反映出来，因此，通过对体表变化的观察，可以判断体内的病变，故《灵枢·本藏》说："视其外应，以知其内脏，则知所病矣。"

望诊在中医的四诊中占有重要地位，故有"望而知之谓之神"之说。因为在认识客观事物的过程中，视觉常常较其他感官获取信息更为直接、便捷。人的精神状态、面部色泽、形体强弱、舌象变化等重要的生命信息，主要是通过视觉来获取。所以，医生能否正确运用望诊获取信息，对于病证的诊断非常重要。要运用好望诊技术，需要医者熟练掌握中医基础理论，并在实践中培养和训练自己敏锐的观察能力，不断提高望诊水平。

望诊的内容主要包括：整体望诊（望神、望色、望形、望态），局部望诊（望头面、望五官、望躯体、望四肢、望二阴、望皮肤），望舌（望舌质、望舌苔）望排出物，望小儿指纹等五部分。

望诊时应注意以下几个方面：一要选择适宜光线，以自然光线为佳；二要充分暴露受检部位，以便清楚观察病变部位；三要注意诊室温度适宜。

一、整体望诊

整体望诊，是指医生在诊察病情时，首先对患者的神、色、形、态等全身情况进行有目的的观察，以期对患者的整体病情做出初步判断。

（一）望神

1. 神的概念　神是中医学对于生命现象的认识。一是指人体生命活动的外在表现；二是专指人的精神、意识、思维、情感等活动。望神是指医生通过观察人体生命活动的整体外在表现以判断整体病情的方法。

2. 望神的原理及意义　神与精、气、形之间有着密切的关系。精、气为神的物质基础，精、气的化生离不开五脏，形依赖于精、气的充养，并为神存在的载体，故精气充足则形健，形健则神旺，反之，精气亏虚则形衰，形衰则神惫。由此可知，观察患者神的旺衰，可以判断脏腑精气盛衰和形体强弱，推测病情轻重和预后吉凶。

3. 望神的重点　神是生命活动现象的高度概括，是通过生命活动的诸多方面表现出来的，如精神意识、面部表情、面色眼神、语言呼吸、形体姿态、舌象脉象等都是组成神的内容。但望神时重点观察的是眼神、神情、气色、体态。

（1）眼神：眼神是指眼睛的神态，主要观察眼睛明亮或晦暗，眼球运动状态，以及视物清晰或模糊等。中医认为，五脏六腑之精气皆上注于目，目系通于脑，为肝之窍，心之使，神之舍，目最能反映脏腑精气的盛衰，所以望神应注重观察眼神。一般而言，两目精彩内含，运动灵活，视物清晰者为有神，是脏腑精气充足的表现；若两目浮光外露，目无精彩，运动不灵，视物模糊者为无神，乃脏腑精气衰败之象。在病情危急时，医者望目，对患者神的状况判断尤为重要。

（2）神情：神情是指人的精神意识和面部表情，乃心神和脏腑精气盛衰的外在征象。神志清楚，反应灵敏，表情丰富为心之精气充足；若神志不清，反应迟钝，表情呆滞则多表明心之精气亏虚。

（3）气色：气色是指人的周身皮肤（以面部为主）的色泽，可以反映脏腑气血的盛衰和功能的强弱。皮肤的色泽荣润为脏腑精气充盛，而皮肤枯槁则说明脏腑精气虚衰。

（4）体态：体态是指人的形体和姿态，与脏腑精气盛衰密切相关。形体丰满、动作灵活为脏腑精气充足；形体羸瘦，姿态异常，动作迟钝，则是脏腑精气不足。

4. 望神的主要内容 望神应注意区别得神、少神、失神、假神和神乱。

（1）得神（有神）

临床表现：神志清楚，目光明亮灵活，精彩内含，言语清晰，反应灵敏，面色红润，表情自然，肌肉不削，体态自如，动作灵活，呼吸平稳。

临床意义：脏腑精气充足，多见于正常人，或见于轻症患者，预后良好。

（2）少神（神气不足）

临床表现：精神不振，思维迟钝，少气懒言，两目乏神，面色少华，肌肉松软，倦怠乏力，动作迟缓。

临床意义：脏腑精气不足，常见于虚证或恢复期的患者。

（3）失神（无神）

临床表现：精神萎靡，神志不清，言语断续低弱，反应迟钝，目无光彩，眼球呆滞，面色晦暗，表情淡漠，呼吸微弱，或喘促无力，形体羸瘦，体态异常。

临床意义：脏腑精气大伤，病情深重，多见于久病重病之人，预后不良。

（4）假神：假神是垂危患者突然出现某些症状暂时好转的假象。

临床表现：原本已神志不清，精神萎靡不振，不欲言语，语声低微断续，突然神志清楚，言语不休，语声清亮，精神振作而躁动不安；或本已目无光彩，面色晦暗或苍白，突然目光转亮，两颧泛红如妆；或数日不能进食，突然欲进饮食或食量突然大增。

临床意义：脏腑精气衰竭至极，阴阳欲将离决的危候，多见于临终之前。古人比喻为“回光返照”“残灯复明”。

（5）神乱

神乱是指精神意识失常，为狭义之神异常的表现。主要见于癫、狂、痫等病。其中表现是神情痴呆，表情淡漠，默默无语，喃喃自语，反应迟钝，哭笑无常者，为癫病，多因痰气郁结，蒙闭心窍，或先天不足，脑神虚损所致。若是精神狂躁，言行失常，打人毁物，呼号怒骂，不避亲疏，登高而歌，弃衣而走，逾垣跃屋，力逾常人者，为狂病，多由气郁化火生痰，痰火扰心，或心肝火盛所致。而猝然昏倒，不知人事，四肢抽搐，目睛上视，口吐白沫，或口中发出怪叫声，移时苏醒，醒后如常人者，为痫病，多为肝风夹痰，蒙闭心窍，或颅脑外伤，神机受损所致。

5. 望神的注意事项

（1）重视诊察患者时的第一印象：神的表现常在患者有意无意之时自然流露，所以医生要重视初接触患者时的第一印象，做到静心凝神，一会即觉，通过短时间的观察能对患者神的状况和病情轻重有一个初步的判断。

（2）做到神形合参：神为形之主，形为神之舍，两者关系密切。一般而言，体健则神旺，体弱则神衰；但临床亦有不一致的，如久病形羸色败，则虽神志清醒，亦属失神；新病昏迷狂躁，则虽形体丰满，亦非佳兆。所以临证时必须神形合参，才不致误诊。

（3）抓住关键表现：有些症状和体征对判断失神具有决定性意义，如神昏谵语、循衣摸床、撮空理线、目光呆滞、戴眼反折等，一旦出现这些表现，多为病重失神之象，应予重视。

（二）望色

望色，又称“色诊”，是医生通过观察人体全身皮肤色泽的变化以诊察病情的方法。“色”指皮肤颜色，包括青、赤、黄、白、黑五种颜色；“泽”即皮肤的光泽，指荣润或枯槁。望色以望面部色泽为主，兼顾肌肤、口唇、爪甲等，故重点介绍望面色。

1. 面部色诊的原理 望面部色泽可以诊断疾病，一是由于面部有丰富的血脉分布，人体的“十二经脉，三百六十五络，其血气皆上于面而走空窍”（《灵枢·邪气脏腑病形》）；二是由于面部皮肤薄嫩，脏腑的虚实气血的盛衰变化，容易通过面部色泽变化而反映于外；三是面部多暴露于外，方便医生观察。

2. 面部色诊的意义

（1）判断气血盛衰：面部色泽是脏腑气血的外荣，可以反映气血的盛衰和运行情况。如面色红润有光泽，表明气血充足；面色淡白无华，属于气血不足；面色青紫暗淡，多为气血瘀滞等。

（2）辨别病邪性质：机体感受不同病邪，可引起体内不同的病理变化，反映在面部即出现不同的色泽改变。如面部色白多为寒邪，色赤多为热邪，色青紫多为气滞血瘀，面目色黄鲜明为湿热熏蒸等。

（3）确定病变部位：观察面部不同部位的色泽变化，可以诊察不同相应脏腑的病变。根据《内经》记载，具体诊察方法有两种。

1）按照五色与五脏的对应关系诊察：即青为肝色，赤为心色，白为肺色，黄为脾色，黑为肾色。正常情况下，五色隐约见于皮肤光泽之间，含蓄而不外露。一旦脏腑有病，其病色则可明显暴露于外，称为真脏之色外露。故观察不同的面色变化，有助于判断不同的脏腑病位。

2）按照颜面分属脏腑部位诊察：颜面的脏腑分部法有两种。其一为《灵枢·五色》划分法：先将面部划分为不同的部位并给予命名，前额为庭（颜），眉间为阙，鼻为明堂，颊侧为藩，耳门为蔽（图 2-1）；然后规定脏腑在面部的分属，庭（颜）候首面，阙上候咽喉，阙中（印堂）候肺，阙下（下极、山根）候心，下极之下（直下、年寿）候肝，肝部左右候胆，肝下（鼻端、准头、面王）候脾，方上（即鼻翼）候胃，中央（颧下）候大肠，夹大肠（颊部下方）候肾，面王以上（即鼻端两旁上方）候小肠，面王以下（即人中部位）候膀胱、子处（即胞宫）（图 2-2）。其二为《素问·刺热》划分法：左颊候肝，右颊候肺，额候心，鼻候脾，颏候肾。

脏腑发生病变时，面部相应的区域可出现色泽的改变，观察面部不同区域的色泽变化，有助于判断病变部位。而临床上疾病是复杂多变的，对于面部脏腑分部的望诊临床应用不可刻板拘泥，必须四诊合参，灵活运用。

（4）预测疾病转归：对于判断病情轻重和预测疾病预后转归而言，望面部的光泽比颜色更有意义。正如《望诊遵经》所说：“光明润泽者，气也；青、赤、黄、白、黑者，色也。有气不患无色，有色不可无气也”。凡面色明亮润泽、含蓄不露，说明病情轻浅，预后好。凡面色晦暗枯槁、鲜明暴露，说明病情深重，预后较差。

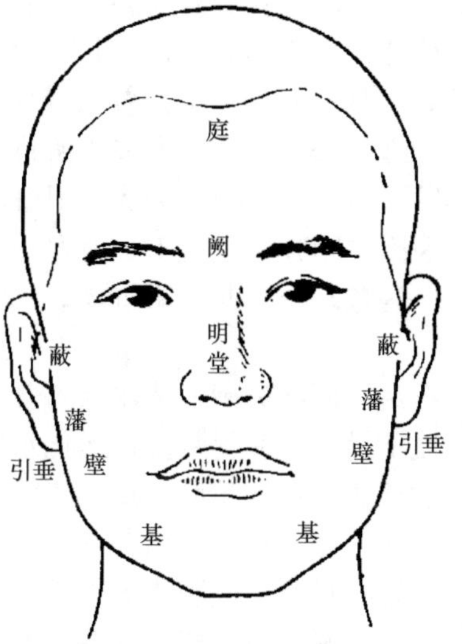

图 2-1　明堂藩蔽图

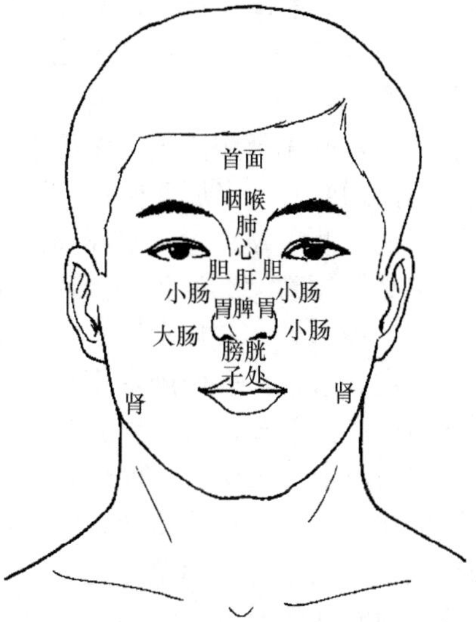

图 2-2　面部脏腑相关图

3. 常色与病色

（1）常色：是指健康人面部的色泽。中国人（黄种人）正常面色是红黄隐隐、明润含蓄，此乃精充神旺，气血津液充足的征象。其中隐约微黄、含蓄不露为有胃气的表现；光明润泽、容光焕发为有神气之象。

常色有主色和客色之分。

1）主色：是指人生来即有的基本面色、肤色，终生基本不变。主色与种族和遗传特征有关。中国人属黄种人，正常面色是红黄隐隐、明润含蓄，但因先天禀赋不同，又有偏青、偏赤、偏黄、偏白、偏黑的差异。如《医宗金鉴·四诊心法要诀》所说："五脏之色随五形之人而见，百岁不变，故为主色也。"

2）客色：是受季节、昼夜、气候、地理环境、饮食、情绪、职业、运动、劳逸等因素影响而发生相应变化的面色。如春季面色可稍青，夏季面色可稍赤，长夏面色可稍黄，秋季面色可稍白，冬季面色可稍黑；又如白昼面色略红润，黑夜面色微淡而干；情绪激动则易面赤，恼怒则易面青，惊恐则易面色苍白；酒后脉络扩张，则面红目赤；饱食则面容润泽光亮；过饥则面色泽减而微枯等，因其均具有明润含蓄之特点，故属常色。

（2）病色：是指人体在疾病状态下的面部异常色泽。病色的特征是色泽晦暗枯槁、色泽鲜明而暴露。多由于脏腑功能失常，气血阴阳失调或亏损，或精气外泄，或邪气内阻等原因所致。

观察病色的重点在于辨别五色善恶与五色主病。

1）五色善恶：凡五色光明润泽者，称为善色，虽病而脏腑精气未衰，胃气尚荣于面，病情较轻，预后良好。凡五色晦暗枯槁者，称为恶色，表明脏腑精气衰败，胃气不能上荣于面，病情深重，预后不良。

2）五色主病：五色即青、赤、黄、白、黑，它们分别提示不同脏腑的病变和不同性质的疾病。兹分述如下：

青色　主血瘀、肝病、寒证、痛证、惊风。多因经脉瘀滞、气血运行不畅所致。如面色淡青或青黑，多为寒证、剧痛，因寒为阴邪，其性凝滞，主收引，寒凝经脉拘急，血行不畅，不通则痛，故见青色。肝气郁滞，气机不畅，血行受阻，也可见面色青。面色青灰，口唇青紫，伴心胸憋闷疼痛者，多见于胸痹，为心阳虚衰兼心血瘀阻所致；若突发剧烈胸痛，面色青灰，口唇青紫，冷汗不止，伴心悸者，属心阳暴脱证。若咳喘气促，呼吸不利，多为肺气壅塞。小儿眉间、鼻柱、唇周色青，伴高热者，多属惊风或惊风先兆。

赤色 主热证，亦见于戴阳证。多因热盛而脉络扩张，面部气血充盈所致，亦可见于虚阳浮越。如满面通红者，多属实热证，因外感发火热之邪，或脏腑火热炽盛，致面部脉络扩张，气血上涌。两颧潮红者，多属虚热证，因阴虚阳亢，虚火上炎所致。危重病阶段面色苍白，却突见颧颊部嫩红如妆，游移不定者，为戴阳证，此为阳气虚衰，阴寒内盛，阴盛格阳，虚阳上越所致，属病危。

黄色 主脾虚、湿证。多由脾虚不运，气血不足，面部失荣，或湿邪内蕴所致。如面色淡黄而不泽者，称为萎黄，多属脾胃气虚，气血不足，因脾胃亏虚，运化水谷不及，气血化生不足，气血不能上荣所致。面色淡黄而兼虚浮者，称为黄胖，属脾气虚弱，湿邪内盛，因脾虚不能化生气血和运化水津，水湿内停而致。面、目、尿俱黄者，称为黄疸。若黄色鲜明如橘皮者，为阳黄，因湿热熏蒸为患，多为肝胆湿热或脾胃湿热熏蒸，胆汁不循常道所致；黄色晦暗如烟熏者，为阴黄，属寒湿，因寒湿内阻，气机郁滞，肝胆疏泄失职所致。

白色 主虚证、寒证、脱血、夺气。多由气虚血少，或阳虚，或失血耗气，血脉不充，不能上荣于面所致。如面色淡白无华，伴舌、唇色淡者，多属气血不足。面色淡白少华，多为气虚；面色淡白而萎，多属血虚。面色白而虚浮，称为㿠白，多为阳虚或阳虚水泛。面色苍白者，多属阳气暴脱之亡阳证，或阴寒凝滞、血行不畅之实寒证，或大失血之人。

黑色 主肾虚、寒证、水饮、血瘀。多因肾阳虚衰，水饮不化，阴寒内盛，血失温养，或肾精亏虚，面部失荣所致。如面黑淡暗者，多属肾阳虚，因阳虚火衰，水寒不化，血失温煦所致。面黑干焦者，多属肾阴精亏虚，阴虚火旺所致。眼眶周围色黑者，多属肾虚水饮或寒湿带下。面色黧黑，肌肤甲错者，多为瘀血内阻日久所致。

4. 望色十法

望色十法是清代汪宏在《灵枢·五色》的色诊论述基础上，结合自己临床经验总结的色诊要领，具有一定的临床价值。十法是指望色的浮、沉、清、浊、微、甚、散、抟、泽、夭，分别判断疾病的表、里、阴、阳、虚、实、新、久、轻、重。它既是临证察色的要领，也是观察面色动态变化的法则。

浮沉分表里：浮为病色浮显于皮肤之外，主表证；沉为病色沉隐于皮肤之内，主里证。面色由浮转沉，说明病由表入里；由沉转浮，则为病自里出表。

清浊辨阴阳：清为面色清明，主阳证；浊是面色浊暗，主阴证。面色由清转浊，说明病从阳转阴；由浊转清，则为病由阴转阳。

微甚察虚实：微为面色浅淡，主虚证；甚为面色深浓，主实证。面色由微转甚，说明病因虚致实；由甚转微，则为病由实转虚。

散抟测新久：散为病色分散而稀疏，主新病，或病邪将解；抟为病色壅滞，主久病，或病邪渐聚。面色由抟转散，说明病虽久而邪将解；由散转抟，则为病虽近而邪渐聚。

泽夭判预后：泽为面色润泽明亮，主精气未衰，病轻易治；夭为面色枯槁，主精气已衰，病重难医。面色由泽转夭说明病趋重危；由夭转泽，则为病情好转。

5. 望色的注意事项

（1）通过比较辨别病色：病色不一定总是显而易见的，临床上常需细心观察、认真比较才能识别。比较时应注意两个方面：一是将患者面色与其周围人群的常色相比较；二是将患者面部的局部色泽变化，与其自身其他部位的肤色进行比较。

（2）注意动态观察面色：疾病是发展变化的，疾病中的面色并非一成不变，因此，医生在临床上要注意观察患者面色的动态变化，以推断病情的轻重、预后的良恶。

（3）注意非疾病因素的影响：面色也可由于季节、时辰、地理环境、饮酒、情绪等非疾病因素的影响而发生改变，望面色诊病要注意排除这些因素的干扰，避免造成误诊。

（三）望形

望形，也称望形体，是指通过观察人形体之强弱胖瘦及体质类型等变化，以了解病情的诊察方法。

人体是以五脏为中心、内外相应的有机整体，形体强弱胖瘦与脏腑精气盛衰及气血运行密切相关。五脏精气充盛，形体得以充养，则形体强健；五脏精气不足，形体失于充养，则形体虚弱。所以观察形体强弱胖瘦可以判断脏腑气血盛衰，进而推测疾病的轻重和预后良恶。不同的形体又能体现体质的差异，提示某些疾病发病的倾向性和证候类型的特异性，故观察体质类型有助于诊断疾病。

望形体时应注意观察形体的强弱胖瘦和体质类型。

1. 强弱胖瘦

（1）形体强弱：主要通过观察骨骼的粗细、胸廓的宽窄、肌肉的丰瘦、皮肤的润枯等方面，并结合机体的功能状态、精神等情况进行综合分析判断。

1）体强：表现为胸廓宽厚，骨骼粗大，肌肉丰满，皮肤润泽，筋强力壮，精力充沛等。表明内脏坚实，气血充盛，阴阳调和，抗病力强而不易生病，或病后易治，预后较好。

2）体弱：表现为胸廓狭窄，骨骼细小，肌肉瘦削，皮肤不荣，筋弱无力，精神不振等。表明内脏虚弱，气血亏虚，阴阳失调，抗病力弱而容易生病，或病多属虚证难治，预后较差。

（2）形体胖瘦：关于形体的胖瘦，中国古代并没有一定的标准，现在普遍采用国际通用的身体质量指数（body mass index，BMI）来判断：即 BMI = 体重（kg）/ 身高的平方（m^2）。形体胖瘦的判断，见表 2-1。

表 2-1　形体胖瘦判断表　　（单位：kg/m^2）

性别	正常	肥胖	消瘦
男性 BMI	20 ～ 25	＞ 25	＜ 20
女性 BMI	19 ～ 24	＞ 24	＜ 19

1）肥胖：是指身体质量指数超过正常者。若体胖能食，肌肉坚实有力，动作灵活者，为形气有余，是精气充足，身体健康的表现。若体胖食少，肌肉松弛，神疲乏力、动作笨拙者，为形盛气虚，是阳气不足，痰湿内盛的表现，易患痰饮、中风、胸痹等病，即所谓“肥人多湿”“肥人多痰”。

2）消瘦：是指身体质量指数小于正常者。若体瘦食少、神疲倦怠者，为形气不足，多因脾胃虚弱所致。形瘦而多食易饥，属中焦有热；形瘦而颧红皮肤干枯，多是阴虚火旺的表现，易患肺痨等病，即所谓“瘦人火多”。久病极度消瘦，骨瘦如柴，即“大肉已脱”，是脏腑精气衰败，气液干枯，神气欲脱之危候。

2. 体质类型　体质是指个体在先天遗传和后天环境等因素影响下，在生长发育过程中逐渐形成的形体结构、生理功能和心理活动方面综合的相对稳定的特性。体质在一定程度上反映了机体脏腑经络、气血阴阳盛衰的禀赋特点，以及对疾病的易感性及预后转归。故观察辨别患者的体质类型，有助于对疾病的诊断和预后的判断。

体质类型一般可分为三种基本类型。

（1）阴阳平和质：表现为体形胖瘦适中，平素无寒热喜恶之偏，是大多数人的体质类型。其体质特点是阴阳平衡、气血调匀。

（2）偏阳质：表现为体形偏于瘦长，头长颈细，肩窄胸平，背微驼，平素性情开朗或急躁，喜动好强，喜凉恶热，大便多干。其体质特点是阳偏旺而阴较亏，易感阳邪，患病易出现从阳化热，或阴虚、阳亢等病理变化。

（3）偏阴质：表现为体形偏于短胖，头圆颈粗，胸厚肩阔，身体多呈后仰，性格多内向抑郁，喜静少动，喜暖怕冷。其体质特点是阴偏盛而阳较弱，易感阴邪，患病易出现从阴化寒，或阳虚、阴盛、痰饮、瘀血等病理变化。

（四）望态

望态，也称望体态，是通过观察患者的动静姿态和肢体动作的变化，以诊察病情的方法。患者的动静姿态是疾病的外在反映。由于阳主动、阴主静，凡躁动不安者多属阳、热、实证；喜静懒动者多为阴证、寒证、虚证。故观察患者的动静姿态，可以判断疾病的寒热虚实性质。

肢体活动与心神、筋骨和经脉有着密切关系。心神正常，筋骨强健，经脉通畅，则肢体运动自如，动作矫健协调。若心神失常，筋骨、经脉不利，则可导致肢体活动失调，出现各种异常动作。故观察肢体运动状况，也可判断心神状况和筋骨、经脉的病变。

1. 动静姿态 正常人表现为运动自如，动作协调，体态自然。不同疾病则可表现出不同的动静姿态。一般来说，动者、强者、仰者、伸者，多属阳证、热证、实证；而静者、弱者、俯者、屈者，多属阴证、寒证、虚证。

（1）坐姿：如坐而仰首，胸满气急，多属痰壅气逆的肺实证；坐而俯首，气短懒言，多属肺虚或肾不纳气；但坐不得卧，卧则气逆，多为肺胀咳喘，或心阳不足，水气凌心；但欲卧而不欲坐，坐则昏眩，多为气血亏虚。

（2）卧姿：如卧时面常向里，身重不能转侧，卧时蜷缩，喜加衣被，多属阴证、寒证、虚证；卧时面常向外，身轻自能转侧，仰面伸肢，常欲揭衣被，多属阳证、热证、实证。

（3）立姿：如不能久站，站立时常需其他物体支撑，多见于久病气血虚衰；站立不稳，伴见眩晕者，多属肝风内动；以手护腹，俯身前倾者，多为腹痛。

（4）行姿：如以手护腰，弯腰曲背，行动艰难多为腰腿病；行走时身体震颤不定，是肝风内动之征，见于中风后遗症；行走时，突然止步，以叉手扪心，闭目不语者，多见于心悸怔忡或心痛。

2. 异常动作 不同的疾病可以表现不同的异常动作，通过观察患者的相应表现有助于诊断疾病。如患者猝然昏倒，不省人事，口眼㖞斜，半身不遂者，为风中脏腑；若神志清楚，仅见口眼㖞斜，半身不遂者，为风中经络。猝倒而口开，手撒遗尿，属中风脱证；牙关紧闭，两手握固，属中风闭证。盛夏而突然昏倒，伴有高热面赤，呼吸气粗，汗出较多，甚者昏迷惊厥者，多为中暑。猝然昏倒，四肢厥冷，呼吸自续者，属厥证。循衣摸床、撮空理线是失神的表现。四肢抽搐，角弓反张，颈项强直，两目上视者，为肝风内动，多见于高热惊厥或小儿惊风。手足痿软无力，行动不灵而无痛者，为痿证。关节疼痛或肿胀变形，肢体活动障碍，为痹证。痛证常有特殊的姿态，如患者蹙额捧头，俯不欲仰者，多属头痛；活动时突然停止，以手护心，不敢行动，伴口唇青紫者，多见于真心痛；以手护腹，身体前倾，多为腹痛；以手叉腰，扭转不能，多属腰痛。

二、局部望诊

局部望诊是在全身望诊的基础上，根据诊断疾病的需要，对人体某一局部色泽、形态进行有目的的重点观察，以了解病情、诊察疾病的方法。

局部望诊的内容包括望头面、五官、躯体、四肢、二阴、皮肤等方面。

（一）望头面

望头面是通过观察头面的形态、囟门、头发的变化，以诊察疾病的方法。望头面时应注意观察头部形态、囟门、头发及面部形态的异常变化。

1. 望头部

头为精明之府，诸阳之会，内藏脑髓，髓源于肾精。经脉汇聚于头面，脏腑气血上荣于头。故望头面可察肾与脑的病变和脏腑精气的盛衰。

（1）头颅：头颅的大小异常和畸形，常见于颅骨发育期的婴幼儿。头颅的大小是以头围（自双眉弓上缘处，经过枕骨粗隆，绕头 1 周的长度）来衡量。头围：新生儿约为 34cm，1 周岁约为 46cm，2 周岁约为 48cm，5 周岁约为 50cm。15 岁时接近成人，为 54 ～ 58cm。

1）巨颅：小儿头颅的额、顶、颞及枕部突出膨大呈圆形，颅缝开裂，面部较小，伴智力低下，多为先天不足，肾精亏虚，水液停聚于脑。

2）小颅：小儿头颅狭小，顶部尖突高起，颅缝早闭，并有智力低下，多因先天肾精不足，颅骨发育不良所致。

3）方颅：小儿前额左右突出，头顶平坦，头颅呈方形，多为肾精不足、脾胃虚弱，颅骨发育不良所致，可见于小儿佝偻病或先天性梅毒。

（2）囟门：囟门是婴幼儿颅骨发育过程中所形成的骨间隙，有前囟、后囟之分。后囟呈三角形，约在出生后 2 ～ 4 个月内闭合；前囟呈菱形，约在出生后 12 ～ 18 个月内闭合。囟门是观察小儿生长发育状况的主要部位之一。

1）囟填：小儿囟门突起，多属实证，为温病火邪上攻，或脑髓病变，或颅内水液停聚所致。

2）囟陷：小儿囟门凹陷，多属虚证，为吐泻伤津、气血不足或先天肾精亏虚，脑髓失充所致。

3）解颅：小儿囟门迟闭，骨缝不合，多因先天肾气不足，或后天脾胃虚弱，发育不良所致，常见于小儿佝偻病。

（3）动态：头部摇摆不能自主者，多为肝风内动；年老而头摇摆不已者，多为气血亏虚，虚风内动。

2. 望面部　观察面部形态时，应与面部色诊相结合。

（1）面肿：颜面浮肿，多见于水肿病，因肺脾肾功能失调，水液停聚而致。若头面皮肤焮红灼热肿胀，色如涂丹而疼痛，称为“抱头火丹”，多由风热火毒上攻所致。若头肿大如斗，面目肿甚，目不能开，称为“大头瘟”，为天行时疫，火毒上攻而致。

（2）腮肿：一侧或两侧腮部以耳垂为中心漫肿，边缘不清，局部焮热疼痛，多为“痄腮”，为温毒蕴结气血所致。

（3）口眼㖞斜：即口眼歪斜，指患侧口角下垂，向健侧歪斜，面肌松弛，额纹消失，眼睑不能闭合，鼻唇沟变浅，多因经脉不利，气血不畅，肌肉受损所致。突发口眼歪斜而无半身不遂者，多为面瘫，因风邪中络所致；若与半身不遂并见者，为中风，多因肝阳化风，痰瘀阻络所致。

（4）面脱：即面削颧耸，指面部肌肉消瘦，两颧高耸，眼窝、面颊凹陷，伴全身骨瘦如柴，多为脏腑精血消耗殆尽，见于慢性病晚期的病危阶段。

（5）特殊面容：惊恐貌是指患者面部表情呈现惊恐状，多见于小儿惊风、狂犬病和瘿病等。苦笑貌是指患者呈现似哭非哭、似笑非笑的苦笑状面容，可见于新生儿脐风、破伤风等病。“狮面”是指患者面部肌肉出现斑块、结节，浸润性隆起，面部凹凸不平，犹如狮子面容，伴见鼻骨塌陷，眉毛、头发脱落，见于麻风病。

3. 望头发 发为血之余，肾之华。头发色黑润泽浓密者，为肾气充盛，精血充足的表现。因此，观察头发的色泽、发质以及疏密，可以了解肾气的盛衰和精血的盈亏。

（1）发色：发黄干枯，稀疏易落，多为精血不足，可见于慢性虚损者或劳神伤血。

（2）发质：小儿头发稀疏黄软，生长迟缓，甚至久不生发，多因先天不足，肾精亏损，或喂养不当，气血亏虚，发失所养而致。小儿发结如穗，枯黄无泽，伴见面黄肌瘦者，为脾胃受损，气血化生不足，发失所养而致，多见于疳积。

（3）脱发：突然片状脱发，显露圆形或椭圆形光亮头皮而无自觉症状者为斑秃，多因血虚受风，或七情内伤，暗耗精血，发失所养而致。头顶发脱，为顶秃，多为劳神过度，耗伤精血或先天遗传所致。青壮年头发稀疏易落，伴眩晕、健忘、腰膝酸软者，属肾虚；伴头皮瘙痒、多屑多脂者，多因血热化燥或痰湿内蕴所致。

（二）望五官

望五官是通过观察面部之目、耳、鼻、口、舌等异常变化，以察知疾病的方法。目、耳、鼻、口、舌五官为五脏之苗窍，内应五脏，故诊察五官的异常变化，可以了解相应脏腑的病变。望舌有专题论述，故本节主要介绍目、耳、鼻、口唇、齿龈和咽喉等部位的望诊内容。

1. 望目

目为肝之窍，心之使，五脏六腑之精气皆上注于目，故观察目的变化可知脏腑病变。《灵枢·大惑论》将目的不同部位分属于不同脏腑，后世医家据此发展为“五轮”学说，即目眦及血络属心，称为血轮；黑睛属肝，称为风轮；眼睑属脾，称为肉轮；白睛属肺，称为气轮；瞳仁属肾，称为水轮。根据五轮变化可推测相应脏腑的病变。

望目应重点观察目神、目色、目形及目态的变化。

（1）目神：两目黑白分明，精彩内含，视物清晰，转动灵活，属有神，病轻易治；两目晦暗，失却精彩，视物模糊，浮光暴露，转动不灵，为无神，属病重难治。

（2）目色：正常人眼睑内（睑结膜）与两眦红润，白睛（巩膜）色白，黑睛（虹膜）褐色或棕色，角膜无色透明。其异常表现主要有：

1）目赤肿痛：多属实热证。如白睛色红，为肺火或外感风热；两眦赤痛，为心火上炎；睑缘赤烂，为脾有湿热；全目赤肿，为肝经风热上攻。

2）白睛发黄：为黄疸病的主要表现，多由湿热内蕴或寒湿内阻，肝胆疏泄失常，胆汁外溢所致。

3）目眦淡白：属血虚，因血液亏虚不能上荣于目所致。

4）目胞色黑：多属肾虚，为肾精亏耗，或肾阳虚衰，水寒内盛所致。

5）黑睛灰白浑浊：为目生翳，属外障眼病，因邪毒外侵，或肝火上攻，或湿热熏蒸，或外伤气血瘀滞，或阴虚，虚火上炎，或气血两虚所致。

（3）目形

1）目胞浮肿：为水肿的先兆和常见表现。若目胞微肿如新卧起之状，是水肿病初起。上下眼胞肿势急而色红为脾热；肿势徐缓，目胞宽软，多为脾虚。

2）眼眶凹陷：眼眶微陷者，多因吐泻伤津或气血不足所致；久病，眼眶深陷，甚则视不见人，伴骨瘦如柴，则为脏腑精气衰竭，属病危。

3）眼球突出：眼球突出兼气喘胸满者，属肺胀；眼球突出兼颈前结喉旁微肿，随吞咽动作而上下移动者，属瘿病，为肝郁化火，痰气壅结所致。

4）针眼、眼丹：胞睑边缘肿起如麦粒，红肿较轻者，称为“针眼”；胞睑焮红如丹，硬结漫肿，称为“眼丹”。皆为风热邪毒或脾胃蕴热上攻于目所致。

（4）目态：主要观察瞳孔、眼球和目胞三个方面。正常人瞳孔呈圆形，双侧等大，在自然光线下直径为 3 ～ 4mm，对光反射灵敏，眼球运动灵活。其异常改变主要有：

1）瞳孔缩小：瞳孔直径小于 2mm，多属中毒所致，如川乌、草乌、毒蕈、有机磷类农药等中毒或吗啡等药物反应。亦可见于眼部疾病和中风重者。

2）瞳孔散大：瞳孔直径大于 5mm，可见于青风内障、目系暴盲等眼科疾病、中风、脑外伤、颅内肿瘤、中毒等。若双侧瞳孔完全散大，对光反射消失，为肾精耗竭，心神散乱，属濒死危象。

3）目睛凝视：指患者眼球固定，不能转动。双目固定前视，称为瞪目直视，伴神昏，为脏腑精气衰竭所致，属病危。两目上视，白多黑少，不能转动者，称为戴眼，见于惊风、惊厥及癫痫。黑睛斜向一侧，称为横目斜视，为肝风内动，亦可见于先天性斜视或外伤。

4）闭目障碍：双目闭合障碍，多为瘿病；单侧闭合障碍，多为风中面络；若小儿睡眠时露睛，多由脾气虚弱，胞睑失养所致，常见于吐泻伤津和慢脾风。昏睡露睛，亦可见于中风、颅脑病变。

5）眼睑下垂：即睑废。双睑下垂者，多为先天不足、脾肾亏虚；单睑下垂者，多因脾气虚弱或外伤所致。

2. 望耳　耳为肾之窍，手足少阳经脉、手足太阳经及足阳明经行于耳或环绕其周围，故耳为“宗脉之所聚”。因此，望耳可诊察肾、肝胆及全身的病变。

望耳应注意观察耳的色泽、形态及耳道等。

（1）色泽：正常人耳郭色泽微黄红润，为气血充足的表现。耳轮淡白，为气血亏虚或寒证；耳轮红肿，为肝胆湿热或热毒上攻；耳轮青黑，多见于阴寒内盛或有剧痛；耳轮干枯焦黑，多属肾精亏虚。小儿耳背有红络，伴耳根发凉者，多为麻疹先兆。

（2）形态：耳郭瘦小者，多属肾虚；耳郭肿胀者为邪气盛；耳轮甲错者，多属久病血瘀。

（3）耳道：耳内流脓，称为“脓耳”，多由肝胆湿热蕴结所致；外伤后耳道流血，多为颅底骨折，属病危；外耳道内局部红肿疼痛，为耳疖，多因邪热博结所致；耳道内赘生物，为耳痔，多为湿热痰火上逆所致。

3. 望鼻　鼻居面部中央，为肺之外窍，是呼吸的通道；鼻称明堂，为脾之所应；足阳明胃经分布于鼻两旁，故望鼻之变化可察知肺、脾胃等脏腑的病变。

望鼻应注意其色泽、形态和鼻道。

（1）色泽：鼻头色青，多为虚寒或腹痛。鼻头色黄，是内有湿热；鼻头色白，是气血亏虚；鼻头色红为脾肺二经有热；鼻色微黑，为水气内停。

（2）形态：鼻头色赤有小丘疹，久之色紫变厚或肿大者，称为酒渣鼻，多因肺胃热壅所致；鼻翼煽动，多见于哮证、喘证，新病多为邪热壅肺，或痰饮停肺，久病多是肺肾气虚。

（3）鼻道：鼻流清涕，多为外感风寒或阳气虚弱；鼻流浊涕，多因外感风热或肺胃蕴热；鼻涕色黄质黏量少，或偶有血丝，多因燥邪所致；若久流浊涕且腥臭者名为鼻渊，为外感风热或胆经湿热上攻于鼻所致。鼻道内生赘生物，气息不畅，名为鼻痔（鼻息肉），多因湿热邪毒蕴结鼻窍所致。

4. 望口与唇 脾开窍于口，其华在唇，手阳明大肠经、足阳明胃经环绕口唇，故口唇变化可诊察脾胃及相关脏腑的病变。

望口唇主要观察口唇的色泽及形态变化。

（1）色泽：正常人唇色红润。唇色淡白，为血虚或气血亏虚；唇色深红，主实热证；唇色鲜红者，为阴虚火旺；唇色呈樱桃红，多见于煤气中毒；唇色青紫，属气滞血瘀；小儿环口发青者，多为惊风先兆。

（2）外形：口唇干裂，多为津液耗伤。口唇糜烂，多是脾胃湿热；唇内溃烂，色淡红，为虚火上炎；小儿口腔、舌上满布白屑，状如鹅口，称为鹅口疮，多因湿热秽浊之邪上蒸于口所致；小儿口腔颊黏膜近臼齿处出现微小灰白色斑点，周围绕以红晕，为麻疹黏膜斑，为麻疹出疹之兆；口角流涎，小儿多属脾气虚弱，成人多为风中络脉或中风后遗症；唇裂如兔唇者，多因先天发育畸形所致。

（3）动态：《望诊遵经》将口唇的异常动态归纳为“口形六态”。一是口张：口开而不闭，状如鱼口，张口气直，但出不入，则为肺气将绝，属病危。二是口噤：口闭而难开，牙关紧急，多因肝风内动所致，可见于中风、痫病、惊风、破伤风等。三是口撮：口唇上下紧聚，为邪正交争所致，多见于新生儿脐风、破伤风。四是口㖞：又称口僻，口角向一侧㖞斜，多为风邪中络或风痰阻络所致，多见中风。五是口振：战栗鼓颌，口唇振摇，多为阳虚寒盛或邪正剧争所致，可见于外感寒邪，温病、伤寒欲作战汗，或疟疾发作。六是口动：口频繁开合，不能自禁，是胃气虚弱之象；若口角掣动不止，则为动风之象。

5. 望齿与龈 齿为骨之余，骨为肾所主；龈乃胃之络，手足阳明经分布之处，所以望齿与龈可诊察肾、胃、肠的病变及津液的盈亏，尤其对温病的辨证更有重要意义。

望齿龈主要观察齿的润燥、色泽和形态。

（1）牙齿：牙齿洁白润泽而坚固，为肾气旺盛、津液充足的表现。牙齿干燥，为胃阴已伤；牙齿光燥如石，为阳明热甚，津液大伤；牙齿燥如枯骨，是肾阴枯竭；牙齿松动稀疏，齿根外露，多属肾虚；睡中啮齿，多为胃热、虫积或消化不良；咬牙啮齿，多属热极生风。

（2）牙龈：牙龈淡红而润泽，为胃气充足、气血调匀的表现。牙龈淡白，多为血虚或气血不足；龈萎色淡，多是胃阴不足，或肾气亏虚；齿龈红肿，多为胃火亢盛；齿缝出血，称为齿衄，兼牙龈红肿疼痛者，为胃火伤络；若不红不痛而微肿者，为脾虚血失统摄，或肾阴虚，虚火上炎所致。

6. 望咽喉

咽喉为肺胃之门户，是呼吸、饮食之要冲。足少阴肾经循喉咙挟舌本，所以望咽喉可以了解肺、胃、肾的病变。

望咽喉应注意观察其色泽、形态。正常人咽喉淡红润泽，不痛不肿，呼吸、发音、吞咽顺利无阻。

（1）色泽：咽部深红，肿痛明显，属实热证，多由肺胃热盛所致；咽部色红，肿痛不显，多因肺肾阴虚、虚火上炎所致。咽部淡红漫肿，多为痰湿凝聚所致。

（2）形态：咽部一侧或两侧喉核红肿灼痛，形如乳头，甚则溃烂或有黄白脓点，称为乳蛾，为肺胃热毒壅盛，或虚火上炎，气血瘀滞所致；咽喉部红肿高突，疼痛甚剧，吞咽、呼吸受累，为喉痈，多为脏腑蕴热，复感外邪，热毒侵犯咽喉所致；咽部溃烂处上覆盖一层黄白或灰白色膜，称为伪膜。若伪膜呈灰白色，坚韧不易擦去，重擦出血，随即复生者，为白喉，因外感疫疠毒邪所致，属烈性传染病。

（三）望躯体

望躯体是通过观察躯体不同部位的异常变化，以推测相关脏腑器官的病变。望躯体的内容包括望颈项、胸胁、腹部、腰背部等。

1. 望颈项 颈项是连接头与躯干的部分，其前部称颈，后部称项。颈项内有气管、食管、脊髓和经脉行于内。故观察颈项对局部及某些全身病证的诊断具有一定意义。

望颈项应注意外形和动态变化。正常人颈项直立，两侧对称，活动自如，男性喉结突出，女性喉结不明显，颈侧动脉搏动在安静时不易见到。

（1）外形变化：主要观察有无肿瘤、结节及其部位、形态、大小等。

1）瘿瘤：指颈前喉结处一侧或两侧有肿大，随吞咽移动者，多因肝气郁结，痰浊阻滞所致，或与地方水土有关。

2）瘰疬：指颈侧、颌下肿块累累如串珠者，多因肺肾阴虚，虚火灼津成痰，或感受风热时毒，夹痰结于颈部所致。

（2）动态变化：主要观察颈项部的动静姿态。

1）项强：指项部筋肉拘急或强硬，活动受限。头项强痛，伴恶寒发热等症，多因风寒侵袭太阳经脉；项部强直，不能前俯，伴壮热头痛，神昏抽搐，多为火热内盛，燔灼肝经，见于温病热极生风或破伤风；睡醒后突觉后项拘急疼痛不舒，肩背疼痛者，属“落枕”，多因睡姿不当或风寒客于经络，或颈部肌肉劳损所致。

2）项软：指颈项软弱，抬头无力者，多见于小儿，为先天不足，肾精亏虚，或后天失养，脾胃亏虚所致，多见于佝偻病患儿。久病、重病颈项软弱，头垂不抬，目眶深陷，为脏腑精气衰竭，属危象。

3）颈脉搏动：指安静时颈侧动脉搏动较常人明显，多是肝阳上亢或血虚重证。卧时则颈静脉怒张，可见于水肿、臌胀等病。

2. 望胸胁 胸部是指锁骨以下，横膈以上的躯干正面区域。胸廓由胸骨、肋骨、锁骨和胸椎组成。胸廓内藏心肺，宗气聚于中；胸廓前有乳房，为胃经所属，乳头属肝经。胸侧自腋下至十二肋骨的区域为胁，为肝胆经循行之处。故望胸胁部可以诊察肺、心、肝胆、乳房等脏腑器官的病变及宗气的盛衰。

望胸胁应注意观察胸廓外形变化、虚里搏动和呼吸运动等情况。

（1）胸廓外形：正常人的胸廓呈椭圆形，两侧对称，胸廓前后径较左右径为短，比例约为 1 ∶ 1.5，两侧锁骨上窝对称。

常见的胸廓变形主要如下：

1）扁平胸：胸廓呈扁平状，其前后径不及左右径的一半。见于瘦长体形者，亦常见于肺肾阴虚或气阴两虚之人。

2）桶状胸：胸廓呈圆桶状，其前后径与左右径约相等，甚至超过左右径，肋间隙增宽且饱满。常见于肺胀病，多因久病肺虚，痰瘀内阻所致。

3）佝偻胸：为佝偻病致胸部发育异常，多见于儿童，如鸡胸、漏斗胸、肋如串珠等。胸廓前后径长于左右径，其上下距离较短，胸骨下部明显前突，胸廓前侧壁肋骨凹陷，形似鸡之胸骨隆突者，称为鸡胸；胸骨下部剑突显著内陷，形似漏斗者，称为漏斗胸；胸骨双侧肋骨与肋软骨交界处圆形隆起，状如串珠者，称为肋如串珠。此三者均为先天不足或后天失养，肾气不充，骨骼发育异常所致。

4）胸廓不对称：一侧胸廓塌陷，常见于肺痿、肺部手术后等；一侧胸廓膨隆，肋间隙变宽，多见于悬饮、气胸等病。

（2）虚里搏动：虚里位于左乳下第四、五肋间，乳头稍下内侧，即心尖冲动处，为宗脉之所聚，正常人不见虚里搏动。若虚里搏动明显，其动应衣，为宗气外泄之征。

（3）呼吸：正常人呼吸均匀，节律整齐，每分钟 16 ～ 18 次，胸廓起伏左右对称。女性以胸式呼吸为主，男性和儿童以腹式呼吸为主。

常见呼吸异常有：

1）呼吸形式异常：胸式呼吸增强，腹式呼吸减弱，为腹部有病，可见于臌胀、腹腔积液或肿块；胸式呼吸减弱，腹式呼吸增强，为胸部有病，可见于肺痨、悬饮、胸部外伤等。两侧胸部呼吸不对称，可见于悬饮、肺痿、肿瘤等。

2）呼吸时间异常：吸气时间延长，多因吸气困难所致，常见于痰饮停肺、急喉风、白喉重型等；呼气时间延长，多因呼气困难所致，可见于哮喘、肺胀等。

3. 望腹部　腹部指躯干正面剑突以下至耻骨以上的部位，内藏脾、胃、肝、胆、大肠、小肠、肾、膀胱、胞宫等，亦为诸经循行之处。故望腹部可以诊察腹内脏腑的病变和气血的盛衰。

望腹部应注意观察腹部的形态变化。

正常人的腹部平坦对称。直立时腹部可稍微隆起，约与胸平齐，仰卧时则稍微凹陷，且青筋不显。

（1）腹部膨隆：指仰卧时前腹壁明显高于胸骨至耻骨中点连线。兼腹壁青筋暴露，四肢消瘦，属臌胀病，多为肝郁脾虚，气滞血瘀，水湿内停所致；兼周身浮肿者，属水肿病，为肺脾肾三脏功能失调，水邪停聚，泛滥肌肤所致。

（2）腹部凹陷：指仰卧时前腹壁明显低于胸骨至耻骨中点连线。新病多见于吐泻太过，津液大伤；久病多见于脾胃虚弱，气血不足。若腹壁瘦薄，腹皮甲错，腹部深凹着脊，称舟状腹，为脏腑精气耗竭之病危表现。

（3）青筋暴露：指腹大坚满，腹壁青筋显现外露，甚则肚脐突出者。多由肝郁气滞，脾虚水湿内停，气机受阻，血行不畅，脉络瘀阻而致，见于臌胀重症。

4. 望腰背　腰为肾之府；背为胸中之府。督脉贯脊行于正中，足太阳膀胱经分行挟于腰背两侧，经上有五脏六腑的腧穴，带脉横行环绕腰腹，总束阴阳诸经，皆与腰背密切相关。故望腰背部可以诊察相关脏腑、经络的病变。

望腰背部应重点观察脊柱及腰背部有无形态异常及活动受限。

正常人腰背部两侧对称，俯仰转侧自如，直立时脊柱居中，颈、腰段稍向前弯曲，胸、骶段稍向后弯曲，无左右侧弯。

（1）脊柱后凸：指脊柱过度后弯，也称为驼背，多由肾气亏虚，发育异常，或脊柱疾病所致。若久病患者背部弯曲，两肩下垂称为“背曲肩随”，属精气衰败。

（2）脊柱侧凸：指脊柱偏离正中线，向左或右偏移者。可见于先天肾精亏虚、发育不良，或长期坐姿不良的患儿，或一侧胸部有病，或腰部扭伤的患者。

（3）脊疳：指患者极度消瘦，以致脊骨突出似锯者。见于慢性重病患者，为脏腑精气亏损，脊背失养所致。

（4）角弓反张：指项背强直，腰背反折，身体后仰如弓状的症状。常见于脐风、破伤风等病，为肝风内动，筋脉拘急之象。

（5）腰部拘急：指腰部拘急疼痛，活动受限，转侧不利者。多因寒湿内侵，脉络拘急，或跌仆闪挫，局部气滞血瘀所致。

（四）望四肢

四肢包括上肢的肩、臂、肘、腕、掌、指，下肢的股、膝、胫、踝、趾等部位。四肢相应部位是由皮、脉、筋、骨、肉等五体构成，而五体分别为肺、心、肝、肾、脾所主，五脏皆与四肢有关，而“脾主四肢”；手、足三阴、三阳经分别循行于上肢和下肢。故望四肢可以诊察脏腑和经脉的病变。

望四肢主要观察四肢的外形和动态变化。

1. 外形

（1）四肢肿胀：指四肢浮肿，按之有凹陷者。多见于水肿病，为肺脾肾功能失调，水饮内停所致；若单侧肢体肿胀，可由经脉阻滞不通所致。下肢肿胀，皮肤粗厚如象皮者，多见于丝虫病。

（2）四肢萎缩：指四肢或某一肢体肌肉消瘦，松软无力者，多因脾胃亏虚，肝肾不足，或经络闭阻所致。

（3）膝部肿大：若膝部红肿热痛，屈伸不利者，属热痹，因风湿热邪蕴结所致；若膝部肿大，股胫消瘦，形如鹤膝者，属鹤膝风，多为寒湿久留，气血亏虚所致。

（4）下肢畸形：直立时两踝并拢而两膝分离者，为膝内翻，又称“O”形腿；两膝并拢而两踝分离者，为膝外翻，又称“X”形腿。上述畸形皆属先天亏虚，肾气不充，或后天失养，发育不良所致。

（5）小腿青筋暴露：指小腿脉络怒张，形如蚯蚓，久立后加剧者，多因寒湿内侵，瘀血阻络所致。

（6）手指畸形：一个或数个手指关节呈梭状畸形，活动受限者，为梭状指，多由风湿久蕴，痰瘀阻络所致。手指或足趾末端膨大如杵者，为杵状指，多为久病咳喘，心肺虚损，痰瘀互结所致。

2. 动态

（1）手足颤动：指手或下肢颤抖或动摇不定，不能自主，为血液亏虚，筋脉失养，肝风内动，或饮酒过度所致。

（2）手足蠕动：指手足掣动，迟缓无力，类似虫之蠕行，为阴液不足，筋脉失养，虚风内动所致。

（3）四肢抽搐：指四肢筋脉挛急与弛张间作，舒缩交替，动作有力，常见于破伤风、痫证、小儿惊风等病，为肝风内动，筋脉拘急所致。

（4）四肢拘急：指手足筋肉挛急不舒，屈伸不利，多因寒邪凝滞，或气血亏虚、筋脉失养所致。

（5）肢体痿废：指四肢肌肉萎缩，缓纵不收，痿废不用。常见于痿证，多因脾胃亏虚，肝肾亏损，或湿热浸淫，筋肉失养所致。

（五）望二阴

二阴指前阴和后阴。前阴包括外生殖器和尿道口，为肾所司，宗脉之所聚，阳明经、太阴经、冲脉、任脉之所会，肝经环绕阴器，所以前阴病变多与肾、膀胱、肝等脏腑有关。后阴即肛门，通于大肠，大肠主传导，肾司二阴，脾主运化、升举，所以后阴病变多与脾、胃、大肠、肾等脏腑有关联。

1. 望前阴 检查男性前阴应注意观察阴茎、阴囊和睾丸是否正常，局部有无硬结、红肿、湿疹、溃疡等形色改变；检查女性前阴要有明显的适应证，由妇科医生负责检查，男医生需在女护士陪同下进行。

前阴常见的异常改变有：

（1）外阴肿胀：指男性阴囊或女性阴户肿大。若无红痒痛者，多为水肿所致。阴囊肿大，坠胀疼痛，可见于疝气，多因肝郁、寒湿、湿热、气虚或久立远行所致。

（2）阴部湿疹：指男子阴茎、阴囊或女子大、小阴唇出现灼热瘙痒，甚者红肿渗液，灼热疼痛，多为肝经湿热下注、风邪外袭所致；若日久皮肤粗糙变厚，多是阴虚血燥的表现。

（3）阴挺：指妇女子宫从阴道脱出，又称子宫脱垂，多因脾虚中气下陷或产后劳伤所致。

2. 望后阴 观察后阴时应注意肛门有无红肿、痔疮、瘘管及其他病变等。

（1）肛痈：指肛门周围局部红肿高突，疼痛明显，甚则破溃流脓者；多由湿热下注或外感热毒而致。

（2）肛裂：指肛门皮肤与肛管黏膜裂伤或形成溃疡者，多因热结肠燥或阴津不足，大便干燥坚硬所致。

（3）痔疮：指肛门内外生有紫红色柔软肿块或团块，突起如峙者，多由肠中湿热蕴结或血热肠燥所致，或因久坐、负重、长期便秘等因素，导致局部血行不畅，脉络瘀阻所致。

（4）肛瘘：指直肠或肛管与周围皮肤相通而形成的瘘管，多因肛痈或痔疮，溃破后久不收口而成。

（5）脱肛：指直肠或直肠黏膜组织脱出肛门外，多由脾虚中气下陷所致。

（六）望皮肤

皮肤为一身之表，人体之藩篱，内合于肺，卫气循行其间，具有保护机体的作用。大凡感受外邪或内脏有病，皆可引起皮肤发生相应改变而反映于外。望皮肤既可以诊察皮肤局部的病变，亦可测知内脏的病变和气血津液的盛衰。

望皮肤应注意其色泽、形态的变化。正常人皮肤润泽、柔韧光滑，是脏腑精气充足，气血津液充沛的表现。

1. 色泽

（1）皮肤发赤：皮肤发赤，色如涂丹，边缘清楚，灼热肿胀者，为丹毒。因其发病部位不同而有不同名称：发于头面者，称为抱头火丹；发于小腿足部者，称为流火；发于全身，游走不定者，称为赤游丹。发于上部者多因风热化火所致；发于下部者多由湿热化火而致，也可因外伤染毒而成。

（2）皮肤白斑：局部皮肤明显变白，斑片大小不等，形态各异，边界清楚，不痛不痒，缓慢进展者，称为白癜风，多因风湿侵袭，气血失和所致。

（3）皮肤发黑：皮肤色黑而晦暗，干枯不荣，多属劳伤肾精所致；若周身皮肤色黑而晦暗，多由肾阳虚衰，失于温运所致。

（4）皮肤发黄：全身皮肤及面、目、爪甲俱黄者，为黄疸。若黄色鲜明如橘子色者，为阳黄，多因湿热熏蒸，胆汁外溢肌肤所致；黄色晦暗如烟熏者，为阴黄，多因寒湿阻遏，胆汁外溢肌肤而成。

2. 外形

（1）皮肤干燥：皮肤干涩不荣，甚则皲裂，脱屑者。多为津液已伤，或营血亏虚，肌肤失养，或外邪侵袭，气血瘀滞所致。

（2）肌肤甲错：皮肤干枯粗糙，状若鱼鳞。多属瘀血日久，肌肤失养所致。

（3）肿胀：周身肌肤浮肿，按之凹陷者，为水肿。其中，发病较急，头面先肿，继及全身，腰以上肿甚，属阳水；若下肢先肿，渐及全身，腰以下肿甚，属阴水。

3. 皮肤病变

（1）斑疹：斑和疹均为全身性疾病表现于皮肤的症状，两者虽可互见并称，但实质有别。

1）斑：是指色深红或青紫，多点大成片，平铺于皮肤，抚之不碍手，压之不褪色者。由于病机不同，又有阳斑和阴斑之分。

阳斑：色深红或紫红，兼身热、面赤、脉数等实热表现。多由外感温热邪毒，内迫营血所致。

阴斑：色淡青或淡紫，隐隐稀少，兼神疲、脉虚等气虚表现。多由脾气虚衰，血失统摄所致。

2）疹：是指色红，点小如粟，高出皮肤，抚之碍手，压之褪色者。有麻疹、风疹、瘾疹等不同。

麻疹：疹色桃红，形似麻粒，先见于耳后发际，渐延及颜面、躯干和四肢，疹发透彻后按出疹顺序逐渐消退。因外感麻毒时邪所致，属儿科常见传染病。

风疹：疹色淡红，细小稀疏，瘙痒不已，时发时止。为外感风热时邪所致。

瘾疹：皮肤上出现淡红色丘疹，形态各异，皮肤瘙痒，搔之融合成片，高出皮肤，发无定处，出没迅速。为外感风邪或过敏所致。

（2）水疱：即皮肤上出现成簇或散在性小水疱，有白㾦、水痘、热气疮、湿疹、缠腰火丹等。

1）白㾦：皮肤出现白色小疱疹，晶莹如粟，高出皮肤，擦破流水，多发于颈胸部，四肢偶见，面部不发，常兼身热不扬、胸闷脘痞等症。多由外感湿热，郁于肌表，汗出不彻所致，常见于湿温病。

2）水痘：小儿皮肤出现粉红色斑丘疹，迅即变为椭圆形小水疱，晶莹明亮，顶满无脐，浆液稀薄，皮薄易破，分批出现，大小不等。多因外感湿热时邪所致，属儿科常见传染病。

3）热气疮：口角、唇边、鼻旁等处出现成簇，如粟米大小的水疱，灼热痒痛。多因外感风热或肺胃蕴热上熏所致。

4）湿疹：周身和局部皮肤初起红斑，瘙痒，迅速形成丘疹、水疱，破后渗液，形成红色湿润之糜烂面。多因湿热蕴结，复感风邪，郁于肌肤所致。

5）缠腰火丹：初起皮肤焮红，灼热刺痛，继而如绿豆至黄豆大小的水疱，围以红晕，如带状簇生，多发于腰腹与胸胁部。多因外感火毒，或肝经湿热，浸淫肌肤。

（3）疮疡：指发于皮肉筋骨之间的外科疾患。常见类型有痈、疽、疔、疖等。

1）痈：患处红肿高大，根盘紧束，焮热疼痛，易于成脓，属阳证。多为湿热火毒蕴结，气血瘀滞所致。

2）疽：患处漫肿无头，皮色不变或晦暗，局部麻木，疼痛彻骨，病位较深，属阴证。多为气血亏虚，阴寒凝滞。

3）疔：患处形小如粟，顶白根深，坚硬如钉，麻木痒痛，多发于颜面和手足。多由外感风热或内生火毒而致。

4）疖：患处形小而圆，突起根浅，红肿热痛不甚，易于成脓，脓出即愈。多因外感热毒或湿热内蕴而致。

三、望　舌

望舌，又称舌诊，是通过观察舌质和舌苔的变化，以了解机体生理功能和病理变化的诊察方法。望舌是望诊的重要内容，也是中医诊断疾病的重要依据之一。

（一）舌的形态结构

舌是肌性器官，由黏膜和舌肌组成，它附着于口腔底部、下颌骨、舌骨，呈扁平而长形。其主要功能与味觉、发音、搅拌食物协助吞咽有关。

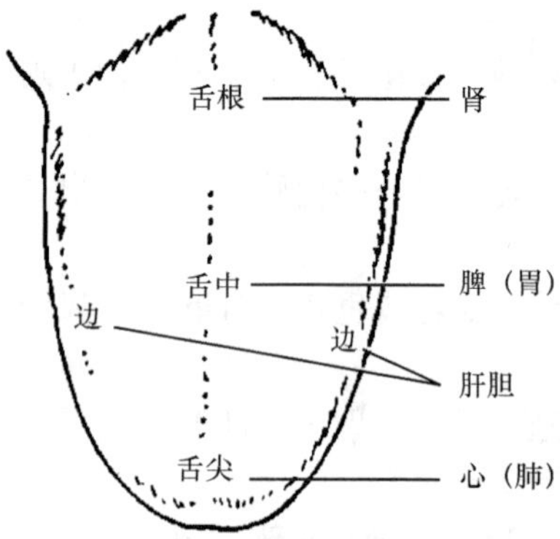

图 2-3　舌诊脏腑部位分属

中医诊舌的部位主要是舌体，舌体的上面称为舌背，下面称为舌底。舌体的前端称为舌尖；舌体的中部称为舌中；舌体的后部、人字形界沟之前称为舌根；舌两侧称为舌边（图 2-3）。舌体的正中有一条纵行沟纹，称为舌正中沟。当舌上卷时，可看到舌底。舌底正中有一条连接于口腔底的纵行黏膜皱褶称为舌系带，系带终点两侧各有一个小圆形突起，为舌下肉阜，有腺管开口于此，左侧的称为金津，右侧的称为玉液，是胃津、肾液上潮的孔道。舌系带两侧各有一条纵行的大络脉，称为舌下大络。

舌面覆盖一层半透明的黏膜，黏膜皱折成许多细小突起，称为舌乳头。根据舌乳头形态不同，分为丝状乳头、蕈状乳头、轮廓乳头和叶状乳头四种，其中丝状乳头与蕈状乳头与舌象形成有着密切联系，轮廓乳头、叶状乳头与味觉有关。

丝状乳头数量最多、体积最小，遍布于舌背，外观呈白色丝绒状，乳头呈圆锥形，尖端略向咽部倾斜。丝状乳头复层扁平上皮细胞不断角化和脱落，食物残渣、细菌、黏液等填充其间隙，形成白色苔状物，称为舌苔。

蕈状乳头数目较少，乳头上部呈圆钝如球，根部细小形成蕈状。蕈状乳头主要分布在舌尖和舌边，其余散布于丝状乳头之间，乳头表面的上皮细胞透明，上皮不角化，内有味蕾。固有层富含毛细血管，使乳头外观呈红色。蕈状乳头的形态、色泽改变，是舌质变化的主要因素。

（二）舌诊的原理

望舌诊病是基于舌与脏腑、经络、气血津液有着密切的联系。舌的综合表现称为舌象，它是由舌质、舌苔的表现所组成的。舌质，又称舌体，是指舌的肌肉脉络组织，为脏腑气血之所荣。舌苔是指舌面上附着的一层苔状物，为胃气蒸发、胃阴上潮所生。因此，舌象是人体脏腑气血津液的外征，可以反映体内脏腑的病理变化。

1. 舌与脏腑经络的关系　舌与脏腑是通过经络直接或间接地相连而发生联系，如手少阴心经之别系舌本，足太阴脾经连舌本、散舌下，足少阴肾经挟舌本，足厥阴肝经络于舌本等，还有足太阳之筋，其支者，别入结于舌本；足少阳之筋，其支者，入系舌本；上焦出于胃上口，上至舌，下足阳明等，表明脏腑的精气可以通过经络而上营于舌，而当脏腑发生病变时其病理变化也可反映于舌象，所以望舌可以诊察内脏疾病。

舌为心之苗，又为脾之外候，说明心和脾胃与舌的关系尤为密切。舌体血脉丰富，而心主血脉，主行血与生血，心血上荣于舌，所以舌色可以反映气血的盛衰与运行情况。舌与言语有关，舌体的运动以及语言是否清晰依赖于心藏神，故《灵枢•五阅五使》曰："舌者，心之官也。"《灵枢•脉度》指出："心气通于舌，心和则舌能知五味矣。"说明舌感受味觉的功能与心的精气有关。所以舌象能反映心功能的状态。

舌居口中司味觉，与脾的运化功能密切相关，脾气健运，则口味正常，所以《灵枢•脉度》说："脾气通于口，脾和则口能知五谷矣。"舌苔是由胃气蒸化、谷气上承于舌面而生成，与脾胃运化功能相关；舌体亦赖后天化生气血之充养。所以舌象能反映脾胃功能的状态以及全身气血津液盛衰。

总之，脏腑通过经络直接或间接同舌发生联系，从而使舌象成为反映机体功能状况的镜子，一旦体内发生病变，就会出现舌象变化，即舌为五脏六腑之外候，所以通过观察舌象的各种变化，可以测知体内脏腑的病变。

脏腑与舌除有结构和功能联系外，脏腑的病变反映于舌面，亦具有一定的分布规律，即舌质候五脏病变，侧重血分；舌苔候六腑病变，侧重气分。舌尖多反映上焦心肺病变；舌中部多反映中焦脾胃病变；舌根部多反映下焦肾的病变；舌两侧多反映肝胆的病变。此外，还有以胃经划分，即舌尖属上脘，舌中属中脘，舌根属下脘，此法适用于胃病的诊断。脏腑病变在舌面上反映虽有一定规律，但不可拘泥，应四诊合参，全面观察与综合分析。

2. 舌与气血津液的关系　舌质有赖气血的濡养和津液的滋润。舌质的色、形与气血的盈亏和运行状态有关，舌形和舌苔的润燥与津液盛衰有关。舌下肉阜部有金津、玉液，唾为肾之液、涎为脾之液，津液生成、输布离不开脏腑功能的作用，所以通过观察舌象可以判断体内气血津液的盈亏。

（三）舌诊的方法与注意事项

舌诊以望诊为主，还可以结合闻诊、问诊和揩刮等方法进行全面诊察。

1. 舌诊的方法

（1）舌诊的体位和伸舌姿势：望舌时患者可采取坐位和仰卧位。伸舌时，应面向光源，自然地将舌伸出口外，舌体放松，舌面平展，舌尖略向下，充分暴露舌体。要避免伸舌过分用力，舌体紧张、蜷曲或伸舌时间过长。

（2）望舌的顺序：一般先看舌质，再看舌苔，最后观察舌下络脉。按照由外而内的顺序，先看舌尖，再察舌中、舌边，最后看舌根部依次检查。在望舌过程中，既要迅速敏捷，又要全面准确。尽量减少患者的伸舌时间。如果一次望舌判断不清，可让患者休息 3 ～ 5 分钟后，重复望舌一次。

（3）刮舌法和揩舌法：刮舌可用消毒压舌板的边缘，以适中的力量，在舌面上由后向前刮 3 ～ 5 次；揩舌用消毒纱布裹于手指上，蘸少许生理盐水在舌面上揩抹数次。这两种方法可用于鉴别舌苔有根无根，以及是否有染苔情况。

此外，还要询问舌上味觉的情况，舌体有无麻木、疼痛、灼辣等异样感觉。

2. 舌诊的注意事项

（1）光线影响：光线的强弱与色调，对颜色的影响极大。望舌应以白天充足、柔和的自然光线为佳，光线要直接照射到舌面。要避免有色光线和光照得太强、太弱以及色调的影响，如光线过暗，可使舌色暗滞；日光灯下，舌色多偏紫；白炽灯下，舌苔偏黄色。周围有色物体的反射光，也会使舌色发生相应的改变。

（2）饮食或药物影响：饮食和某些药物可以使舌象发生变化。如进食过冷过热或刺激性的食物可使舌色发生变化。刚进辛热食物，舌色偏红；多吃糖果、甜腻食品、服用大量镇静剂后，可使舌苔厚腻；长期服用某些抗生素，可产生黑腻苔或霉腐苔。

某些食物或药物，可以使舌苔着色，称为染苔。如饮用牛乳、豆浆等可使舌苔变白、变厚；进食蛋黄、橘子、黄连、维生素 B_2 等可将舌苔染成黄色；吃橄榄、乌梅可使舌苔染成黑色。染苔可在短时间内自然褪去，或经揩舌可以除去。临床如见到舌苔突然变化，或舌苔与病情不吻合时，应注意询问患者的饮食、服药情况，或用揩舌的方法予以鉴别，以防染苔造成假象。

（3）口腔因素对舌象的影响：如牙齿残缺常常易造成同侧舌苔偏厚；镶牙易使舌边留下齿印；鼻塞或张口呼吸可以使舌苔变干等。这些因素引起的舌象变化，均不能作为病理征象，临床上应加以仔细鉴别，避免误诊。

（四）舌诊内容和正常舌象

1. 舌诊内容

舌诊主要观察舌质和舌苔两个方面的变化。望舌质包括舌神、舌色、舌形、舌态和舌下络脉等五个方面，以候脏腑的虚实，气血的盛衰。望舌苔需诊察苔质和苔色两个方面，以察病邪的性质、病位的浅深，邪正的消长。《医门棒喝》说："观舌质可验其正之阴阳虚实，审苔垢即知邪之寒热浅深。"望舌时，必须综合分析舌质和舌苔，才能全面了解病情并做出正确诊断。

2. 正常舌象及其生理变异

（1）正常舌象：表现为舌质淡红鲜明而滋润，舌体大小适中、柔软灵活；舌苔颗粒细腻均匀、薄而白，干湿适中。简称"淡红舌，薄白苔"。正常舌象提示脏腑功能正常，气血津液充盈，胃气旺盛。正如《舌苔统志》说："舌色淡红，平人之常候，……红者心之气，淡者胃之气。"《伤寒论本旨·辨舌苔》说："舌苔由胃中生气所现，而胃气由心脾发生，故无病之人常有薄苔，是胃中之生气，如地上之微草也。"《辨舌指南·辨舌质生苔之原理》说："舌之苔，胃蒸脾湿上潮而生。"

（2）舌象的生理变异：正常的舌象受内外环境影响，可以产生生理性变异。因此，在掌握正常舌象基本特征的前提下，了解生理性变异的原因和特征，知常识变，才有助于准确判断。

1）年龄因素：年龄是舌象生理变异的重要因素之一。如儿童阴阳稚弱，脾胃功能尚弱，生长发育较快，往往处于代谢旺盛而营养相对不足的状态，故舌质常淡嫩，舌苔偏少易剥；而老年人精气渐衰，脏腑功能减退，气血运行迟缓，舌色多较暗红或带紫暗色。

2）性别因素：舌象一般与男女性别无明显关系。但女性因生理特点，在月经期可以出现蕈状乳头充血而舌质偏红，或舌尖边点刺增大，月经过后则恢复正常。

3）体质因素：先天禀赋不同，致使人的体质会有差异，舌象也可因此而出现不同。《辨舌指南》曰："无病之舌，形色各有不同，有常清洁者，有稍生苔者，有鲜红者，有淡白色者，或为紧而尖，或为松而软，并有牙印者，……此因无病时各有禀体不同，故舌质亦异也。"临床常见肥胖之人舌多胖大而质淡，消瘦之人舌体偏瘦而舌色偏红。因体质差异还有先天性裂纹舌、齿痕舌、地图舌等。

4）气候因素：一年四季的气候不同，舌象也会发生相应改变，如夏季暑湿盛行，舌苔多厚，色偏黄；秋季燥气当令，舌多偏干；冬季严寒，舌多湿润。

5）地域因素：地域不同，舌象也会发生不同变化，如我国东南地区偏热偏湿，西北及东北地区偏寒偏燥，舌象会相应发生一定的变异。

此外，因为舌象能灵敏地反映机体内部的病变，舌象变化可早于自觉症状而出现，因此，若正常人出现异常舌象，除了上述生理因素外，有一部分可能是疾病前期的征象。因此，还须把真正的生理变异与病变前期的病态舌象区分开来。一般说来，异常舌象长期不变，无任何不适症状出现，属于生理性变异所致。否则应考虑是疾病的前期病变，可以通过问诊加以区别。必要时应进行随访后再做出判断。

（五）常见舌象

1. 望舌质

望舌质主要观察舌神、舌色、舌形、舌态以及舌下络脉几个部分。

（1）舌神

1）荣舌

【舌象特征】 舌色红活鲜明、润泽，舌体运动灵敏自如。

【临床意义】 主气血充盈，常见于健康人；或虽病亦属善候。

【机制分析】 气血充盈而上荣于舌，则舌色红活鲜明；津液充足则舌质润泽；精神健旺则舌体运动灵敏自如。《辨舌指南·辨舌之神气》曰："凡舌质有光有体，不论黄白灰黑，刮之而里面红润，神气荣华者，诸病皆吉。"

2）枯舌

【舌象特征】 舌色晦暗，舌体干枯、运动失灵。

【临床意义】 主津液匮乏，气血大亏，属恶候。

【机制分析】 脏腑气血大亏，津液匮乏无以上荣于舌，故舌色晦暗，舌体干枯、运动失灵。《辨舌指南·辨舌之神气》说："若舌质无光无体，不拘有苔无苔，视之里面枯晦，神气全无者，诸病皆凶。"

（2）舌色

舌色，即舌质的颜色，主要有淡红、淡白、红、绛、青紫等。

1）淡红舌

【舌象特征】 舌质颜色淡红润泽。

【临床意义】 主气血调和，常见于健康人；或见病情轻浅者。

【机制分析】 淡红舌主要反映心之气血充足，胃气旺盛的生理状态。红为血之色，明润光泽为胃气之华，正如《舌苔统志》说："舌色淡红平人之候，……红者心之气，淡者胃之气。"

外感病初起，病情轻浅，尚未伤及气血及内脏时，舌色仍可保持正常而呈淡红；内伤疾病时见之，提示阴阳平和，气血充盈，多属病轻，或为疾病转愈之征。

2）淡白舌

【舌象特征】 舌色比正常浅淡，白色偏多红色偏少，称为淡白舌。若舌体色白，毫无血色，则称为枯白舌。

【临床意义】 主气血两虚、阳虚。枯白舌主脱血夺气。

【机制分析】 气血亏虚，血不荣舌，或阳气虚衰，运血乏力，无以推动血液上充于舌，故舌色淡白。

舌色淡白而舌体瘦薄，为气血两虚；若淡白湿润，舌体胖嫩，多属阳虚水停。脱血夺气，舌失充养，故见舌枯白无华，提示病情危重。

3）红舌

【舌象特征】 舌色较正常舌色鲜红者。

【临床意义】 主热证。

【机制分析】 热盛则气血沸涌，舌体脉络充盈而舌色鲜红；或阴虚水涸，虚火上炎于舌络而舌红。

舌色稍红或舌边尖红，多提示外感表热证初起；舌尖红赤而溃疡，多为心火上炎；舌两边红赤，多为肝经热盛；舌色红而有苔者，多属实热证。

舌色鲜红少苔或有裂纹、舌体瘦小多为虚热证。《辨舌指南》说："舌色鲜红，无苔点，舌底无津，舌面无液者，阴虚火炎也。"

4）绛舌

【舌象特征】 舌色深红或略带暗红色者。

【临床意义】 主里热亢盛、阴虚火旺。

【机制分析】 绛舌多由红舌进一步发展而成。其形成原因为热入营血，耗伤营阴，血热充斥于舌；或因阴液亏虚，虚火上炎于舌络，故舌绛红。

舌红绛有苔者，多因外感热病热入营血，或脏腑阳热亢盛所致，属实热证；《辨舌指南》说："绛，深红色也。心主营、主血，舌苔绛燥，邪已入营中。"

舌红绛少苔或无苔者，提示胃、肾阴伤，多因热病后期阴液受损，或久病阴虚火旺所致，属虚热证。《辨舌指南》说："绛而光亮者胃阴亡也。""舌虽绛而不鲜，干枯而萎者，肾阴涸也。"

5）青紫舌

【舌象特征】 全舌呈均匀青色或紫色，或局部现青紫色斑点，均称青紫舌。其中舌淡而泛现青紫色，称为淡紫舌；红绛舌泛现紫色，称为紫红或绛紫舌；舌上局部出现青紫色斑点，称为"瘀斑舌"或"瘀点舌"。

【临床意义】 主气血运行不畅。

【机制分析】 气血运行不畅故见青紫舌。全舌青紫，表明瘀血较重，多是全身性瘀血所致；舌有紫色斑点者，瘀血程度较轻，多见于瘀血阻滞局部，或局部脉络损伤所致。阴寒内盛，气血不畅，血脉瘀滞，则见舌色淡紫或紫暗而湿润，或舌色青；热毒炽盛，深入营血，营阴受灼，气血壅滞，故见舌色紫暗或绛紫舌而干枯少津。此外，青紫舌还可见于某些先天性心脏病或药物、食物中毒等病症。

（3）舌形

舌形，即舌体的形状，主要观察老嫩、胖瘦、点刺、裂纹和齿痕等方面。

1）老、嫩

【舌象特征】 舌质纹理粗糙或皱缩，舌体坚敛苍老，舌色较暗者，称为老舌；舌质纹理细腻，舌体浮胖娇嫩，舌色浅淡者，称为嫩舌。

【临床意义】 老舌多见于实证；嫩舌多见于虚证。

【机制分析】 舌质老嫩是舌形的综合表现。老和嫩是疾病虚实的标志之一。《辨舌指南》曰："凡舌质坚敛而苍老，不论苔色白、黄、灰、黑，病多属实；舌质浮胖娇嫩，不拘苔色灰、黑、黄、白，病多属虚。"邪气亢盛，充斥体内，正气未衰，邪气壅滞于舌，故见舌质苍老。气血不足，无以上充于舌；或阳气亏虚，运血无力，则舌嫩色淡白。精血不足，则舌嫩红少苔。

2）胖、瘦

【舌象特征】 舌体比正常的人大而厚，伸舌满口，称为胖大舌。舌体肿大满嘴，舌色鲜红或青紫，甚则不能收缩回口中，称为肿胀舌。舌体比正常舌瘦小而薄，称为瘦薄舌。

【临床意义】 胖大舌多主水湿内停，肿胀舌主心脾热盛、外感湿热。瘦薄舌主气血两虚、阴虚火旺。

【机制分析】 胖大舌多因脾肾阳虚，气化失常，津液输布障碍，水湿停滞于内所致。舌色淡白，舌体胖大者多为气虚、阳虚，水湿内停。舌胀大而色红者多为里热。舌肿胀色红绛，多见于心脾热盛，热毒上壅。瘦薄舌总由气血阴液不足，舌失濡养所致。舌体瘦薄，舌色淡白者，多见于气血两虚，血不上荣；舌体瘦薄，舌色红绛，舌干少苔或无苔，多见于阴液亏虚、阴虚火旺。

3）点、刺

【舌象特征】 点，是指突起于舌面的红色或紫红色的星点。大者称星，小者称点。色红者称红星舌或红点舌；色白者称白星舌。刺，是指蕈状乳头增大、高突，并形成尖峰，形如芒刺，抚之棘手，称为芒刺舌。

【临床意义】 主脏腑阳热亢盛，或血分热盛等。

【机制分析】 点刺是指蕈状乳头肿胀或高突的病理特征。点，是蕈状乳头体积增大，数目增多，乳头内充血水肿，甚至形成尖峰，形如芒刺，多为邪热内蕴、充斥舌络。一般点刺越多，邪热越盛。

观察点刺的颜色，可以推测气血运行情况以及疾病的程度。如点刺鲜红为血热内盛，或阴虚火旺；点刺色绛紫为热盛而气血壅滞。

根据点刺所在部位，可以推测邪热所在脏腑，如舌尖生点刺，多为心火亢盛；舌中生点刺，多为胃肠热盛；舌两边生点刺为肝胆火热等等。

4）裂纹

【舌象特征】 舌面上出现各种形状的裂纹、裂沟，深浅不一，多少不一者。

【临床意义】 主精血亏虚，或热盛伤津，或阴虚火旺，或脾虚气弱者。

【机制分析】 裂纹舌多由舌体失养，舌面乳头萎缩或组织皲裂所致，是全身营养不良的一种表现。舌色淡白而裂者，多为血虚，血不上荣于舌所致，故《辨舌指南》认为："有纹者血衰也。纹少，纹浅者衰之微；纹多、纹深者衰之甚也。"舌色红绛而裂，多为热盛伤津，或阴虚火旺，阴津耗损，舌失濡养所致。全舌绛色，或有横直裂纹而短小者，表明阴虚液涸。舌淡白胖嫩边有齿痕又兼见裂纹多为脾虚气弱，舌体失养所致。

在健康人中大约有 0.5% 的人舌面上有纵、横间深沟，裂纹中有苔覆盖，且无不适症状，为先天性舌裂，有别于病理性裂纹舌。

5）齿痕舌

【舌象特征】 舌体边缘有牙齿压迫的痕迹，多伴舌体胖大。

【临床意义】 主脾虚、水湿内盛证。

【机制分析】 舌边有齿痕，多因舌体胖大受牙齿挤压所致。故多与胖大舌同见。舌体不胖大而出现齿痕，是舌质娇嫩的齿痕舌。舌淡胖大而润，舌边有齿痕，多由寒湿壅盛体内，或阳虚水湿内停而致；舌色淡红，舌边有齿痕，常见于脾虚、气虚；若舌红肿胀满口，舌边有齿痕，为湿热痰浊内蕴。此外，有先天性齿痕舌者，多见舌体不大舌淡红而嫩，边有轻微齿痕；病变中见之表明病情较轻，常见于小儿及气血不足患者。

（4）舌态

舌态，指舌体的动态，主要观察舌体痿软、强硬、歪斜、颤动、吐弄和短缩等异常变化。

1）痿软舌

【舌象特征】 舌体软弱无力，不能随意伸缩回旋。

【临床意义】 主气血亏虚，伤阴。

【机制分析】 痿软舌多因气血亏虚、阴液损伤，无以濡养舌肌与舌脉。舌痿软而舌色枯白无华，多属于气血亏虚，多因久病气血虚衰，舌体失养所致。舌痿软而红绛少苔，多见于外感热病后期，邪热伤阴，或内伤久病，阴虚火旺。新病舌干红而痿，主热病津伤；舌红干而渐痿者，是肝肾阴亏已极之象。

2）强硬舌

【舌象特征】 舌体失于柔和，屈伸不利，或板硬强直，不能转动。

【临床意义】 主热入心包，高热伤津，风痰阻络。

【机制分析】 强硬舌多由于外感热病热入心包，心神受扰，舌无所主；或高热伤津，筋脉失养，舌体失柔所致；或肝风挟痰，风痰阻络，肝阳上亢，筋脉失养，而致舌体强硬不能转动。舌强硬而舌色红绛少津，多因邪热亢盛所致；舌体强硬而舌苔厚腻，多因风痰阻络所致；突然舌强语言謇涩，伴有肢体麻木、眩晕者多为中风先兆。

3）歪斜舌

【舌象特征】 伸舌时舌体偏向一侧，或左或右。

【临床意义】 主中风，或中风先兆。

【机制分析】 多由于肝风内动，夹痰夹瘀，痰瘀阻滞一侧舌络，致舌收缩无力，不能伸出，故常见病侧舌肌弛缓，健侧舌肌如常，伸舌时舌体向健侧歪斜。《辨舌指南》说："若色紫红势急者，由肝风发痉，宜熄风镇痉，色淡红势缓者，由中风偏枯；若舌偏歪语塞，口眼㖞斜，半身不遂者，偏风也。"

4）颤动舌

【舌象特征】 舌体震颤抖动，不能自主。

【临床意义】 主肝风内动。

【机制分析】 气血虚衰，阴液亏损，舌失濡养，无力平稳伸展舌体，因而抖动不宁；或因热极津伤而动风，或因肝阳化风而致舌颤动。新病舌绛紫而颤动，多见于热极动风；久病舌淡白而颤动者，多见于血虚动风；舌红少苔而颤动，多见于阴虚动风，或肝阳化风。此外，酒毒内蕴者也可见舌颤动。

5）吐弄舌

【舌象特征】 舌伸于口外，不即回缩者，称为吐舌；伸舌即回缩，或反复舐口唇四周，掉动不宁者，称为弄舌。

【临床意义】 主心脾有热。

【机制分析】 吐舌可见于疫毒攻心，病情危急时见吐舌，多为心气已绝。弄舌多为热甚动风的先兆。吐弄舌也可见于小儿智力发育不全。

6）短缩舌

【舌象特征】 舌体卷短、紧缩，不能伸长，严重者舌不抵齿。

【临床意义】 主寒凝筋脉，气血亏虚，热极动风，风痰阻络，多为病情危重的征象。

【机制分析】 舌短缩，色淡白或青紫而湿润，多属寒凝筋脉，或气血亏虚而致舌脉挛缩或舌体失养；舌短缩，色红绛而干，多因热病伤津、筋脉拘急所致；舌短缩而胖大，苔滑腻者，多属痰浊内蕴，风痰阻络。此外，先天性舌系带过短，亦可影响舌体伸出，称为绊舌，无辨证意义。

（5）舌下络脉

舌下络脉是位于舌系带两侧纵行的大络脉，络脉颜色为淡紫色，管径小于2.7mm，长度不超过舌下肉阜至舌尖的3/5。

望舌下络脉主要观察其长度、形态、颜色、粗细、舌下小血络等变化。

1）观察方法：先让患者张口，将舌体向上腭方向翘起，舌尖可轻抵上腭，勿用力太过，使舌体保持自然松弛，舌下络脉充分显露。首先观察舌系带两侧的大络脉粗细、颜色，有无怒张、弯曲等改变。然后再查看周围细小络脉的颜色、形态以及有无紫暗的珠状结节和紫色血络。

2）临床意义：舌下络脉细而短，色淡红，周围小络脉不明显，舌色和舌下黏膜色偏淡者，多属气血不足。舌下络脉粗胀，或舌下络脉呈青紫、紫红、绛紫、紫黑色，或舌下细小络脉呈暗红色或紫色网状，或舌下络脉曲张如紫色珠子大小不等的变化，均为血瘀的征象，其形成原因可有寒、热、气滞、痰湿、阳虚等不同，需进一步结合其他症状进行分析。

舌下络脉的变化，有时会出现在舌色变化之前。因此，舌下络脉是分析气血运行情况的重要依据。

2. 望舌苔 望舌苔主要观察苔质和苔色两方面的变化。

（1）苔质：即舌苔的质地、形态。主要观察舌苔的薄厚、润燥、腻腐、剥落、偏全、真假等方面的改变。

1）薄、厚

【舌象特征】 透过舌苔能隐隐见到舌体的苔称为薄苔，又称见底苔；不能透过舌苔见到舌质之苔则称厚苔，又称不见底苔。所以，舌苔的薄厚以“见底”“不见底”作为衡量标准。

【临床意义】 舌苔薄厚主要反映邪正的盛衰和病位的浅深。薄苔主表证，亦主平人；厚苔主里证，痰湿，食积。

【机制分析】 薄苔见于正常人，多提示胃有生发之气；在疾病过程中多说明邪气不盛，主表证、轻证；厚苔是由胃气挟湿浊、痰湿、食滞等邪气上泛于舌所致，主邪盛入里，或内有痰湿、食积、里热等证。《辨舌指南》说：“苔垢薄者，形气不足；苔垢厚者，病气有余。”辨舌苔薄厚可测邪气的盛衰。疾病初起在表，病情轻浅，未伤胃气，舌苔亦无明显变化，可见到薄苔；或内伤病较轻，胃气未伤，舌苔没有明显变化，也可见之；舌苔厚或舌中根部尤著者，多提示外感病邪已入里，或胃肠内有宿食、痰浊停滞，主病位在里，病情较重。《辨舌指南》曰：“薄苔者，表邪初见；厚苔者，里滞已深。”

辨舌苔薄厚可测病位的深浅。舌苔由薄变厚，提示邪气渐盛，为病进，病位由浅入深；舌苔由厚化薄，或舌上复生薄白新苔，提示正气胜邪，或内邪消散外达，为病退的征象。

舌苔的薄厚转化，一般是渐变的过程，如薄苔突然增厚，提示邪气极盛，迅速入里；厚苔骤然消退，舌上无新生薄苔，为正不胜邪，或胃气暴绝。

2）润、燥

【舌象特征】 舌苔干湿适中，不滑不燥，称为润苔；舌面水分过多，伸舌涎水欲滴，扪之湿滑，称为滑苔。舌苔干燥，扪之无津，甚则舌苔干裂，称为燥苔；苔质粗糙，扪之碍手，称为糙苔。

【临床意义】 舌苔润燥主要反映体内津液盈亏和输布情况。润苔主津液未伤，亦主平人；滑苔为水湿内停之征，主痰饮、水湿。燥苔主热盛津伤，阴液亏耗，或阳虚气不化津。糙苔主热盛伤津之重证。

【机制分析】 润苔是正常舌苔的表现之一，为津液上承之象。疾病过程中见到润苔，提示体内津液未伤，如风寒表证、湿证初起、食滞、瘀血等均可见润苔。滑苔为水湿内停的表现，主寒、主湿、主痰饮。如脾阳不振，寒湿内生，湿聚为痰饮，随经脉上溢于舌苔，故可出现滑苔。燥苔提示体内津液已伤。如高热、大汗、吐泻后，或过服温燥药物等，导致津液受损，舌苔失滋润而干燥。亦有因阳气为阴邪（痰饮水湿等）所阻，不能上蒸津液濡润舌苔而见燥苔者，是津液失于输布之象。因此，燥苔主病多见热盛伤津、阳虚气不化津。糙苔可由燥苔进一步发展而成。舌苔干结粗糙，津液全无，多见于热盛伤津之重症；苔质粗糙而不干者，多为秽浊之邪盘踞中焦。舌苔由润变燥，表示热重津伤，或津失输布；舌苔由燥转润，主热退津复，或饮邪始化。故《辨舌指南》说："滋润者其常，燥涩者其变；滋润者为津液未伤，燥涩者为津液已耗。"此外，《察舌辨症新法》指出："湿症舌润，热症舌燥，此理之常也。然亦有湿邪传入气分，气不化津而反燥者，热症传入血分，舌反润者……"说明舌苔的润、燥、滑、糙（涩）形成的机制不是单一的。

3）腻、腐

【舌象特征】 苔质颗粒细小，质地密，紧贴舌面，揩之不去，刮之不易脱落者，称为腻苔。其中舌苔腻而垢浊者，称为垢腻苔；腻苔上罩有一层白色或透明的稠厚黏液者，称为黏腻苔；腻苔湿润滑利者，称为滑腻苔；腻苔干燥少津，称为燥腻苔等。若苔质颗粒疏松，粗大而厚，如豆腐渣堆积舌面，揩之可去，称为腐苔。苔上黏厚一层有如疮脓，则称脓腐苔。苔质疏松，颗粒明显者，称为松苔，常见于腻苔、厚苔的欲化阶段。

【临床意义】 舌苔腻腐主要反映阳气与湿浊的消长。主湿浊、痰饮、食积。

【机制分析】 腻苔多由湿浊内蕴、阳气被遏、湿浊上泛舌面所致。舌苔薄腻或腻而不板滞者，多为食积，或脾虚湿困，阻滞气机；舌苔腻而滑者，为痰浊、寒湿内阻，阳气被遏；舌苔厚而黏腻者，是脾胃湿浊内蕴，邪气上泛所致。舌苔厚腻如积粉者，多为时邪夹湿，自里而发。腐苔多因邪热有余，蒸腾胃中腐浊之气上泛，聚集于舌，主食积胃肠或痰浊内蕴。脓腐苔多见于内痈或邪毒内结，是邪盛病重的表现。松苔是湿浊之邪欲解的征象。当脾胃阳气宣通，邪浊始得疏解时，腻苔变松，厚苔化薄，新苔逐渐生长，提示正复邪化，病有转机，预后良好。

4）剥落苔

【舌象特征】 舌苔全部或部分剥落，剥落处舌面光滑无苔者，称为剥苔。舌苔多处剥落，舌面仅斑驳片存少量舌苔者，称花剥苔；舌苔全部剥落，舌面光滑如镜者，称为镜面舌。舌苔大片剥落，边缘突起，界限清楚，剥落部位时时转移，称为地图舌。舌苔剥落处，舌面不光滑，仍有新生苔质颗粒或乳头可见者，称类剥苔。

【临床意义】 主胃气匮乏，胃阴枯涸或气血两虚。

【机制分析】 剥落苔总因胃之气阴两虚，胃气不能蒸发胃阴上潮于舌面所致。舌红苔剥多为阴虚；舌淡苔剥或类剥苔多为血虚，或气血两虚；镜面舌色红绛者，为胃阴干涸，胃无生发之气；舌色枯白如镜，毫无血色者，主营血大亏，阳气将脱，病重难治。舌苔部分剥落，未剥落处仍有腻苔或滑苔者，多为正气已虚、湿浊之邪未化，病情较为复杂。观察舌苔有无、消长及剥落变化，不仅能测知胃气、胃阴的存亡，亦可反映邪正盛衰，判断疾病的预后。如舌苔从全到剥，是胃的气阴不足，正气渐衰的表现；舌苔剥落后，复生薄白之苔，乃邪去正胜，胃气渐复的佳兆。辨舌苔的剥落还应与先天性剥苔加以区别。先天性剥苔是生来就有的剥苔，其部位常在舌面中央人字沟之前，呈菱形，多因先天发育不良所致。

5）偏全苔

【舌象特征】 舌苔仅布于舌的前、后、左、右之某一局部称为偏苔；舌苔满布舌面，称为全苔。

【临床意义】 察舌苔分布的偏全，可诊病变之所在。舌苔偏于某一局部，常提示舌所分候的脏腑有邪气停聚；病中见全苔，常主邪气弥漫，多为湿邪、痰浊内阻。

【机制分析】 舌苔偏于舌尖部，是邪气入里未深，胃气先伤；舌苔仅见于中部，为痰饮、食滞停留中焦；舌苔偏于舌根部，是表邪虽减，食滞依然；若仅见舌苔偏于左右一侧，为邪在半表半里，或为肝胆湿热。

6）真假苔

【舌象特征】 舌苔紧贴舌面，刮之难去，或刮之舌面仍有苔迹，舌苔像从舌体长出来的，称为有根苔，此属真苔；若苔不着实，似浮涂舌上，刮之即去，不像是从舌体上长出来的，称为无根苔，即是假苔。

【临床意义】 辨舌苔真假以判断疾病的轻重与预后。真苔是有胃气的征象，气血充足，预后良好；假苔提示胃气衰败，气血亏虚，预后不良。

【机制分析】 判断舌苔的真假，以有根无根为标准。真苔是胃气上蒸胃阴，或湿邪、食浊上泛而成，苔有根基，故舌苔与舌体不可分离；假苔是胃气匮乏，不能续生新苔，已生之旧苔逐渐脱离舌体，浮于舌面，苔无根基，刮之即去。疾病的初、中期，舌见真苔说明胃气壅滞、病较深重；病之后期见真苔为胃气尚存。舌面上涂一层厚苔，望似无根，其下已生出一层新苔，此属疾病向愈的善候。

（2）苔色：主要有白、黄、灰黑三类，临床上可单独出现，也可相兼出现。

1）白苔

【舌象特征】 舌苔颜色呈现白色，是最常见的苔色。白苔有厚薄之分。舌上薄薄的分布一层白色舌苔，透过舌苔可以看到舌体者，是薄白苔；苔白而舌边尖稍薄，中根部较厚，舌体被舌苔遮盖而不被透出者，是厚白苔。

【临床意义】 可为正常舌苔，主表证、寒证、湿证。

【机制分析】 苔薄白而润，可为正常舌象，或为表证初起，或是里证病轻，或是阳虚内寒。苔薄白而滑，多为外感寒湿，或脾肾阳虚，水湿内停。苔薄白而干，多由外感风热所致。苔白厚腻多为湿浊内困，或痰饮内停，或食积。白厚而干多为痰浊湿热中阻，津气不得宣化之象。苔白如积粉，扪之不燥者，称为积粉苔，常见于外感温疫和内痈，是由外感秽浊不正之气与热毒相结而成。苔白而燥裂，扪之粗糙，提示燥热伤津，常见于温病或误服温补之品。

2）黄苔

【舌象特征】 舌苔颜色呈现黄色。根据黄色的浅深，黄苔有淡黄、深黄和焦黄苔之别。淡黄苔又称微黄苔，是在薄白苔上出现均匀的浅黄色，多由薄白苔转化而成；深黄苔又称正黄苔，苔色黄而略深厚；焦黄苔又称老黄苔，是正黄色中夹有灰褐色苔。

【临床意义】 主热证、里证。

【机制分析】 热邪熏灼，故苔现黄色。苔色愈黄，邪热愈甚。淡黄苔为热轻，深黄苔为热重，焦黄苔为热极。舌苔由白转黄或黄白相间为外感表证、表里相兼、表邪入里化热的阶段；故《伤寒指掌》说："但看舌苔带一分白，病亦带一分表，必纯黄无白，邪方离表入里。"薄黄苔示邪热未甚，多见于风热表证，或风寒化热入里。苔黄而质腻者，称黄腻苔，主湿热蕴结、痰饮化热，或食积热腐等证。苔黄而黏腻为痰涎、湿浊与邪热胶结之象。苔黄而干燥，甚至苔干而硬，颗粒粗松，望之如砂石，扪之糙手者，称黄糙苔；苔黄而干涩，中有裂纹如花瓣形，称黄瓣苔；苔焦黄，黄黑相兼，如烧焦的锅巴，称焦黄苔。黄苔均主邪热伤津，燥结腑实之证。舌淡胖嫩苔淡黄而润滑多津者，称黄滑苔，多为阳虚寒湿之体，痰饮聚而化热；或是气血亏虚者，感受湿热之邪。

3）灰黑苔

【舌象特征】 苔色浅黑为灰苔，苔色深黑为黑苔，并称为灰黑苔。灰黑苔多由白苔或黄苔转化而成。其中苔色浅深与苔质润燥是鉴别黑苔寒热属性的重要指征。

【临床意义】 主热极或寒盛。

【机制分析】 灰黑苔既可见于里热证，也可见于里寒证，但无论寒热均属重证。黑色越深，病情越重。苔质润燥是鉴别黑苔寒热属性的又一重要指征。若舌苔灰黑湿润，多是寒湿内阻，或痰饮内停。苔焦黑干燥，舌质干裂起刺者，无论是外感内伤，均为热极津枯之证。

（六）舌象分析要点及舌诊意义

1. 舌象分析的要点

（1）察舌的神气和胃气

1）舌之神气：舌神是全身神气表现的一部分，舌神的基本特征反映在舌色和舌体运动两方面。舌之颜色反映气血的盛衰，舌之润泽可反映津液的盈亏，而舌体运动可反映脏腑的虚实。若舌色红活鲜明，舌质滋润，舌体活动自如者为有神气；舌色晦暗枯涩，活动不灵便，为无神气，其中尤以舌色是否“红活”作为辨别要点。有神之舌说明正气充足，生机旺盛，病中见之也为善候，提示预后良好；无神之舌表明正气衰败，生机已微，预后较差。

2）舌之胃气：舌有无胃气，主要观察舌苔是否有根。一般来说，舌苔中厚边薄，紧贴舌面，苔底牢着，或苔虽松厚，刮之舌面仍有苔迹，或厚苔脱落，舌面仍有黏膜颗粒，有苔能逐生之象，均属有根，是有胃气的征象。舌苔似有似无，甚至光剥如镜，或苔厚松腐，刮之即去，舌面光滑，苔垢不易复生者，均为无根，是胃气衰败之恶候。

总之，舌象有神气、有胃气者，表明正气未衰，病情较轻，或病情虽重，但预后良好；舌象表现无神气、无胃气者，多提示正气已虚，病情较重，或不易恢复，预后较差。

（2）舌质、舌苔的综合分析

人体是复杂的整体，舌象与机体的脏腑、气血以及各项生理功能都有密切联系，而舌苔和舌体的变化，所反映的生理病理意义各有所侧重。一般认为，舌体颜色、形质主要反映脏腑气血津液的情况。舌苔的变化主要与感受病邪和病证的性质有关，所以，观察舌质可以了解脏腑虚实，气血津液的盛衰；察舌苔重在辨病邪的寒热、邪正消长。如《医门棒喝·伤寒论本旨》所说：“观舌本，可验其阴阳虚实；审苔垢，即知其邪之寒热浅深也。”在临床诊病时，不仅要分别掌握舌质、舌苔的基本变化及其主病，还应注意舌质和舌苔之间的相互关系，将舌质和舌苔结合起来进行分析。

1）舌质或舌苔单方面异常：舌质或舌苔单方面异常意味着病情尚属单纯。如淡红舌而伴有干、厚、腻、滑、剥等苔质变化，或苔色出现黄、灰、黑等异常时，主要提示病邪性质、病程长短、病位深浅、病邪盛衰和消长等方面的情况，正气尚未明显损伤，故临床治疗时应以祛邪为主。舌苔薄白而出现舌质老嫩，舌体胖瘦或舌色红绛、淡白、青紫等变化时，主要反映脏腑功能强弱，或气血、津液的盈亏以及运行的畅滞，或为病邪损及营血的程度等，临床治疗应着重于调整阴阳，调和气血，扶正祛邪。

2）舌质和舌苔均出现异常：舌质和舌苔变化一致，提示病机相同，主病为两者意义的综合。如舌质淡嫩，舌苔白润，主虚寒证；舌质红，舌苔黄而干燥，主实热证；舌体红绛而有裂纹，舌苔焦黄干燥，多主热极津伤；舌质红瘦，苔少或无苔，主阴虚内热；青紫舌与白腻苔并见，提示气血瘀阻，痰湿内阻等病理特征。舌质和舌苔变化不一致，多提示病因病机复杂，应对二者进行综合分析。如淡白舌黄腻苔者，其舌淡白多主虚寒，而苔黄腻又常为湿热之征，舌色和苔色虽有寒热之别，但是舌质主要反映正气，舌苔主要反映病邪，所以脾胃虚寒而感受湿热之邪可见上述之舌象，表明本虚标实，寒热夹杂的病变特征。又如舌红绛苔白滑腻，舌色红绛属内热盛，白滑腻苔常见于寒湿内阻，舌质和舌苔亦反映了寒、热两种病证，分析其成因可能是由于外感温热病，热入营分，故舌色红绛，但气分有湿则苔白滑而腻；又有素体阴虚火旺，复感寒湿之邪或饮食积滞，亦可见红绛舌、白滑腻苔。所以，当舌质和舌苔变化不一致时，往往提示体内存在两种或两种以上的病理变化，病情比较复杂，舌象的辨证意义亦是两者的结合，临床诊疗中要注意处理好病变的标本缓急。

3）舌象的动态分析：无论外感与内伤病，疾病都有发生、发展、变化的动态过程，舌象亦随之相应变化。因此观察舌象的动态改变，可以了解疾病的进退、顺逆。外感病中舌苔由薄变厚，表明邪由表入里；舌苔由白转黄，由黄转黑，为病邪化热，热势增长的征象，为病进；舌色由淡红转红，由红转绛，提示热邪深入，由卫表入气分，由气入营，气营两燔，为病进。在内伤杂病的发展过程中，舌象亦会产生一定的变化规律，如中风患者舌色淡红，舌苔薄白，表示病情较轻，预后良好，如舌色由淡红转红，转暗红、红绛、紫黯，舌苔黄腻或焦黑，或舌下络脉怒张，表明风痰化热，瘀血阻滞。而舌色由暗红、紫黯转为淡红，舌苔渐化，多提示病情趋向稳定好转。掌握舌象与疾病发展变化的关系，可以充分认识疾病不同阶段所发生的病理改变，为早期诊断、早期治疗提供重要依据。

2. 舌诊的临床意义

舌象变化能较客观地反映病情，故对临床辨证、立法、处方、用药以及判断疾病转归，分析病情预后，都有十分重要的意义。正如《临症验舌法》所说：“凡内外杂证，无一不呈其形，著其气于舌，……据舌以分虚实，而虚实不爽焉；据舌以分阴阳，而阴阳不谬焉；据舌以分脏腑，配主方，而脏腑不差，主方不误焉。危急疑难之顷，往往无证可参，脉无可按，而惟以舌为凭；妇女幼稚之病，往往闻之无息，问之无声，而唯有舌可验。”舌诊的临床意义有以下几个方面：

（1）判断正气盛衰：舌象可以反映正气盛衰，如气血充盛则舌色淡红而润；气血不足则舌色淡白；津液充足则舌质舌苔滋润；津液不足则舌干苔燥。胃气旺盛则舌苔有根；胃气衰败则舌苔无根或光剥无苔。

（2）区别病邪性质：不同的病邪致病，舌象特征各有差异。如外感风寒，苔多薄白；外感风热苔多薄黄。寒湿为病，舌淡而苔白滑；痰饮、湿浊、食滞或外感秽浊之气，均可见舌苔厚腻；燥热为病，则舌红苔燥；瘀血内阻，舌紫暗或有瘀点等。

（3）分析病位浅深：病邪轻、浅多见舌苔变化，而病情深、重可见舌质舌苔同时变化。以外感温热病而言，其病位可划分为卫、气、营、血四个层次。邪在卫分，则舌苔薄白；邪入气分，舌苔白厚而干或见黄苔，舌色红；舌绛则为邪入营分；舌色深红、紫绛或紫黯，舌枯少苔或无苔为邪入血分。说明不同的舌象提示病位浅深不同。

（4）推断病势进退：疾病发展的进退趋势，可反映于舌象。如从舌苔上看，舌苔由白转黄，由黄转焦黑色，苔质由润转燥，提示热邪由轻变重、由表及里、津液耗损；反之，苔由厚变薄，由黄转白，由燥变润，为邪热渐退，津液复生，病情向好的趋势转变。若舌苔突然剥落，舌面光滑无苔，是邪盛正衰，胃气、胃阴暴绝的征候；薄苔突然增厚，是病邪急剧入里的表现，两者均为病进。从舌质观察，舌色淡红转红绛，甚至转为绛紫，或舌上起刺，是邪热深入营血，有伤阴、血瘀之势；舌色由淡红转为淡白、淡青紫，或舌胖嫩湿润，则为阳气受伤，阴寒渐盛，病邪由表入里，由轻转重，由单纯变复杂，为病进。

（5）估计病情预后：舌荣有神，舌面薄苔，舌态正常者为邪气未盛，正气未伤之象，预后较好。舌质枯晦，舌苔无根，舌态异常者为正气亏损，胃气衰败，病情多凶险。

[附] 常见危重舌象

病情发展到危重阶段，患者体内脏腑气机紊乱，阴阳气血精津枯竭，作为疾病外征的舌象也常有特殊的形、色变化，称为危重舌象。总结前人审察危重舌象的经验如下：

1. 猪腰舌 舌如去膜的猪腰，多见于热病伤阴，胃气将绝，主病危。

2. 镜面舌 舌深绛而光亮如镜，主胃气、胃阴枯涸；舌色枯白如镜，毫无血色，也称㿠白舌，主营血大亏，阳气将脱，均为病危难治之症。

3. 砂皮舌 舌糙刺如砂皮，或干燥枯裂，主津液枯竭，病危。

4. 干荔舌 舌敛束而无津，形如干荔枝肉，主津枯热炽，病危。

5. 火柿舌 舌如火柿色，或紫色而干晦如猪肝色，主内脏败坏，病危。

6. 赭黑舌 舌质色赭带黑，主肾阴将绝，病危。

7. 瘦薄无苔舌 舌体瘦小薄嫩，光而无苔，属胃气将绝，难治。

8. 囊缩卷舌 舌体卷缩，且阴囊缩入，属厥阴气绝，难治。

9. 语謇强直舌 舌本强直，转动不灵，且语言謇涩，难治。

10. 蓝舌而苔黑或白 舌质由淡紫转蓝，舌苔由淡灰转黑，或苔白如霉点、糜点，主病危重难治。

以上所列的危重舌象，是前人望舌的经验总结，临证参考这些舌象，对推断病情轻重，预测病情吉凶，是有一定意义的。但是，仍应四诊合参，综合判断，积极治疗。

四、望排出物

望排出物是指通过观察患者排出物的形、色、质、量等的变化，以诊察病情的方法。排出物是排泄物（人体排出的代谢产物，如大便、小便等），分泌物（人体官窍所分泌的液体，如汗、泪、涕、唾、涎等）及某些排出体外的病理产物的总称。排出物是人体脏腑生理、病理活动的产物，它们能客观地反映人体各脏腑的功能变化。因此望排出物可以推断邪气的性质和病变部位。排出物变化的总体望诊规律是：凡色白、清稀者，多属虚证、寒证；色黄、稠浊者，多属实证、热证。所以《素问·至真要大论》曰“诸转反戾，水液浑浊，皆属于热”“诸病水液，澄澈清冷，皆属于寒”，即是以排出物判断病证的寒热属性。

（一）望痰

痰是机体水液代谢失常的病理产物，是由肺和气道排出的黏液。脾为生痰之源，肺为贮痰之器，肾为生痰之根，所以，望痰有助于诊察肺、脾、肾三脏的功能状态及病邪的性质。望痰主要观察痰的色、质、量等变化。

痰白而清稀者，属寒痰，因寒伤阳气，气不化津，津停为痰，或脾阳不足，湿聚为痰。

痰黄黏稠，坚而成块者，多属热痰，因热邪犯肺，煎熬津液成痰所致。

痰白滑而量多，易咳出者，属湿痰，因脾虚失运，水湿不化，聚而成痰，上犯于肺所致。

痰少而黏，难于咳出者，属燥痰，因燥邪犯肺，耗伤肺津，或肺阴亏虚，清肃失职所致。

痰中带血，色鲜红者，为火热灼伤肺络所致，临床多见于肺阴亏虚或肝火犯肺患者。

咳吐脓血腥臭痰，或脓痰如米粥者，属肺痈，因痰热壅肺，热毒久蓄，肉腐成脓所致。

咳吐粉红色泡沫样痰，多为阳虚水泛，水饮凌心射肺所致。

（二）望涎

涎为脾之液，聚于脾，随气上溢，具有濡润口腔、协助进食和促进消化的作用。望涎主要诊察脾与胃的病变。

口中涎多，多见于脾胃虚寒，因脾胃阳虚，气不化津所致。

睡中流涎，口中黏腻者，多为脾胃湿热或宿食内停所致。

口角流清涎，是脾气虚弱，不能摄敛之故。小儿口角流涎，涎渍颐下，称“滞颐”，多为脾虚不能摄津所致，亦可见于胃热虫积。

口角流涎，伴口眼㖞斜者，多见于中风后遗症，或风中经络。

（三）望涕

涕是鼻腔分泌的黏液，为肺液。多因外邪侵袭，肺失宣降，或热邪熏蒸，或阳虚气弱，津液失固所致。

鼻塞流清涕是外感风寒，鼻流浊涕是外感风热。

阵发性清涕量多，伴突然和反复发作的鼻痒、喷嚏频作者，多属鼻鼽，因卫表不固，风寒乘虚侵入所致。

鼻流稠涕似脓，量多不止，如泉淌水，或伴有腥臭味，是谓“鼻渊”，古称“脑漏”“脑砂”“脑泻”等，多因外感风热，或肝胆湿热上逆于鼻所致。

（四）望呕吐物

呕吐是因胃气上逆所致，通过观察呕吐物形、色、质、量的变化，有助于了解疾病的病因和病性。

呕吐物清稀无酸臭，多属寒呕，因寒邪犯胃，损伤胃阳，水饮内停，致胃失和降，气机上逆，或脾胃阳虚，腐熟无力所致。

呕吐物秽浊有酸臭味，多属热呕，因邪热犯胃，或肝经郁火犯胃，胃失和降所致。呕吐物酸腐夹杂不消化食物，多属伤食，因暴饮暴食，损伤脾胃，宿食不化，久则腐败，致胃气上逆，故呕吐酸腐食物。

呕吐清水痰涎，胃有振水声，口干不饮者，为痰饮，因脾失健运，水饮内停，胃失和降所致。

呕吐黄绿苦水，多属肝胆湿热，因肝气横逆犯胃，热迫胆汁上溢，胃失和降则吐黄绿苦水。

呕吐鲜血或紫暗有块，夹有食物残渣者，多属胃有积热，或肝火犯胃，或胃腑血瘀，血不归经，因热伤胃络，络破血溢所致。

（五）望大便

大便为肠中排泄的糟粕，其形成与脾胃的运化、大肠传导密切相关，并受肝胆的疏泄、肺气的宣降、命门的温煦等作用影响。通过观察大便的形、色、质、量、次数等变化，可以诊察脾、胃、肠的病变和肝、肺、肾的功能，以及病性的寒热虚实。

正常大便色黄，呈圆柱状或条状不燥，每日一次，排便通畅。

大便清稀如水样者，多属寒湿泄泻。为外感寒湿，或饮食生冷，脾失健运，清浊不分所致。

大便清稀，或完谷不化，或如鸭溏者，多属脾虚或脾肾亏虚。因脾胃气虚或阳虚，运化失职，或肾阳虚衰，火不煦土所致。

大便黄褐如糜，味臭者，多属湿热泄泻。为暑湿或湿热之邪，伤及胃肠，大肠传导失职所致。

大便如黏冻，色白或红，兼见腹痛肛灼，里急后重者，为湿热痢疾。因湿热邪毒蕴结大肠，肠络受损所致。

大便色白如陶土，溏结不调，肤目发黄者，是谓黄疸。可因寒湿阻滞，胆汁外溢所致。

大便色绿，稀软如糜，多见于婴幼儿，是消化不良所致。

大便干燥硬结，甚至如羊屎，且临厕努挣，排出艰难，为肠道津亏。多因热盛伤津，大肠液亏，传化不行所致；亦见于噎膈患者。

大便下血，如先血后便，血色鲜红，黏附于粪便表面，为近血，系风热灼伤肠络，或痔疮、肛裂出血；若先便后血，血色黯褐，为远血，系热伤胃络，血从胃来。若大便色黑而光亮，状如柏油，兼面色无华，或脘腹隐痛者，为胃络出血。可见于脾胃虚寒，不能摄血或内有瘀血所致。

（六）望小便

小便为津液代谢的产物，其形成与排泄与脾的转输、肺的肃降、肾和膀胱的气化、三焦的通调密切相关。通过观察小便色、质、量、次数的变化，可以了解体内津液盈亏和代谢状况，相关脏腑的功能状态以及病性的寒热虚实。

正常小便色清而呈淡黄，无浑浊和沉淀。

小便清长量多者，多属寒证，因感受寒邪，寒不消水，或肾阳虚衰，不能蒸腾津液，使水津下趋膀胱，故小便清长量多。

小便短黄量少，多属热证，因热邪内盛，煎熬津液，或阴液不足，虚火内生，故小便短黄量少。

小便色红，属肉眼血尿，可因热盛动血或阴虚火旺，迫血妄行，或因脾肾不固，统血无力，或因湿热蕴结膀胱所致。

尿有砂石，尿赤涩痛，时时中断，见于石淋，多因湿热内蕴，煎熬津液，日久结为砂石所致。

小便浑浊如米泔，多因肾气亏虚，固摄无力，精微下流；或下焦湿热，气化不行，清浊不分并趋于下所致。

五、望小儿指纹

望小儿指纹，又称望小儿食指络脉，是指通过观察小儿食指掌侧前缘络脉的形色变化以诊察病情的方法。

食指络脉诊法起于唐·王超《仙人水镜图诀》，此种方法是从《灵枢·经脉》诊鱼际络脉法发展而来。后世医家如宋·钱乙的《小儿药证直诀》、清·陈复正的《幼幼集成》、林之翰的《四诊抉微》、汪宏的《望诊遵经》等，对这种诊法都有详细的论述和发挥，使之广泛应用于儿科临床，尤其是对3岁以内小儿在诊断疾病上具有重要的意义。

（一）望小儿指纹的原理

小儿食指掌侧前缘络脉，是手太阴肺之脉从寸口分支而来，故诊小儿指纹与诊寸口脉具有相同的临床意义。3岁以内的小儿由于寸口脉部短小，切脉时只能“一指定三关”，诊脉时又常哭闹躁动，影响切脉的准确性。而小儿皮肤薄嫩，食指脉络易于暴露，容易观察，因此望食指络脉较脉诊更为方便。

（二）望小儿指纹方法

1. 三关分布 食指络脉的显现与分布，可分为风、气、命三关。食指的掌指横纹至第二节横纹之间，称为风关；第二节横纹至第三节横纹之间，称为气关；第三节横纹至指末端，称为命关（图2-4）。

2. 诊小儿指纹方法 诊察时，将小儿抱向光亮处，医师用左手拇指和食指握住小儿食指末端，以右手大拇指用适中力从命关向气关、风关直推数次，络脉即显现，进而观察其形色，以诊察病情。

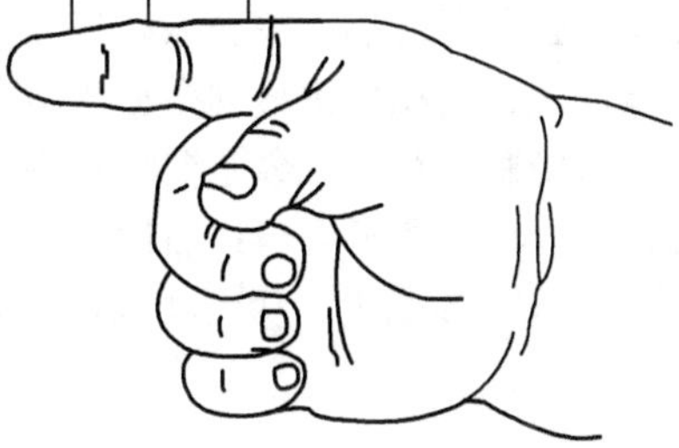

图2-4 小儿指纹三关图

（三）正常小儿指纹

正常小儿指纹淡紫色，隐现于风关之内，大多不浮露，多为斜形、单支，粗细适中。正常小儿指纹可受多种因素的影响，如小儿指纹粗细可因气候寒热不同而有变化，热则络脉扩张变粗变长，寒则络脉变细变短；小儿指纹长短还与年龄有关，年龄小则脉络显露较长，随着年龄增长脉络显露逐渐缩短。

（四）病理络脉

望小儿指纹，应重点观察浮沉、色泽、形状和长短等方面的变化。《幼幼集成》将小儿指纹病理变化及意义概括为“浮沉分表里，红紫辨寒热，淡滞定虚实，三关测轻重”，对临床诊病有指导意义。

1. 浮沉 小儿指纹的浮沉变化可反映病位的浅深。一般指纹浮露明显者，主病在表，多见于外感表证。因外邪袭表，正气抗邪，鼓舞气血趋于表所致。指纹沉隐者，主病在里，多见于内伤里证。因邪气内困，正气内潜，气血无以外达而致。

2. 色泽 小儿指纹的色泽不同可反映疾病的病性。指纹色鲜红，主外感表证，因风寒与气血相争于表而致。指纹色紫红，主内热，因里热亢盛，气血壅滞所致。色青，主惊风，主痛证，因肝风内动，筋脉拘急，或疼痛则不通，络脉瘀阻所致。指纹色淡，主虚证，因脾胃虚弱，气血不足所致。指纹色紫黑，主血络闭郁，为病危之象。因实邪壅盛，瘀阻脉络所致。一般而言，指纹色深浓而暗滞者多属实证，是邪气亢盛；指纹色浅淡而枯槁不泽者多属虚证，是正气虚衰。

3. 形状 小儿指纹细小，分支不显者，多属虚证、寒证。因气血不足，络脉失充所致。小儿指纹粗大，分支显见者，多属实证、热证。因邪正相争，气血壅滞所致。

4. 长短 小儿指纹的长短不同可反映病情的轻重。指纹仅显于风关，为邪浅病轻；指纹达于气关，为邪气深入，病位较深；指纹达于命关，为邪深病重；若指纹直达指甲端者，称为透关射甲，病情尤为重笃，预后不佳。

第二节 闻 诊

闻诊是通过听声音和嗅气味收集病情资料以诊察疾病的方法。听声音是指诊察患者的语声、语言、呼吸、咳嗽、呕吐、呃逆、嗳气、叹息、喷嚏、肠鸣等各种声响。嗅气味是指嗅患者体内所发出的异常气味以及排出物和病室的气味。

人体的各种声音和气味，都是在脏腑生理活动和病理变化过程中产生的。所以通过对各种声音和气味变化进行鉴别，可以判断相应脏腑的生理功能和病理变化，为临床诊病辨证提供依据。

历代医家十分重视闻诊在诊察疾病中的作用，故有“闻而知之谓之圣”。早在《黄帝内经》中就有闻诊的相关记载，如《素问·阴阳应象大论》提出以五音、五声应五脏的理论，《素问·脉要精微论》则根据声音、语言、呼吸等以判断疾病过程中邪正盛衰；东汉·张仲景在《伤寒论》和《金匮要略》中也以患者的语言、咳嗽、喘息、呕吐、呃逆、肠鸣、呻吟等作为闻诊的主要内容；后世医家又将口气、鼻气以及各种分泌物、排泄物等病体和病室气味等列入闻诊范围，从而使闻诊从耳听扩展到鼻嗅，内容得以不断丰富和完善。

一、听　声　音

听声音是指听辨患者言语气息的高低、强弱、清浊、缓急等变化和咳嗽、呕吐、肠鸣等异常声响，以判断疾病病性之寒热虚实的诊察方法。

声音的发出，是肺、喉、会厌、舌、齿、唇、口、鼻等器官协调活动，共同发挥作用的结果。肺主气，司呼吸，气动则有声，是发声的动力；发声必由喉出，喉为声音之通路。会厌为声音之门户，舌为声音之枢机，唇齿口鼻等器官对声音均发挥调节作用。肾藏精、主纳气，为气之根，肾间动气上出于舌而后能发出声音，对肺司呼吸和发声具有协同作用；脾主运化，化生气血津液以滋养肺系；心主神明，言语发声受心神支配，肝主疏泄，调畅气机等，均与发声密切相关。因此，听声音不仅可诊察发音器官的局部病变，还可以进一步诊察体内脏腑和整体的病变。

（一）正常声音

正常声音，是指人在生理状态下发出的声音，亦称为“常声”。具有发声自然，音调和畅，柔和圆润，语言清晰流畅，应答自如，言与意符等基本特点，表明人体气血充盛，发音器官和脏腑功能正常。

正常人由于年龄、性别、禀赋等存在差异，所以正常声音亦有高低、强弱、清浊等不同。一般儿童声音尖利而清脆，老人声音浑厚而低沉；女性多声高而清，男性多声低而浊。

此外，声音与情志变化也相关，如喜时发声欢悦而散，怒时发声忿厉而急疾，悲时发声悲惨而断续，敬则发声正直而严肃，爱则发声温柔而和悦。这些因一时情感触动而发的声音，均属正常声音的范围。

（二）病变声音

病变声音是指疾病反映于声音和语言上的变化。

声音的辨别，要注意语声的有无，声音的高低、强弱、清浊，以及有无异常声音。一般而言，语声高亢有力，发音连续不断，多属阳证、实证、热证，是正气未虚，邪气盛实的表现。语声低微细弱，少气懒言，声音断续，是正气虚损的表现。

1. 辨语声

语声主要指患者在疾病过程中说话的声音，以及呻吟、惊呼等异常声响。通过辨语声的变化以判断正气盛衰、邪气性质和病情轻重。

辨语声应注意语声的有无、发声的高低、强弱、清浊、缓急，以及有无呻吟、惊呼等异常声响。一般而言，语声高亢有力，声音连续，多属阳证、实证、热证，因阳盛气实、功能亢奋所致；语声低微，细弱无力，声音断续，欲言而无力复言者，多属阴证、虚证、寒证，多为正气亏虚，宗气不足所致。

（1）语声重浊：指发出的声音沉闷而不清晰者，又称声重。多为外感风寒，或痰湿阻滞，以致肺气失宣，鼻窍不利所致。

（2）音哑与失音：声音嘶哑者，为音哑；欲语而无声者，为失音，古称“喑”，两者有轻重之别，音哑为轻，失音较重，临诊时须辨虚实。新病音哑或失音者，多属实证，常因外感风寒或风热，或痰浊壅滞，以致肺气不宣，清肃失职，声音难出，即所谓“金实不鸣”。久病音哑或失音者，多属虚证，常为精气内伤，肺肾阴虚，虚火灼肺，以致津枯肺损，咽喉失滋，声音难出，即所谓“金破不鸣”。暴怒叫喊或持续高声宣讲而音哑或失音者，为耗气伤阴，咽喉失养所致。妊娠后期出现音哑或失音者，为妊娠失音，古称“子喑”，多为胞胎阻碍肾之精气不能上荣于咽喉所致。

此外，应注意失音与失语是两个不同的症状。失音是神志清楚而声音不能发出；失语则是神志不清，不能言语，多见于中风或脑外伤的后遗症。

（3）呻吟：指人因病痛所发出的哼哼声，常因疼痛或胀满所致。新病呻吟，声高亢有力者，多属实证；久病呻吟，声音低微无力者，多属虚证。临床上结合望姿态的变化，可以判断病位。如攒眉呻吟，必苦头痛；扪齿呻吟，可为齿痛；呻吟而扪心或护腹，多是心痛或腹痛；呻吟而抚摸腰腿者，多为腰腿痛。

（4）惊呼：指患者突然发出的惊叫声，其声尖锐，表情惊恐，多为剧痛或惊恐所致。小儿阵发惊呼，多为高热惊风或受惊；成人惊呼，除惊恐外，多为剧痛或精神失常。

2. 辨语言 辨别语言主要是分析患者语言的表达与应答能力有无异常和吐字是否清晰。“言为心声”，言语反映人的神明活动，多与心神病变有关。一般而言，沉默寡言，语声低微，时断时续，多属虚证、寒证；烦躁多言，或胡言乱语，声音高亢者，多属实证、热证。

病态语言主要包括谵语、郑声、错语、独语、狂言、语言謇涩等。

（1）谵语：是指神志不清，语无伦次，声高有力者，属实证，多因热扰心神所致，可见于温病热入心包或阳明腑实证。

（2）郑声：是指神志不清，语多重复，时断时续，声音低微者，属虚证，多心气大伤，精神散乱所致。

（3）错语：是指神志清楚，语言表述经常出错，语后自知者，虚证多因气血不足，心神失养，或肾精亏虚，髓海空虚所致；实证多为痰浊、瘀血、气郁等阻遏心神所致。

（4）独语：是指自言自语，喃喃不休，见人则止，首尾不续者，多因心气不足，神失所养，或痰气郁结，蒙蔽心窍所致。可见于癫病、郁证。

（5）狂言：是指精神错乱，狂躁妄言，语无伦次，不避亲疏，登高而歌。多因情志不遂，气郁化火，痰火互结，扰乱神明所致。见于狂病或伤寒蓄血证。

（6）语言謇涩：是指舌体强硬，运动不灵而致发音困难，言语不清，简称言謇，多因风痰阻络所致，为中风先兆或中风后遗症。

3. 辨呼吸 辨呼吸主要辨析患者呼吸之强弱、缓急、快慢、是否均匀通畅等情况。肺为气之主，肾为气之根，宗气积于胸中，走息道而司呼吸，所以辨呼吸能判断肺肾诸脏以及宗气的虚实盛衰。

人体在正常状态下呼吸均匀通畅，不快不慢，运动或情绪激动时呼吸加粗加快，睡眠时呼吸变慢变深，属生理性变化。若患者呼吸如常，是形病而气未病；呼吸异常，是形气俱病。外感邪气，呼吸气粗而快者，多属热证、实证；内伤正气不足，呼吸气微而慢者，多属虚证、寒证。一般而言，气粗为实，气微为虚。但久病肺肾之气欲绝，也可出现气喘息粗的假实征象；外感温热病，热入心包，高热昏迷，也可见气息低微的假虚征象。

病理性呼吸声音还有喘、哮、气短、少气等表现。

（1）喘：又称气喘，是指呼吸困难，急促短迫，甚则张口抬肩，鼻翼煽动，难以平卧者。其发病与肺肾的关系密切，临床上有虚实之分。实喘者发病急骤，呼吸气粗，声高息涌，仰首目突，惟以呼出为快，形体较壮实，脉实有力，多因风寒袭肺，或痰热壅肺，或痰饮停肺，肺失肃降，肺气上逆所致。虚喘者发病徐缓，病程较长，喘声低微，息短不续，动则喘甚，但以引长一息为快，脉虚无力，多因肺肾气虚，气失摄纳所致。

（2）哮：是指呼吸急促，喉间有哮鸣音，常反复发作，缠绵难愈者。多因宿痰内伏，复感外邪所引发。久居寒湿之地，或过食酸咸生冷，或体虚者接触过敏物质，均可诱发。哮与喘的区别，明·虞抟在《医学正传》中指出："大抵哮以声响名，喘以气息言。夫喘促喉中如水鸡声者，谓之哮；气促而连续不能以息者，谓之喘。"故喘以呼吸困难，气息急促为主，哮以喉间哮鸣音为特征。哮与喘的关系是哮必兼喘，但喘未必兼哮。

（3）气短：是指呼吸气急而短促，数而不能接续，似喘而不抬肩，喉中无痰鸣声。气短有虚实之分，若气短，声低息微，兼见体弱神疲、头晕乏力等，属虚证，多因肺气不足，或元气大虚所致；若气短，呼吸息粗，兼见胸部窒闷、胸腹胀满等，属实证，常因痰饮、气滞、胃肠积滞或瘀血内阻所致。

（4）少气：是指呼吸微弱，气少不足以息，声音低怯，言语无力的症状。主诸虚劳损，多因体质虚弱，或久病肺肾气虚所致。

4. 辨咳嗽　咳嗽是指肺气向上冲击喉间，气道受到刺激而发出的一种声音。古人将有声无痰谓之咳，有痰无声谓之嗽，有痰有声谓之咳嗽。咳嗽是肺失肃降，肺气上逆的症状，多见于肺系疾病，然亦可因其他脏腑病变累及于肺而引起，故《素问·咳论》有"五脏六腑皆令人咳，非独肺也"的论述。

辨咳嗽声音，应结合痰的量、色、质的变化，以及发病的时间、病史及兼症等，以辨别病证的寒热虚实。一般新病咳嗽，多属外感；久病咳嗽，多属内伤。

咳嗽声音紧闷，痰清稀色白，喉痒，鼻塞不通，多属外感风寒，因风寒束肺，肺失肃降，肺气上逆所致。咳声重浊紧闷，痰多易咳，多属实证，因寒痰、湿痰停聚于肺，肺气不宣所致。

咳声不扬，痰黄黏稠，不易咳出，咽喉疼痛，多属热证，因热邪壅肺，肺失清肃，肺气上逆，灼津成痰所致。

干咳无痰，或痰少而黏，不易咳出，多属燥邪犯肺或肺阴亏虚所致。

咳声低微，痰稀量少，气短而喘，多属虚证，因肺气亏虚，失于宣降所致。

咳嗽呈阵发性，发则连声不绝，咳止时有鸡啼样回声，为"顿咳"，又称为"百日咳"。多见于小儿，多因风痰搏结，郁而化热，阻遏气道所致。

咳声如犬吠，吸气困难，喉部肿胀，见有白色伪膜，此为"白喉"。多因肺肾阴虚，疫毒攻喉所致。

5. 辨呕吐　呕吐是指胃内容物上逆，经口吐出的症状。前人将其分为呕、吐、干呕三种，呕指有声有物，吐指有物无声，干呕为有声无物，又称哕，临床上难以截然分开，一般统称为"呕吐"。三者均是胃失和降，胃气上逆所致。引起呕吐的原因很多，临床上根据呕吐声音的强弱、吐势的缓急、呕吐物的性状、气味及兼症等，以判断病证的寒热虚实。一般而言，呕吐者，暴病多实，久病多虚。

呕声低弱，吐势徐缓，呕吐物清稀，多属虚寒证。多因脾胃阳虚，运化失职，胃失和降，胃气上逆所致。

呕声壮厉，吐势较猛，呕吐黏痰黄水，或酸或苦，多属实热证，因热邪伤胃，胃失和降，胃气上逆所致。

呕吐酸腐食物，多属伤食，因暴饮暴食，食滞胃脘，胃失和降，胃气上逆所致。

呕吐呈喷射状，因热扰神明，或头颅外伤，或颅脑出血，或肿瘤等所致，多属病重。

对于某些呕吐，还需四诊合参，才能明确诊断。如集体进餐后出现呕吐腹泻，要考虑食物中毒；呕吐与暴泻并见，可为霍乱；朝食暮吐，或暮食朝吐，为“胃反”，多属胃阳虚或脾胃阳虚，不能腐熟水谷；口干欲饮，饮入即吐，多为“水逆”，因痰饮停胃，胃气上逆所致。

6. 辨呃逆 呃逆，唐代以前称“哕”，俗称“打呃”，是指从咽喉部发出一种不由自主的冲击声，声短而频，呃呃作响。是胃失和降，胃气上逆所致。临床上根据呃声之长短、高低和间歇时间不同，结合兼症，以诊察疾病的寒热虚实。一般呃声频作，声高而短，其声有力者，多属实证；呃声低沉，声弱无力者，多属虚证。

新病呃逆，声响亮有力者，多属寒邪或热邪客于胃；久病、重病呃逆不止，声低气怯无力者，多属胃气衰败之危候。

突发呃逆，呃声不高不低，持续时间短暂，无其他病史及兼症者，多因咽食匆促，或饮酒刺激，或偶感风寒，为一时气逆所致，不属病态。

7. 辨嗳气 嗳气，古名“噫”，是指胃中气体上冲出于咽喉而发出的一种长而缓的声音。是胃失和降，胃气上逆所致。根据嗳气声音和气味的不同，可判断病证的寒热虚实。

嗳气频作，兼脘腹冷痛，得温痛减者，多为寒邪客胃，或为胃阳亏虚。

嗳气酸腐，兼厌食，脘腹胀痛，舌苔厚腻者，属食滞胃脘。

嗳气频作，嗳声响亮，嗳气发作随情志变化而增减者，多属肝气犯胃。

嗳气低沉断续，无酸腐气味，兼见纳呆食少者，为脾胃虚弱，多见老年人或久病体弱者。正常人饮食之后，偶有嗳气，无其他兼症者，并非病态。

8. 辨叹息 叹息，古名“太息”，是指患者情绪抑郁时，胸中郁闷不舒，引一声叹气而自觉舒缓所发出的声音。为肝气郁结的征象之一。

9. 辨鼻鼾 鼻鼾是指熟睡或昏迷时，鼻喉随呼吸发出的一种声响。多因气道不畅所致。熟睡时鼾声大，多因慢性鼻病，或睡姿不当所致。昏迷不醒，鼾声不绝者，多见于高热神昏，或热入心包，或中风入脏之危候。正常人入睡后有鼻鼾而无其他症状，不属病态，以中老年人、肥胖者多见。

10. 辨喷嚏 喷嚏是指由肺气上冲于鼻而发出的声音。若新病喷嚏频作，兼恶寒发热，鼻流清涕者，多因外感风寒所致；伴有恶寒发热，咽喉疼痛而干者，多因外感风热所致。若喷嚏连续不断，反复发作，多见于卫表不固，或体质过敏者。外感病日久不愈，忽有喷嚏者，是阳气来复，邪正相争，为疾病向愈之兆。常人偶发喷嚏，不属病态。

11. 辨肠鸣 肠鸣，又称“腹鸣”，是指腹中胃肠蠕动所产生的声响。正常情况下，肠鸣音低弱而和缓，一般难以直接闻及；当腹中气机不和时，胃肠中水气相激而漉漉作响，此时则可直接闻及。临床可根据肠鸣发生的部位、频率、强度、音调以及兼症等，辨别病位与病性。胃脘如囊裹水，振动有声，起立行走或以手按抚胃脘部，其声漉漉下移者，多为痰饮留聚于胃，中焦气机阻滞所致。脘腹辘辘如饥肠，得温、得食则减，受寒、饥饿时加重者，多属中气不足，胃肠虚寒所致。腹中肠鸣高亢频急，大便溏泄者，多为外感风寒湿邪客于胃肠，胃肠气机逆乱所致。肠鸣稀少，多因肠道传导功能障碍所致。肠鸣音完全消失，腹部胀满疼痛拒按者，属肠道气滞不通之重证。

二、嗅　气　味

嗅气味，是指嗅患者身体与病室异常气味以诊察疾病的方法。正常人气血流畅，脏腑气血得水谷精微充养而能进行正常的新陈代谢，故不产生异常气味。若脏腑为病邪所困，内生痼疾，久之与气血相并，邪气熏蒸，则会发生代谢紊乱，产生异常难闻的气味，病体可出现口气、汗气以及分泌物与排泄物之气味异常，严重者弥漫病室，引起病室气味异常。一般气味酸腐臭秽者，多属实热；气味不重，或微有腥臭者，多属虚寒。因此，嗅气味可以辨别疾病的寒热虚实。

（一）病体气味

病体气味是指患者身体散发的各种异常气味。包括口气、汗气以及痰涕、呕吐物、二便、经带、恶露等排出物的异常气味。

1. 口气　口气是指从口中散发出的异常气味。正常人呼吸或说话时，口中无异常气味散出。口中散发出臭气，为口臭，多与消化不良、口腔不洁、龋齿及等因素有关。

口气酸臭，伴厌食，脘腹胀满、舌苔厚腻者，多属食积。

口气臭秽，兼见牙龈红肿者，多属胃热。

口中有血腥气，可见于牙龈出血。

口气腐臭，兼咳吐脓血者，多属内有溃腐疮疡。

口气臭秽难闻，牙龈腐烂者，多为牙疳病。

口中散发烂苹果样气味，见于久病不能进食，或过度饥饿者，是体能过度消耗的征象，也见于消渴病。

口中有臭鸡蛋样气味，可见于肺痈、牙疳、口腔溃疡日久不愈、口腔恶性肿瘤等。

2. 汗气　汗气是指患者随汗出而散发的气味。

腋下汗气膻臊者，多因湿热内蕴所致，可见于狐臭病。

汗气腥膻，多见于风湿、湿温、热病等。多因风湿热久蕴皮肤；或汗后衣物不洁所致。

汗气臭秽者，多见于瘟疫，多因温热火毒内盛所致。

3. 痰涕之气　正常状态下，人体排出少量痰或涕，一般无异常气味。

咳痰清稀量多，无异常气味者，多为寒饮停肺所致。

咳痰黄稠味腥者，多为热邪壅肺所致。

咳吐脓血腥臭痰者，多属肺痈，多为热毒炽盛，痰热壅肺，血腐化脓所致。

鼻流清涕，无异常气味者，多为外感风寒表证。

久流浊涕腥秽，状如鱼脑者，为“鼻渊”，多因肝胆湿热上蒸所致。

4. 呕吐物之气　呕吐物清稀无臭味者，多属胃寒；气味腐臭而秽浊者，多属胃热；呕吐未消化食物，气味酸腐者，多为食滞胃脘；呕吐脓血而腥臭者，多为内有痈疡。

5. 排出物之气　排出物之气，包括大小便及妇人月经、带下等的异常气味。临床应结合望诊、问诊进行综合分析判断。

大便溏泄而腥者，多为脾胃虚寒；大便酸臭难闻者，多为肠中郁热；大便泄泻臭如败卵，或夹未消化食物，矢气酸臭者，多为伤食。

小便臊臭、黄赤浑浊者，多属膀胱湿热；尿甜并散发烂苹果气味者，多属消渴病。

妇女经血臭秽者，多为热证；经血气腥者，多为寒证。产后恶露臭秽者，多为湿热下注。

妇女带下黄稠而臭秽者，多属湿热下注；带下清稀而微腥者，多属虚证、寒湿下注；带下奇臭而杂见异常颜色者，多见于癌症，需结合必要的检查以明确诊断。

（二）病室气味

病室气味是由患者身体及其排出物的气味散发于室内而成。气味从病体发出以至充斥病室，说明病情重笃。

病室有血腥气味，患者多患失血证。若散发腐臭气味，多为患者患有疮疡溃烂之疾；闻及有尿臊气，多见于水肿病晚期（尿毒症）患者；有烂苹果气味，多见于消渴病晚期并发酮症酸中毒；有蒜臭气味，多见于有机磷中毒患者。病室臭气触人，轻则盈于床帐，重则充满一室，多为瘟疫类疾病。病室有尸臭气味者，多为脏腑败坏，病属危重。

第三节 问 诊

问诊，是医者通过询问患者或陪诊者，了解疾病的发生、发展、治疗经过、现在症状和其他与疾病有关的情况，以诊察疾病的方法。

问诊是了解患者病情的重要方法，在四诊中占有重要的位置，其目的在于充分收集其他三诊无法取得的、与辨证关系密切的资料。如疾病发生的时间、地点、原因或诱因以及治疗的经过、自觉症状，既往健康情况等。这些常是辨证中不可缺少的重要证据之一，掌握了这些情况有利于对疾病的病因、病位、病性做出正确的判断。同时，通过问诊还可了解患者的思想动态，以便及时进行解说。

因而问诊在疾病的诊察中具有重要意义。问诊是诊察疾病的重要方法，是临床诊察疾病的第一步，它可以弥补其他三种诊察方法之不足。在疾病的早期或某些情志致病，患者只有常见症状，如头痛、失眠等，而无明显客观体征，问诊就显得尤为重要。它能提示病变的重点，有利于疾病的早期诊断。正确的问诊往往能把医生的思维判断引入正确的轨道而有利于对疾病做出迅速准确的诊断。对复杂的疾病，也可通过问诊为下一步继续诊察提供线索。一般说来，患者的主观感觉最真切，某些病理信息，目前还不能用仪器测定，只有通过问诊才能获得真实的病情，在辨证中，问诊获得的资料所占比重较大，其资料最全面，最广泛。所以，问诊是医生认识疾病的重要方法。

问诊的重要性，前贤多有论述。《素问·三部九候论》曰："必审问其所始病，与今之所方病，而后各切循其脉"，强调脉诊与问诊相结合。《灵枢·邪气脏腑病形》言："问其病，知其处，命曰工"，指出通过问诊而能知病之所在者，乃业医之良工。《难经》云："问而知之谓之工。"孙思邈在《备急千金要方·论治病略例第三》中说："问而知之，别病深浅，名曰巧医"，同时又提出"未诊先问，最为有准"。张介宾在《景岳全书·传忠录》中指出问诊"乃诊治之要领，临证之首务"，并将问诊内容归纳概括为"十问"。这些精辟的论述至今对临床工作都具有重要的指导意义。

随着医学科学的不断发展，传统的生物–医学模式已转变为当今的生物–心理–社会医学模式，中医问诊也被赋予了新的意义。不良的社会–心理–精神刺激是现代社会日益受到重视的致病因素。对心理因素的诊察，是中医问诊的一个重要内容。《素问·五脏别论》中明确指出，临证时首先要问患者的"志"和"意"，因情施治、必无所漏。《医宗必读·不失人情论》中指出，要通过问诊了解患者之情、旁人之情和医者之情。中医问诊不仅在全面系统了解病情、获取患者资料中占重要作用，还具有健康教育与咨询、心理治疗的作用。中医问诊不仅是医生向患者了解病情的诊查方法，更是医生与患者互动交流的平台。中医问诊的过程体现了生物－心理－社会医学模式，对当前医学模式转变和医患关系改善有重要的参考意义。

问诊时要做到恰当准确，简要而无遗漏，应当遵循以下原则：

确定主诉：围绕主诉进行询问。问诊时，应首先明确患者的主诉是什么。因为主诉反映的多是疾病的主要矛盾。抓住了主诉，就是抓住了主要矛盾，然后围绕主要矛盾进行分析归纳，初步得出有可能出现的疾病诊断，再进一步围绕可能的疾病诊断询问，以便最终得出确定的临床诊断或印象诊断。

问辨结合：边问边辨。问诊时，不是全部问完之后再综合分析的，而是一边问，一边对患者或陪诊者的回答加以分析辨证，采取类比的方法，与相似证中的各个方面加以对比，缺少哪些情况的证据就再进一步询问哪些方面，可以使问诊的目的明确，做到详而不繁，简而不漏，搜集的资料全面准确。问诊结束时，医生的头脑中就可形成一个清晰的印象诊断或结论。临床问诊时，为了达到预期的目的，还应注意以下几点。

（1）医生要注意力集中，抛去其他杂念，认真询问，善于抓住患者的主诉，不可敷衍了事，要有科学的态度，高度负责的精神。

（2）医生态度要和蔼可亲，语言要通俗易懂，不用医学术语去问，以取得患者的信任和合作，必要时启发患者回答，但要避免主观、片面，防止暗示患者，企图使患者的回答符合自己的诊断。

（3）医生要围绕主诉，有目的地全面了解病情，要善于分析，去伪存真，按辨证的原则和次序询问与主诉有关的各方面表现。

（4）医生要注意患者的心理活动，帮助患者解除精神负担，树立起战胜疾病的信心，不要给患者的精神带来不良影响。

（5）对于危重患者，要以抢救为先，急则治标，对症治疗，不要先求确诊再行治疗，以免贻误时机，造成医疗事故。

问诊的内容主要包括：一般项目、主诉和病史、现在症状等。

一、问一般项目

问一般项目，包括姓名、性别、年龄、民族、职业、婚否、籍贯、现单位、现住址等。

询问和记录一般项目，可以加强医患联系，书写病历，追访患者，对患者诊治负责。同时也可作为诊断疾病的参考。性别不同，则疾病不一。男子可有遗精、早泄、阳痿等病；妇女可有经、带、胎、产等病。年龄不同，发病亦多有不同，如麻疹、水痘、百日咳等病多见于小儿。同一疾病，因年龄不同而有虚实差异。一般来说，青壮年气血充足，患病多实证；老年人气血衰，患病多虚证。问职业可帮助了解某些疾病的病因，如水中作业，易中湿邪，还可了解某些职业病，如铅中毒、矽肺等。问其婚否，女子已婚可了解有无妊娠、妊娠病及生产史，男子已婚可有男性功能衰退与过亢等病。问籍贯、住址可以了解地方病如瘿瘤病、大骨节病等。以上这些都是诊断及治疗上的重要参考资料。

二、问主诉和病史

（一）主诉

主诉是患者就诊时陈述其感受最明显或最痛苦的主要症状及其持续的时间。主诉通常是患者就诊的主要原因，也是疾病的主要矛盾，因此，具有重要的诊断价值。准确的主诉可以帮助医生判断疾病的大致类别，病情的轻重缓急。并为调查、认识、分析、处理疾病提供重要线索，具有重要的诊断价值。

询问主诉注意三点：①要把主诉抓准，患者的陈述可能是零乱而主次不分的，而主诉一般只有一个或两三个，因此，医生要善于抓其中的主要症结。主诉包括不同时间出现的几个症状时，则应按其症状发生的先后顺序排列。一般主诉所包含的症状只能是一个或两三个，不能过多。②记录主诉时，要将主诉所述症状的部位、性质、程度、时间等询问清楚，文字要准确、简洁明了，不能烦琐、笼统、含糊其词。③主诉不等于疾病的病名，不能使用正式病名作为主诉；不能记录疾病演变过程。

（二）现病史

现病史是指围绕主诉从起病到此次就诊时疾病的发生、发展和变化，以及治疗的经过。现病史应从起病情况、发病过程、治疗过程等三个方面进行询问。

起病情况：要询问起病的环境与时间，自觉有无明显的起病原因或诱因，是否有传染病接触史，起病的轻重缓急，疾病初起的症状及其部位、性质、持续时间及程度等。主要包括发病时间的新久、发病原因或诱因，最初的症状及其性质、部位，当时曾做何处理等。一般凡起病急、时间短者，多为外感病，多属实证；凡患病已久、反复发作、经久不愈者，多为内伤病，多属虚证，或属虚实夹杂证。如因情志不舒而致胁肋胀痛、急躁易怒者，多属肝气郁结；如因暴饮暴食而致胃脘胀满疼痛者，多属胃有积滞等。综上可见，医生通过询问患者的发病情况，对辨别疾病的病因、病位、病性有重要作用。

发病过程：医生了解患者的病变过程，一般要按时间顺序询问从起病到就诊时病情发展变化的主要情况。如某一阶段出现哪些症状，症状的性质、程度有何变化，何时好转或加重，何时出现新的病情，病情有无变化规律等。通过询问病变过程，对了解疾病邪正斗争情况，以及病情发展趋势有重要的临床意义。

治疗过程：要询问起病之初到就诊前的整个过程中所做过的诊断与治疗情况。有些患者，尤其是患病较久者，在就诊前已经其他医院诊断和治疗。所以，对初诊者，很有必要询问曾做过哪些检查，结果怎样；做过何种诊断，诊断的依据是什么；经过哪些治疗，治疗的效果及反应如何等。了解既往诊断和治疗的情况，可作为当前诊断与治疗的参考。

现病史，是整个疾病史的主要组成部分，了解现病史，可以帮助医生分析病情，摸索疾病的规律，为确定诊断提供依据。问发病时间，往往可以判断目前疾病的性质是属表，还是属里，是属实，还是属虚。问发病原因或诱因，常可推测致病的病因与疾病的性质，如寒热湿燥等。有传染病接触史，常可为某些传染病的诊断提供依据，如白喉、麻疹、痢疾等。问清疾病的演变过程，可以了解邪正斗争的情况。对机体正气的盛衰、预后的良恶等情况做出初步的判断。问清疾病的诊察治疗过程，可为目前疾病诊断提供依据，也是决定治疗的重要参考。

（三）既往史、生活史、家族病史

1. 既往史　既往史又称过去病史，是指除主诉疾病以外的患病或健康情况。包括既往健康状情况：如强壮、素健；体弱、多病，曾患过何种主要疾病（不包括主诉中所陈述的疾病），其诊治的主要情况，是否复发过，现在是否痊愈，或留有何种后遗症，传染病史和预防接种史：如是否患过麻疹、白喉、疟疾、痢疾等传染病，何时何地接种过何种疫苗，有无对药物或其他物品的过敏史等。对小儿还应注意询问既往预防接种情况。由于过去的健康和患病情况，可能与现患疾病有一定的关系，也是辨证分析时的部分依据。如体质素弱者，病情多为虚证；中风患者既往多有眩晕病史，“肝病”则可有“传脾”的症状。

2. 生活史

主要包括：生活经历、精神情志、饮食起居、婚姻生育。

生活经历：医生询问患者的出生地、居住地及经历地，应注意某些地方病或传染病的流行区域，以便判断所患疾病是否与此相关。

精神情志：人生活在社会之中，不可避免有外界因素的刺激，使精神情志产生变化，以致脏腑气血功能紊乱，而引起疾病的发生。同时，人的精神情志变化，对某些疾病的发展与变化亦有一定影响。因此，了解患者的性格特征，当前精神情志状况及其与疾病的关系等，有助于对病情的诊断，并可提示医生对因精神情志刺激所导致的疾病，在药物治疗的同时，辅以个人思想上开导，将有助于治疗。

饮食起居：饮食嗜好、生活起居如有不当，对身体健康影响很大，甚至引起疾病。如素嗜肥甘者，多病痰湿；偏食辛辣者，易患热证；贪食生冷者，易患寒证。素日喜热恶凉者，多为素体阴气偏盛；素日喜凉恶热者，反映出素体阳气偏盛。好逸恶劳，脾失健运，易生痰湿；劳倦过度，耗伤精气，易患诸虚劳损；起居无常，饮食无节，易患胃病等。通过了解饮食嗜好、生活起居情况，对分析判断病情有一定意义。

婚姻生育：对成年男女患者，应注意询问其是否结婚，结婚年龄，配偶的健康状况，以及有无传染病或遗传病。育龄期女性应询问初潮年龄或绝经年龄、月经周期、行经天数和带下的量、色、质等变化。已婚女性还应询问妊娠次数、生产胎数，以及有无流产、早产、难产。

3. 家族病史

家族病史，是指患者直系亲属或者血缘关系较近的旁系亲属的患病情况，有无传染性疾病或遗传性疾病，必要时应注意询问直系亲属的死亡原因。许多传染病的发生与生活密切接触有关，如肺痨等。有些遗传性疾病则与血缘关系密切，如先天性梅毒等。或近血缘结婚，而出现的体质衰弱、精神痴呆症等。因而询问其家族病史，对诊断现患疾病极有帮助。

三、问现在症状

问现在症状，是指询问患者就诊时的全部症状。

症状是疾病的反映，是临床辨证的主要根据。通过问诊掌握患者的现在症状，可以了解疾病目前的主要矛盾，并围绕主要矛盾进行辨证，从而揭示疾病的本质，对疾病做出确切的判断。因此，问现在症状是问诊中重要的一环。为求问得全面准确，无遗漏，一般是以明清时期习用的“十问歌”为顺序。“十问歌”即是：“一问寒热二问汗，三问头身四问便，五问饮食六问胸，七聋八渴俱当辨，九问旧病十问因，再兼服药参机变；妇女尤必问经期，迟速闭崩皆可见；再添片语告儿科，天花麻疹全占验。”“十问歌”内容言简意赅，可作为问诊的参考。但在实际问诊中，还必须根据患者的具体病情灵活而重点地询问，不能千篇一律地机械套问。具体包括：问寒热、问汗、问周身、问饮食与口味、问二便、问睡眠、问妇女（经带、妊娠）、问小儿、问情绪。

（一）问寒热

问寒热是询问患者有无冷与热的感觉，寒与热是临床上常见的症状，是问诊的重点内容之一。寒，即怕冷的感觉；热，即发热。患者体温高于正常，或者体温正常，但全身或局部有热的感觉，都称为发热。寒热的产生，主要取决于病邪的性质和机体的阴阳盛衰两个方面。因此，通过问患者寒热感觉可以辨别病变的寒热性质和阴阳盛衰等情况。

问诊时应注意询问患者有无寒与热的感觉，二者是单独存在还是同时并见，还要注意询问寒热症状的轻重程度、出现的时间、持续时间的长短、临床表现特点及其兼症等。临床常见的寒热症状有以下 4 种情况：

1. 但寒不热 在通常的情况下，患者只有怕冷的感觉而无发热者，即为但寒不热。可见于外感病初起尚未发热之时，或者寒邪直中脏腑经络，以及内伤虚证等。根据患者怕冷感觉的不同特点，临床又分别称为恶风、恶寒、寒战、畏寒。

恶风：是患者遇风则有怕风颤抖的感觉，避风则缓，多为外感风邪所致。风邪在表，卫分受损，则失其温分肉、司开阖的作用，故遇风有冷感而避之可缓。此外，恶风还可见于素体肺卫气虚肌表不固者。

恶寒：是患者时时觉冷，虽加衣覆被近火取暖仍不能解其寒。多为外感病初起，卫气不能外达，肌表失其温煦而恶寒。此时虽加衣近火，仍不能使肌体的阳气宣达于表，故得温而寒冷感无明显缓解。可见于多种外感病的初期阶段，病性多属于实。

寒战：患者恶寒的同时伴有战栗者，称为寒战，是恶寒之甚。其病机、病性与恶寒同。

但应注意，外感病中恶风、恶寒、寒战症状独立存在的时间很短，很快就会出现发热症状，成为恶寒发热或寒热往来。亦有少数病例存在时间较长，一般亦必然会出现发热。这些对于掌握疾病的进程有一定帮助。

畏寒：是患者自觉怕冷，但加衣被近火取暖可以缓解，称为畏寒，多为里寒证。机体内伤久病，阳气虚于内。或寒邪过盛，直中于里损伤阳气，温煦肌表无力而出现怕冷的感觉。此时若加衣近火，防止阳气的耗散，或以热助阳，使阳气暂时恢复，肌表得温，畏寒即可缓解。

2. 但热不寒 患者但觉发热而无怕冷的感觉者，称为但热不寒。可见于里热证，由于热势轻重、时间长短及其变化规律的不同，临床上有壮热、潮热、微热之分。

（1）壮热：即患者身发高热（体温超过 39℃），持续不退，属里实热证。为风寒之邪入里化热或温热之邪内传于里，邪盛正实，交争剧烈，里热炽盛，蒸达于外所致。

（2）潮热：即患者定时发热或定时热甚，有一定规律，如潮汐之有定时。外感与内伤疾病中皆可见有潮热。由于潮热的热势高低、持续时间不同，临床上又有以下三种情况：

1）阳明潮热：此种潮热多见于《伤寒论》中的阳明腑实证，故称阳明潮热。其特点是热势较高，热退不净，多在日晡时热势加剧，因此又称日晡潮热。是由邪热蕴结胃肠，燥屎内结而致，病在阳明胃与大肠。

2）湿温潮热：此种潮热多见于“温病”中的湿温病，故称湿温潮热。其特点是患者虽自觉热甚，但初按肌肤多不甚热，扪之稍久才觉灼手。临床上又称之为“身热不扬”，多在午后热势加剧，退后热不净。是湿热病特有的一种热型，亦属潮热的范畴。

3）阴虚潮热：此种潮热多见于阴虚证候。其特点是午后或夜间发热加重，热势较低，往往仅能自我感觉发热，实际体温并不高，多见胸中烦热，手足心发热，故又称“五心烦热”。严重者有热自骨髓向外透发的感觉，则称为“骨蒸潮热”。是由各种原因致阴液亏少，虚阳偏亢而生内热。

（3）微热：即患者发热时间较长，热势较轻微，体温一般不超过 38℃，又称长期低热。可见于温病后期，内伤气虚、阴虚、小儿夏季热等病证中。温病后期，余邪未清，余热留恋，患者出现微热持续不退。

由气虚而引起的长期微热，又称为气虚发热。其特点是长期发热不止，热势较低，劳累后发热明显增重。其主要病机是因脾气虚，中气不足，无力升发敷布阳气，阳气不能宣泄而郁于肌表，故发热。劳则气耗，中气益虚，阳气更不得敷布，故郁热加重。

小儿夏季热：小儿在气候炎热时发热不已，至秋凉时不治自愈，亦属微热。是小儿气阴不足（体温调节功能尚不完善），不能适应夏令炎热气候所致。

3. 恶寒发热 恶寒与发热感觉并存称恶寒发热。它是外感表证的主要症状之一。出现恶寒发热症状的病理变化，是外感表证初起，外邪与卫阳之气相争的反应。外邪束表，郁遏卫阳，肌表失煦故恶寒。卫阳失宣，郁而发热。如果感受寒邪，可导致束表遏阳之势加重，恶寒症状显著；感受热邪，助阳而致阳盛，发热症状显著。

询问寒热的轻重不同表现，常可推断感受外邪的性质。如恶寒重，发热轻，多属外感风寒的表寒证。发热重，恶寒轻。多属外感风热的表热证。恶寒、发热，并有恶风、自汗、脉浮缓，多属外感表虚证。恶寒发热，兼有头痛、身痛、无汗、脉浮紧是外感表实证。有时根据寒热的轻重程度，亦可推测邪正盛衰。一般地说，邪轻正盛，恶寒发热皆轻；邪盛正实，恶寒发热皆重；邪盛正虚，恶寒重，发热轻。

4. 寒热往来 患者恶寒与发热交替发作，其寒时自觉寒而不热，其热时自觉热而不寒。界限分明，一日一发或一日数发，可见于少阳病、温病及疟疾。外邪侵入机体，在由表入里的过程中，邪气停留于半表半里之间，既不能完全入里，正气又不能抗邪外出，此时邪气不太盛，正气亦未衰，正邪相争处于相持阶段，正胜邪弱则热，邪胜正衰则寒，一胜一负，一进一退，故见寒热往来。

（二）问汗

《素问·阴阳别论》说："阳加于阴谓之汗"。故汗是由阳气蒸化津液从玄府达于体表而成，汗是津液所化生的，在体内为津液，经阳气蒸发从腠理外泄于肌表则为汗液，正常汗出有调和营卫、滋润皮肤等作用。正常人在过劳、运动剧烈、环境或饮食过热、情绪紧张等情况下皆可以出汗，这属于正常现象。发生疾病时，各种因素影响了汗的生成与调节，可引起异常出汗。发病时出汗也有两重性：一方面出汗可以排出致病的邪气，促进机体恢复健康，是机体抗邪的正常反应；另一方面汗为津液所生，过度出汗可以耗伤津液，导致阴阳失衡的严重后果。若当汗出而无汗，不当汗出而汗多，或仅见身体的某一局部汗出，属病理现象。病理性的无汗或有汗，与正气不足和病邪侵扰等因素有密切关系。由于病邪的性质，或正气亏损的程度不同，可出现各种不同情况的病理性汗出，所以，通过询问了解患者汗出的异常情况，对判断病邪的性质及人体阴阳虚衰有重要的意义。问汗时要询问患者有无出汗、出汗的时间、部位、汗量有多少、出汗的特点、主要兼症以及出汗后症状的变化。常见有以下几种情况：

1. 无汗 外感内伤、新病久病都可见有全身无汗。外感病中，邪郁肌表，气不得宣，汗不能达，故无汗。属于卫气的调节功能失常。当邪气入里，耗伤营阴，亦无汗，属于津枯，以致汗液生成障碍。内伤久病，无汗，病机复杂，可为肺气失于宣达，为汗的调节功能障碍；亦可为血少津亏，汗失生化之源，故无汗。

2. 有汗 病理上的出汗，有多种情况。凡营卫不密，内热壅盛，阴阳失调，皆可引起出汗的异常而有汗。询问出汗的时间与汗量的多少，病程的长短，常能判断疾病在表在里，阴阳或盛或衰以及预后的良恶。

如患者有汗，病程短，伴有发热恶风等症状，属太阳中风表虚证，是外感风邪所致。患者若大汗不已，伴有蒸蒸发热，面赤，口渴饮冷，属实热证，是里热炽盛，蒸津外泄，故汗出量多。此时邪气尚实，正气未虚，正邪相搏，汗出不止，汗出愈多，正气愈伤。若冷汗淋漓，或汗出如油，伴有呼吸喘促，面色苍白，四肢厥冷，脉微欲绝，此时汗出常称为“脱汗”“绝汗”，是久病重病正气大伤，阳气外脱，津液大泄，为正气已衰，阳亡阴竭的危候，预后不良。

白天经常汗出不止，活动后尤甚，称为自汗。常常伴有神疲乏力，气短懒言或畏寒肢冷等症状，多因阳虚或气虚不能固护肌表，腠理疏松，玄府不密，津液外泄所致。因活动后阳气敷张外散，使气更虚，故出汗加重。因此，自汗多见于气虚或阳虚证。

患者经常睡则汗出，醒则汗止，称为盗汗。多伴有潮热、颧红、五心烦热、舌红脉细数等症，属阴虚。阴虚则虚热内生，睡时卫阳入里，肌表不密，虚热蒸津外泄，故盗汗出。醒后卫阳出表，玄府密闭，故汗止。

患者先恶寒战栗，表情痛苦，辗转挣扎，继而汗出者，称为战汗。多见外感热病的过程中，邪正相争剧烈之时，是疾病发展的转折点。战汗是邪正交争的表现，多属邪盛正虚，一旦阳气来复，邪正剧争，就可出现战汗。战汗的转归，一为汗出病退，脉静身凉，烦渴顿除，此为正气胜于邪气，病渐转愈，属佳象；一为战汗之后热势不退，症见烦躁，脉来急疾，此为正气虚弱，不能胜邪，而热复内陷，疾病恶化，属危象。

3. 局部汗

头汗：指患者仅头部或头颈部出汗较多，亦叫“但头汗出”，头汗多因上焦邪热或中焦湿热上蒸，逼津外泄；或病危虚阳浮越于上所致。

半身汗：指半侧身体有汗，或半侧身体经常无汗，或上或下，或左或右。可见于中风先兆、中风证、痿证、截瘫等病，多因患侧经络闭阻，气血运行不畅所致。

手足汗：指手心、足心出汗较多。其原因多与脾胃有关或热邪郁于内或阴虚阳亢，逼津外出而达于四肢所致。脾主四肢，手足为诸阳之本。脾胃有病，运化失常，津液旁达四肢，而手足心汗出。

（三）问周身

问周身，就是询问患者周身有无疼痛与其他不适。临床可按从头至足的顺序，逐一进行询问。

1. 问疼痛 疼痛是临床上最常见的一种自觉症状。患病机体各个部位都可发生疼痛。导致疼痛的原因很多，如感受外邪，或气滞血瘀，或痰浊凝滞，或食滞、虫积等，阻滞脏腑、经络，闭塞气机，使气血运行不畅，“不通则痛”，属因实而致痛；若因气血不足，或阴精亏损，使脏腑经络失养，“不荣则痛”，属因虚而致痛。问诊时，应问清疼痛产生的原因、性质、部位、时间、喜恶等。

（1）疼痛的原因：引起疼痛的原因很多，有外感、有内伤，其病机有虚有实。其中因不通则痛者，属实证，不荣则痛者属虚证。

（2）疼痛的性质：由于引起疼痛的病因病机不同，其疼痛的性质亦不同，临床可见如下几类：

1）胀痛：痛且有胀感，为胀痛。在身体各部位都可以出现，但以胸胁、胃脘、腹部较为多见。多因气机郁滞所致。但头部胀痛或目胀而痛为肝阳上亢或肝火上炎。

2）刺痛：疼痛如针刺，称为刺痛。其特点是疼痛的范围较小。部位固定不移。多因瘀血所致。全身各处均可出现刺痛症状，但以胸胁、胃脘、小腹、少腹部最为多见。

3）绞痛：痛势剧烈如绞割者，称为绞痛。其特点是疼痛有剜、割、绞结之感，疼痛难以忍受。多为有形实邪突然阻塞经络闭阻气机，或寒邪内侵，气机郁闭，导致血流不畅而成。可见于心血瘀阻的心痛，蛔虫上窜或寒邪内侵胃肠引起的脘腹痛等。

4）窜痛：疼痛部位游走不定或走窜攻痛称为窜痛。其特点是痛处不固定，或者感觉不到确切的疼痛部位。多为风邪留着机体的经络关节，阻滞气机，产生疼痛，气无形而喜通畅，气滞为痛，亦多见窜痛。可见于风湿痹证或气滞证。

5）掣痛：痛处有抽掣感或同时牵引他处而痛，称为掣痛。其特点是疼痛多呈条状或放射状，或有起止点，有牵扯感多由筋脉失养或经络阻滞不通所致。可见于胸痹、肝阴虚、肝经实热等证。

6）灼痛：痛处有烧灼感，称灼痛。其特点是感觉痛处发热，如病在浅表，有时痛处亦可触之觉热，多喜冷凉。多由火热之邪窜入经络，或阴虚阳亢，虚热灼于经络所致。可见于肝火犯络两胁灼痛，胃阴不足脘部灼痛及外科疮疡等证。

7）冷痛：痛处有冷感，称冷痛。其特点是感觉痛处发凉，如病在浅表，有时触之亦觉发凉，多喜温热。多因寒凝筋脉或阳气不足而致。

8）重痛：疼痛伴有沉重感，称重痛。多见于头部、四肢及腰部。多因湿邪困阻气机而致，多见于湿证。

9）空痛：痛而有空虚之感，称空痛。其特点是疼痛有空旷轻虚之感，喜温喜按。多为精血不足而致，可见于阳虚、阴虚、血虚或阴阳两虚等证。

10）隐痛：痛而隐隐，绵绵不休，称隐痛。其特点是痛势较轻，可以耐受，隐隐而痛，持续时间较长。多因气血不足，或阳气虚弱，导致经脉气血运行滞涩所致。

（3）疼痛部位：询问疼痛的部位，可以判断疾病的位置及相应经络脏腑的变化情况。疼痛可以发生在身体的各个部位，常作为患者的主要症状而就诊。在询问疼痛时，除注意疼痛的性质外，还要确定疼痛的部位，这对明确诊断，推论何脏何腑的病变有重要的参考意义。因为一定脏腑组织器官的病变，常引起身体固定部位的疼痛，而疼痛又多发生在脏腑病变所在部位或脏腑经络通过的部位。

1）头痛：整个头部或头的前后、两侧部位的疼痛，皆称头痛。无论外感内伤皆可引起头痛。外感多由邪犯脑府、经络郁滞不畅所致，属实。内伤多由脏腑虚弱，清阳不升，脑府失养，或肾精不足、髓海不充所致，属虚。脏腑功能失调产生的病理产物如痰饮、瘀血阻滞经络所致的疼痛，则或虚或实，或虚实夹杂。凡头痛较剧，痛无休止，并伴有外感表现者，为外感头痛。如头重如裹，肢重者属风湿头痛。凡头痛较轻，病程较长，时痛时止者，多为内伤头痛。如头痛隐隐，过劳则甚，属气虚头痛。如头痛隐隐，眩晕面白，属血虚头痛。头脑空痛，腰膝酸软，属肾虚头痛。如头痛晕沉，自汗便溏属脾虚头痛。凡头痛如刺，痛有定处，属血瘀头痛。凡头痛如裹，泛呕眩晕，属痰浊头痛。凡头胀痛，口苦咽干，属肝火上炎头痛。凡头痛，恶心呕吐，心下痞闷，食不下，属食积头痛。

头部不同部位的疼痛，一般与经络分布有关，如头项痛属太阳经病，前额痛属阳明经病，头侧部痛属少阳经病，头顶痛属厥阴经病，头痛连齿属少阴经病。

2）胸痛：是指胸部正中或偏侧疼痛的自觉症状。胸居上焦，内藏心肺，所以胸痛以心肺病变居多。胸痛总由胸部气机不畅所致。胸痛、潮热盗汗，咳痰带血者，属肺阴虚证，因虚火灼伤肺络所致。胸痛憋闷，痛引肩臂者，为胸痹，多因心脉气血运行不畅所致，可见心阳不足，痰浊内阻或气虚血瘀等证。胸背彻痛剧烈、面色青灰、手足青至节者，为真心痛，是因心脉急骤闭塞不通所致。胸痛、壮热面赤，喘促鼻煽者，为热邪壅肺，肺失宣降所致。胸闷咳喘，痰白量多者，属痰湿犯肺，因脾虚聚湿生痰，痰浊上犯所致。胸胀痛、走窜、太息易怒者，属肝气郁滞。因情志郁结不舒，胸中气机不利所致。胸部刺痛、固定不移者，属血瘀。

3）胁痛：是指胁一侧或两侧疼痛。因胁为肝胆所居，又是肝胆经脉循行分布之处，故胁痛多属肝胆及其经脉的病变。胁胀痛、太息易怒者，多为肝气郁结所致。胁肋灼痛，多为肝火郁滞。胁肋胀痛，身目发黄，多为肝胆湿热蕴结，可见于黄疸病。胁部刺痛、固定不移，为瘀血阻滞，经络不畅所致。胁痛，患侧肋间饱满，咳唾引痛是饮邪停留于胸胁所致，可见于悬饮病。

4）胃脘痛：胃脘，包括整个胃体。胃上口贲门称上脘，胃下口幽门称下脘，界于上下口之间的胃体称中脘。胃脘痛即指胃痛而言。凡寒、热、食积、气滞等病因及机体脏腑功能失调累及于胃，皆可影响胃的气机通畅，而出现疼痛症状。

胃脘痛的性质不同，其致病原因也不同。如胃脘冷痛，痛势较剧，得热痛减，属寒邪犯胃。胃脘灼痛，多食善饥，口臭便秘者，属胃火炽盛。胃脘胀痛，嗳气不舒，属胃腑气滞，多是肝气犯胃所致；胃脘刺痛，固定不移，属瘀血胃痛；胃脘胀痛，嗳腐吞酸，厌食为食滞胃脘。胃脘隐痛，呕吐清水，属胃阳虚；胃脘灼痛嘈杂，饥不欲食，属胃阴虚。

5）腹痛：腹部范围较广，可分为大腹、小腹、少腹三部分。脐周围称为脐腹，属脾与小肠。脐以上统称大腹，包括脘部、左上腹、右上腹，属脾胃及肝胆。脐以下为小腹，属膀胱、胞宫、大小肠。小腹两侧为少腹，是肝经经脉所过之处。

根据疼痛的不同部位，可以测知疾病所在脏腑。根据疼痛的不同性质可以确定病因病性的不同。如大腹隐痛、便溏、喜温喜按，属脾胃虚寒。小腹胀痛，小便不利多为癃闭，病在膀胱。小腹刺痛，小便不利，为膀胱蓄血。少腹冷痛，牵引阴部，为寒凝肝脉。绕脐痛，起包块，按之可移者，为虫积腹痛。凡腹痛暴急剧烈、胀痛、拒按，得食痛甚者，多属实证。凡腹痛徐缓、隐痛、喜按、得食痛减者，多属虚证。凡腹痛得热痛减者，多属寒证。凡腹痛，痛而喜冷者，多属热证。

6）腰痛：根据疼痛的性质可以判断致病的原因。如腰部冷痛，以脊骨痛为主，活动受限，多为寒湿痹证。腰部冷痛，小便清长，属肾虚。腰部刺痛，固定不移，属闪挫跌扑瘀血。

根据疼痛的部位，可判断邪留之处。如腰脊骨痛，多病在骨；如腰痛以两侧为主，多病在肾；如腰脊痛连及下肢者，多病在下肢经脉。腰痛连腹，绕如带状，多病在带脉。

7）背痛；根据疼痛的部位及性质，可以判断疼痛的病位和病因。如背痛连及头项，伴有外感表证，是风寒之邪客于太阳经；背冷痛伴畏寒肢冷，属阳虚；脊骨空痛，不可俯仰，多为精气亏虚，督脉受损。

8）四肢痛：四肢痛，多由风寒湿邪侵犯经络、肌肉、关节，阻碍其气血运行所致。亦有因脾虚、肾虚者。根据疼痛的部位及性质可以判断病变的原因、部位。如四肢关节痛、窜痛，多为风痹；四肢关节痛，周身困重多为湿痹；四肢关节疼痛剧烈，得热痛减为寒痹。四肢关节灼痛，喜冷，或有红肿，多为热痹；如足跟或胫膝隐隐而痛，多为肾气不足。

9）周身痛：周身痛是指四肢、腰背等处皆有疼痛感觉。根据疼痛的性质及久暂，可判断病属外感或内伤。如新病周身酸重疼痛，多伴有外感表证，属外邪束表；若久病卧床周身疼痛，属气血亏虚，经脉不畅。

2. 问周身其他不适 问周身其他不适，是指询问周身各部，如头、胸胁、腹等处，除疼痛以外的其他症状。常见的周身其他不适症状有：头晕、目痛、目眩、目涩、雀目、耳鸣、耳聋、重听、胸闷、心悸怔忡、腹胀、麻木等。临床问诊时，要询问有无其他不适症状及症状产生有无明显诱因、持续时间长短、表现特点、主要兼症等。耳能闻声辨音，目能视物察色，均为身体的感觉器官。耳与目又分别与内脏、经络有密切联系。如肾开窍于耳，手足少阳经脉分布于耳，耳为宗脉之所聚；肝开窍于目，目为五脏六腑精气所注之处。所以，询问耳目情况，不仅可了解耳目局部有无病变，并且可帮助推断全身生理变化，以及肝、胆、肾、三焦和其他脏腑的病变。

（1）头晕：是指患者自觉视物昏花旋转，轻者闭目可缓解，重者感觉天旋地转，不能站立，闭目亦不能缓解。对本症的询问，应注意了解引发或加重本症的可能因素及兼有症状。如头晕而胀，烦躁易怒，舌红，脉弦数者，多为肝火上炎；头晕胀痛，耳鸣，腰膝酸软，舌红少苔，脉弦细，每因恼怒而加剧者，多为肝阳上亢；头晕面白，神疲体倦，舌淡，脉细，每因劳累而加重者，多为气血亏虚，营血不能上荣，清阳之气不升之故；头晕且重，如物裹缠，胸闷呕恶，舌苔白腻者，多为痰湿内阻，清阳不升所致；若外伤后头晕刺痛者，多属瘀血阻滞，脉络不通。

（2）目痛、目眩、目涩、雀目

1）目痛，目痛而赤，属肝火上炎；目赤肿痛，羞明多眵，多属风热；目痛较剧，伴头痛，恶心呕吐，瞳孔散大，多是青光眼；目隐隐痛，时作时止，多为阴虚火旺。

2）目眩，是指视物昏花迷乱，或眼前有黑花闪烁，流萤幻视的感觉。多因肝肾阴虚，肝阳上亢，肝血不足，或气血不足，目失所养而致。

3）目涩，指眼目干燥涩滞，或似有异物入目等不适感觉。伴有目赤，流泪，多属肝火上炎所致。若伴久视加重，闭目静养减轻，多属血虚阴亏。

4）雀目，一到黄昏视物不清，至天明视觉恢复正常的叫雀目，又称夜盲。多因肝血不足或肾阴损耗，目失所养而成。

（3）耳鸣、耳聋、重听：耳鸣、耳聋、重听都是听觉异常的症状。轻者为重听，重者为耳聋。耳鸣、耳聋可单独出现，也可同时并见，耳聋常由耳鸣发展而来，诚如《医学入门》所说："耳鸣乃是聋之渐也。"二者症状虽有不同，但病因病机基本一致。临床应注意询问其特点、新久、程度及兼症等，作为辨证的依据。

1）耳鸣：患者自觉耳内鸣响，如闻蝉鸣或潮水声，或左或右，或两侧同时鸣响，或时发时止，或持续不停，称为耳鸣。临床有虚实之分，若暴起耳鸣声大，用手按而鸣声不减，属实证，多因肝胆火盛所致；渐觉耳鸣，声音细小，以手按之，鸣声减轻，属虚证，多由肾虚精亏，髓海不充，耳失所养而成。

2）耳聋：即患者听觉丧失的症状，常由耳鸣发展而成。新病突发耳聋多属实证，因邪气蒙蔽清窍，清窍失养所致，渐聋多属虚证，多因脏腑虚损而成。一般而言，虚证多而实证少，实证易治，虚证难治。

3）重听：指听力下降、听音失真的表现。多因肾虚或风邪外入所致。

（4）胸闷：胸部有堵塞不畅，满闷不舒的感觉，称为胸闷，亦称"胸痞""胸满"，多因胸部气机不畅所致。由于可造成胸部气机不畅的原因很多，因此，胸闷一症可出现于多种病证之中。

（5）心悸怔忡：在正常的条件下，患者即自觉心跳异常，心慌不安，不能自主，称为心悸。心悸多为自发，惊悸多因惊而悸。怔忡是心悸与惊悸的进一步发展，心中悸动较剧、持续时间较长，病情较重。引起心悸的原因很多，主要是造成心神浮动所致。如心阳亏虚，鼓动乏力；气血不足，心失所养；阴虚火旺，心神被扰；水饮内停，上犯凌心；痰浊阻滞，心气不调；气滞血瘀，扰动心神等皆可使心神不宁而出现心悸、惊悸或怔忡的症状。

（6）腹胀：是指腹部饱胀，满闷，如有物支撑的感觉，或有腹部增大的表现。引起腹胀的病因很多，其证有虚、有实、有寒、有热。其病机以气机不畅为主，虚则气不运，实则气郁滞。实证可见于寒湿犯胃，阳明腑实、食积胃肠、肝气郁滞、痰饮内停等证。虚证多见脾虚。腹部的范围较广，不同部位之腹胀揭示不同病变。如上腹部胀，多属脾胃病变，小腹部胀，多属膀胱病变，胁下部胀，多属肝胆病变。若腹胀如鼓，皮色苍黄，腹壁青筋暴露者，称为臌胀，多因酒食不节，或情志所伤，或虫积血癥，致使肝、脾、肾功能失常，气、血、水互结，聚于腹内而成。

（7）麻木：是指知觉减弱或消失的一种病证，多见于头面四肢部。可因气血不足或风痰湿邪阻络、气滞血瘀等引起，其主要病机为经脉失去气血营养所致。

（四）问饮食与口味

问饮食与口味包括询问口渴、饮水、进食、口味几个方面。应注意有无口渴、饮水多少、喜冷喜热、食欲情况、食量多少，食物的喜恶、口中有无异常的味觉和气味等情况。

1. 问口渴与饮水 口渴是临床常见的一个自觉症状。饮水是人体内津液的主要来源，口渴与否、饮水多少与机体内津液的盈亏、输布情况和阴阳的盛衰有着密切关系，故询问患者口渴与饮水的情况，可以了解患者津液的盛衰和输布障碍，以及病性的寒热虚实。如《景岳全书・传忠录》说："渴与不渴，可以察里证之寒热，而虚实之辨亦从以见。"临床上应根据口渴的特点，饮水的多少和有关兼症来加以辨证分析。

（1）口不渴：为津液未伤，见于寒证或无明显热邪之证。

（2）口渴：口渴总由津液不足或输布障碍所致。临床可见如下情况。

1）口渴多饮：即患者口渴明显，饮水量多，是津液大伤的表现。多见于实热证，消渴病及汗吐下后。

2）渴不多饮：即患者虽有口干或口渴感觉，但又不想喝水或饮水不多。是津液轻度损伤或津液输布障碍的表现。可见于阴虚、湿热、痰饮、瘀血等证。

临床上口渴与饮水的辨证应根据口渴的特点、饮水的多少和有关兼症来加以综合分析。

2. 问食欲与食量 《灵枢・海论篇》说："胃者水谷之海。"胃主受纳、腐熟水谷，脾主运化、转输水谷精微，两者为后天之本。人的饮食情况与脾胃功能的正常与否关系非常密切。又人以胃气为本，胃气的有无直接关系到疾病的轻重和转归。所以，询问患者的食欲和食量情况，可以了解脾胃功能的强弱、判断疾病的轻重和估计预后的好坏。询问患者的食欲和食量情况，要结合有关兼症加以辨证分析。询问患者的食欲与食量，可以判断患者脾胃功能的强弱，疾病的轻重及预后。

（1）食欲减退与厌食：食欲减退，又称"纳呆""纳少"，即患者不思进食。厌食又称恶食，即厌恶食物。不思饮食与厌恶食物，大体上有两种情况，一是不知饥饿、不欲食，二是虽饥亦不欲食或厌恶食物。两者病机均属脾胃不和、消化吸收功能减弱所致。

1）食欲减退：患者不欲食，食量减少，多见于脾胃气虚、湿邪困脾等证。

2）厌食：多因伤食而致。若妇女妊娠初期，厌食呕吐者，为妊娠恶阻。

3）饥不欲食：是患者感觉饥饿而又不想进食，或进食很少，亦属食欲减退范畴。可见于胃阴不足证。

（2）多食易饥：是患者食欲亢进，食量较多，食后不久即感饥饿，又称"消谷善饥"，临床多伴有身体逐渐消瘦等症状。可见于胃火亢盛、胃强脾弱等证，亦可见于消渴病。多由胃的腐熟太过而致。

（3）偏嗜：是指嗜食某种食物或某种异物。其中偏嗜异物者，又称异嗜，若小儿异嗜，喜吃泥土、生米等异物，多属虫积。若妇女已婚停经而嗜食酸味，多为妊娠。

询问食欲与食量时，还应注意进食情况如何。如患者喜进热食，多属寒证；喜进冷食多属热证。进食后病情稍安，多属虚证；进食后病情加重，多属实证或虚中夹实证。疾病过程中，食欲渐复，表示胃气渐复，预后良好；反之，食欲渐退，食量渐减，表示胃气渐衰，预后多不良。若病重不能食，突然暴食，食量较多，是脾胃之气将绝的危象，称"除中"。实际上是中气衰败，死亡前兆，属"回光返照"的一种表现。

3. 口味 口味，是指患者口中的异常味觉。口淡乏味，多因脾胃气虚而致。口甜，多见于脾胃湿热证。口黏腻，多属湿困脾胃。口中泛酸，可见于肝胆蕴热证。若口中酸腐，多见于伤食证。口苦，属热证的表现，可见于火邪为病和肝胆郁热之证。口咸，多属肾病及寒证。

（五）问二便

问二便，是询问患者大小便的有关情况，如大小便的性状、颜色、气味、便量多少、排便的时间、两次排便的间隔时间、排便时的感觉及排便时伴随症状等。询问二便的情况可以判断机体消化功能的强弱，津液代谢的状况，同时也是辨别疾病的寒热虚实性质的重要依据。有关二便的性状、颜色、气味等内容，已分别在望诊、闻诊中叙述。这里介绍二便的次数、量的多少、排便时的异常感觉及排便时间等。

1. 问大便 水谷需经胃之腐熟，脾之运化，升清降浊，浊者经大肠传化而成粪便排出。故问大便（便秘、泄泻、便质异常、排便感觉异常）可了解脾、胃、大肠的病变。另外，脾胃的功能还需肾阳的温煦，所以从大便的情况，还能了解肾脏的盛衰。健康人一般一日或两日大便一次，为黄色成形软便，排便顺利通畅，如受疾病的影响，其消化功能失职则有黏液及未消化食物等粪便。气血津液失调，脏腑功能失常，即可使排便次数和排便感觉等出现异常。

（1）便次异常：便次异常，是排便次数增多或减少，超过了正常范围，有便秘与泄泻之分。

1）便秘：即大便秘结。指粪便在肠内滞留过久，排便间隔时间延长，便次减少，通常在四至七天以上排便一次，称为便秘。其病机总由大肠传导功能失常所致。可见于胃肠积热，气机郁滞、气血津亏、阴寒凝结等证。

2）溏泄：又称便溏或泄泻，即大便稀软不成形，甚则呈水样，排便间隔时间缩短，便次增多，每日三四次及以上。总由脾胃功能失调、水停肠道、大肠传导亢进所致。可见于脾虚、肾阳虚、肝郁乘脾、伤食、湿热蕴结大肠，感受外邪等证。

（2）排便感觉异常：排便感觉异常，是指排便时有明显不适感觉，病因病机不同，产生的感觉亦不同。

1）肛门灼热：是指排便时肛门有烧灼感。其病机由大肠湿热蕴结而致。可见于湿热泄泻、暑湿泄泻等证。

2）排便不爽：即腹痛且排便不通畅爽快，而有滞涩难尽之感。多由肠道气机不畅所致。可见于肝郁犯脾、伤食泄泻、湿热蕴结等证。

3）里急后重：即腹痛窘迫，时时欲泻，肛门重坠，便出不爽。紧急而不可耐，称里急；排便时，便量极少，肛门重坠，便出不爽，或欲便又无，称后重，二者合而称之里急后重，为痢疾病证中的一个主症，多因湿热之邪内阻，肠道气滞所致。

4）滑泻失禁：即久泻不愈，大便不能控制，呈滑出之状，又称“滑泻”。多因久病体虚，脾肾阳虚衰，肛门失约而致。可见于脾阳虚衰、肾阳虚衰，或脾肾阳衰等证。

5）肛门气坠：即肛门有重坠向下之感，甚则肛欲脱出。多因脾气虚衰，中气下陷而致。多见于中气下陷证。

2. 问小便 健康人在一般情况下，一昼夜排尿量约为 1000 ～ 1800 毫升，尿次白天 3 ～ 5 次，夜间 0 ～ 1 次。排尿次数、尿量，可受饮水、气温、出汗、年龄等因素的影响而略有不同。受疾病的影响而致机体的津液营血不足，气化功能失常，水饮停留等，可使排尿次数、尿量及排尿时的感觉出现异常情况。水液需经脾之运化，肺之宣降，肾与膀胱的气化，才能变化为尿排出体外。故问小便（尿量过多、尿量减少、小便频数、癃闭、遗尿、小便失禁、小便涩痛）可了解肺、脾、肾、膀胱等脏腑的病变。

（1）尿量异常：尿量异常，是指昼夜尿量过多或过少，超出正常范围。

1）尿量增多：多因寒凝气机，水气不化，或肾阳虚衰，阳不化气，水液外泄而量多。可见于虚寒证，肾阳虚证及消渴病中。

2）尿量减少：可因机体津液亏乏，尿液化源不足或尿道阻滞或阳气虚衰，气化无权，水湿不能下入膀胱而泛溢于肌肤而致。可见于实热证、汗吐下证、水肿病及癃闭、淋证等病证之中。

（2）排尿次数异常：

1）排尿次数增多；又叫小便频数，总由膀胱气化功能失职而致。多见于下焦湿热、下焦虚寒、肾气不固等证。

2）排尿次数减少：可见于癃闭，在排尿异常中介绍。

（3）排尿异常：是指排尿感觉和排尿过程发生变化，出现异常情况，如尿痛、癃闭、尿失禁、遗尿、尿闭等。

1）小便涩痛：即排尿不畅，且伴有急迫灼热疼痛感，多为湿热流入膀胱，灼伤经脉，气机不畅而致，可见于淋证。

2）癃闭：小便不畅，点滴而出为癃，小便不通，点滴不出为闭，一般多统称为癃闭。病机有虚有实。实者多为湿热蕴结、肝气郁结或瘀血、结石阻塞尿道而致。虚者多为年老气虚，肾阳虚衰，膀胱气化不利而致。

3）余沥不尽：即小便后点滴不尽，多为肾气不固所致。

4）小便失禁：是指小便不能随意识控制而自行遗出。多为肾气不足，下元不固；下焦虚寒，膀胱失煦，不能制约水液而致。若患者神志昏迷，而小便自遗，则病情危重。

5）遗尿：是指睡眠中小便自行排出，俗称尿床。多见于儿童。其基本病机为膀胱失于约束。可见于肾阴、肾阳不足，脾虚气陷等证。

（六）问睡眠

睡眠是人体生理活动的重要组成部分，人体为了适应自然界昼夜节律性变化，维持体内阴阳的协调平衡，故人的睡眠具有一定的规律。在正常情况下，卫气昼行于阳经，阳气盛则醒；夜行于阴经，阴气盛则眠。即如《灵枢·口问》所说：“阳气尽，阴气盛，则目瞑；阴气尽而阳气盛，则寤矣。”睡眠除与人体卫气循行和阴阳盛衰相关外，还与气血的盈亏及心肾功能相关。通过询问睡眠时间的长短、入睡难易、有无多梦等情况，便可了解机体阴阳气血的盛衰、心肾等脏腑功能的强弱。临床常见的睡眠失常有失眠、嗜睡。

1. 失眠 又称“不寐”“不得眠”，是指经常不易入睡，或睡而易醒，不易再睡，或睡而不酣，易于惊醒，甚至彻夜不眠的表现。其病机是阳不入阴，神不守舍。气血不足，神失所养；阴虚阳亢，虚热内生；肾水不足，心火亢盛等，皆可扰动心神，导致失眠，属虚证；痰火、食积、瘀血等邪火上扰，心神不宁，亦可出现失眠，属实证。可见于心脾两虚、心肾不交、肝阳上亢、痰火扰心、食滞胃腑等证。

2. 嗜睡 又称多眠，是指神疲困倦，睡意很浓，经常不自主地入睡。其轻者神志清楚，呼之可醒而应，精神极度疲惫，困倦易睡，或似睡而非睡的状态，称为“但欲寐”。如日夜沉睡，呼应可醒，神识朦胧，偶可对答，称为“昏睡”。嗜睡可见于湿邪困脾、脾气虚弱等证。湿邪困阻，清阳不升，脾气虚弱，中气不足，不能上荣，皆可使精明之府失于清阳之荣，故出现嗜睡。如若心肾阳衰，阴寒内盛神气不振，可出现似睡非睡的但欲寐。可见于心肾阳衰证。若邪扰清窍，热蔽心神，即可出现神识朦胧，昏睡不醒，可见于温热病，热入营血，邪陷心包之证，也可见于中风病。大病之后，精神疲惫而嗜睡，是正气未复的表现。

（七）问妇女（经带、妊娠）

妇女有月经、带下、妊娠、产育等生理特点，发生疾病时，常能引起上述方面的病理改变。因此，对青春期开始之后的女性患者，除了一般的问诊内容外，还应注意询问月经、带下等情况，作为妇科或一般疾病的诊断与辨证依据。

1. 问月经 月经是发育成熟妇女所特有的一种生理现象，《素问·上古天真论》认为女子“二七而天癸至，任脉通，太冲脉盛，月事以时下”。因每月有规律地来潮，故又称为月信、信水等。月经的正常情况是：初潮年龄为 13 ～ 15 岁，周期为 28 天左右，持续时间为 3 ～ 5 天，经色正红无块，在妊娠期及哺乳期月经不来潮，绝经期年龄约在 49 岁左右。应注意询问月经的周期，行经的天数，月经的量、色、质、有无闭经或行经腹痛等表现。

（1）经期：即月经的周期，是指每次月经相隔的时间，正常约为 28 ～ 32 天。经期异常主要表现为月经先期、月经后期和月经先后不定期。

1）月经先期：月经周期提前八九天以上，称为月经先期。多因血热妄行或气虚不摄而致。

2）月经后期：月经周期错后八九天以上，称月经后期。多因血寒、血虚、血瘀而致。

3）月经先后不定期：月经提前与错后不定，相差时间多在八九天以上者，称为月经先后不定期，又称月经紊乱。多因情志不舒，肝气郁结，失于条达，气机逆乱，或者脾肾虚衰，气血不足，冲任失调，或瘀血内阻，气血不畅，经期错乱，故月经先后不定期。

（2）经量：月经的出血量，称为经量，正常为 50 ～ 100 毫升，可略有差异。经量的异常主要表现为月经过多和月经过少。

月经过多，每次月经量超过 100 毫升，称为月经过多。多因血热妄行，瘀血内阻，气虚不摄而致。

月经量少，每次月经量明显减少，甚或点滴即净，称为月经过少。多因寒凝，经血不至，或血虚，经血化源不足，或血瘀，经行不畅而致。

（3）崩漏：指妇女不规则的阴道出血，临床以血热、气虚最为多见。血得热则妄行，损伤冲任，经血不止，其势多急骤。脾虚，中气下陷，或气虚冲任不固，血失摄纳，经血不止，其势多缓和。此外，瘀血也可致崩漏。

（4）经闭：行经年龄女性，月经未来潮，或来而中止，停经三个月以上，又未妊娠者，称闭经或经闭。经闭是由多种原因造成的，其病机总不外经络不通，经血闭塞，或血虚血枯，经血失其源泉，闭而不行。可见于肝气郁结、瘀血、湿盛痰阻、阴虚、脾虚等证。闭经应注意与妊娠期、哺乳期、绝经期等生理性闭经，或者青春期、更年期，因情绪、环境改变而致一时性闭经及暗经加以区别。

（5）经行腹痛：是在月经期，或行经前后，出现小腹部疼痛的症状亦称痛经。多因胞脉不利，气血运行不畅，或胞脉失养所致。可见于寒凝、气滞血瘀、气血亏虚等症。若行经腹痛，痛在经前者属实，痛在经后者属虚。按之痛甚为实，按之痛减为虚。得热痛减为寒，得热痛不减或益甚为热。绞痛为寒，刺痛、钝痛、闷痛为血瘀。隐隐作痛为血虚。持续作痛为血滞，时痛时止为气滞，胀痛为气滞血瘀。气滞为主则胀甚于痛，瘀血为主则痛甚于胀。

2. 问带下 在正常情况下，妇女可有少量白带分泌，凡带下色白而清稀、无臭，多属虚证、寒证。若带下量多、淋漓不断，或色质改变，或有臭味，即为带下病。若带下色白、量多、质清稀、无臭味者，称为白带，属寒湿，是脾虚不运、寒湿下注所致。若带下色黄、量多、质黏稠、味臭秽者，称为黄带，属湿热，是由湿郁化热、湿热下注所致。若带下色红黏稠、或赤白相间、微有臭味者，称为赤带，多因情志不舒、肝郁化热、损伤胞络所致。若绝经期后仍见赤带淋漓不断者，可以由癌症引起，应及早做专科检查，以防延误病情。

3. 问妊娠 如已婚妇女平素月经正常，突然停经而无病理表现，脉象滑数冲和者，应考虑妊娠。妊娠妇女出现厌食、恶心、呕吐，甚则反复呕吐不能进食者，称为妊娠恶阻。如症见神疲倦怠、口淡腹胀者，是因胃气素虚，妊娠后冲脉气盛上冲，胃失和降所致；如症见抑郁易怒、口苦吐酸者，是肝郁化火、肝火犯胃所致；如症见脘闷纳呆、呕吐痰涎者，是痰浊上逆，胃失和降所致。

妊娠后小腹部下坠疼痛，腰部酸痛，或兼见漏红者，称为“胎动不安”，为堕胎或小产先兆。若兼见面色暗滞，头晕耳鸣、尿频者，为肾虚不能顾护冲任所致；兼见面白无华、神疲倦怠者，为气血亏虚不能养胎所致；若跌仆闪挫而后出现腹痛漏红者，为外伤，损伤冲任所致。

（八）问小儿

根据小儿脏腑娇嫩、发育迅速的生理特点和发病较快、变化迅速、易虚易实的病理特点，临床进行儿科问诊时，除询问一般内容外，还需结合小儿的特点，重点询问以下内容：

1. 问出生前后情况 根据问出生前后情况，应视小儿年龄阶段的不同，询问的内容有所侧重。

新生儿（出生后至 1 个月）的疾病多与先天因素或分娩情况有关，应着重询问妊娠期及产育期母亲的营养健康状况，有何疾病，曾服何药，分娩时是否难产、早产等，以了解小儿的先天情况。

婴幼儿（1 个月至 3 周岁）发育较快，应重点询问喂养方法及坐、爬、立、走、出牙、学语的迟早情况，从而了解小儿后天营养状况和生长发育是否正常，为这一年龄段常患的营养不良、呕吐、腹泻及“五迟”“五软”等病的诊断提供依据。

2. 问预防接种、传染病史 小儿 6 个月～5 周岁之间，从母体获得的先天免疫力逐渐消失，而后天的免疫功能尚未形成，故易感染水痘、麻疹等急性传染病。预防接种可帮助小儿建立免疫功能，以减少感染发病。例如，某些传染病，如麻疹，常可获得终身免疫力。密切接触传染病患者如水痘及某些肝病等，常可引起小儿感染发病。另外，某些疾病如梅毒、艾滋病、病毒性肝炎等可由母婴传播而使小儿染病。

3. 问发病原因 由于小儿脏腑娇嫩，抵抗力弱，调节功能低下，易受气候及环境影响，感受六淫之邪而导致外感病，出现发热恶寒、咳嗽、咽痛等症；小儿脾胃薄弱，消化力差，极易伤食，出现呕吐、泄泻等症；婴幼儿脑神经发育不完善，易受惊吓，而见哭闹、惊风等症。

此外，还应询问小儿家族遗传病史。

（九）问情绪

情绪，为现代心理学概念，是人体对客观事物的主观反应及因之而产生的内心体验，又称为情感活动，属中医情志范畴，包括喜、怒、忧、思、悲、恐、惊七种，称七情。对应五脏的功能活动有五志：怒、喜、思、悲、恐。中医认为，情志是脏腑功能活动的外在反应，以气血津液为物质基础。脏腑气血的紊乱与损伤，可影响情志活动而出现各种情绪异常的表现，反之，当情绪活动太过剧烈、突然，或持续太久，也能使脏腑气血紊乱而导致机体产生各种病证。因此，询问患者的情绪变化，既可为精神情志病变的诊断提供重要依据，又可为分析具体组织器官病变的病因病机提供参考，还可使医生及时掌握患者的精神心理活动。

1. 烦躁 指心中烦热，手足躁扰，甚至坐卧不宁的表现。其中“烦”即心烦，为患者内心的一种情绪体验；“躁”即躁扰、躁动，为手足、形体的动作表现。二者常伴随出现，统称为烦躁因邪热、痰火、瘀血、食积化热上扰心神者，多属实证；因阴血不足，虚火内扰者，多属虚证。

2. 情志抑郁 指情绪低落，愁眉苦闷，寡言少语，唉声叹气，善悲易哭，缺乏兴趣，甚至意志消沉，悲观绝望，自罪自责，有自杀倾向等表现。常见于肝气郁结、肝郁脾虚、心脾两虚、脾肾阳虚等病证。

3. 过度兴奋 指表现出与环境不相符的过分的病态喜乐或过度激动，如精力充沛，情绪不稳，兴奋多语，语调高昂，眉飞色舞，喜笑颜开，表情丰富，对一切都感到非常乐观，对任何事都有兴趣，自负自信，甚至夸大其词等。多因心肝火旺，痰火扰神，或心肾不交，虚火内动所致。

4. 焦虑 指无明显诱因的情况下，经常忧虑不安，紧张害怕，顾虑重重，日久不能摆脱，以致出现搓手顿足，坐卧不宁，唉声叹气，如大祸临头，惶惶不可终日。多因脏腑亏损，心神失养或邪热内扰，心神不安所致。临床常见于心胆气虚、胆郁痰扰等证。

5. 恐惧 指对应激产生的一种不合理的恐惧反应，表现为紧张、害怕、提心吊胆，并伴有心悸、气促、汗出、颤抖、面色改变等。患者可能对某种物体、处境或社交场合产生恐怖，因而常主动采取回避方式。临床常见于肝胆气虚、胆郁痰扰等证。

第四节 切　诊

切诊是中医四诊之一，包括脉诊和按诊，是医者运用手和指端的感觉，对患者体表某些部位进行触摸按压的检查方法。检查内容，如脉象的变化，胸腹的痞块，皮肤的肿胀，手足的温凉，疼痛的部位等。把所得信息与其他三诊互相参照，从而做出诊断。特别是切脉，是临床上不可缺少的基本方法。切诊包括脉诊和按诊两部分内容，脉诊是按脉搏；按诊是在患者身躯上一定的部位进行触、摸、按压，以了解疾病的内在变化或体表反应，从而获得辨证资料的一种诊断方法。

一、脉　诊

脉诊，是医者以指腹按一定部位的脉搏诊察脉象。通过诊脉，体察患者不同的脉象，以了解病情，诊断疾病。它是中医学一种独特的诊断疾病的方法。又称切脉、诊脉、按脉、持脉。脉象的形成与脏腑气血密切相关，若脏腑气血发生病变，血脉运行就会受到影响，脉象就有变化。我国古代医学在诊断疾病方面采用的脉诊，是一项独特诊法脉，是中医“四诊”（望、闻、问、切）之一，也是辨证论治的一种不可少的客观依据。我国古代医家很注意脉诊在临床上的意义，认为通过切脉可以了解病的属性是寒还是热，机体正气是盛还是衰，以及测知病因、病位和判断预后。正如《灵枢·经脉》所说：“经脉者，所以能决生死处百病，调虚实，不可不通。”脉诊可以判断患者的生死，处理百病，调理虚实。《素问·阴阳应象大论》又说：“善诊者察色按脉，……观权衡规矩而知病所主，按尺寸观浮沉滑涩而知病所生以治。”从脉象的权衡规矩，可以识别疾病所主的脏腑；从患者的脉象去辨别浮沉滑涩，可以知道疾病产生的原因。这是从把人体看成一个整体的观点出发的，而这种整体观点又是以经络学说作为基础的。中医认为经络是人体气血运行的通路，它内通脏腑，外连四肢肌肤骨节，把全身构成一个有机整体。脉是整体的一部分，所以从脉象的变化可以察知内在的变化。所谓“有诸内，必形诸外”，就是说，人体内部的变化会在外部表现出来。

（一）脉象形成的原理

脉象即脉动应指的形象。心主血脉，包括血和脉两个方面，脉为血之府，心与脉相连，心脏有规律的搏动，推动血液在脉管内运行，脉管也随之产生有节律的搏动，因而形成脉搏故能心动应指，脉动应指。心脏有规律的搏动和血液在管内运行均由宗气所推动。血液循行脉管之中，流布全身，环周不息，除心脏的主导作用外，还必须有各脏器的协调配合，肺朝百脉，即是循行全身的血脉，均汇聚于肺，且肺主气，通过肺气的敷布，血液才能布散全身；脾胃为气血生化之源，脾主统血；肝藏血，主疏泄，调节循环血量；肾藏精，精化气，是人体阳气的根本，各脏腑组织功能活动的原动力，且精可以化生血，是生成血液的物质基础之一。因此脉象的形成，与脏腑气血密切相关。

三焦者，人身三元之气也，总领五脏六腑、营卫经络、内外左右上下之气也。脏腑、五神藏之于内，经由三焦形之于外。《脉经》曰：“寸主射上焦、出须及皮毛竟手。关主射中焦、腹及胃。尺主射下焦、少腹至足。”清代医学家周学海亦论曰：“寸、关、尺，候身之上中下者也，浮、中、沉，候经络脏腑之表里者也。此以脉之纵横之部位，主身之纵横之部位。”三焦者，统领周身之气，而分隶于胸膈腹，即分配于寸关尺。故寸主候上焦之脏、腑、官窍、经络、腠理及筋脉肉皮骨，关主候中焦之脏、腑、经络、腠理及筋脉肉皮骨，尺主候下焦之脏、腑、经络、腠理及筋脉肉皮骨，三关合而为一，主候人身上下内外。

人之生，形具而神生，形神合一。形即体质，神即气质，包括心理状态和性格特点。脉象可反映一个人的体质和气质特点，周学海亦论曰：“人之禀质，各有不同，而脉应之。”总按可体会人之体质特点，“一身之中，无论何处气虚，脉之三部皆现弱象”。而单按则体会在体质基础上产生的病理变化。关于寸口分候脏脉的根据，《脉经》一书强调根据气为阳，血为阴的原则而定。认为右手偏于气旺，左手偏于血旺。肺主气，气旺于右，气为肺所统，故以右寸配肺。心主血，血旺于左，血为心所主，故以左寸候心。脾居中州，体偏左而气行于右，故以脾候于右关。肝藏血，其体虽右而气化作用实行于左，故以肝候于左关。肾在腰旁，位居最下，故亦候于尺。

脉象的变化是有广泛的病理、生理基础，其变化与心血管功能及神经体液调节系统有着密切的关系。脉象是由脉搏的速率、节律、强度、位置和形态等组成，与心排血量、心瓣膜功能、血压的高低、血管内血液的质和量以及末梢血管的功能状态等有关。浮脉的形成可能是心排血量减少（或正常），周围血管收缩，血管弹性阻力增加有关，在心电图上可见电压降低。迟脉在心电图上可见窦性心动过缓，可由于迷走神经兴奋性增高，房室传导阻滞，房室结性心律等引起。数脉在心电图上可见窦性心动过速，可由于感染等因素，致血压下降，引起窦性心动过速，或由于心肌兴奋性增加，心肌力量减弱，而致心搏代偿性增加。虚脉多为心排出量减少，血管弹性阻力降低，血压降低所形成。实脉的形成与心排血量和血管弹性阻力增加有关，其脉压正常。滑脉的心排血量正常或稍高，血管弹性阻力正常或减少，血液变稀，血流量增加，因而血流畅通，在血管上显示出波浪形经过。涩脉可能与迷走神经兴奋、心率减慢、心排血量减少，周围血管收缩等因素有关。洪脉可能与心排血量增加，周围血管扩张、收缩压高、舒张压低，脉压大，血流速度增快等有关。

细脉可能与心功能下降，心排血量减少，周围血管收缩，血管弹性阻力增加，脉压小等因素有关。濡脉可能与心排血量减少，血管弹性阻力不高有关。弦脉的形成可能与动脉壁弹性差或动脉硬化，血管平滑肌收缩，血管壁增厚，舒张时血管直径较小致血管阻力增加，动脉紧张力高及血压增高等因素有关，疼痛及肝病时出现弦脉可能为神经体液的变化对血管功能影响的结果，其形成因素比较复杂。紧脉可能与心排血量增高，周围血管收缩，动脉紧张度增高等因素有关。促脉或为心房纤颤，或有心动过速伴期前收缩。结脉在心电图上表现为各种期前收缩、逸搏、停搏及房颤等。代脉见于期前收缩或二度房室传导阻滞所致的二联律、三联律。促、结、代脉均为脉律不整，主要是心脏本身的病变所形成，某些药物如洋地黄中毒等也可引起结、代脉。

（二）脉诊的临床意义

脉诊是中医临床不可缺少的诊察步骤和内容，脉象能够传递机体各部分的生理病理信息，可为诊断病证提供重要依据。脉象的形成与脏腑气血关系十分密切，气血脏腑发生病变，血脉运行受到影响，脉象就有变化，故通过诊察脉象的变化，可以判断疾病的病位、性质、邪正盛衰与推断疾病的进退预后。

1. 判断疾病的病位、性质和邪正盛衰 疾病的表现尽管极其复杂，但从病位的浅深来说，不在表便在里，而脉象的浮沉，常足以反映病位的浅深。脉浮，病位多在表；脉沉，病位多在里。疾病的性质可分寒证与热证，脉象的迟数，可反映疾病的性质，如迟脉多主寒证，数脉多主热证。邪正斗争的消长，产生虚实的病理变化，而脉象的有力无力，能反映疾病的虚实证候，脉虚弱无力，是正气不足的虚证。脉实有力，是邪气亢盛的实证。

2. 推断疾病的进退预后 脉诊对于推断疾病的进退预后，有一定的临床意义。如久病脉见缓和，是胃气渐复，病退向愈之兆；久病气虚，虚劳、失血，久泄久痢而见洪脉，则多属邪盛正衰危候。外感热病，热势渐退，脉象出现缓和，是将愈之候；若脉急疾，烦躁为病进危候。

中医整体观念指出，人体是一个有机的整体，《灵枢·脉度》载："阴脉荣其脏，阳脉荣其腑，……其流溢之气，内溉脏腑，外濡腠理"，表明机体各部分的功能有赖经络气血的运行流注和温煦濡养而实现；同时人体又与自然界相应，人的经脉气血随日月运转而产生相应的变化，正如《素问·脉要精微论》所说："四变之动，脉与之上下。"上述各种生命现象，都通过脉象的动态变化及时地反映出来。但是，脉象的生理性变异有一定的限度和规律。当机体遭到外邪侵扰时，这种生理性平衡就遭到破坏，造成气血、脏腑功能逆乱，反映在脉象上就出现各种病脉。《景岳全书·脉神章》载："脉者气血之神，邪正之鉴也，有诸中必形诸外。故气血盛则脉必盛，血气衰则脉必衰，无病则脉必正，有病则脉必乖。"脉象的盛、衰、正、乖，都是气血邪正的外在表现，通过脉诊可以了解气血的虚实，阴阳的盛衰，脏腑功能的强弱，以及邪正力量的消长，为治疗指出方向。

（三）诊脉的部位

诊脉的部位，有遍诊法、三部诊法和寸口诊法。

1. 遍诊法 即《素问》三部九候诊法，是遍诊身体上、中、下三部有关的动脉。上为头部、中为手部、下为足部。在上、中、下三部又各分为天、地、人三候，三三合而为九，故称为三部九候诊法。

上部天是指两侧颞动脉，可以反映头额及颞部的病痛；上部人是指耳前动脉，可以了解目和耳的情况；上部地，是指两颊动脉，可以了解口腔和牙齿的情况。中部天，是手太阴肺经的动脉处，可候肺气；中部人，是手少阴心经的动脉处，可候心气；中部地，是手阳明大肠经的动脉处，候胸中之气。下部天，是足厥阴肝经的动脉处，候肝气；下部人，是足太阴脾经或足阳明胃经的动脉处，候脾胃之气；下部地，是足少阴肾经的动脉处，候肾气。诊察这些脉动部位的脉象，可以了解全身各脏腑、经脉的生理病理状况。《素问·三部九候论》说："人有三部，部有三候，以决死生，以处百病，以调虚实，而除邪疾。"可见三部九候诊法是一种古老的诊脉方法，其用途是何处脉象有变化，便可提示相应部位、经络、脏腑发生病变的可能，而不是用一处或几处脉象来测知全身情况。

具体部位：

上部（头部）

上部上——两额之动脉（如太阳穴）以候头角之气。

上部中——耳前之动脉（如耳门穴）以候耳目之气。

上部下——两颊之动脉（如巨髎穴）以候口齿之气。

中部（手部）

中部上——手太阴（如寸口脉）以候肺。

中部中——手少阴（如神门穴）以候心。

中部下——手阳明（如合谷穴）以候胸中之气。

下部（足部）

下部上——足厥阴（如五里穴或太冲穴）以候肝。

下部中——足太阴（如箕门穴或冲阳穴）以候脾（胃）。

下部下——足少阴（如太溪穴）以候肾。

2. 三部诊法 《内经》遍诊法问世后，《难经》将诊脉部位广泛的三部九候法完全分配于寸口，以寸口诊法取代了遍诊法，致当时独取寸口法颇为盛行。而张仲景既十分重视寸口诊法的意义，又主张三部诊法合参。如《伤寒杂病论·序》云："观今之医……按寸不及尺，握手不及足，人迎趺阳三部不参，动数发息，不满五十。"抨击了当时医生诊脉时的草率作风，强调了人迎、寸口、趺阳三部合参的重要，进一步阐发了《内经》《难经》的诊脉方法。

三部，指人迎（颈侧动脉）、寸口（桡动脉）、趺阳（足背动脉）三个诊脉部位而言。其中以人迎、趺阳候胃气的变化，主要用于寸口无脉及患者危重之时；而寸口脉则主要候十二经及脏腑之气的变化，尤多用于全身性疾病的诊断。正如《全生指迷方·卷一》所说："诊脉之法，其要有三：一曰人迎，在结喉两旁，取之应指而动，此部法天也。二曰三部，谓寸关尺也。手腕上侧有骨稍高，曰高骨。先以中指按骨，谓之关，前指为寸部，后指为尺部。尺寸以分阴阳，阳降阴升，通度由关以出入，故谓之关，此部法人。三曰趺阳，在足面系鞋之所，按之应指而动者是也，此部法地。三者皆气之出入要会，所以能决吉凶死生。凡三处大小迟速相应齐等，则为无病之人。故曰：人迎、趺阳三部不参，动数发息，不满五十，未知生死，以三者为决死生之要也。"其中以寸口脉候脏腑病变，趺阳脉候胃气，太溪脉候肾气。现在这种方法多在寸口无脉搏或者观察危重患者时运用。如两手寸口脉象十分微弱，而趺阳脉尚有一定力量时，提示患者的胃气尚存，尚有救治的可能；如趺阳脉难以触及时，提示患者的胃气已绝，难以救治。

3. 寸口诊法 始见于《内经》，详于《难经》，推广于晋代王叔和的《脉经》。寸口又称气口或脉口，其位置在腕后桡动脉所在部位。

（1）诊脉独取寸口的理论依据：寸口脉象为什么能反映五脏六腑的病变？《素问·五脏别论》说："胃为水谷之海，六腑之大源也，五味入口，藏入胃以养五脏气，气口亦太阴也。是以五脏六腑之气味，皆出于胃，变见于气口。”《难经·一难》又指出：“十二经脉中皆有动脉，独取寸口，以决五脏六腑死生吉凶之法，何谓也？然，寸口者，脉之大会，手太阴之动脉也。”以上说明独取寸口的道理，一是由于寸口位于手太阴肺经的原穴部位，是脉之大会，手太阴肺经起于中焦，所以，在寸口可以观察胃气的强弱；二是脏腑气血皆通过百脉朝会于肺，所以脏腑的生理病理变化能反映于寸口脉象。

（2）寸口脉的分部及脏腑配属：寸口分寸、关、尺三部，《脉经》：“从鱼际至高骨。却行一寸，其中名曰寸口，从寸至尺，名曰尺泽，故曰尺寸，寸后尺前，名曰关。”即以高骨为标际（桡骨茎突），其稍为内方的部位为关，关前（腕端）为寸，关后（肘端）为尺，两手各有寸关尺三部，共六部脉。

寸、关、尺三部可分浮、中、沉三候，这是寸口诊法的三部九候。《难经·十八难》说：“三部者，寸、关、尺也，九候者，浮、中、沉也”，这就和遍诊法的三部九候名同而实异。

寸关尺分候脏腑，首见于《内经》，按照《素问·脉要精微论》所叙述的是：

左寸：外以候心，内以候膻中；右寸：外以候肺，内以候胸中。

左关：外以候肝，内以候膈；右关：外以候胃，内以候脾。

左尺：外以候肾，内以候腹中；右尺：外以候肾，内以候腹中。

后世对寸、关、尺分候脏腑，大致均以《内经》为依据而略有变更。如《难经》以小肠、大肠配心、肺，以右肾为命门；《脉经》以三焦配右尺；张景岳则以膀胱、大肠配左尺，以三焦、命门、小肠配右尺；《医宗金鉴》则以左寸候心、膻中，右寸候肺、胸，左关候肝、胆、膈，右关候脾胃，两尺候两肾，左尺配小肠、膀胱，右尺配大肠，又以三部分候三焦。

以上所举的几家学说，其分歧点在于大小肠和三焦，而主要的分候五脏的观点是一致的。目前关于寸关尺分配脏腑，多以下列为准：

左寸可候：心与膻中；右寸可候：肺与胸中。

左关可候：肝、胆与膈；右关可候：脾与胃。

左尺可候：肾与小腹；右尺可候：肾与小腹。

这种分配方法是根据《内经》“上竟上”“下竟下”为原则的，即是体现了上（寸脉）以候上（身体上部），下（尺脉）以候下（身体下部）的原则。

但必须指出，寸关尺分配脏腑，其所候的是五脏六腑之气，而不是脏腑之脉出于何部，正如李时珍所说：“两手六部皆肺经之脉，特取此以候五脏六腑之气耳，非五脏六腑所居之处也。”

此外，也有不分寸、关、尺，但分浮、中、沉，左诊心、肝、肾，右诊肺、脾、命门，以候各脏病的，这是因病情危急，而求其根本的一种办法。诊老人、虚人、久病、产后等也可用此法。

（四）诊脉的方法和注意事项

1. 时间 诊脉的时间最好是清晨，《素问·脉要精微论》指出：“诊法常以平旦，阴气未动，阳气未散，饮食未进，经脉未盛，经络调匀，气血未乱，故乃可诊有过之脉。”因为清晨时间患者不受饮食、活动等各种因素的影响，体内外环境都比较安静，气血经脉处于少受干扰的状态，故容易鉴别病脉。但也不是说其他时间就不能诊脉，汪机认为：“若遇有病，则随时皆可以诊，不必以平旦为拘也。”总的来说，诊脉时要求有一个安静的内外环境。诊脉之前，先让患者休息片刻，使气血平静，诊室也要保持安静，以避免外界环境的影响和患者情绪的波动，并有利于医生体会脉象。在特殊情况下应随时随地诊察患者，又不必拘泥于这些条件。

2. 体位　要让患者取坐位或正卧位，手臂平放和心脏近于同一水平，直腕仰掌，并在腕关节背垫上脉枕，这样可使气血运行无阻，以反映机体的真正脉象。

3. 指法　医者和患者侧向坐，用左手按诊患者的右手，用右手按诊患者的左手。诊脉下指时，首先用中指按在掌后高骨内侧关脉位置，接着用食指按在关前的寸脉位置，无名指按在关后尺脉位置。位置放准之后，三指应呈弓形，指头平齐，以指腹接触脉体。三指平布同时用力按脉，称为总按；为了重点地体会某一部脉象，也可用一指单按其中一部脉象，如要重点体会寸脉时，微微提起中指和无名指，诊关脉则微提食指和无名指，诊尺脉则微提食指和中指。临床上总按、单按常配合使用，这样对比的诊脉方法，颇为实用。单按分候寸口三部，以察病在何经何脏，总按以审五脏六腑的病变。

具体要求有：

（1）三指平齐：医者的手指指端要平齐，手指略呈弓形倾斜，与受诊者体表呈45º左右为宜，这样的角度可以使指目（指尖与指腹交界棱起之处，与指甲二角连线之间的部位，形如人目）便于推移，以寻找指感最清晰的部位，并调节适当的指力。

（2）中指定关：即三指下指时，先以中指按在腕骨内侧动脉处（桡骨茎突下方），然后用示指在关前（远心端）定寸，用环指（无名指）按在关后（近心端）定尺。

（3）布指疏密：布指的疏密要根据患者的身高、手臂的长短以及医者手指的粗细来决定，患者身材较高、手臂较长、医者手指较细，那么布指宜疏，反之则稍密；患者身材较小、手臂较短、医者手指较细，那么布指适中，反之则紧凑。3～7岁小儿，由于脉口较短，一般用“拇指定三关”法，不需详细辨别寸关尺。

（4）指目按脉：指目是手指感觉神经末梢最丰富的地方，最能准确地反映指下脉搏的生理病理状态。

（5）下指轻重：下指轻重应以患者的体态来决定。若患者体态丰腴，则下指宜重；若患者体态瘦弱，则下指宜轻。

（6）七诊并用：诊法中的“七诊”，即上、下、左、右、浮、中、沉七种诊脉的手法。上者，即上竟上者，胸喉之事也，即于寸前一分取之；下竟下者，少腹腰股膝胫足中事也，即于尺内前一分取之。左者，言左手也。右者，即右手也。相互比较，互相对照，运用则得心应手。浮者，轻下指于皮毛之际，探其腑脉也。察定有无外感表证。中者，略重指于肌肉之间，候其胃气也，观察脾胃功能变化，半表半里也。沉者，重下指于筋骨之位，观其脏脉也，顺知有否内伤里证。凡此七法，共为“七诊”。

4. 举、按、寻　举、按、寻是脉诊的基本指法，它通过三指用力轻重的变化，以诊察脉搏的浮沉与力度的情况。滑寿《诊家枢要》说：“持脉之要有三：曰举、按、寻。轻手循之曰举，重手取之曰按，不轻不重，委曲求之曰寻。初持脉，轻手候之，脉见皮肤之间者，阳也，腑也，亦心肺之应也。重手得之，脉伏于肉下者，阴也，脏也，亦肝肾之应也。不轻不重，中而取之，其脉应于血肉之间者，阴阳相适，冲和之应，脾胃之候也。若浮中沉之不见，则委曲求之，若隐若现，则阴阳伏匿之脉也，三部皆然。”用轻指力按在皮肤上叫举，又叫浮取或轻取；用重指力按在筋骨间，叫按，又叫沉取或重取；指力不轻不重，还可亦轻亦重，以委曲求之叫寻。因此诊脉必须注意体会举、按、寻之间的脉象变化。

此外，当三部脉有独异时，还必须逐渐挪移指位，内外推寻。寻者寻找之意，不是中取之义。推法是将手指挪移丁脉管之上下，内外，以探察通常用举按法所不能察觉的一些变化。推法与举按法相对，举按法是浮沉浅深诊候，而推法则是纵横诊候。如《医学入门》曰："盖脉有隐显，皆阴阳变化错综，须横看，竖看，乃可尽其变。"

5. 平息 一呼一吸称一息，诊脉时，医者的呼吸要自然均匀，用一呼一吸的时间去计算患者脉搏的至数，如正常脉象及病理性脉象之迟、数、缓、疾等脉，均以息计，今天有秒表对诊脉有一定的帮助。但平息的意义还不止如此。平是平调的意思，要求医者在诊脉时，思想集中，全神贯注。因此，平息除了以"息"计脉之外，还要做到虚心而静，全神贯注。

6. 五十动 每次诊脉，必满五十动。即每次按脉时间，每侧脉搏跳动不应少于五十次。其意义有二：一为了解五十动中无促、结、代脉，防止漏诊；二为说明诊脉不能草率从事，必须以辨清脉象为目的。如果第一个五十动仍辨不清楚，可延至第二个或第三个五十动。总之，每次诊脉时间，以2～3分钟为宜。

7. 脉诊心法 《内经》曰："持脉有道，虚静为保。"虚，是医者的心要虚。虚乃能容，心虚方可积神。切脉时亦要心虚，即不可先存一丝成见，诚如张璐《诊宗三昧》所云："切脉之法，心空为宗。"静，是指医者之心要静。喻昌在《医门法律》中告诫："有志于切脉者，必先凝神不分，如学射者先学不瞬，自为深造。"因此，诊者当如费伯雄《医醇剩义》所说的那样："临诊时，虚心静气，虚则能精，静则能细，以心之灵通于指端，指到心到会悟参观。"

8. 注意事项

（1）医者须全神贯注，仔细按触，反复细心体验，防止主观臆测粗枝大叶，时间也不能过于短促（每次诊脉时间不应少于50秒）。

（2）注意内外因素对脉象的影响：如小儿脉较成人脉软而数，妇女数较男子脉细弱而略数，胖人脉较瘦人脉沉。夏天脉较洪大，冬天脉较沉小。剧烈运动后脉洪数，酒后脉数，精神刺激和某些药物也可引起脉象的暂时变化。

（3）有些人因桡动脉解剖位置的差异，脉不见于寸口部而于拇指腕侧处，称为反关脉，从尺部斜向手背，称为斜飞脉。

（五）正常脉象

正常脉象古称平脉，是健康无病之人的脉象。正常脉象的形态是三部有脉，一息四至（闰以太息五至，相当72～80次/分），不浮不沉，不大不小，从容和缓，柔和有力，节律一致，尺脉沉取有一定力量，并随生理活动和气候环境的不同而有相应的正常变化。正常脉象有胃气、神、根三个特点。

有胃气：胃为水谷之海，后天之本，是人体营卫气血之源，人之死生，决定于胃气的有无，所谓"有胃气则生，无胃气则死"。

脉有胃气表现在：

（1）脉位居中，不浮不沉；

（2）脉率调匀，不快不慢；

（3）脉力充盈，不强不弱；

（4）脉道适中，不大不小；

（5）脉势和缓，从容、流利。

而其中最主要的是和缓、从容、流利，尽管存在人体差异或有生理性变异，但兼有和缓从容流利的指感，就是脉有胃气。胃气充足的脉象即称为平脉，所谓"有胃为平"，平脉是正常生理状态的反映；缺少胃气的脉为病脉，曰"胃少为病"；失去胃气的脉即为死脉，曰"无胃为死"，是病情危重的反映，亦称真脏脉。

有神：脉贵有神，心主血而藏神，脉为血之府，血气充盈，心神便健旺，脉象自然有神，脉象有神的特征主要是两个方面：①应指有力柔和；②节律整齐。故弦实之中仍有柔和，微弱之中不失有力，多谓脉有神气。观察脉神推测病情还必须与全身情况结合，患者形神充沛，虽见脉神不振，尚有挽回之望；若形神已失，虽脉无凶候，亦不能掉以轻心。

有根：脉之有根关系到肾。肾乃先天之本，元气之根，人身十二经脉全赖肾间动气之生发，肾气犹存，好比树木之有根，枝叶虽枯，根本不坏，当有生机；若久病及肾，本元亏乏，虽有灵丹亦难起沉疴。脉之有根主要表现在尺脉有力、沉取不绝两个方面，所以有“尺以候肾”“沉取候肾”的说法。

正常脉象随人体内外因素的影响而有相应的生理性变化。

四时气候：由于受气候的影响，平脉有春弦，夏洪，秋浮，冬沉的变化。此因人与天地相应，人体受自然界四时气候变化的影响，生理功能也相应地变化，故正常人四时平脉也有所不同。

地理环境：地理环境也能影响脉象，如南方地处低下，气候偏温，空气湿润，人体肌腠缓疏，故脉多细软或略数；北方地势高，空气干燥，气候偏寒，人体肌腠紧缩，故脉多表现沉实。

性别：妇女脉象较男子濡弱而略快，妇女妊娠，脉常见滑数而冲和。

年龄：年龄越小，脉搏越快，婴儿每分钟脉搏 120 ～ 140 次；五六岁的幼儿，每分钟脉搏 90 ～ 110 次；年龄渐长则脉象渐和缓。青年体壮脉搏有力；老人气血虚弱，精力渐衰，脉搏较弱。

体格：身躯高大的人，脉的显现部位较长；矮小的人，脉的显现部位较短，瘦人肌肉薄，脉常浮；肥胖的人，皮下脂肪厚，脉常沉。凡常见六脉沉细等同，而无病象的叫作六阴脉；六脉常见洪大等同，而无病象的，叫作六阳脉。

情志：一时性的精神刺激，脉象也发生变化，如喜则伤心而脉缓，怒则伤肝而脉急，惊则气乱而脉动等。此说明情志变化能引起脉象的变化，但当情志恢复平静之后，脉象也就恢复正常。

劳逸：剧烈运动或远行，脉多急疾；人入睡之后，脉多迟缓；脑力劳动之人，脉多弱于体力劳动者。

饮食：饭后、酒后脉多数而有力；饥饿时稍缓而无力。

（六）病理性脉象

疾病反映于脉象的变化，叫作病脉。一般来说，除了正常生理变化范围以及个体生理特异之外的脉象，均为各病脉。不同的病理脉象，反映了不同的病证，我国最早的脉学专书《脉经》提出二十四种脉象，《景岳全书》提出十六种，《濒湖脉学》提出二十七种，李士材的《诊家正眼》又增加疾脉，故近代多从二十八脉论述。

脉象是通过位、数、形、势四方面来体察。位即脉之部位，是指在皮肤下的深度而言。

脉位分浮沉，浅显于皮下者浮脉，深沉于筋骨者为沉脉。数即至数，是指脉动的速率，脉数分迟数。一息不足四至为迟，一息五六至为数。形即形态，包括脉管的粗细及其特殊形象，指下予以辨形，如芤脉似葱管，动脉似豆等。势即脉动的气势或力量，以辨虚实。如脉来势大、有力为实，脉动势小、无力为虚等。

近代通过对脉学文献的深入理解和实验研究的资料总结，可将构成各种脉象的主要因素，大致归纳为脉象的脉位、至数、脉长、脉宽、脉力、流利度、紧张度、均匀度八个方面。

脉位：指脉动显现部位的浅深。脉位表浅为浮脉；脉位深沉为沉脉。

至数：指脉搏的频率。中医以一个呼吸周期为脉搏的计量单位。一呼一吸为“一息”。一息脉来四～五至为平脉，一息六至为数脉，一息三至为迟脉。

脉长：指脉动应指的轴向范围长短。即脉动范围超越寸、关、尺三部称为长脉，应指不及三部，但见关部或寸部者均称为短脉。

脉宽：指脉动应指的径向范围大小，即手指感觉到脉道的粗细（不等于血管的粗细）。脉道宽大的为大脉，狭小的为细脉。

脉力：指脉搏的强弱。脉搏应指有力为实脉，应指无力为虚脉。

流利度：指脉搏来势的流利通畅程度。脉来流利圆滑者为滑脉；来势艰难，不流利者为涩脉。

紧张度：指脉管的紧急或弛缓程度。脉管绷紧为弦脉；弛缓为缓脉。

均匀度：均匀度包括两个方面，一是脉动节律是否均匀；二是脉搏力度、大小是否一致。一致为均匀；不一致为参差不齐。

掌握上述几项主要因素，就能执简驭繁，知常识变，逐步学会辨识各种脉象的形态特征。

在二十八种病脉中，有单一脉与复合脉之别。有的脉在位、数、形、势方面仅有单一的变化，如浮脉、沉脉表现为脉位的变化，迟脉、数脉表现为至数的变化。这种单方面变化而形成的脉象，称单一脉。许多脉象要从位、数、形、势多方面综合体察，才能进行区别。如弱脉由虚、沉、小三脉合成，牢脉由沉、实、大、弦、长五脉合成，浮大有力势猛为洪脉等，这种由两个或两个以上方面的变化而形成的脉象，称复合脉。单一脉往往不能全面反映疾病的本质，而复合脉则可以从多方面反映疾病的情况，除了上述二十八种病脉之外，还常出现数种脉象并见的相兼脉。如浮紧、浮缓、沉细、滑数等。

脉象辨识病脉时，还要注意下述几个问题：

（1）脉象多兼见：脉诊时单一脉象较少见，多为几种脉象如“浮数”“沉迟”“沉细弦”“沉细迟涩”等混合并见。这些兼见脉象，必须结合其他诊察资料，才能对病证的表里、寒热、虚实以及病势的盛衰做出判断。

（2）有关脉与症的取舍问题：当脉象与证候不相符合时，可考虑“舍脉从症”（即舍去脉的假象而以真实的证候为诊断依据）或“舍症从脉”（即舍去证候的假象反映而以真实的脉象作为诊断依据）。例如，心腹急痛，脉见沉伏（见于疼痛性休克时），当舍脉从症；胃腹胀满，脉象微弱（因脾不健运而有虚胀），当舍症从脉。一般情况下，应是脉症相符；在特殊情况下，则须全面考虑，去伪存真。

（3）四诊合参：诊断不能单靠切脉，而须望、闻、问、切四诊合参。切不可不问病情，单凭切脉就主观臆断。

（4）不能机械地、一成不变地对待两手寸、关、尺（共六部）分主脏腑的规定，而应全面地从脉象主病出发，参考其他三诊，对病证做出正确的诊断。

1. 脉象分类与主病

（1）浮脉类：浮脉类的脉象，有浮、洪、濡、散、芤、革六脉。因其脉位浅，浮取即得，故归于一类。

1）浮脉

【脉象特征】 轻取即得，重按稍减而不空，举之泛泛而有余，如水上漂木（图 2-5）。

【临床意义】 表证、虚证。

【机制分析】 浮脉主表，反映病邪在经络肌表部位，邪袭肌腠，卫阳奋起抵抗，脉气鼓动于外，脉应指而浮，故浮而有力。内伤久病体虚，阳气不能潜藏而浮越于外，亦有见浮脉者，必浮大而无力。

除病理性浮脉外，桡动脉部位浅表，或因夏秋时令阳气升浮，而出现浮脉，则不属病脉。

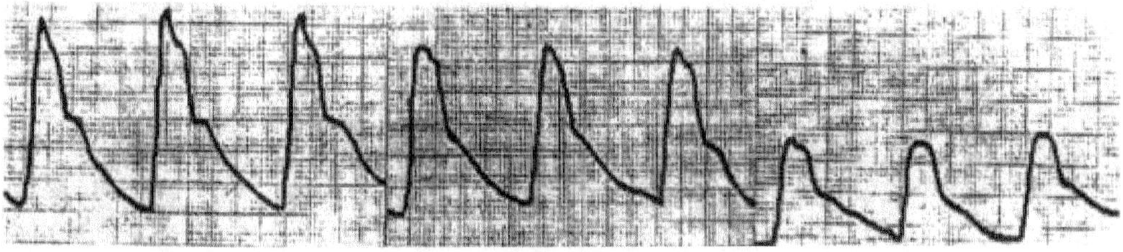

图 2-5 浮脉脉象

2）洪脉

【脉象特征】 洪脉极大，状若波涛汹涌，来盛去衰（图 2-6）。

【临床意义】 邪热亢盛，亦主邪盛正衰。

【机制分析】 阳气有余、气壅火亢，内热充斥，致使脉道扩张，气盛血涌，故脉见洪象。若久病气虚或虚劳，失血，久泄等病证而出现洪脉，是正虚邪盛的危险证候或为阴液枯竭、孤阳独亢或虚阳亡脱，此时浮取洪盛，沉取无力无神。

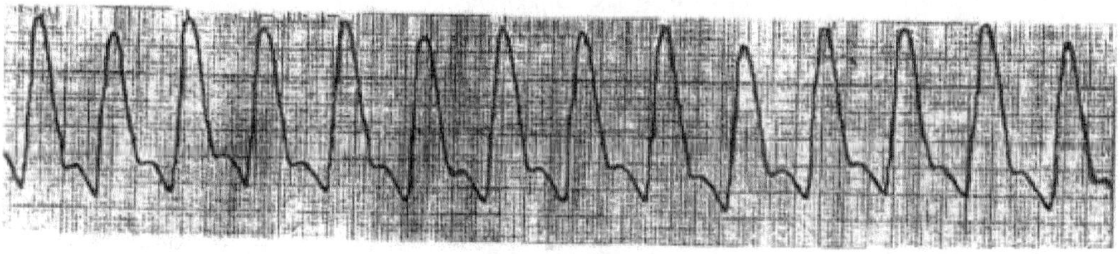

图 2-6 洪脉脉象

附：大脉

大脉是指脉体宽大，但无脉来汹涌之势。大脉可见于健康人，其特点为脉大而和缓、从容，寸口三部皆大，为体魄健壮之征象。疾病时出现脉大，提示病情加重，故《素问·脉要精微论》说："大则病进。"脉大而数实为邪实；脉大而无力则为正虚。

3）濡脉

【脉象特征】 浮而细软，如帛在水中（图 2-7）。

【临床意义】 虚证，湿证。

【机制分析】 濡脉在主诸虚，若为精血两伤，阴虚不能维阳，故脉浮软，精血不充，则脉细；若为气虚阳衰，虚阳不敛，脉也浮软，浮而细软，则为濡脉。若湿邪阻压脉道，亦见濡脉。

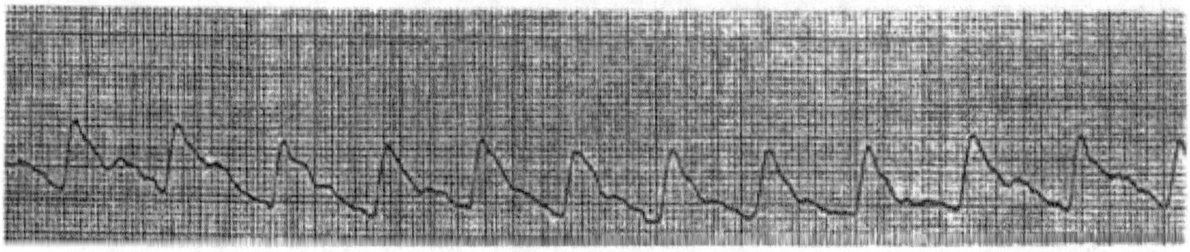

图 2-7 濡脉脉象

4）散脉

【脉象特征】 浮散无根，至数不齐，如杨花散漫之象。

【临床意义】 元气离散。

【机制分析】 散脉主元气离散，脏腑之气将绝的危重证候。因心力衰竭，阴阳不敛，阳气离散，故脉来浮散而不紧，稍用重力则按不着，漫无根蒂；阴衰阳消，心气不能维系血液运行，故脉来时快时慢，至数不齐。

5）芤脉

【脉象特征】 浮大中空，如按葱管（图 2-8）。

【临床意义】 失血，伤阴。

【机制分析】 芤脉多见于失血伤阴之证，故芤脉的出现与阴血亡失、脉管失充有关，因突然失血过多，血量骤然减少，营血不足，无以充脉，或津液大伤，血不得充，血失阴伤则阳气无所附而浮越于外，因而形成浮大中空之芤脉。

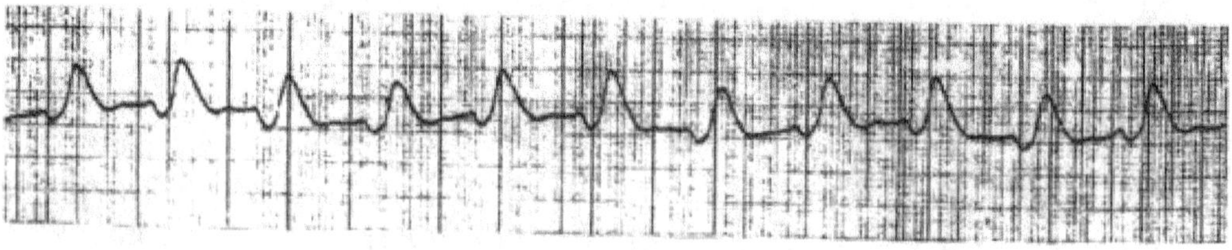

图 2-8 芤脉脉象

6）革脉

【脉象特征】 浮而搏指，中空外坚，如按鼓皮。

【临床意义】 亡血、失精、半产、漏下。

【机制分析】 革脉为弦芤相合之脉，由于精血内虚，气无所附而浮越于外，如之阴寒之气收束，因而成外强中空之象。

（2）沉脉类：沉脉类的脉象，有沉、伏、弱、牢四脉。脉位较深，重按乃得，故同归于一类。

1）沉脉

【脉象特征】 轻取不应，重按乃得，如石沉水底（图 2-9）。

【临床意义】 里证。亦可见于无病之正常人。

【机制分析】 病邪在里，正气相搏于内，气血内困，故脉沉而有力，为里实证；若脏腑虚弱，阳气衰微，气血不足，无力统运营气于表，则脉沉而无力，为里虚证。

脉沉而无临床症状者，不一定是病，可见于正常人。如肥胖者肌肉丰厚，脉管深沉，故脉多沉；冬季气血收藏，脉象亦偏沉。

此外，有的人两手六部脉象都沉细，但无病候，称为六阴脉，亦属于正常生理现象。

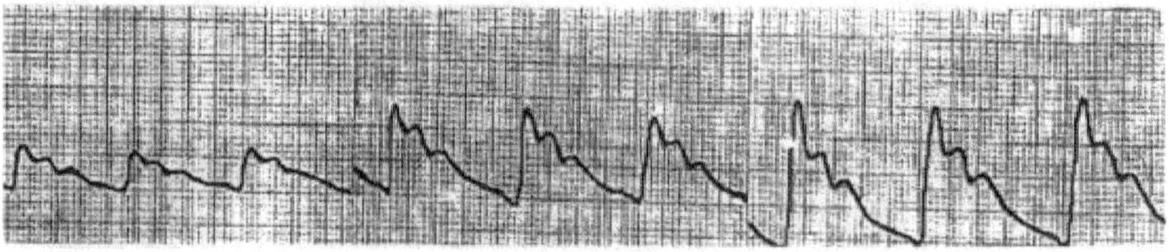

图 2-9 沉脉脉象

2）伏脉

【脉象特征】 重手推筋按骨始得，甚则伏而不见。

【临床意义】 邪闭，厥证，痛极。

【机制分析】 因邪气内伏，脉气不能宣通，脉道潜伏不显而出现伏脉；若阳气衰微欲绝，不能鼓动血脉亦见伏脉。前者多见实邪暴病，后者多见于久病正衰。

3）弱脉

【脉象特征】 极软而沉细。

【临床意义】 气血阴阳俱虚证。

【机制分析】 阴血不足，不能充盈脉道，阳衰气少，无力鼓动，推动血行，故脉来沉而细软，而形成弱脉。

4）牢脉

【脉象特征】 沉按实大弦长，坚牢不移。

【临床意义】 阴寒凝结，内实坚积。

【机制分析】 牢脉之形成，是由于病气牢固，阴寒内积，阳气沉潜于下，故脉来沉而实大弦长，坚牢不移。牢脉主实有气血之分，癥瘕有形肿块，是实在血分；无形痞结，是实在气分。若牢脉见于失血，阴虚等病证，是阴血暴亡之危候。

（3）迟脉类：迟脉类的脉象，有迟、缓、涩、结四脉。脉动较慢，一息四至或不足四至，故同归于一类。

1）迟脉

【脉象特征】 脉来迟慢，一息不足四至（相当于每分钟脉搏60次以下）（图2-10）。

【临床意义】 寒证。迟而有力为寒痛冷积，迟而无力为虚寒。久经锻炼的运动员，脉迟而有力，则不属病脉。

【机制分析】 迟脉主寒证，由于阳气不足，鼓动血行无力，故脉来一息不足四至。若阴寒冷积阻滞，阳失健运，血行不畅，脉迟而有力。因阳虚而寒者，脉多迟而无力。邪热结聚，阻滞气血运行，也见迟脉，但必迟而有力，按之必实，迟脉不可概认为寒证，当脉症合参。

此外，运动员或经过体力锻炼之人，在静息状态下脉来迟而缓和。正常人入睡后，脉率亦可见迟，都属生理性迟脉。

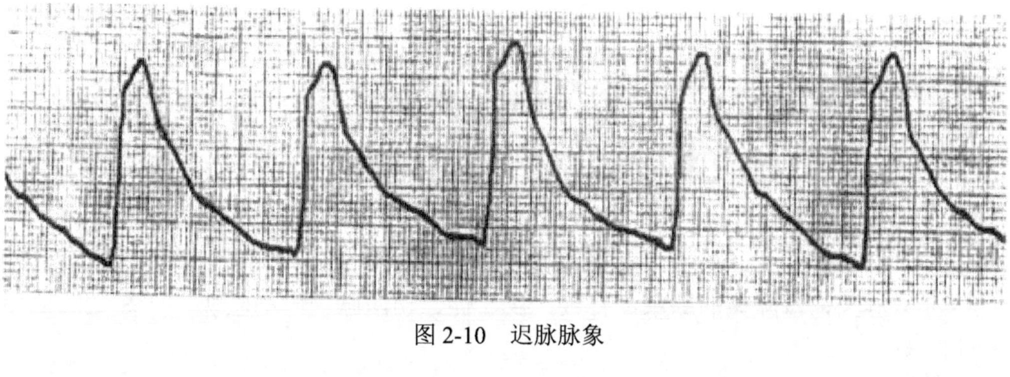

图2-10 迟脉脉象

2）缓脉

【脉象特征】 一息四至，来去怠缓或脉势纵缓（图2-11）。

【临床意义】 湿证，脾胃虚弱。

【机制分析】 湿邪黏滞，气机为湿邪所困；脾胃虚弱，气血乏源，气血不足以充盈鼓动，故缓脉见怠缓，平缓之脉，是为气血充足，百脉通畅。若病中脉转缓和，是正气恢复之征。

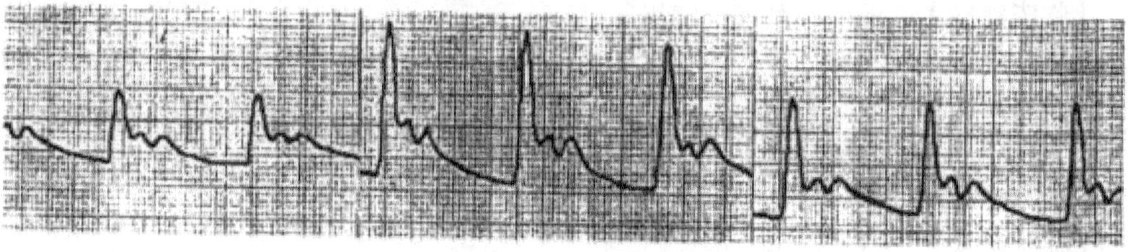

图 2-11　缓脉脉象

3）涩脉

【脉象特征】　迟细而短，往来艰涩，极不流利，如轻刀刮竹（图 2-12）。

【临床意义】　精血亏少，气滞血瘀，挟痰，挟食。

【机制分析】　精伤血少津亏，不能濡养经脉，血行不畅，脉气往来艰涩，故脉涩而无力；气滞血瘀、痰食胶固，气机不畅，血行受阻，则脉涩而有力。

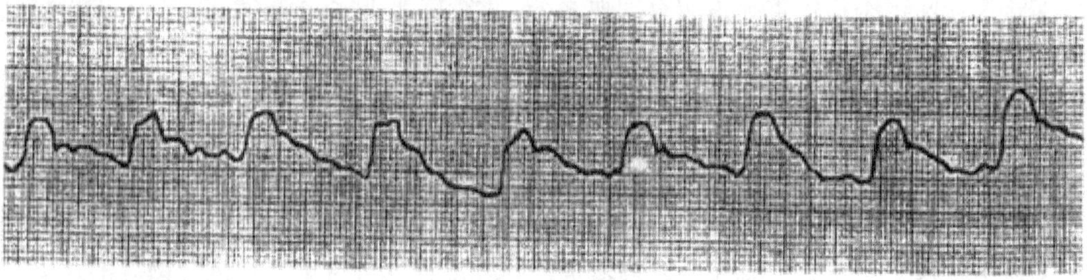

图 2-12　涩脉脉象

4）结脉

【脉象特征】　脉来缓，时而一止，止无定数（图 2-13）。

【临床意义】　阴盛气结，寒痰血瘀，气血虚衰。

【机制分析】　阴盛气机郁结，阳气受阻，血行瘀滞，故脉来缓怠，脉气不相顺接，时一止，止后复来，止无定数，常见于寒痰血瘀所致的心脉瘀阻证。结脉见于虚证，多为久病虚劳，气血衰，脉气不继，故断而时一止，气血续则脉复来，止无定数。

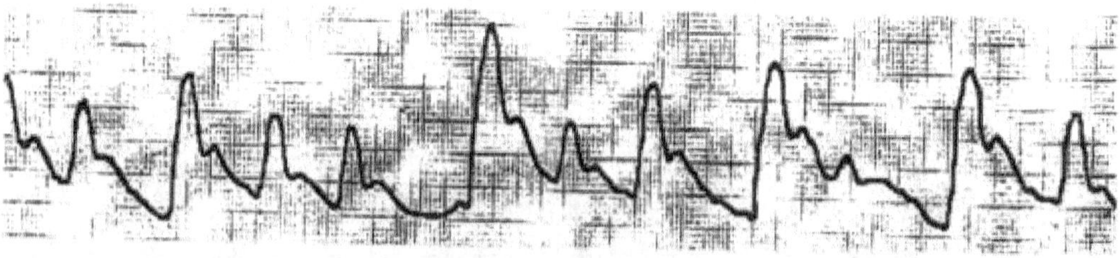

图 2-13　结脉脉象

（4）数脉类：数脉类的脉象，有数、疾、促、动四脉。脉动较快，一息超过五至，故同归一类。

1）数脉

【脉象特征】　一息脉来五至以上（图 2-14）。

【临床意义】　热证。有力为实热，无力为虚热。

【机制分析】　邪热内盛，气血运行加速，故见数脉。因邪热盛，正气不虚，正邪交争剧烈，故脉数而有力，主实热证。若久病伤阴，阴虚内热，则脉虽数而无力。若脉显浮数，重按无根，是虚阳外越之危候。

此外，正常人在运动或情绪激动时，脉率加速。小儿脉率与年龄成反比，即年龄越小，脉率越快。儿童脉搏一息约六至左右（每分钟 110 次左右）；婴儿脉搏一息约七至左右（每分钟 120 次左右），均为正常生理脉象。

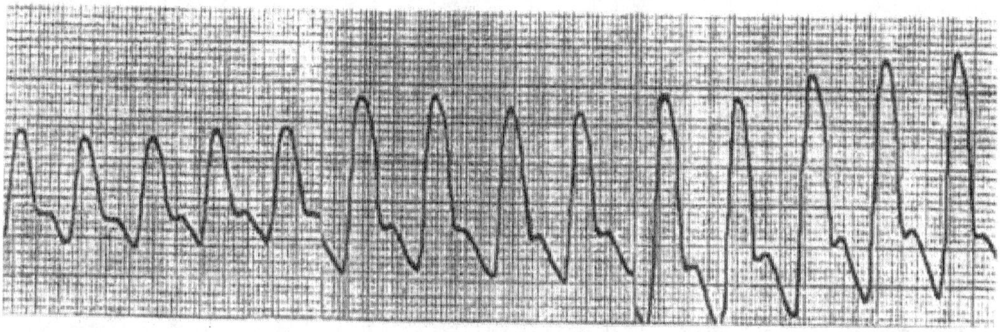

图 2-14　数脉脉象

2）疾脉

【脉象特征】　脉来急疾，一息七八至。

【临床意义】　阳极阴竭，元阳将脱。

【机制分析】　实热证阳亢无制，真阴垂危，故脉来急疾而按之益坚。若阴液枯竭，阳气外越欲脱，则脉疾而无力。

3）促脉

【脉象特征】　脉来急数，时而一止，止无定数（图 2-15）。

【临床意义】　阳热亢盛，气血痰食郁滞。

【机制分析】　阳热盛极，或气血痰饮，宿食郁滞化热，正邪相搏，血行急速，故脉来急数。邪气阻滞，阴不和阳，脉气不续，故时一止，止后复来，指下有力，止无定数。促脉亦可见于虚证，若元阴亏损，则数中一止，止无定数，必促而无力，为虚脱之象。

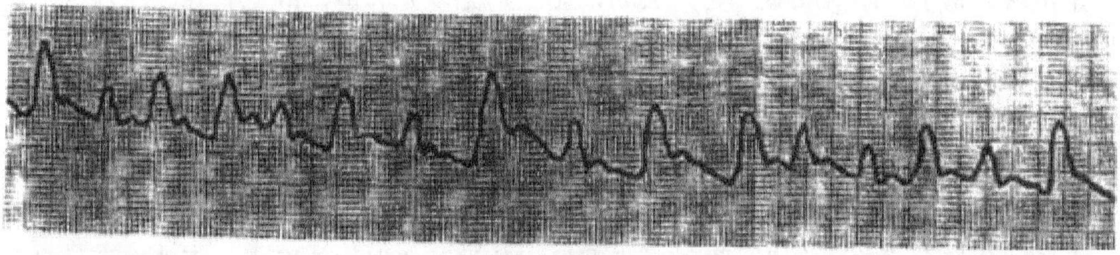

图 2-15　促脉脉象

4）动脉

【脉象特征】　脉形如豆，厥厥动摇，滑数有力。

【临床意义】　痛证、惊证。妇女妊娠反应期可出现动脉，这对临床诊断早孕，有一定价值。

【机制分析】　阴阳相搏，升降失和，使其气血冲动，故脉道随气血冲动而呈动脉。痛则阴阳不和，气血不通，惊则气血紊乱，心突跳，故脉亦应之而突跳，故痛与惊可见动脉。

（5）虚脉类：虚脉类脉象，有虚、细、微、代、短五脉，脉动应指无力，故归于一类。

1）虚脉

【脉象特征】　三部脉举之无力，按之空虚（图 2-16）。

【临床意义】　虚证。

【机制分析】　气虚不足以运其血，故脉来无力，血虚不足充盈脉道，故按之空虚。

由于气虚不敛而外张，血虚气无所附而外浮，脉道松弛，故脉形大而势软。

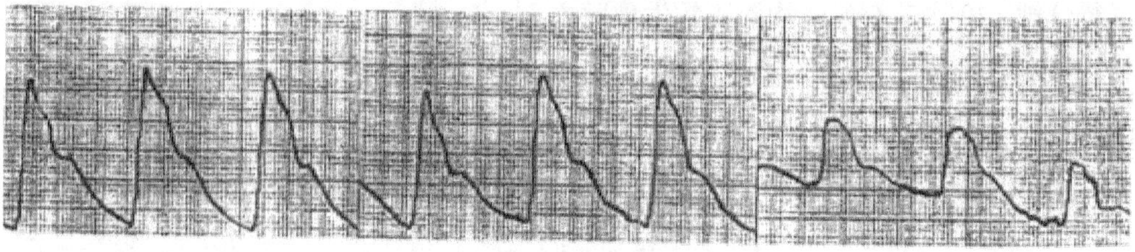

图 2-16　虚脉脉象

2）细脉

【脉象特征】　脉细如线，但应指明显（图 2-17）。

【临床意义】　气血两虚，诸虚劳损，湿证。

【机制分析】　细为气血两虚所致，营血亏虚不能充盈脉道，气不足则无力鼓动血液运行，故脉体细小而无力。湿邪阻压脉道，伤人阳气也见细脉。

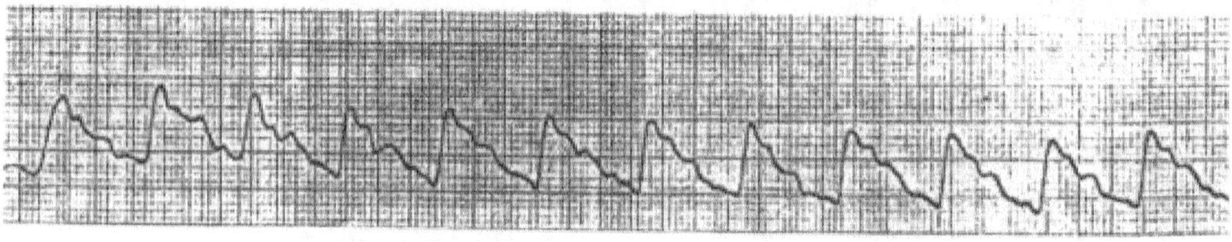

图 2-17　细脉脉象

3）微脉

【脉象特征】　极细极软，按之欲绝，似有若无。

【临床意义】　阴阳气血诸虚，阳气衰微。

【机制分析】　阳气衰微，无力鼓动，血微则无以充脉道，故见微脉。浮以候阳，轻取之似无为阳气衰。沉以候阴，重取之似无是阴气竭。久病正气损失，气血被耗，正气殆尽，故久病脉微，为气将绝之兆；新病脉微，是阳气暴脱，亦可见于阳虚邪微者。

4）代脉

【脉象特征】　脉来时见一止，止有定数，良久方来（图 2-18）。

【临床意义】　脏气衰微，风证，痛证。

【机制分析】　脏气衰微，气血亏损，以致脉气不能衔接而遏止，不能自还，良久复动。风证、痛证见代脉，因邪气所犯，阻于经脉，致脉气阻滞，不相衔接为实证。

代脉亦可见于妊娠初期的孕妇，因五脏精气聚于胞宫，以养胎元，脉气一时不相接续，故见代脉。然非妊娠必见之脉，仅见于母体素弱，脏气不充，更加恶阻，气血尽以养胎，脉气暂不接续所致。

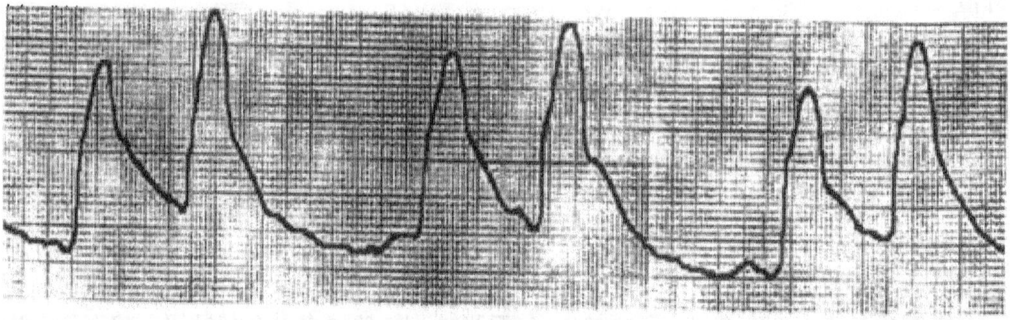

图 2-18　代脉脉象

5）短脉

【脉象特征】 首尾俱短，不能满部。

【临床意义】 气病。有力为气滞，无力为气虚。

【机制分析】 气虚不足以帅血，则脉动不及尺寸本部，脉来短而无力。亦有因气郁血瘀或痰滞食积，阻碍脉道，以致脉气不伸而见短脉，但必短而有力，故短脉不可概作不足之脉，应注意其有力无力。

（6）实脉类：实脉类脉象，有实、滑、弦、紧、长等五脉，脉动应指有力，故归于一类。

1）实脉

【脉象特征】 三部脉举按均有力（图 2-19）。

【临床意义】 实证。

【机制分析】 邪气亢盛而正气不虚，邪正相搏，气血壅盛，脉道紧满，故脉来应指坚实有力。

平人亦可见实脉，这是正气充足，脏腑功能良好的表现。平人实脉应是静而和缓，与主病之实脉躁而坚硬不同。

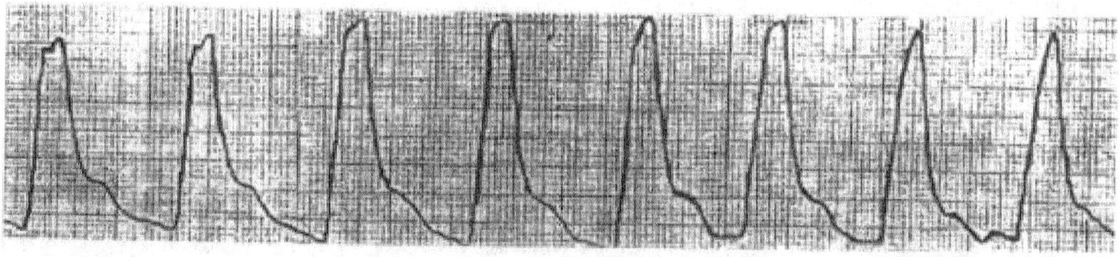

图 2-19 实脉脉象

2）滑脉

【脉象特征】 往来流利，如珠走盘，应指圆滑（图 2-20）。

【临床意义】 痰饮、食积、实热。

【机制分析】 邪气壅盛于内，正气不衰，气实血涌，故脉往来甚为流利，应指圆滑。若滑脉见于平人，必滑而和缓，总由气血充盛，气充则脉流畅，血盛则脉道充盈，故脉来滑而和缓。

妇女妊娠见滑脉，是气血充盛而调和的表现。

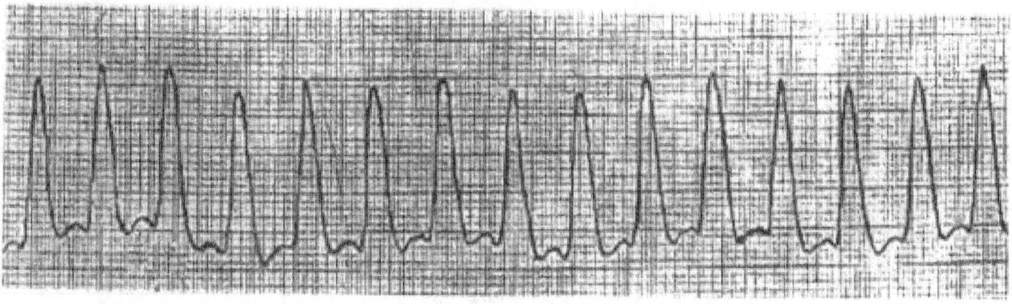

图 2-20 滑脉脉象

3）弦脉

【脉象特征】 端直以长，如按琴弦（图 2-21）。

【临床意义】 肝胆病，痰饮，痛证，疟疾。

【机制分析】 弦是脉气紧张的表现。肝主疏泄，调畅气机，以柔和为贵，若邪气滞肝，疏泄失常，气郁不利则见弦脉。诸痛、痰饮，气机阻滞，阴阳不和，脉气因而紧张，故脉弦。疟邪为病，伏于半表半里，少阳枢机不利而见弦脉。虚劳内伤，中气不足，肝病传脾，亦常见弦脉。若弦而细劲，如循刀刃，便是胃气全无，病多难治。

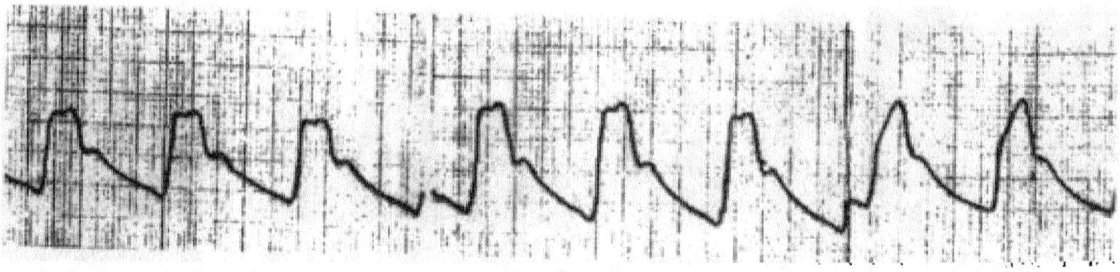

图 2-21　弦脉脉象

4）紧脉

【脉象特征】 脉来绷急，状若牵绳转索（图 2-22）。

【临床意义】 寒证、痛证、宿食。

【机制分析】 寒邪侵袭人体，与正气相搏，以致脉道紧张而拘急，故见紧脉。诸痛而见紧脉，也是寒邪积滞与正气激搏之缘故。

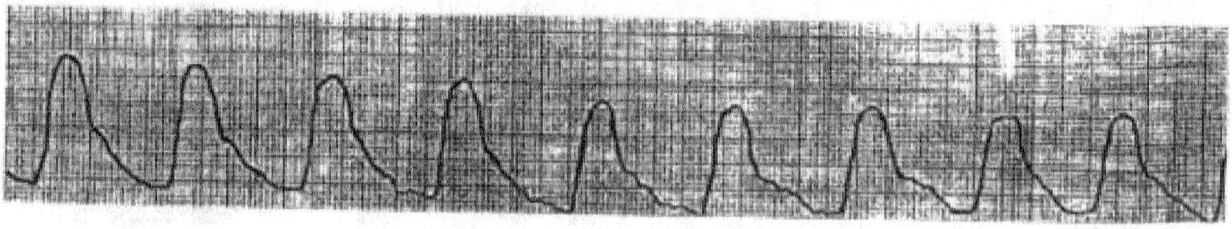

图 2-22　紧脉脉象

5）长脉

【脉象特征】 首尾端直，超过本位。

【临床意义】 阳气有余，火热邪毒等有余之症。

【机制分析】 健康人正气充足，百脉畅通无损，气机升降调畅，脉来长而和缓；若肝阳有余，阳盛内热，邪气方盛，充斥脉道，加上邪正相搏，脉来长而硬直，或有兼脉，为病脉。

2. 相兼脉与主病 疾病是一个复杂的过程，可以由多种致病因素相兼为患，在疾病过程中邪正斗争的形势会不断地发生变化，疾病的性质和病位亦可随疾病变化而改变。因此，患者的脉象经常是两种或两种以上相兼出现。凡是由两种或两种以上的单因素脉同时出现，复合构成的脉象即称为“相兼脉”或“复合脉”。徐灵胎称之为合脉，有二合脉、三合脉、四合脉之分。相兼脉象的主病，往往等于各个脉所主病的总和，如浮为表，数为热，浮数主表热，以此类推。

现将常见的相兼脉及主病列于下：

（1）浮紧脉：多见于外感寒邪之表寒证，或风寒痹病疼痛。

（2）浮缓脉：多见于风邪伤卫，营卫不和的太阳中风证。

（3）浮数脉：多见于风热袭表的表热证。

（4）浮滑脉：多见于表证夹痰，常见于素体多痰湿而又感受外邪者。

（5）沉迟脉：多见于里寒证。

（6）沉弦脉：多见于肝郁气滞，或水饮内停。

（7）沉涩脉：多见于血瘀，尤常见于阳虚而寒凝血瘀者。

（8）沉缓脉：多见于脾虚，水湿停留。

（9）沉细数脉：多见于阴虚内热或血虚。

（10）弦紧脉：多见于寒证、痛证，常见于寒滞肝脉或肝郁气滞等所致疼痛。

（11）弦数脉：多见于肝郁化火或肝胆湿热、肝阳上亢。

（12）弦滑数脉：多见于肝火夹痰，肝胆湿热或肝阳上扰，痰火内蕴等病证。

（13）弦细脉：多见于肝肾阴虚或血虚肝郁，或肝郁脾虚等证。

（14）滑数脉：多见于痰热（火）、湿热或食积内热。

（15）洪数脉：多见于阳明经证、气分热盛、外感热病。

3. 真脏脉　真脏脉是五脏真气败露的脉象。五脏的病发展到严重阶段时，由于该脏精气衰竭，胃气将绝，而各显现出特别的脉象，但均没有“胃气、神、根”的脉象，尤其没有从容和缓之象。在疾病危重期出现，真脏脉的特点是无胃气、无神、无根。为病邪深重，元气衰竭，胃气已败的征象，又称“败脉”“绝脉”“死脉”“怪脉”。《素问·玉机真藏论》说：“邪气胜者，精气衰也。故病甚者，胃气不能与之俱至于手太阳，故真脏之气独见，独见者，病胜脏也，故曰死。”真脏脉的形态在该文中亦有具体描述：“真肝脉至中外急，如循刀刃责责然，如按琴瑟弦……，真心脉至坚而搏，如循薏苡子累累然……；真肺脉至大而虚，如以毛羽中人肤……；真肾脉至搏而绝，如指弹石辟辟然……；真脾脉至弱而乍数乍疏……。诸真脏脉见者，皆死不治也。”《医学入门·死脉总诀》说：“雀啄连来三五啄，屋漏半日一滴落，弹石硬来寻即散，搭指散乱真解索，鱼翔似有又似无，虾蝦静中跳一跃，更有釜沸涌如羹，旦占夕死不须药。”可供参考。根据真脏脉的主要形态特征，大致可以分成三类：

（1）无胃气之脉：无胃气的脉象以无冲和之意，应指坚搏为主要特征。如脉来弦急，如循刀刃称偃刀脉；脉动短小而坚搏，如循薏苡子为转豆脉；或急促而坚硬如弹石称弹石脉等。临床提示邪盛正衰，胃气不能相从，心、肝、肾等脏气独现，是病情重危的征兆之一。

（2）无根之脉：无根脉以虚大无根或微弱不应指为主要特征。如浮数之极，至数不清；如釜中沸水，浮泛无根，称釜沸脉，为三阳热极，阴液枯竭之候；脉在皮肤，头定而尾摇，似有似无，如鱼在水中游动，称鱼翔脉。脉在皮肤，如虾游水，时而跃然而去，须臾又来，伴有急促躁动之象称虾游脉，均为三阴寒极，亡阳于外，虚阳浮越的征象。明代医家李中梓，在其代表作《医宗必读》中列有专篇《脉无根有两说》，“一以尺中为根”“一以沉候为根”。并分别引用“王叔和曰：寸关虽无，尺犹不绝，如此之流，何犹殒灭”，以及“经曰：诸脉浮无根者皆死”为依据指出：“二说似乎不同，实则一致，两尺为肾部，沉候之六脉皆肾也，然则二尺之无根，总之肾水绝也。”这就是说，诊察脉之有根无根，自古有两种方法，一是独取尺脉，一是沉取双手寸关尺六脉，无论是尺脉应取无力，还是六脉沉取无力，都可视为无根之脉，表明病情危重。

（3）无神之脉：无神之脉以脉率无序，脉形散乱为主要特征。如脉在筋肉间连连数急，三五不调，止而复作，如雀啄食之状称雀啄脉；如屋漏残滴，良久一滴者称屋漏脉；脉来乍疏乍密，如解乱绳状称解索脉。以上脉象主要由脾（胃）、肾阳气衰败所致，提示神气涣散，生命即将告终。

但是，随着医疗技术的不断提高，通过不断研究和临床实践，对真脏脉亦有了新的认识，其中有一部分是由于心脏器质性病变所造成的，但并非一定为无药可救的死证，应仔细观察，尽力救治。

（七）诊妇人脉

妇人有经、孕、产育等特殊的生理活动和病变，有关这方面的脉诊简要叙述于下。

1. 诊月经脉 妇人左关、尺脉忽洪大于右手，口不苦，身不热，腹不胀，是月经将至。寸关脉调和而尺脉弱或细涩者，月经多不利。

妇人闭经，尺脉虚细涩者，多为精血亏少的虚闭；尺脉弦涩者，多为气滞血瘀的实闭；脉象弦滑者，多为痰湿阻于胞宫。

2. 诊妊娠脉 已婚妇女平时月经正常，而突然停经，脉来滑数冲和，兼有饮食偏嗜等症状者，是妊娠的表现，即《素问·腹中论》所谓“身有病而无邪脉”。《素问·阴阳别论》说：“阴搏阳别，谓之有子。”《素问·平人气象论》说：“妇人手少阴脉动甚者，妊子也。”指出妊娠脉象特点是少阴脉（神门及尺部）脉动加强，此为血聚养胎，胎气鼓动肾气所致。如果受孕后因母体气血亏损或胎元不固，或经产妇亦可见脉细软，或不滑利，应当引起重视。

凡孕妇之脉沉而涩，多提示精血不足，胎元已受影响；涩而无力是阳气虚衰，胞中死胎或为痞块。

3. 诊临产脉 孕妇即将分娩的脉象特点，历代医家亦有不同的阐述。《诸病源候论》说：“孕妇诊其尺脉，急转如切绳转珠者，即产也。”又如《医存》说：“妇人两中指顶节之两旁，非正产时则无脉，不可临盆，若此处脉跳，腹连腰痛，一阵紧一阵，乃正产时也。”这种中指指动脉的明显搏动亦称离经脉。

（八）诊小儿脉

诊小儿脉与诊成人脉有所不同。小儿寸口部位狭小，难以区分寸、关、尺三部，再则小儿就诊时容易惊哭，惊则气乱，气乱则脉无序，故难以诊察。因此，小儿科诊病注重辨形色、审苗窍。后世医家有一指总候三部的方法，是诊小儿脉的主要方法，以辨别阴阳、表里、寒热、邪正盛衰。

一指总候三部的诊脉法简称“一指定三关”。操作方法是：用左手握住小儿的手，对三岁以下的小儿，可用右手大拇指按于小儿掌后高骨部脉上，不分三部，以定至数为主。亦有用食指直压三关，或用食指拦度脉上而辗转以诊之。对四岁以上的小儿，则以高骨中线为关，以一指向两侧滚转寻察三部；七、八岁小儿，则可挪动拇指诊三部；九至十四岁，可以次第下指，依寸、关、尺三部诊脉；十五岁以上，可按成人三部脉法进行辨析。

小儿脉象一般只诊浮沉、迟数、强弱、缓紧，以辨别阴阳、表里、寒热和邪正盛衰，不详求二十八脉。三岁以下的小儿，一息七八至为平脉；五六岁小儿，一息六至为平脉，七至以上为数脉，四五至为迟脉。数为热，迟为寒，浮数为阳，沉迟为阴。强弱可测虚实，缓紧可测邪正。沉滑为食积，浮滑为风痰。紧主寒，缓主湿，大小不齐多食滞。

浮脉主表证，浮而有力为表实，浮而无力为表虚。沉脉主里，沉而有力为里实，沉而无力为里虚。数为阳热，有力为实热，无力为虚热；迟脉主寒，有力为实寒，无力为虚寒。沉滑为痰食，浮滑为风痰。

《普济本事方·小儿病》曰："凡候儿脉，当以大指按三部，一息六七至为平和，十至为发热，五至为内寒。脉紧为风痫，沉缓为伤食，促食为虚惊，弦急为气不和，沉细为冷，浮为风，大小不均为恶候、为鬼祟，浮大数为风、为热，伏结为物聚，单细为疳劳。凡腹痛多端，呕而脉洪者，有虫。浮而迟，潮热者，胃寒也，温之则愈。"《婴童类萃·上卷》曰："小儿脉大多风热，沉细原因乳食结。弦长多是膈肝风，紧数惊风四肢掣。浮洪胃口是火烧，沉紧腹中痛不歇。虚濡少气更兼惊，脉芤便痢并失血。前大后小童脉顺，前小后大必食结。四至洪来主烦满，沉细腹中痛切切。滑主雾露冷所伤，弦长客忤分明说，五至夜甚浮大昼，六至夜细浮昼别。息数平和六至五，此是圣人传妙诀。"

（九）脉症顺逆与从舍

1. 脉症顺逆 脉症顺逆是指从脉与症的相应、不相应来判断疾病的顺逆。在一般情况下，脉与症是一致的，即脉症相应，但也有时候脉与症不一致，也就是脉症不相应，甚至还会出现相反的情况。从判断疾病的顺逆来说，脉症相应者主病顺，不相应者为逆，逆则主病凶。一般来说，凡有余病证，脉见洪、数、滑、实则谓脉证相应，为顺，表示邪实正盛，正气足以抗邪；若反见细、微、弱的脉象，则为脉证相反，是逆症，说明邪盛正虚，易致邪陷。再如，暴病脉来浮、洪、数、实者为顺，反映正气充盛能抗邪；久病脉来沉、微、细、弱为顺，说明有邪衰正复之机，若新病脉见沉、细、微、弱，说明正气已衰；久病脉见浮、洪、数、实，则表示正衰而邪不退，均属逆证。

2. 脉症从舍 既然有脉症不相应的情况，其中必有一真一假，或为症真脉假，或为症假脉真，所以临证时必须辨明脉症的真假以决定从舍，或舍脉从症，或舍症从脉。

（1）舍脉从症：在症真脉假的情况下，必须舍脉从症。例如，症见腹胀满，疼痛拒按，大便燥结，舌红苔黄厚焦燥，而脉迟细者，则症所反映的是实热内结肠胃，是真；脉所反映的是因热结于里，阻滞血液运行，故出迟细脉，是假象，此时当舍脉从症。

（2）舍症从脉：在症假脉真的情况下，必须舍症从脉。例如，伤寒，热闭于内，症见四肢厥冷，而脉滑数，脉所反映的是真热；症所反映的是由于热邪内伏，格阴于外，出现四肢厥冷是假寒；此时当舍症从脉。

二、按　　诊

按诊，就是医者用手直接触摸、按压患者体表某些部位，以了解局部的异常变化，从而推断疾病的部位、性质和病情的轻重等情况的一种诊病方法。

（一）按诊的方法和意义

1. 方法

（1）体位：按诊时患者取坐位或仰卧位。一般按胸腹时，患者须采取仰卧位，全身放松，两腿伸直，两手放在身旁。医生站在患者右侧，以右手或双手对患者进行切按。在切按腹内肿块或腹肌紧张度时，可再令患者屈起双膝，使腹肌松弛，便于切按。

（2）手法：按诊的手法大致可分触、摸、推、按四类。触、摸、按三法的区别表现在指力轻重不同，所达部位浅深有别。触是以手指或手掌轻轻接触患者局部，如额部及四肢皮肤等，以了解凉、热、润、燥等情况。摸是以手抚摸局部，如肿胀部位等，以探明局部的感觉情况及肿物的形态、大小等，摸者稍用力达于肌层。推是以手稍用力在患者体表局部作前后或左右移动，以探测肿物的移动度及局部同周围组织的关系等情况。按是以手按压局部，如胸腹或肿物部位，以了解深部有无压痛，肿块的形态、质地，肿胀的程度、性质等等，按则重指力诊筋骨或腹腔深部。在临床上，各种手法是综合运用的，常常是先触摸，后推按，由轻到重，由浅入深，逐层了解病变的情况。《通俗伤寒论》曾说："其诊法，宜按摩数次，或轻或重，或击或抑，以察胸腹之坚软，拒按与否；并察胸腹之冷热，灼手与否，以定病之寒热虚实。"又说："轻手循抚，自胸上而脐下，知皮肤之润燥，可以辨寒热；中手寻扪，问其痛不痛，以察邪气之有无；重手推按，察其硬否，更问其痛否，以辨脏腑之虚实，沉积之何如。"

按诊时，医者要体贴患者，手法要轻巧，要避免突然暴力，冷天要事先把手暖和后再行检查。一般先触摸，后按压，指力由轻到重，由浅入深。同时要嘱咐患者主动配合，随时反映自己的感觉，还要边检查边观察患者的表情变化了解其痛苦所在。按诊时要认真仔细，不放过每一个与疾病有关的部位。

按诊是切诊的一部分，通过按诊不仅可以进一步探明疾病的部位、性质和程度，同时也使一些病证表现进一步客观化，它是对望、闻、问诊所获资料的补充和完善，为全面分析病情、判断疾病提供重要的指征和依据。因此至今按诊仍是临床诊断疾病不可缺少的一环，应努力挖掘与提高。

2. 意义　按诊是切诊的一部分，是四诊中不可忽略的一环。它在望、闻、问的基础上，更进一步地深入探明疾病的部位和性质等情况。对于胸腹部的疼痛、肿胀、痰饮、癥块等病变，通过触按，更可以充实诊断与辨证所必需的资料。

（二）按诊的内容

按诊的应用范围较广。临床上以按肌肤、按手足、按胸腹、按腧穴等为常用，兹分述如下：

1. 按肌肤

按肌肤指触摸某些部位的肌肤，通过肌肤的寒热、润燥、滑涩、疼痛、肿胀、疮疡等不同情况反映，来分析疾病的寒热虚实及气血阴阳盛衰的诊断方法。

（1）诊寒热：按肌肤的寒热可了解人体阴阳的盛衰、表里虚实和邪气的轻重。一般来说，肌肤寒冷、体温偏低者为阳气衰少；若肌肤厥冷而大汗淋漓、面色苍白、脉微欲绝者为亡阳之征象。肌肤灼热，体温升高者为阳气盛，多为实热证；若汗出如油，四肢肌肤尚温而脉躁疾无力者，为亡阴之征。身灼热而肢厥为阳热壅盛，格阴于外所致，属真热假寒证。外感病汗出热退身凉，为表邪已解；皮肤无汗而灼热者，为热甚。身热初按热甚，久按热反转轻者为热在表；久按其热反甚者为热在里。局部病变从按肌肤之寒热可辨证之阴阳。皮肤不热，红肿不明显，多为阴证；皮肤灼热而红肿疼痛者，多为阳证。

（2）诊润燥滑涩：通过触摸患者皮肤的滑润和燥涩，可以了解汗出与否及气血津液的盈亏情况。一般来说，皮肤干燥者，尚未出汗；皮肤干瘪者，为津液不足；皮肤湿润者，身已出汗；肌肤滑润者，为气血充盛；肌肤枯涩者，为气血不足。新病皮肤多滑润而有光泽，为气血未伤之表现。久病肌肤枯涩者，为气血两伤；肌肤甲错者，多为血虚失荣或瘀血所致。

（3）诊疼痛：通过触摸肌肤疼痛的程度，可以分辨疾病的虚实。一般来说，肌肤濡软，按之痛减者，为虚证；硬痛拒按者，为实证；轻按即痛者，病在表浅；重按方痛者，病在深部。

（4）诊肿胀：用重手按压肌肤肿胀程度，以辨别水肿和气肿。按之凹陷，不能即起者，为水肿；按之凹陷，举手即起者，为气肿。

（5）诊疮疡：触按疮疡局部的凉热、软硬，来判断证之阴阳寒热。一般来说，肿硬不热者，属寒证；肿处烙手而压痛者，属热证；根盘平塌漫肿者，属虚证；根盘收束而隆起者，属实证。患处坚硬多无脓；边硬顶软的已成脓。至于肌肉深部的脓肿，则以“应手”或“不应手”来决定有脓无脓，方法是两手分放在肿物的两侧，一手时轻时重地加以压力，另一手静候深处有无波动感，若有波动感应手，即为有脓。根据波动范围的大小，即可测知脓液的多少。

古代还记载“按尺肤”的诊法。所谓尺肤是指从肘部内侧至掌后横纹处的一段皮肤。尺肤热甚，见于外感疾病时，多属温热证。

2. 按手足　按手足主要在探明寒热，以判断病证性质属虚属实，在内在外，以及预后。凡疾病初起，手足俱冷者，是阳虚寒盛，属寒证。手足俱热者，多为阳盛热炽，属热证。诊手足寒热，还可以辨别外感病或内伤病。手足的背部较热的，为外感发热，手足心较热的，为内伤发热。此外，还有以手心热与额上热的互诊来分别表热或里热的方法。额上热甚于手心热的，为表热；手心热甚于额上热的，为里热。这一诊法有参考意义。在儿科方面，小儿指尖冷主惊厥。中指独热主外感风寒。中指末独冷，为麻痘将发之象。诊手足的寒温可测知阳气的存亡，这对于决定某些阳衰证预后良恶，相当重要。阳虚之证，四肢犹温，是阳气尚存，尚可治疗；若四肢厥冷，其病多凶，预后不良。正如《伤寒论·少阴篇》所说：“少阴病，下利，若利自止，恶寒而蜷卧，手足温者，可治。”“少阴病，恶寒，身蜷而利，手足逆冷者，不治。”

3. 按胸腹　胸腹各部位的划分如下：膈上为胸、膈下为腹。侧胸部从腋下至十一、十二肋骨的区域为胁。腹部剑突下方位置称为心下。胃脘相当于上腹部。大腹为脐上部位，小腹在脐下，少腹即小腹之两侧。按胸腹就是根据病情的需要，有目的地对胸前区、胁肋部和腹部进行触摸、按压，必要时进行叩击，以了解其局部的病变情况。

胸腹按诊的内容，又可分为按虚里、按胸胁和按腹部三部分。

（1）按虚里：虚里位于左乳下心尖冲动处，为诸脉所宗。探索虚里搏动的情况，可以了解宗气的强弱，病之虚实，预后之良恶。古人对此至为重视。虚里按之应手，动而不紧，缓而不急，为健康之征。其动微弱无力，为不及，是宗气内虚。若动而应衣，为太过，是宗气外泄之象。若按之弹手，洪大而搏，属于危重的证候。若见于孕妇胎前产后或痨瘵病者尤忌，应当提高警惕。至于惊恐，大怒或剧烈运动后，虚里脉动虽高，但静息片刻即平复如常者，是生理现象。如果其动已绝，它处脉搏也停止的，便是死候。虚里按诊对于指下无脉，欲决死生的证候，诊断意义颇大。

（2）按胸胁：前胸高起，按之气喘者，为肺脏证。胸胁按之胀痛者，可能是痰热气结或水饮内停。肝脏位于右胁内，上界在锁骨中线处平第五肋，下界与右肋弓下缘一致，故在肋下一般不能扪及。若扪及肿大之肝脏，或软或硬，多属气滞血瘀，若表面凹凸不平，则要警惕肝癌。右肋胀痛，摸之热感，手不可按者，为肝痈。疟疾日久，胁下出现肿块，称为疟母。

（3）按腹部：是通过触按胃脘部及腹部，了解其凉热、软硬、胀满、肿块、压痛等情况，以辨别不同脏腑组织的发病及证之寒热虚实的诊断方法。

按胃脘部主要是诊察胃腑病证。胃脘部痞满，按之较硬而疼痛者属实证，多因实邪聚结胃脘所致。按之濡软而无痛者属虚证，多因胃腑虚弱所致，胃脘部按之有形而胀痛，推之漉漉有声者，为胃中有水饮。按腹部主要是诊断肝、脾、小肠、大肠、膀胱、胞宫及其附件组织的病证。通过腹部的凉热、软硬、胀满、肿块、压痛等异常变化反映出来。

辨凉热：通过探测腹部的凉热，可以辨别病的寒热虚实。腹壁冷，喜暖手按抚者，属虚寒证；腹壁灼热、喜冷物按放者，属实热证。

辨疼痛：凡腹痛，喜按者属虚，拒按者属实；按之局部灼热，痛不可忍者，为内痈。

辨腹胀：腹部胀满。按之有充实感觉，有压痛，叩之声音重浊，为实满；腹部膨满，但按之不实，无压痛，叩之作空声，为气胀，多属虚满。腹部高度胀大，如鼓之状者，称为膨胀。它是一种严重的病证，可分水臌与气臌。以手分置腹之两侧，一手轻拍，另一手可触到波动感。同时，按之如囊裹水，且腹壁有凹痕者，为水臌；以手叩之如鼓，无波动感，按之亦无凹痕者，为气臌。另外，有些高度肥胖的人，亦见腹大如臌，但按之柔软，且无脐突及其他重病征象，当与臌胀鉴别。

辨痞满：痞满是自觉心下或胃脘部痞塞不适和胀满的一种症状。按之柔软，无压痛者，属虚证；按之较硬，有抵抗感和压痛者，为实证。胃脘部按之有形而胀痛，推之漉漉有声者，为胃中有水饮。

辨肿块：肿块的按诊要注意其大小、形态、硬度、压痛等情况。积聚是指腹内的结块，或胀或痛的一种病证。但积和聚不同。痛有定处，按之有形而不移的为积，病属血分；痛无定处，按之无形，聚散不定的为聚，病属气分。左小腹作痛，按之累累有硬块者，肠中有宿粪。右小腹作痛，按之疼痛，有包块应手者，为肠痈。腹中虫块，按诊有三大特征：一是形如筋结，久按会转移；二是细心诊察，觉指下如蚯蚓蠕动；三是腹壁凹凸不平，按之起伏聚散，往来不定。

辨结胸：胃脘胀闷，按之则痛者属小结胸；胸脘腹硬满疼痛且拒按者，属大结胸。

4. 按腧穴　是按压身体上某些特定穴位，通过这些穴位的变化与反应，来推断内脏的某些疾病。腧穴的变化主要是出现结节或条索状物，或者出现压痛及敏感反应。据临床报道，肺病患者，有些可在肺俞穴摸到结节，有些在中府穴出现压痛。肝病患者可出现肝俞或期门穴压痛。胃病在胃俞和足三里穴有压痛。肠痈在阑尾穴有压痛。

此外，还可以通过指压腧穴做试验性治疗，从而协助鉴别诊断。如胆道蛔虫腹痛，指压双侧胆俞穴则疼痛缓解，其他原因腹痛则无效，可资鉴别。

按腧穴要注意发现穴位上是否有结节或条索状物，有无压痛或其他敏感反应，然后结合望、闻、问诊所得的资料综合判断内脏疾病。

（1）肺俞穴摸到结节，或中府穴有压痛者，为肺病。

（2）上巨虚穴有压痛者，为肠痈。

（3）肝俞或期门穴有压痛者，为肝病。

（4）临诊断脏腑病变的常用腧穴：

1）肺病：中府、肺俞、太渊。

2）心病：巨阙、膻中、大陵。

3）肝病：期门、肝俞、太冲。

4）脾病：章门、太白、脾俞。

5）肾病：气海、太溪。

6）大肠病：天枢、大肠俞。

7）小肠病：关元。

8）胆病：日月、胆俞。

9）胃病：胃俞、足三里。

10）膀胱病：中极。

本章内容小结表解

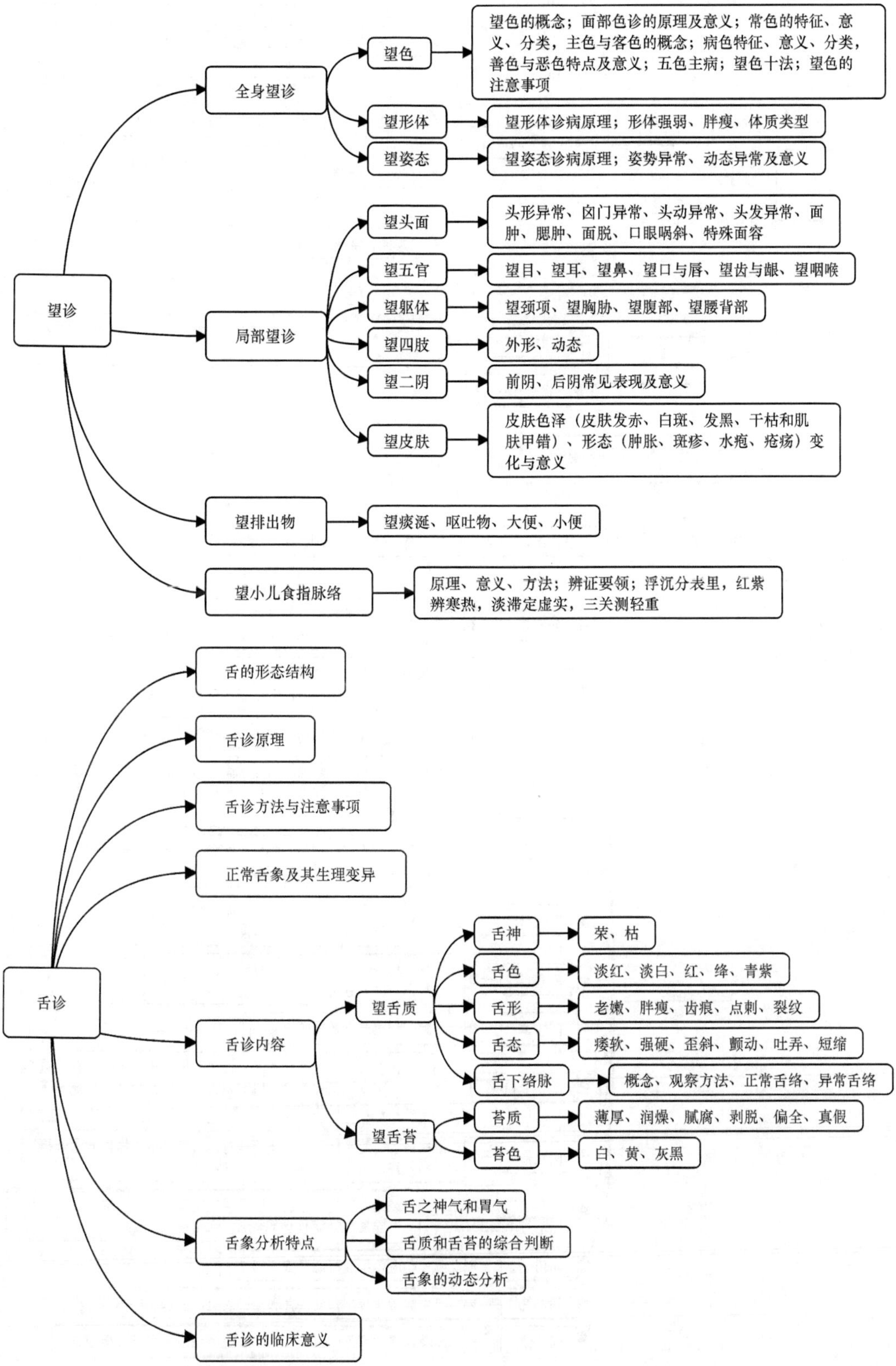
望诊
全身望诊
望色
望色的概念；面部色诊的原理及意义；常色的特征、意义、分类，主色与客色的概念；病色特征、意义、分类，善色与恶色特点及意义；五色主病；望色十法；望色的注意事项
望形体
望形体诊病原理；形体强弱、胖瘦、体质类型
望姿态
望姿态诊病原理；姿势异常、动态异常及意义
局部望诊
望头面
头形异常、囟门异常、头动异常、头发异常、面肿、腮肿、面脱、口眼㖞斜、特殊面容
望五官
望目、望耳、望鼻、望口与唇、望齿与龈、望咽喉
望躯体
望颈项、望胸胁、望腹部、望腰背部
望四肢
外形、动态
望二阴
前阴、后阴常见表现及意义
望皮肤
皮肤色泽（皮肤发赤、白斑、发黑、干枯和肌肤甲错）、形态（肿胀、斑疹、水疱、疮疡）变化与意义
望排出物
望痰涎、呕吐物、大便、小便
望小儿食指脉络
原理、意义、方法；辨证要领；浮沉分表里，红紫辨寒热，淡滞定虚实，三关测轻重
舌诊
舌的形态结构
舌诊原理
舌诊方法与注意事项
正常舌象及其生理变异
舌诊内容
望舌质
舌神
荣、枯
舌色
淡红、淡白、红、绛、青紫
舌形
老嫩、胖瘦、齿痕、点刺、裂纹
舌态
痿软、强硬、歪斜、颤动、吐弄、短缩
舌下络脉
概念、观察方法、正常舌络、异常舌络
望舌苔
苔质
薄厚、润燥、腻腐、剥脱、偏全、真假
苔色
白、黄、灰黑
舌象分析特点
舌之神气和胃气
舌质和舌苔的综合判断
舌象的动态分析
舌诊的临床意义

- 闻诊
  - 听声音
    - 正常声音 → 特点及影响因素
    - 病变的声音
      - 语声 → 语声重浊、音哑与失音、呻吟、惊呼概念及临床意义；金实不鸣与金破不鸣的区别
      - 语言 → 谵语、郑声、独语、错语、狂言、言謇概念及临床意义；谵语与郑声的区别
      - 呼吸 → 哮、喘、气短、少气概念及临床意义；哮与喘、少气、气短与喘的区别
      - 其他异常声音 → 咳嗽、呕吐、呕逆、嗳气、太息、喷嚏、鼻鼾、肠鸣概念及临床意义
  - 嗅气味
    - 病体气味 → 口气、汗气、痰涕之气、呕吐物之气、排出物之气特点及临床意义
    - 病室气味

- 问诊
  - 意义、方法和注意事项
  - 内容 → 一般情况、主诉、现病史、既往史、个人生活史、家族史
  - 问现在症
    - 问寒热 → 寒、热概念、寒热产生的机理；问寒热要点；恶寒发热、但寒不热、但热不寒、寒热往来的概念及内容
    - 问汗 → 汗出机理、生理之汗与病理之汗概念；问汗要点；表证辨汗、里证辨汗、局部出汗常见症状及其概念临床意义
    - 问疼痛
      - 实性疼痛和虚性疼痛病因病机；问疼痛要点
      - 疼痛性质：胀痛、刺痛、窜痛、固定痛、冷痛、灼痛、绞痛、隐痛、重痛、闷痛、酸痛、掣痛、空痛特点及临床意义；疼痛之虚实寒热的鉴别
      - 疼痛部位：头痛、胸痛、胁痛、脘痛、腹痛、腰痛、背痛、四肢痛、周身疼痛临床意义
    - 问头身胸腹不适 → 头晕、胸闷、心悸、胁胀、脘痞、嘈杂、腹胀、身重、麻木、乏力的概念及临床意义
    - 问耳目 → 耳鸣、耳聋、重听、目痛、目眩、目涩、雀目概念及临床意义
    - 问睡眠 → 失眠、嗜睡概念及临床意义
    - 问饮食口味 → 问饮食口味要点；口不渴、口渴多饮、渴不多饮、食欲减退、厌食、消谷善饥、饥不欲食、偏嗜食物的概念及临床意义；各种口味的临床意义
    - 问二便 → 便次异常、便质异常、排便感异常；尿量异常、尿次异常、排尿感异常常见症状及其概念、临床意义
    - 问经带和妊娠 → 经期、经量、经色经质异常和崩漏、闭经、痛经，以及带下异常常见症状及其概念、临床意义
    - 问男子 → 阳痿、遗精早泄概念及临床意义
    - 问小儿 → 出生前后状况、预防接种和传染病史、发病原因内容
    - 问情绪 → 烦躁、情志抑郁、过度兴奋、焦虑、恐惧概念及临床意义

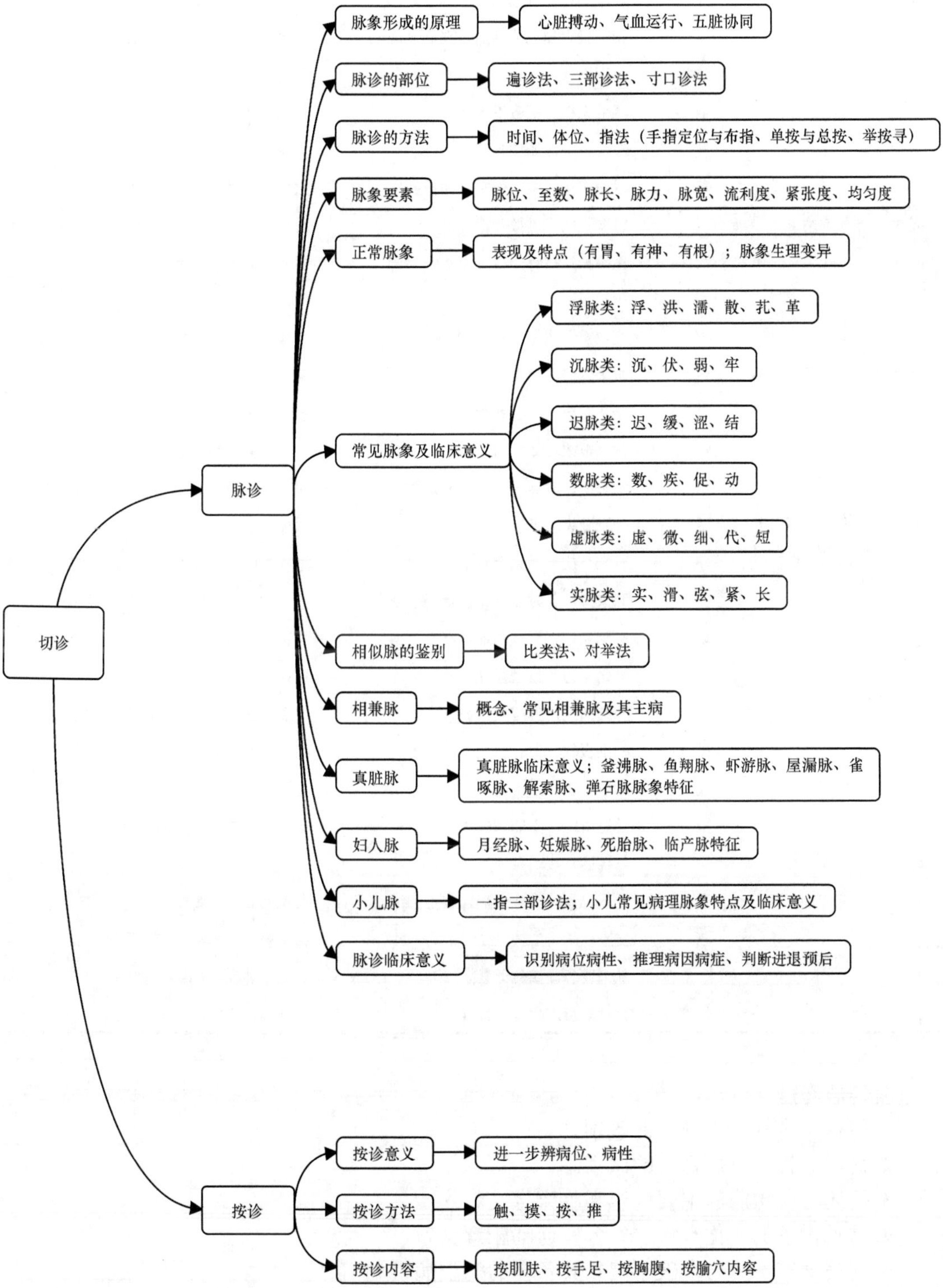
切诊
脉诊
脉象形成的原理
心脏搏动、气血运行、五脏协同
脉诊的部位
遍诊法、三部诊法、寸口诊法
脉诊的方法
时间、体位、指法（手指定位与布指、单按与总按、举按寻）
脉象要素
脉位、至数、脉长、脉力、脉宽、流利度、紧张度、均匀度
正常脉象
表现及特点（有胃、有神、有根）；脉象生理变异
常见脉象及临床意义
浮脉类：浮、洪、濡、散、芤、革
沉脉类：沉、伏、弱、牢
迟脉类：迟、缓、涩、结
数脉类：数、疾、促、动
虚脉类：虚、微、细、代、短
实脉类：实、滑、弦、紧、长
相似脉的鉴别
比类法、对举法
相兼脉
概念、常见相兼脉及其主病
真脏脉
真脏脉临床意义；釜沸脉、鱼翔脉、虾游脉、屋漏脉、雀啄脉、解索脉、弹石脉脉象特征
妇人脉
月经脉、妊娠脉、死胎脉、临产脉特征
小儿脉
一指三部诊法；小儿常见病理脉象特点及临床意义
脉诊临床意义
识别病位病性、推理病因病症、判断进退预后
按诊
按诊意义
进一步辨病位、病性
按诊方法
触、摸、按、推
按诊内容
按肌肤、按手足、按胸腹、按腧穴内容

常见病脉归类简表

脉纲	共同特点	脉名	脉象	主病
浮脉类	轻取即得	浮	轻取即得，重按稍减而不空	表证，亦主虚证
		洪	指下极大如波涛汹涌，来盛去衰	邪热亢盛，亦主邪盛正衰
		濡	浮而细软	主诸虚，又主湿
		散	浮散无根，至数不齐	元气离散
		芤	浮大中空，如按葱管	失血、伤阴
		革	浮而搏指，中空外坚，如按鼓皮	亡血，失精，半产，漏下
沉脉类	重按始得	沉	轻取不应，重按乃得	里证
		伏	重手推筋按骨始得	邪闭，厥证，痛极
		弱	极软而沉细	气血阴阳俱虚
		牢	沉按实大弦长	阴寒凝结，内实坚积
迟脉类	一息四至或不足四至	迟	脉来迟慢，一息不足四至	寒证
		缓	一息四至，来去怠缓	湿证，脾胃虚弱
		涩	往来艰涩，如轻刀刮竹	气滞血瘀，精血亏少等
		结	脉来缓，时而一止，止无定数	阴盛气结，寒痰血瘀，亦主气血虚衰
数脉类	一息五至以上	数	一息脉来五至以上	热证
		疾	脉来急疾，一息七八至	主阳极阴竭，元气将脱
		促	脉来急数，时而一止，止无定数	阳盛实热，气血痰饮宿食停滞
		动	脉形如豆，厥厥动摇，滑数有力	痛证，惊证
虚脉类	应指无力	虚	举之无力，按之空虚	虚证
		细	脉细如线，但应指明显	气血两虚，诸虚劳损，亦主湿
		微	极细极软，似有似无，似有若无	阴阳气血诸虚，阳气衰微
		代	脉来一止，止有定数，良久方来	脏器衰微，风证，痛证
		短	首尾俱短，不能满部	有力为气滞，无力为气虚
实脉类	应指有力	实	三部脉举按均有力	实证
		滑	往来流利，如珠走盘，应指圆滑	痰饮，食积，实热
		弦	端直以长，如按琴弦	肝胆病，痛症，痰饮，疟疾
		紧	脉来绷急，如转绳索	寒证，痛症，宿食
		长	首尾端直，超过本位	阳气有余，热证

复习思考题

1. 得神、少神、失神如何鉴别？

2. 简述假神与重病好转的区别。

3. 简述五色主病的主要内容和临床意义。

4. 常见舌象的变化有哪些？各有何临床意义？

5. 何谓金实不鸣与金破不鸣？其各自的病因病机如何？

6. 谵语与郑声如何鉴别？各有何临床意义？
7. 哮与喘有何联系与区别？喘证怎样辨虚实？
8. 嗅气味的一般规律是什么？试举例说明。
9. 中医怎样辨寒热的类型？
10. 何谓自汗、盗汗、绝汗、战汗？其病因病机如何？
11. 疼痛怎样辨虚实？
12. 失眠的机制如何？临床常见哪些类型？
13. 问口渴与饮水的临床意义如何？
14. 常见的食欲食量变化有哪些？各有何临床意义？
15. 二便次数异常有何临床意义？
16. 平脉有哪三个特点？其意义何在？
17. 浮、散、芤三脉有何异同？
18. 试述细、微、弱、濡脉脉象特征的异同。
19. 试述长脉与弦、紧脉的区别。
20. 癥瘕积聚按诊时各有什么不同特点？
21. 试述脉诊的方法和注意事项。

第三章　八　纲

八纲是指表、里、寒、热、虚、实、阴、阳八个辨证纲领，又称八纲辨证。八纲辨证是通过对四诊收集的临床资料进行分析综合，辨别疾病病位的浅深，病邪性质的寒热，正邪之间的关系以及疾病的阴阳属性的方法。

中医学的辨证方法包括八纲辨证、脏腑辨证、六经辨证、卫气营血辨证和三焦辨证等。其中八纲辨证贯穿于各种辨证方法之中，能够体现疾病的基本特点，为辨证的总纲。如可根据病位的浅深，判断为表证和里证；根据疾病性质的寒热，判断为寒证和热证；根据正邪之间的关系，判断为实证和虚证；而疾病的病证又可以分为阴证和阳证两大类别。

八纲并不是各自截然分开的独立证候，八纲证候之间存在着相兼、错杂、转化，又有寒热、虚实证候的真假。

《黄帝内经》虽无八纲之名，但八纲具体内容已有论述。“邪气盛则实”“精气夺则虚”“阳虚则外寒，阴虚则内热”的论述，已经表明对疾病有寒热、虚实不同变化的认识，同时，《素问·阴阳应象大论》中“察色按脉，先别阴阳”的论述明确提出了阴阳是辨别、诊断疾病的总纲。

汉代张仲景以八纲对疾病辨证论治，具体地运用于伤寒及杂病的诊疗之中，明代张景岳提出“二纲六变”，以阴阳“二纲”统表、里、寒、热、虚、实“六变”。清代程钟龄指出：“受病百端，不过寒热、虚实、表里、阴阳八字尽之。”近代祝味菊《伤寒质难》正式提出了八纲的名称，“所谓八纲者，阴、阳、表、里、寒、热、虚、实是也”。第二版《中医诊断学》教材（上海科学技术出版社，1964），正式将八纲纳入辨证体系。

八纲辨证突出地反映了中医学的整体观和辩证法思想，对于指导疾病的诊断和治疗具有重要意义。

第一节　表里辨证

表里辨证是辨别病位内外深浅的一对纲领。表与里是一个相对的概念，皮肤于筋骨而言，皮肤为表，筋骨为里；筋骨于脏腑而言，筋骨为表，脏腑为里；脏于腑而言，腑为表，脏为里；经络于脏腑而言，经络为表，脏腑为里等。表里是说明病变部位深浅和病情轻重的两纲。一般地说，皮毛、肌肤和浅表的经属表；脏腑、血脉、骨髓及体内经脉属里。表证，即病在肌表，病位浅而病情轻；里证即病在脏腑，病位深而病情重。表里辨证多用于外感病，一般来说，肌表受邪，病多轻浅；新病、病程短者，病在表；久病、病程长者，病在里；发热恶寒同时并见者病在表；但发热或但畏寒者均属里证。表邪入里为病进，里邪出表为病退。在中医辨证学中，表里有其特定的含义，从病位来看，身体的皮毛、肌腠、经络为外，属表；脏腑、骨髓、血脉为内，属里。因此，临床上将外邪侵袭肌表者称为表证，病在内者称为里证。从病势而论，外感病中病邪由表入里，是病渐加重，为势进；若病邪由里出表，是病渐减轻，为势退。故前人有“病邪入里一层，病深一层；出表一层，病轻一层”之说。在临床上，对于表里证候的辨别，要以临床表现为依据，不能机械地将表里当作固定的解剖部位来理解。

辨别表里对于外感病的诊治尤为重要。内伤杂病的证候一般多属里证范畴，不必分辨病位的表里，主要区别“里”的具体脏腑等病位。而外感病一般具有由表入里、由浅入深、由轻转重的传变过程。因此，表里辨证有利于分辨外感病病情的浅深轻重及病理变化的趋势，掌握疾病的演变规律，取得治疗上的主动权，为决定采用解表与攻里等治法提供基本依据。

一、表　证

表证是病位浅在肌肤的证候。一般为六淫外邪从皮毛、口鼻侵入机体后，邪留肌表，出现正气（卫气）拒邪的一系列症状，多为外感病初起阶段。表证具有起病急、病程短、病位浅和病情轻的特点。常见于外感热病的初期，如上呼吸道感染、急性传染病及其他感染性疾病的初起阶段。

【临床表现】 发热，恶寒或恶风，头身疼痛、鼻塞流涕、喷嚏、咽喉痒或痛、轻微咳嗽，舌苔薄白，脉浮。由于外邪有寒热之分，正气抗御外邪的能力有强弱不同，表证又分为表寒、表热、表虚、表实。

【证候分析】 表证的形成为六淫、疫疠等外邪经皮毛、口鼻侵入机体，正（卫）气抗邪于肌肤浅层。六淫邪气侵袭肌表，卫阳抗邪于肌表，可见发热，脉气鼓动于表而见脉浮。卫阳被遏，失其温煦功能，故见恶寒或恶风。邪气郁滞于肌表经络，气血流行不畅，故头身疼痛。外邪从皮毛口鼻而入，内应于肺，肺失宣发肃降，故出现鼻塞流涕，咽喉痒痛，咳嗽等症。邪气在表，病情轻浅，故舌苔薄白。

二、里　证

里证是表示病邪部位深在脏腑所致的证候。凡非表证者，一切证候皆属里证。多见于外感病的中、后期，或内伤病。里证的成因，大致有三种情况：一是表证进一步发展，表邪不解，内传入里，侵犯脏腑而成；二是外邪直接入侵内脏而发病，如腹部受凉或过食生冷等原因可致里寒证；三是内伤七情、劳倦、饮食等因素，直接引起脏腑功能障碍而成，如肝病的眩晕、胁痛，心病的心悸、气短，肺病的咳嗽、气喘，脾病的腹胀、泄泻，肾病的腰痛、尿闭等。因此，里证的临床表现是复杂的。外感病中的里证还需结合病因辨证、卫气营血辨证，而内伤杂病中，则以脏腑辨证为主。里证要辨别里寒、里热、里虚、里实。里证特点：起病缓、病位深、病程长。

【临床表现】 里证包括的证候范围很广，临床表现多种多样，概括起来则以脏腑气血失调的证候为主。

【证候分析】 里证的成因可由外邪不解，内传入里；或外邪直接侵入脏腑；或由情志内伤，饮食劳倦等因素，直接损伤脏腑。

三、半表半里证

半表半里证是指外邪由表内传，但尚未入于里，或里邪外出而尚未达表，邪正交争于表里之间而出现的既不同于表证，也不同于里证的证候，多在胆经，但凡半表半里证常见特征为寒热往来。因邪正相争于半表半里，互有胜负，故寒热往来。

【临床表现】 寒热往来，胸胁苦满，心烦喜呕，不欲饮食，口苦，咽干，目眩，脉弦。

【证候分析】 半表半里证是外邪不太盛，而正气也衰，而能与邪气交争于表里之间，正邪互有胜负，故见寒热往来。邪气影响少阳枢机，升降失司，故见胸胁苦满，心烦喜呕，口苦，咽干，目眩，脉弦之证。

四、表证和里证的鉴别

表证与里证的鉴别，主要审察病证的寒热、舌象、脉象及是否有脏腑失调证候。一般说来，外感病中，发热恶寒同时出现的属表证；但发热不恶寒，或但寒不热的属里证。表证舌苔少变化，脉浮；里证舌苔多有变化，脉见除浮脉的多种脉象。表证还可兼有鼻塞流涕、咽痒、咳嗽等外邪干肺的症状；里证可见脏腑气血失调的多种证候。表证病程短，里证病程长。

五、表证和里证的关系

人体的肌表与脏腑因经络联系而表里相通。外邪侵袭人体，在一定的条件下，可出现表证、里证相兼或表证、里证的互相转化。表里是辨别疾病病位内外和病势深浅的一对纲领。它是一个相对的概念。就躯壳与内脏而言，躯壳为表，内脏为里；就脏与腑而言，腑为表，脏为里；就经络与脏腑而言，经络为表，脏腑为里，等等。这种相对概念的认识，在六经辨证和卫气营血辨证中尤为重要。以上是广义之表里概念。狭义的表里，是指身体的皮毛、肌腠、经络为外，这些部位受邪，属于表证；脏腑、气血、骨髓为内，这些部位发病，统属里证。表里辨证，在外感病辨证中有重要的意义。可以察知病情的轻重，明确病变部位的深浅，预测病理变化的趋势。表证病浅而轻，里证病深而重。表邪入里为病进，里邪出表为病退。了解病的轻重进退，就能掌握疾病的演变规律，取得治疗上的主动权，采取适当的治疗措施。

1. 表里同病 表里同病是指疾病某一阶段表证、里证同时存在所表现的证候。表证和里证在同一时期出现，称表里同病。这种情况的出现，除初病即见表证又见里证外，多因表证未罢，又及于里，或本病未愈，又加标病，如本有内伤，又加外感，或先有外感，又伤饮食之类。表里同病的出现，往往与寒热、虚实互见。表里同病的形成有以下三种情况：表证未罢，邪气又渐渐入里；或表证未愈，又见内伤致病因素所致的里证；或内伤病未愈，又复感外邪而形成表里同病。表里同病往往又与寒热、虚实证候互见，常见的证候如下：

表里俱寒：常见于内有里寒，又感受外寒，可见肢冷蜷卧，腹痛腹泻，恶寒发热，头身疼痛，舌淡苔白等表里俱寒之证。

表寒里热：常见于素有里热，又感受外寒，可见便秘口臭，口渴心烦，恶寒发热，咽痒咳嗽，舌红苔黄等表寒里热之证。

表里俱热：常见于素有里热，又感受风热，可见便秘口臭，口渴心烦，发热微恶寒，咽喉肿痛，舌红苔黄等表里俱热之证。

表热里寒：常见于素有里寒，又感受风热，可见腹泻腹痛，发热微恶寒，咽喉肿痛，鼻流浊涕，舌淡苔白等表热里寒之证。

表里俱实：常见于体内素有实邪，又感受外邪，可见便秘腹痛，发热恶寒，无汗，舌苔黄，脉弦或洪数等。

表里俱虚：常见于素有虚弱证候，又有卫虚感受风邪，可见倦怠乏力，食少纳呆，自汗恶风，舌淡脉虚等。

表实里虚：常见于素体虚弱，复感外邪，可见神疲乏力，食少便溏，恶寒发热，无汗身痛，舌淡脉弱等。

表虚里实：常见于体内素有宿食痰瘀等邪，又卫虚伤风，可见自汗恶风，鼻塞流涕，脘腹胀满拒按，喘促痰涌，尿少便秘，舌暗苔厚等。

2. 表里转化　在一定条件下，表里之间可以相互传变，形成表里出入的病理变化，表证和里证之间的转化主要取决于正邪相争的状况。表证入里，多因机体正气不足，或邪气过盛，或护理不当，或失治误治等因素，导致邪气入里，表证转化为里证。如外感风寒，失治误治，导致邪气入里化热，出现高热不退、咳喘、痰黄稠的里热实证。里邪出表，多为治疗、护理及时得当，邪气外达。如外感温病高热烦渴，汗出后热退、脉静、身凉，说明里热由里而透表，病情向愈。一般说来表证入里，表示病势加重；里邪出表，反映病势减轻。

第二节　寒热辨证

寒热是辨别疾病性质的一对纲领。寒证或热证是反映机体阴阳的偏盛或偏衰的具体表现。实质上“寒热”是阴阳偏盛偏衰的具体表现。辨别疾病的属寒、属热，对确定治疗有着重大的意义。治法上的“寒者热之”“热者寒之”，是立法处方用药的重要依据。寒与热是相对的，但它们之间又是互相联系的，有时可以呈现真寒假热、真热假寒或寒热错杂等情况，临证必须注意辨别。《素问·风论》：“其寒也则衰食饮，其热也则消肌肉，故使人怢栗而不能食，名曰寒热。”《灵枢·五邪》：“邪在肺，则病皮肤痛，寒热，上气，喘，汗出。”《灵枢·禁服》：“必审按其本末，察其寒热，以验其脏腑之病。”《素问·皮部论》：“黄赤则热，多白则寒，五色皆见，则寒热也。”阴盛或阳虚者，表现为寒证。阳盛或阴虚者，表现为热证。故寒热辨证，就是辨阴阳之盛衰。

一、寒　　证

寒证是感受寒邪，或阳虚阴盛所表现的证候。

【临床表现】　恶寒或畏寒喜暖，口淡不渴，面色淡白或㿠白，肢冷蜷卧，痰、涎、涕清稀色白，小便清长，大便稀溏，舌淡苔白而润滑，脉迟或紧。

【证候分析】　多由外感寒邪，或过服生冷寒凉，或因久病伤阳，使机体阴寒内盛。寒证包括表寒证、里寒证、虚寒证、实寒证。

外寒遏阻阳气，或阳气不足，温煦失职，故见恶寒或畏寒喜暖，肢冷蜷卧，面色淡白或㿠白。阴寒内盛，津液未伤，故口淡不渴。阳虚不能温化水液，以致痰、涎、涕等分泌物清稀，小便清长。寒邪伤脾或脾阳久虚，不能运化水湿故见大便稀溏。阳虚水湿内停则舌淡苔白而润滑，鼓动血脉运行之力不足，故脉迟。寒主收引，故脉道拘急而见紧脉。

二、热　　证

热证是感受热邪，或阳盛阴伤所表现的证候。

【临床表现】　发热，恶热喜凉，口渴喜冷饮，面红目赤，烦躁不宁，或吐血、衄血，痰、涎、涕黄稠，小便短赤，大便干结，舌红苔黄而干，脉数等。

【证候分析】　多由外感热邪，或寒邪入里化热；或素体阳盛，过服阳热辛辣，蓄积为热；或七情内伤，郁而化热；或房劳过度，耗伤阴精，阴虚阳亢。热证包括表热证、里热证、虚热证、实热证。

热为阳邪，阳热偏盛，则发热或恶热喜凉。热伤阴津，则口渴喜冷饮，痰涎涕等分泌物黄稠，小便短赤，大便干结。火热上炎，则见面红目赤。热扰心神，则烦躁不宁。火热之邪灼伤血络，迫血妄行，则见吐血、衄血。舌红苔黄干燥为热盛阴伤。阳热亢盛，血行加速，脉气鼓动，故见脉数。

三、寒证和热证的鉴别

寒证与热证是疾病性质的主要体现，故辨别寒证与热证，应对疾病的全部表现进行综合观察，不能孤立地根据某一症状做出判断，才能得出正确的结论。临床多从患者的寒热喜恶、口渴与否、面色赤白、四肢温凉、二便情况以及舌象、脉象等的变化，进行辨别（表 3-1）。

表 3-1　寒证与热证鉴别

证候	寒热喜恶	口渴与否	面色赤白	四肢温凉	小便	大便	舌象	脉象
寒证	怕冷	不渴或热饮不多	㿠白	不温	清长	稀溏	舌淡 苔白润	迟或紧
热证	发热	口渴喜冷饮	红赤	灼热	短赤	干结	舌红 苔黄而干	数

四、寒证和热证的关系

1. 寒热错杂　在同一患者身上寒证和热证同时出现称为寒热错杂。临床上结合病位则有表寒里热、表热里寒、上热下寒、上寒下热等。

表寒里热：同一疾病兼有表、里证，表寒证兼见里热证的证候。可见于素有里热复感风寒，或表寒证未解入里化热的病证。表现为既有恶寒，鼻流清涕，头身痛的表寒证，又兼见口臭便秘，尿黄的里热证。

表热里寒：同一疾病兼有表、里证，表热证兼见里寒证的证候。可见于素有里寒复感风热，或表热证未解误汗、下伤阳的病证。表现为既有发热，恶风，咽喉肿痛的表热证，又兼见下利清谷，小便清长的里寒证。

上热下寒：疾病同一阶段既具有上热证同时又有下寒证的证候，为上热下寒。患者既有上热证如多食易饥，胸中烦热，渴喜冷饮的胃热证，同时又兼见下寒证如腹痛喜暖，大便稀溏的肠寒证，即是上热下寒证。

上寒下热：疾病同一阶段既具有上寒证同时又有下热证的证候，为上寒下热。患者既有上寒证如胃脘冷痛，渴喜热饮的胃寒证，同时又兼见下热证如尿频，尿赤，尿痛的热盛膀胱证，即是上热下寒证。

临床上，寒证与热证并见，要分清表里上下之外，还要分清寒热多少和标本先后主次，才能更准确地采取治疗方案。

2. 寒热转化　在疾病过程中，在一定条件下寒证可以转化为热证，热证可以转化为寒证。

寒证转化为热证：是指先见寒证，后出现热证，热证出现寒证消失。如风寒表实证，初起表现恶寒重，发热轻，苔薄白润，脉浮紧，而后见壮热、恶热，心烦，口渴，舌红苔黄，脉数的里热证。此为寒证转为热证。是由于寒邪未能温散，而机体的阳气偏盛，寒邪从阳化热所致。

热证转化为寒证：是指先见热证，后出现寒证，寒证出现热证消失。如某些温热病，在危重阶段，由于热毒极重，大量耗伤机体阳气，可由原来的壮热，口渴而转化为面色苍白，四肢厥冷，大汗淋漓的阳气暴脱的阴寒危象，此为热证转为寒证。是由于邪气过盛，耗伤阳气，正不胜邪，阳虚阴寒内盛所致。

3. 寒热真假　一般情况下，疾病的表现与其所反映的本质一致，即热证见热象，寒证见寒象。在疾病发展到寒极或热极的危重阶段，有时会出现疾病的表现与疾病的本质相反的一些假象，即寒证反见热象，或热证反见寒象，即真寒假热证、真热假寒证。而这些假象常见于患者危重阶段，故需细心辨别。

真寒假热：是指内有真寒而外见假热的证候。由于阴寒内盛，阳气虚衰，阴阳寒热互相格拒，阴寒格虚阳于外，而外现热象，称为“阴盛格阳”。临床表现为身热，面赤，口渴，脉大等热象，但其身热却欲加衣被，面赤却见四肢厥冷，口渴却又喜热饮，脉象虽大但无力，兼见尿清便溏，舌淡苔白等寒象。这些征象说明外现之热象是假，阴寒内盛是真。

真热假寒：是指内有真热而外见假寒的证候。由于内热过盛，深伏于里，格阴于外，而外现寒象，又称“阳盛格阴”。临床表现为四肢厥冷，脉沉的寒象，但其身寒却不喜加衣被，脉沉却实而有力，同时又见口渴喜冷饮，咽干口臭，谵语，尿赤便结，舌红，苔黄而干等热象。这些征象说明外现之寒象是假，内热炽盛是真。

寒热真假的辨别要注意以下要点：

一般来说，在疾病过程中，先见者为真象，后现者为假象。一般假象多出现在疾病的极期，而真象多贯穿于疾病始终。

假象多表现于局部，外部、四末，而真象多见于全身或胸腹。如发热，兼有胸腹发热，满面通红为真热。假热发热为局部两颧红，或发热不伴有胸腹发热，脉沉而实的里热证。

辨别真假象更注重舌脉及二便的观察。脉大而空，不是实热；脉大而洪，有力是实证。下利清谷、小便清长常是里寒证的主要依据，尿赤便结常是里热证的主要依据。

五、寒热与表里的关系

表里辨证是辨别疾病的病位，寒热辨证是辨别疾病的病性，而临床上所有的疾病或同一种疾病不同阶段都会有病位的表里和病性的寒热，即表里和寒热同时存在，因此要辨别寒热及表里的关系，临床上常见有表里俱寒、表里俱热、表热里寒、表寒里热。辨别寒证与热证，不能孤立地根据某一症状做判断，应对疾病的全部表现进行综合观察、分析，尤其是寒热的喜恶，口渴与不渴；面色的赤白，四肢的凉温，以及二便，舌象、脉象等方面更应细致观察。寒证和热证虽有本质的不同，但又相互联系，它们既可以在同一患者身上同时出现，表现为寒热错杂的证候，又可以在一定的条件下互相转化，出现寒证化热、热证化寒。在疾病发展过程中，特别是危重阶段，有时还会出现假寒或假热的现象。

第三节　虚实辨证

虚实是辨别正邪之间关系的一对纲领。虚指正气不足，实指邪气亢盛。虚与实主要反映人体疾病过程中正气与邪气的盛衰。“邪气盛则实，精气夺则虚。”“虚实者，有余不足也。”实主要指邪气盛实，虚主要指正气不足。所以实与虚是用以概括和辨别邪正盛衰的两个纲领。

由于邪正斗争是疾病过程中的根本矛盾，阴阳盛衰及其所形成的寒热证候，亦存在着虚实之分，所以分析疾病中邪正的虚实关系，是辨证的基本要求，因而《素问·调经论》有“百病之生，皆有虚实”之说。通过虚实辨证，可以了解病体的邪正盛衰，为治疗提供依据。早在长沙马王堆西汉古墓出土的帛书中就有“治病者，取有余而益不足”的记载，实证宜攻邪，即取其有余，虚证宜补正，即益其不足，虚实辨证准确，攻补方能适宜，才能免犯实实虚虚之误。

辨别疾病属虚属实，是治疗时确定扶正或祛邪治则的主要依据。邪正斗争是贯穿于疾病全过程的根本矛盾，而阴阳盛衰及其所形成的寒热证候，亦存在着虚实之分，所以分析疾病过程中的邪正关系，是临床辨证的基本要求之一。通过虚实辨证，可以了解患者邪正盛衰的情况，为确定采用补法或泻法提供基本依据。

一、虚　　证

虚证是指人体的正气不足所表现的一类虚弱证候。虚证的形成，有先天不足和后天失养两个方面，但以后天失养为主。如情志内伤、饮食失调、劳逸过度、久病失治等原因，损伤人体正气均可导致虚证。虚证是指人体正气不足所表现的一类证候。虚证人体正气虚弱明显，而邪气并不亢盛，临床表现以不足、松弛、衰退为基本特点，多见于慢性疾病或疾病的后期，病程较长。各种虚证的表现不尽一致，因气、血、阴、阳虚损的不同，临床上又有气虚、血虚、阴虚、阳虚的区别。

（1）气虚证：中医病证名，指元气不足，气的推动、固摄、防御、气化等功能减退，或脏器组织的功能减退，以气短、乏力、神疲、脉虚等为主要表现的虚弱证候。由于元气不足，脏腑功能衰退，故出现气短、声低、懒言、神疲、乏力；气虚而不能推动营血上荣，则头晕目眩，舌淡嫩；卫气虚弱，不能固护肤表，故为自汗；“劳则气耗”，故活动劳累则诸症加重；气虚鼓动血行之力不足，故脉象虚弱。形成气虚证的原因，主要有：久病、重病、劳累过度等，使元气耗伤太过；先天不足，后天失养，致元气生成匮乏；年老体弱，脏腑功能减退而元气自衰。

【临床表现】 面色无华，少气懒言，语声低微，疲倦乏力，自汗畏风，动则尤甚，舌淡，脉虚。

【证候分析】 因气不足，气血不充，中气不足，故面色无华，少气懒言，语声低微，疲倦乏力；卫气虚衰，不能固摄温煦肌表，故自汗畏风；动则耗气，故动则诸症加重；舌淡，脉虚弱皆为气虚之象。

（2）血虚证：中医病证名。指血液亏少，不能濡养脏腑、经络、组织，以面白、舌淡、脉细等为主要表现的虚弱证候。多因先天不足，或后天失养，脾胃虚弱，生化乏源；或各种急慢性出血；或思虑过度，暗耗阴血；或瘀血阻络，新血不生等所致。

【临床表现】 面色淡白或萎黄，唇舌爪甲淡白，头晕眼花，心悸失眠，手足麻木，妇人月经量少、愆期或经闭，脉细无力。

【证候分析】 血虚不能滋养上荣于面及清窍，故面色淡白或萎黄、唇舌爪甲淡白、头晕眼花；心血亏虚，心神失养，故心悸失眠；血虚不能濡养筋脉，故手足麻木；冲任失养，故妇人月经量少、衍期或经闭；血少，脉道空虚，故脉细无力。

（3）阴虚证：中医病证名，是指由于阴液不足，既不能滋润机体，又不能制阳引起的一系列病理变化及证候。临床可见低热、手足心热、午后潮热、盗汗、口燥咽干、心烦失眠、头晕耳鸣、舌红少苔，脉细数等症，治以滋阴为主。若阴虚火旺者，宜养阴清热。阴虚可见于多个脏器系统组织的病变，常见者有肺阴虚证、心阴虚证、胃阴虚证、脾阴虚证、肝阴虚证、肾阴虚证等，以并见各脏器的病状为诊断依据。阴虚严重者可导致亡阴证。

阴虚成因多由热病之后，或杂病日久伤耗阴液，或因五志过极、房事不节、过服温燥之品等使阴液暗耗而成阴液亏少，机体失去濡润滋养物质所致。同时由于阴不制阳，则阳热之气相对偏旺而生内热，故表现为一派虚热干燥不润、虚火躁扰不宁的证候。

阴虚可与气虚、血虚、阳虚、阳亢、精亏、津液亏虚以及燥邪等证候同时长期存在，或互为因果，表现为气阴亏虚证、阴血亏虚证、阴阳两虚证、阴虚阳亢证、阴精亏虚证、阴津（液）亏虚证、阴虚内燥证等阴虚证候，进而可发展成亡阴、动风等病理变化。

【临床表现】 形体消瘦，心烦，手足心热，午后潮热，盗汗，颧红，口燥咽干，小便短黄，大便干结，舌红少苔，脉细数。

【证候分析】 阴液亏虚，骨骼肌肉失于濡养，故形体消瘦；阴虚生内热，故手足心热，午后潮热，盗汗，颧红；虚热内扰心神，故心烦；阴液亏损，上不能滋润咽喉，下不能濡润肠道，故口燥咽干，小便短黄，大便干结；舌红少苔，脉细数为阴虚内热之象。

（4）阳虚证：中医病证名，是指体内阳气亏虚，以畏寒肢冷等为主要表现的虚寒证候。

【临床表现】 形寒肢冷，面色㿠白，神疲乏力，畏寒肢冷，倦怠少气，精神萎靡，自汗，口淡不渴，或渴喜热饮，尿清便溏，或尿少浮肿，舌淡胖，苔白，脉沉迟无力。

【证候分析】 阳气虚衰，气血运行无力，头面失养，故面色㿠白，神疲乏力，倦怠少气，精神萎靡；阳气不足，机体失于温煦，故畏寒肢冷；阳虚阴寒内盛，故口淡不渴，或渴喜热饮；阳虚水湿不化，故小便清长，大便稀溏，或尿少浮肿；舌淡胖，苔白，脉沉迟无力皆为阳虚之象。

二、实 证

实证是指邪气盛而正气尚未虚衰所表现出来的证候，是对人体感受外邪，或疾病过程中阴阳气血失调而以阳、热、滞、闭等病机为主，或体内病理产物蓄积，所形成的各种临床证候的概括。实证以邪气充盛、停积为主，但正气尚未虚衰，有充分的抗邪能力，故邪正斗争一般较为剧烈，而表现为有余、强烈、停聚的特点。实证的成因有两个方面：一是感受外邪，正气未虚，发生邪正交争；一是脏腑功能失调，痰饮、水湿、瘀血、食积等病理产物停留在体内。由于感邪性质的差异，致病的病理产物不同，以及病邪侵袭、停积部位的差别，因而各自有着不同的证候表现，所以很难以哪几个症状作为实证的代表。临床一般是新起、暴病多实证，病情急剧者多实证，体质壮实者多实证，故《难经·四十八难》有“急者为实”“入者为实”的说法，《类经·疾病类》亦说：“凡外入之病多有余，如六气所感，饮食所伤之类也。”

实证是非常笼统的概念，范围极为广泛，临床表现十分复杂，其病因病机主要可概括为两个方面：一是风寒暑湿燥火、疫疠以及虫毒等邪气侵犯人体，正气奋起抗邪，故病势较为亢奋、急迫。二是内脏功能失调，气化障碍，导致气机阻滞，以及形成痰饮、水湿、瘀血、宿食等，有形病理产物壅聚停积于体内。

【临床表现】 由于感受外邪及停聚于体内的病邪性质及其所在的部位不同，临床上表现不同。如发热，形体壮实，精神烦躁，声高气粗，痰涎壅盛，胸胁脘腹胀满，疼痛拒按，大便秘结，舌质苍老，舌苔厚腻，脉实有力。此类证候属于里实热证。如果表现为发热恶寒，无汗，头身疼痛，脉浮紧，而无乏力、倦怠、便溏、便秘之证的为表实证。由于外邪袭肺，初起恶寒发热、咽喉肿痛，继而出现全身浮肿，脉浮，此为水湿蓄积于体内，为机体脏腑功能失调导致病理产物停聚体内所致的实证。

【证候分析】 实热邪气亢盛，正气未虚，正邪交争，故发热；实邪扰心，心神不宁，故精神烦躁；邪阻于肺，肺气失于宣降，故胸胁胀满，声高气粗，痰涎壅盛；实邪积于肠胃，腑气不通，故大便秘结，脘腹胀满，疼痛拒按；邪正相争，搏击于血脉，故脉实有力；舌质苍老，舌苔厚腻皆为实邪积聚之征。外感风寒，邪正交争于肌表，正气未虚，故见恶寒发热，卫阳被风寒之邪遏制，故见恶寒、脉浮紧。感受风邪，肺失通调水道导致气化失司，水湿内停，故小便不利、水肿。

三、虚证与实证的鉴别要点

辨别虚证和实证，主要从病程，患者的体质，精神状态，声音气息，痛处的喜按与拒按，以及二便、舌、脉的变化上进行鉴别（表 3-2）。

表 3-2　虚证与实证鉴别

证候	病程	体质	精神	声息	疼痛	二便	舌象	脉象
虚证	久病	虚弱	萎靡	气短懒言	隐痛喜按	尿清便稀溏	舌淡嫩少苔	细弱无力
实证	新病	壮实	兴奋烦躁	声高气粗	疼痛拒按	尿赤便结	质苍老苔厚腻	实而有力

四、虚证与实证的关系

虚实是反映人体正邪之间关系的一对纲领，疾病过程中常由于体质、治疗、护理等各方面因素的影响，使正邪力量发生变化，使虚证和实证之间发生虚实夹杂、虚实转化等相关变化。虚实两类证候，它们不是孤立不变的，而是互相联系、可变的。虚证和实证在一定的条件下可以相互转化，也可以同时并存。实证状态下，由于失治或误治，如大汗、大吐、大下之后，耗伤阴液，损伤正气就有可能转为虚证；如身体虚弱，脏腑功能失调，代谢障碍，以致痰、血、水、湿等病理产物滞留为病，可形成虚实夹杂证。一般来说，虚证转为实证相对较少。

（1）虚实夹杂：患者同时存在正虚与邪实的证候，称为虚实夹杂。由于邪正相争，形成邪盛和正衰同时并存的病理变化。由于病情复杂，既有虚象又有实象。如脾虚，运化无力而生湿生痰，表现为神疲乏力，气短懒言，咳嗽咳痰，肢体浮肿等，即是虚实夹杂。

虚实是中医认识疾病本质的两类最基本的证候，故有“万病不出乎虚实两端”之说。然临床却很少见单一的虚证或实证，更多见既有邪实，又有正虚这样一种虚实兼见的复合证候。此种夹杂证，及欲施治，攻之恐伤正，补则虑助邪。后世各家，虽有主攻者、主补者或攻补兼施者，但各持所论，各有偏颇，反令医者临证难以依法论治。日本丹波元坚曾说：“唯医之所最难者，在真实真虚混淆糅杂者而已。”《金匮要略》为治杂病之宗，是后世诸法之渊薮，该书中所载 40 余种病证中，即多夹杂，包括以下三个方面：

实中夹虚：临床表现以实证为主，而夹有虚证的，称为实中夹虚。如虚人感冒，临床表现以外感邪气为主要矛盾，但有正气不足的一面，主要表现邪实的证候，如发热恶寒，咽喉痛，略有倦怠乏力的虚证，此为实中夹虚。

虚中夹实：指正气虚损并夹有实邪，以虚为主的病理变化。如干血痨病人有消瘦、肌肤枯糙、手足心烦热、不思饮食等虚证，且兼有（妇人）经闭、舌质紫暗、舌边有瘀点、脉沉弦等血瘀实候。临床表现以消瘦、手足心烦热等虚证为主要矛盾，但有舌质紫暗、脉沉弦等实证的状态，此为虚中夹实。

虚实并重：临床表现虚证和实证都很突出，此为虚实并重。如癌症晚期患者，正气日衰，邪气日进，正虚和邪实都很突出，此为虚实并重。

（2）虚实转化：在疾病发展过程中，由于正气与邪气条件的变化，虚证和实证还可以相互转化。疾病发生后，邪正双方力量的对比经常发生变化，因而疾病在一定条件下也常常发生实证转虚，因虚致实的病理变化。

实证转虚：病本实证，因邪气过盛，病程迁延，损伤正气或失治误治等因素，导致正气受损，逐渐转化为虚证。疾病在发展过程中，邪气盛，正气不衰，由于误治、失治，病情迁延，虽然邪气渐去，但是人体的正气、脏腑的生理功能已受到损伤，因而疾病的病理变化由实转虚。如外感热病患者，始见高热，口渴，烦躁，脉数的实证，因汗下不当，日久津气耗伤，以致热退后见倦怠乏力，肌肉消瘦，面色苍白，不欲饮食，苔少或无苔，脉细无力等虚象，此为实证转虚。

因虚致实：由于正气亏虚，脏腑功能失调，导致气、血、水等不能正常运行，产生了气滞、瘀血、痰饮、水湿等实邪停留体内之害，此为因虚致实。如本有食少、纳呆、身倦乏力等脾虚症状；由于病程迁延，脾湿日盛，继而会出现脘腹痞满、嗳腐吞酸、大便臭秽、舌苔厚腻等脾虚食滞证，此为因虚致实。如肾阳虚衰，不能主水，而形成的阳虚水停之候，既有肾脏温化功能减退的虚象，又有水液停留于体内的邪实之象，这种水湿泛滥乃由肾阳不足、气化失常所致，故称之为因虚致实。实际上，因虚致实是正气不足，邪气亢盛的一种虚实错杂的病理变化。

五、虚实与表里寒热的关系

疾病不仅会有表里病位的不同和病性的寒热，同时会有正邪力量的对比，因此，临床上除了要辨别疾病的表里，还要辨别疾病的病位，同时要辨别正邪关系。虚实辨证结合表里、寒热情况，则可有表里俱实、表里俱虚、表实里虚、表虚里实、虚寒证、虚热证、实寒证、实热证的不同证候。

表里俱实：素有里实证，证见便秘、口臭、腹痛、拒按，又复感外邪，恶寒无汗者，为表里俱实证。结合寒热，可有表寒里寒、表热里热、表寒里热、表热里寒的不同，但表证为无汗的表实证，里证为里实寒证和里实热证。

表里俱虚：平素自汗畏风患者，倦怠乏力，便溏腹泻，舌淡脉虚。又感风寒，见自汗恶风、脉缓者，此为里虚在先，又感风寒致卫表不固的表虚证，此为表里俱虚证。结合寒热，可有表虚里虚寒、表虚里虚热的不同。

表实里虚：里虚证，复有外感，风寒束表，卫阳被遏，但仍有腹泻便溏、倦怠乏力之里虚证者，此为表实里虚证。结合寒热，可有表寒里虚寒，表热里虚热、表寒里虚热、表热里虚寒的不同。表证为无汗的表实证，里证为里虚寒证和里虚热证。

表虚里实：平素有里实之证，如便秘、口臭，尿黄、便结。又见自汗恶风、脉缓的表虚证，此为里实兼表虚的表虚里实证。结合寒热，可有表虚里实寒、表虚里实热，常见于卫表不固，素有里实者。

虚寒证：平时阳气不足，阳虚生内寒，无外感因素，情志不畅等因素影响，常见畏寒肢冷，尿清便溏，舌淡胖，苔白，脉沉迟等。

虚热证：平素阴虚体质，阴虚生内热，常见手足心热，潮热盗汗，舌红，少苔，脉细数等。

实寒证：感受寒邪，正气充足，无表里俱虚的证候。可见于外感病的表寒证，也可以见于寒邪直中脏腑的里实寒证，如冬季贪凉饮冷，寒邪直中胃腑，出现胃脘冷痛，畏寒肢冷。

实热证：平素有内热，见烦躁，口干，尿黄便结，舌红，苔黄，脉数等，也可以见于感受风热，正邪交争于肌表的表热证，或表邪入里化热的壮热、口渴、汗出、脉数而正气未虚者。

虚实与表里、寒热并见时，证候趋于复杂，但总不外病位、病性及正邪虚实关系的判断。“邪气盛则实，精气夺则虚”“虚实者，有余不足也”。实主要指邪气盛实，虚主要指正气不足。所以实与虚是用以概括和辨别邪正盛衰的两个纲领。由于邪正斗争是疾病过程中的根本矛盾，阴阳盛衰及其所形成的寒热证候，亦存在着虚实之分，所以分析疾病中邪正的虚实关系，是辨证的基本要求，因而《素问·调经论》有“百病之生，皆有虚实”之说。通过虚实辨证，可以了解病体的邪正盛衰，为治疗提供依据。

第四节　阴阳辨证

阴阳辨证系八纲辨证的具体内容之一。八纲辨证的特点在于把握疾病发生发展过程的整体性、确定性与相关性。阴、阳则是区分疾病类别、归纳证候的总纲。

阴阳是归纳病证类别属性的纲领，根据阴阳的属性，表证、热证、实证可以归属为阳；里证、寒证、虚证可以归属为阴。根据临床证候所反映的病理本质均可以分为阴阳两大类，所以说，阴阳又是八纲的总纲。

由于阴、阳分别代表事物相互对立的两个方面，故疾病的性质、临床的证候，一般都可归属于阴或阳的范畴，因而阴阳辨证是基本的辨证方法。

根据阴阳学说中阴与阳的基本属性，临床上凡见兴奋、躁动、亢进、明亮等表现的表证、热证、实证，以及症状表现于外的、向上的、容易发现的，病邪性质为阳邪致病，病情变化较快等，一般都可归属为阳证。凡见抑制、沉静、衰退、晦暗等表现的里证、寒证、虚证，以及症状表现于内的、向下的、不易发现的，病邪性质为阴邪致病，病情变化较慢等，可归属为阴证。由于阴阳是对各种病情从整体上做出最基本的概括，八纲中的阴阳两纲又可以概括其余六纲，所以说阴阳是证候分类的总纲，阴阳是辨证归类的最基本纲领。

由于中医学中的阴阳不仅是抽象的哲学概念，而且已经有了许多具体的医学内容，如阳气、阴液、心阴、脾阳等，都是有实际内容的医学概念。所以，阴阳辨证又包含有具体的辨证内容，其主要有阳虚证、阴虚证、阴盛证、阳盛证，以及亡阳证、亡阴证等。此外，阳亢证、虚阳浮越证等，亦可是阴阳失调的病理变化。所谓阴盛证实际是指实寒证，所谓阳盛证实际是指实热证。

一、阴证与阳证

（1）阴证：凡是符合阴的属性的证候为阴证。一般是体内阳气虚衰，或寒邪凝滞的证候，属寒，属虚。此类病证，机体反应多呈衰退的表现。

【临床表现】 精神萎靡，面色苍白，畏寒肢冷，倦怠乏力，口淡不渴，尿清便溏，舌淡胖嫩，苔白，脉沉迟无力等。

【证候分析】 阴主静，寒证表现为静态和寒冷的症状，与阴的属性一致，因此，寒证多属于阴证。而人体阳气不足，虚寒内生，也表现寒的特性，虚证表现为衰退的症状，属于静的症状，也属于阴的属性。精神萎靡、面色苍白、畏寒肢冷、倦怠乏力、口淡不渴，尿清便溏；舌淡胖嫩，苔白，脉沉迟皆为虚寒之象。故为阴证的具体表现。

（2）阳证：是体内邪热壅盛，或阳气亢盛的证候，属热、属实。此类病证，机体反应多呈亢盛的表现。

【临床表现】 身热口渴，喜冷饮，面红目赤，烦躁，声高气粗，尿黄，大便干结，舌红或绛，苔黄或燥，脉滑数洪实等。

【证候分析】 阳主动，热证表现为动态和火热的症状，与阳的属性一致，因此，热证多属于阳证。人体阳热亢盛，蒸达于外，故身热；热盛血涌，火热上炎，故面红目赤；热扰心神，故烦躁不安；口渴喜冷饮，尿黄，大便干结；舌红或绛，苔黄，脉滑数洪实皆为邪热内盛之象。故此，以上症状属于阳证的具体表现。

二、阴虚证和阳虚证

（1）阴虚证：是指体内津液精血等阴液亏少而无以制阳，滋润、濡养等作用减退所表现的虚热证候。属虚证、热证的性质。

【临床表现】 以形体消瘦，口燥咽干，潮热颧红，五心灼热，盗汗，小便短黄，大便干结，舌红少津少苔，脉细数等为常见表现。并具有病程长、病势缓等虚证的特点。

【证候分析】 阴虚多由热病之后，或杂病日久，伤耗阴液，或因五志过极、房事不节、过服温燥之品等，使阴液暗耗而成。阴液亏少，则机体失却濡润滋养，同时由于阴不制阳，则阳热之气相对偏旺而生内热，故表现为一派虚热、干燥不润、虚火躁扰不宁的证候。

阴虚证可见于多个脏器组织的病变，常见者有肺阴虚证、心阴虚证、胃阴虚证、脾阴虚证、肝阴虚证、肾阴虚证等，以并见各脏器的病状为诊断依据。

阴虚可与气虚、血虚、阳虚、阳亢、精亏、津液亏虚以及燥邪等证候同时存在，或互为因果，而表现为气阴亏虚证、阴血亏虚证、阴阳两虚证、阴虚阳亢证、阴精亏虚证、阴津（液）亏虚证、阴虚内燥证等。阴虚进而可发展成阳虚、亡阴，阴虚可导致动风、气滞、血瘀、水停等病理变化。

（2）阳虚证：阳虚证是指体内阳气亏损，机体失却温煦，推动、蒸腾、气化等作用减退所表现的虚寒证候。属虚证、寒证的性质。

【临床表现】 以经常畏冷，四肢不温，口淡不渴，或渴喜热饮，可有自汗，小便清长或尿少浮肿，大便溏薄，面色白，舌淡胖，苔白滑，脉沉迟（或为细数）无力为常见表现，并可兼有神疲、乏力、气短等气虚的证候。阳虚证多见于病久体弱者，病势一般较缓。

【证候分析】 阳虚多由病程日久，或久居寒凉之处，阳热之气逐渐耗伤，或因气虚而进一步发展，或因年高而命门之火不足，或因过服苦寒清凉之品等，以致脏腑功能减退，机体失却阳气的温煦，不能抵御阴寒之气，而寒从内生，于是形成畏冷肢凉等一派病性属虚、属寒的证候，阳气不能蒸腾、气化水液，则见便溏尿清或尿少浮肿、舌淡胖等症。

阳虚可见于许多脏器组织的病变，临床常见的有心阳虚证、脾阳虚证、胃阳虚证、肾阳虚证、胞宫（精室）虚寒证，以及虚阳浮越证等，并表现有各自脏器的证候特点。

阳虚证易与气虚同存，即阳气亏虚证；阳虚则寒，必有寒象并易感寒邪；阳虚可发展演变成阴虚（即阴阳两虚）和亡阳；阳虚可导致气滞、血瘀、水泛，产生痰饮等病理变化。

三、真阴不足证与真阳不足证

肾为人体一身之根本，当阴虚、阳虚日久，或久病，会耗伤人体的肾阴和肾阳，导致肾阴不足之证或肾阳不足之证，即真阴不足证和真阳不足证。

（1）真阴不足证

【临床表现】 两颧潮红，唇若涂丹，口燥咽干，手足心热，头晕眼花，耳鸣，腰膝酸软，骨蒸盗汗，梦遗，大便秘结，小便短少，舌红而干，少苔或无苔，脉细数无力。

【证候分析】 病程日久，累及肾阴，损伤真精，阴不制阳，致虚火上炎，见两颧潮红，唇若涂丹，口燥咽干，手足心热，盗汗，大便秘结，小便短少。同时肾精亏虚，肾主骨生髓，故骨蒸，腰膝酸软无力，头晕眼花，耳鸣；肾主生殖，虚热内扰精室，故见梦遗。舌红而干，少苔或无苔，脉细数无力，为真阴不足之象。

（2）真阳不足证

【临床表现】 面色㿠白，唇舌色淡，口淡多涎，小便不利或清长，便溏，或头眩，浮肿，腰膝冷痛，不孕或不育，或五更泻，舌淡胖嫩，苔白滑，脉沉迟无力。

【证候分析】 病程日久，累及肾阳，损伤真阳，致阴寒内盛。阳虚生内寒，故见面色㿠白，唇舌色淡，口淡多涎，小便不利或清长，便溏；肾精亏虚，髓海失养，则头眩。肾主水，肾阳虚，水液代谢失常，水湿泛溢肌肤则见浮肿；肾精亏虚，阳气不足可见腰膝冷痛，火不暖土故见五更泻；肾主生殖，阳虚精冷则不孕或不育。舌淡胖嫩，苔白滑，脉沉迟无力，为真阳不足之象。

肾藏精，为人体一身阴阳之根本，真阴不足、真阳不足为阴虚、阳虚累及肾阴、肾阳所致。其临床表现除阴虚、阳虚表现外，还有主生殖、主骨生髓功能失常及封藏失职的症状，需要与阴虚证、阳虚证鉴别。

四、亡阴证与亡阳证

亡阴和亡阳证是疾病危重时出现的证候，多是久病阴亏或阳亏发展而来，也可以由于高热、大汗或发汗过多伤阳，或剧烈吐泻、失血过多伤阴，人体阴液或阳气迅速亡失所致的证候。

（1）亡阴证：是指体内阴液大量消耗或丢失，导致阴液衰竭的病变和证候。

【临床表现】 汗热味咸而黏，呼吸急促，身热肢温，烦躁不安，渴喜冷饮，面赤唇焦，目眶凹陷，皮肤皱瘪，尿少，舌红干而无津，脉细数疾。

【证候分析】 阴液亏涸，阳热内炽，汗热味咸而黏，呼吸急促，身热肢温，烦躁不安，阴液消亡，口渴喜冷饮，尿少；肌肤脉络失去濡养故面赤唇焦，目眶凹陷，皮肤皱瘪。舌红干而无津，脉细数疾，为阴竭阳亢之证。

亡阴可以是在病久而阴液亏虚基础上的进一步发展，也可因壮热不退、大吐大泻、大汗不止、严重烧伤致阴液暴失而成。由于阴液欲绝，或仍有火热阳邪内炽，故见汗出如油，脉细数疾，身灼烦渴，面赤唇焦等阴竭而阳热亢盛的证候。

亡阴所涉及的脏腑，常与心、肝、肾等有关，临床一般不再逐一区分。亡阴若救治不及时，势必阳气亦随之而衰亡。亡阳和亡阴均出现于疾病的危重阶段，故必须及时、准确地辨识，若贻误诊疗，极易导致死亡。在病情危重的基础上，若突然汗出，往往是亡阴或亡阳之兆，根据汗质的稀冷如水或黏热如油，结合病情，身凉或身灼、面白或面赤、脉微或数疾等，一般不难辨别亡阳与亡阴。

（2）亡阳证：是指体内阳气严重耗损，导致阳气虚脱的病变和证候。

【临床表现】 冷汗淋漓，汗稀味淡，面色苍白，表情淡漠，肌肤不温，四肢厥冷，呼吸气微，口不渴或渴喜热饮，舌淡润，脉微欲绝。

【证候分析】 阳气暴脱，固摄及温煦功能失职，故冷汗淋漓，汗稀味淡，肌肤不温，四肢厥冷，面色苍白，舌淡润；阳气衰竭，无以养神，故表情淡漠，脏腑功能衰竭，呼吸气微，脉微欲绝。

亡阳一般是在阳气由虚而衰的基础上的进一步发展，但亦可因阴寒之邪极盛而致阳气暴伤，还可因大汗、失精、大失血等阴血消亡而阳随阴脱，或因剧毒刺激、严重外伤、瘀痰阻塞心窍等而使阳气暴脱。由于阳气极度衰微而欲脱散，失却温煦、固摄、推动之能，故见冷汗、肢厥、面色苍白、神情淡漠、息弱、脉微等垂危病状。

临床所见的亡阳证，一般是指心肾阳气虚脱。由于阴阳互根之理，故阳气衰微欲脱，可使阴液亦消亡。

亡阴证与亡阳证鉴别要抓住寒热、面色、口渴、出汗、二便、舌脉的要点。

阴阳相互维系，亡阴与亡阳常常相继出现，亡阴可迅速导致亡阳，亡阳后亦可出现亡阴，最后阴竭阳亡。临床上应分清亡阴、亡阳的主次矛盾，以便对患者及时、正确地救治。

第五节 八纲辨证的意义

表里、寒热、虚实、阴阳，各自概括疾病的病位、病性、正邪关系及疾病的属性，它们之间密切联系，不可分割。临床疾病的表里、寒热、虚实证常常是交织在一起，因此，辨别表里应与寒热、虚实相联系，辨别虚实又要与表里、寒热相联系。表里、寒热、虚实、阴阳八纲的区分并不是单纯的、孤立的、静止不变的，而是错综复杂、互相联系、互相转化的。归纳起来，八纲之间存在着“相兼”“夹杂”“转化”的关系。

相兼关系：“相兼”即指两个纲以上的症状同时出现，如外感热病初期，见有表证，还须进一步辨其兼寒或兼热，故可分为表寒证和表热证；久病多虚证，当进一步辨其属虚寒证或虚热证。相兼证的出现，不能平均看待，而是有主次和从属关系，如表寒、表热证都是以表证为主，寒或热从属于表证，治疗当以解表为主，分别用辛温解表或辛凉解表；虚寒、虚热证都是以虚证为主，寒或热也从属于虚证，治疗时当以补虚为主，分别用补阳或滋阴的方法。至于表里相兼时，以何证为主，须看具体病情而定。

夹杂关系：“夹杂”即指患者同时出现性质互相对立的两纲症状，如寒热夹杂、虚实夹杂、表里夹杂（习惯上叫表里同病）。另外，在疾病发展过程中，还会出现一些假象，如真热假寒、真寒假热等。所以，在辨证过程中，要细心观察，全面分析，去伪存真，抓住本质，以免造成误诊、误治，延误病情。

转化关系：“转化”即指某一纲的症状向其对立的一方转化。表里之间、寒热之间、虚实之间、阴阳之间既是相互对立的，又可在一定条件下相互转化。如外感风寒见恶寒发热、头痛等表寒证，若因病情发展或治疗不当，则病邪可由表入里，病变性质可由寒转热，最后由表寒证转化为里热证；实证可因误治、失治等原因，致病程迁延，虽邪气渐去，而正气亦伤，逐渐转化为虚证，虚证可由于正气不足，不能布化，以致产生痰饮或水湿、气滞或血瘀等实邪，而出现种种实证。转化是在一定条件下才能发生，辨证时必须随时审察病机的转变，及时诊断治疗，避免疾病向恶化方向发展，促进疾病向痊愈方向转化。

八纲辨证运用时，首先辨别表里，确定病变的部位；然后辨别寒热、虚实，分清病变性质，了解正邪双方力量对比状况；最后可以用阴阳加以总的概括。

八纲是从具体事物中抽象出来的概念，用八纲辨别归纳证候，是分析疾病共性的辨证方法，是八纲概念在中医学中应用的一个方面。在一定的条件下，表里、寒热、虚实还可以相互转化，如由表入里、由里出表、寒证化热、热证化寒、虚证转实、实证转虚等。有的疾病发展到严重阶段，病势趋于寒极和热极的时候，往往出现与疾病本质相反的假象，如真寒假热、真虚假实。阴阳统领表里、寒热、虚实，表里证的转化可以看作是阴证与阳证的转化，寒热证的鉴别可以看作是阴阳证之间的鉴别。

八纲中的表和里，是用以辨别疾病病位最基本的纲领；寒热虚实，是用以辨别疾病病因、病性最基本的纲领；阴与阳则是区分疾病类别、归纳证候的总纲。由于八纲是对疾病过程中机体反应状态最一般的概括，是对辨证诊断提出的最基本的原则性要求，通过八纲可找出疾病的关键，掌握其要领，确定其类型，预决其趋势，为治疗指出方向。八纲辨证是辨证的基础，在诊断疾病的过程中，有执简驭繁、提纲挈领的作用，适用于临床各科、各种疾病的辨证，而其他辨证分类方法则是八纲辨证的具体深化。八纲辨证是从八个方面对疾病本质做出纲领性的辨别。但是，这并不意味着八纲辨证只是把各种证候简单、截然地划分为八个区域。由于八纲之间不是彼此孤立的，而是相互联系的、可变的，其间可以相兼、错杂、转化，如表里同病、虚实夹杂、寒热错杂、表证入里、里邪出表、寒证化热、热证转寒、实证转虚、因虚致实等，并且有可能出现证候的真假，如真热假寒、真寒假热、真实假虚、真虚假实等。这就大大增加了八纲辨证的复杂程度，从而可组合成许多种较为具体的类证纲领，如表实寒证、表寒里热证等，于是扩大了对病情进行辨证的可行性、实用性。临床上的证候尽管复杂、多变，但都可用八纲进行概括。当然，八纲辨证对疾病本质的认识，应该说还是不够深刻、具体的，如里证的概念就非常广泛，八纲尚未能揭示到底是何脏何腑的病变，又如寒与热不能概括湿、燥等所有的病理性质，虚证、实证也都各有种种不同的具体病变内容。因此，八纲毕竟只是“纲”，八纲辨证是比较笼统、抽象的辨证，临床时不能满足于对八纲的分辨，而应当结合其他辨证分类方法，对疾病的证候进行深入的分析判断。我们不能把八纲辨证仅仅理解为只是几类较为笼统证候的简单归纳，而应认识到八纲的概念通过其相互关系，较为突出地反映了辩证法的思想，中医学的许多辨证观点都是通过八纲的关系而体现出来的。理解了八纲之间的辨证关系，就可认识到疾病中的各种事物是处在相互联系的矛盾之中、变动之中，矛盾着的事物不仅有对立面的存在，并且是与对立面相对而确定的，彼此间有中间、过渡阶段，而且可以互相转化，等等。因此，八纲概念的确立，标志着中医辨证逻辑思维的完善，它反映了逻辑思维的许多基本内容，抓住了疾病中带普遍性的主要矛盾。这对于其他辨证方法的学习，对于临床正确认识疾病过程，具有重要的指导意义。

因此，运用八纲辨证，既要掌握八纲中每一纲的辨证、证候特点，又要认真分析其相互关系，注意八纲之间的相兼、错杂、转化、真假，才能抓住关键，而对疾病做出全面正确的判断。

本章内容小结表解

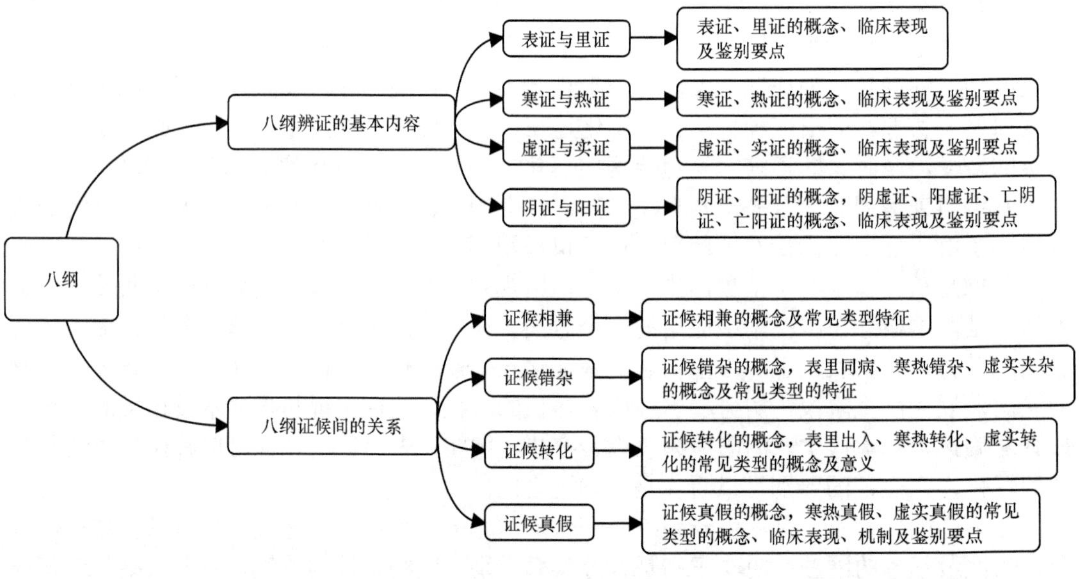

复习思考题

1. 何谓八纲辨证？八纲辨证归纳了疾病的哪些情况？

2. 表证和里证如何鉴别？

3. 何谓寒证、热证？二者临床表现有何不同？

4. 如何鉴别虚寒证与实寒证？

5. 亡阴证与亡阳证如何鉴别？二者的关系如何？

6. 试述八纲辨证的意义。

第四章　辨　　证

辨证，是在望、闻、问、切四诊所得资料的基础上进行诊断的辨证思维。这个思维的过程是在人体整体观点、人与天地相应的观点、变动观点等理论指导下，把四诊所得的资料，在八纲初步分析的基础上，再作进一步分析与综合，务期抓住疾病的本质，然后判断出其证候名称以及疾病名称，为论治提供可靠的依据。四诊—八纲—辨证，是诊断疾病的一个逐步深化的过程，辨证的方法有多种，都是长期临床实践中形成的。

第一节　病因辨证

病因辨证是以中医病因、病机制论为指导，对患者的症状、体征、病史等病情资料，根据各种病因致病特点进行综合分析，以推求疾病证候病因属性的辨证方法。

病因辨证包括六淫（疫疠）辨证、七情辨证、劳伤辨证、食积辨证、虫积辨证、外伤辨证等。

一、六淫辨证

六淫辨证是对患者的症状、体征、病史等病情资料，根据六淫（疫疠）的性质和致病特点进行综合分析，进而判断疾病证候是否存在六淫（疫疠）病因的辨证方法。

六淫包括风、寒、暑、湿、燥、火六种致病邪气。六淫的致病特点：一是与季节和居住环境有关，如夏季炎热，患暑病的人多；久居潮湿之地，易感受湿邪；二是六淫属外邪，多经口鼻、皮毛侵入人体，病初常见表证；三是六淫常相合致病，而在疾病发展过程中，又常常相互影响或转化。

疫疠为自然界中一种特殊的病邪，其致病具有传染性强，并迅速蔓延流行的特点。

（一）风淫证

风淫证是指外感风邪所致的证候，亦称外风证。

【临床表现】 恶风，微发热，汗出，鼻塞流涕，喷嚏，咽喉干痒或咳嗽，舌苔薄白，脉浮缓；或皮肤瘙痒、丘疹风团、瘾疹；或身体局部麻木，口眼㖞斜；或游走性关节疼痛；或突然面睑浮肿等。

【证候分析】 风为百病之长，其性轻扬，善行数变，具有发病急，变化快，游走不定的特点。风邪袭表，腠理疏松，卫外不固，故见恶风微热，汗出，脉浮缓；风伤肺窍，则鼻塞流涕，喷嚏，咽痒咳嗽；风客肌膜，营卫郁滞，则皮肤瘙痒、丘疹风团或瘾疹；风中经络，经气阻滞，则身体局部麻木、口眼㖞斜；风痹关节，则肢体关节游走性疼痛；风袭肺卫，通调失职，则浮肿突发于颜面、眼睑。

【辨证要点】 以恶风，汗出，脉浮缓；或皮肤瘙痒，或身体局部麻木，或肢体关节游走性疼痛，或颜面浮肿为辨证要点。

【鉴别诊断】 风淫证与内风证鉴别，内风证是由于机体内部的病理变化（热盛、阳亢、血虚、阴虚）所出现的类似风性动摇特点的证候，以头晕、肢麻、震颤、抽搐等为主要表现；而风淫证以恶风、汗出、脉浮缓；或瘙痒、麻木、游走性疼痛、浮肿等为临床特点。

（二）寒淫证

寒淫证是指外感寒邪引起的证候。

【临床表现】 恶寒重、发热轻，无汗，头身疼痛，鼻塞或流清涕，脉浮紧。或见咳嗽，哮喘，咳稀白痰；或为脘腹疼痛，肠鸣腹泻，呕吐；或为肢体拘急，冷痛，蜷卧，面色白或青，舌苔白，脉沉紧或脉伏。

【证候分析】 寒淫证有“伤寒证”（寒袭于表）和“中寒证”（寒中于里）之分；寒为阴邪，其性寒凉、凝滞、收引，多致腠理、经脉、筋脉收缩拘急，易伤阳气，阻滞气血运行。寒袭肌表，阻遏卫阳，故恶寒发热，无汗；寒束肺窍，故鼻塞流清涕；寒凝经脉，则头身疼痛，脉浮紧；寒邪直中，客于肺系，则见咳嗽、哮喘、咳稀白痰；滞于胃肠，则见脘腹疼痛、肠鸣腹泻、呕吐；寒伤阳气，凝滞血脉，则见肢体拘急，冷痛，蜷卧，面白或青，舌苔白、脉沉紧甚至脉伏。

【辨证要点】 以恶寒，无汗，头身疼痛，脉浮紧；或肢体拘急、冷痛、腹泻、蜷卧为辨证要点。

（三）暑淫证

暑淫证是指外感暑邪引起的证候，简称暑证。

【临床表现】 伤暑则发热恶热，口渴，汗出，身体疲乏，小便黄，舌红苔黄少津，脉虚数；中暑则胸闷气短，呕恶腹痛，甚则神志不清，猝然昏倒。

【证候分析】 暑为阳邪，具有炎热升散，故为病必见热象，最易耗气伤津，多夹湿邪，常与湿邪相混成病等致病特点。暑邪致病有伤暑、中暑之分。感受暑湿之邪为伤暑，暑性炎热，迫津外泄，出现恶热、口渴、汗出、尿黄；气随津泄，则身体疲乏，脉虚数（《素问•刺志论》：“气虚身热，得之伤暑”）；暑热炽盛，可见舌红、苔黄少津。中暑则为暑湿内闭，暑闭气机，则见胸闷气短，呕恶腹痛；暑闭心神则神志不清，猝然昏倒。

【辨证要点】 以发热，汗出，呕恶，疲乏，胸闷；甚者神疲气短，猝然昏倒为辨证要点。

（四）湿淫证

湿淫证是指感受湿邪引起的证候，亦称外湿证。

【临床表现】 头重如裹，胸闷脘痞，口腻纳呆，或恶心呕吐，食少腹胀，肢沉身困，关节肿痛重着酸楚，便溏尿浊，或妇女带下量多，或阴部湿疹瘙痒，或下肢浮肿，舌淡胖而边有齿痕，苔白厚腻，脉濡缓。

【证候分析】 湿为阴邪，湿性重浊、黏滞、趋下，易损伤阳气，阻滞气机。外湿侵袭，阻滞经气，则头重如裹，肢沉身困；湿浊内困，阻遏气机，故胸闷脘痞，口腻纳呆，或恶心呕吐，食少腹胀；湿留关节、肌肤，则关节肿痛重着酸楚，下肢浮肿；湿浊趋下，易袭阴位，故便溏、尿浊，或妇女带下量多，或阴痒湿疹；舌脉为湿浊内停之征。《素问•六元正纪大论》曰：“湿胜则濡泄，甚则水闭胕肿。”

【辨证要点】 以困重，酸楚，痞闷，腻浊，便溏为辨证要点。

【鉴别诊断】 湿淫证与内湿证鉴别，内湿证又称“湿浊内生”“脾虚生湿”。内湿证病位偏于内脏，以脘腹痞胀、纳呆、恶心、便溏为主；而湿淫证以湿滞肌表、关节为主要临床表现。

（五）燥淫证

燥淫证是指外感燥邪引起的证候，亦称外燥证。

【临床表现】 唇、鼻、咽干燥，皮肤干燥甚至皲裂；干咳少痰，痰黏难咳，或痰中带血；口渴，便结，尿少；或恶风发热，咽喉不利；苔干，脉浮。

【证候分析】 《素问·阴阳应象大论》云："燥胜则干。"燥性干燥，易伤津液，易伤肺脏；肺系失润，则唇、鼻、咽干燥，干咳少痰，肤燥皲裂；燥邪伤津，则苔干口渴，便结尿少，痰黏难咳；燥遏卫表，则恶风发热，咽喉不利，脉浮；燥伤肺络，见痰中带血。

燥淫证有凉燥与温燥之分，凉燥见鼻干而塞，咽干而痒，干咳少痰，恶风无汗，苔白而干，脉浮略紧；温燥见鼻干而热，咽干而痛，干咳少痰，苔薄黄干，脉浮略数。

【辨证要点】 以秋季干咳，口、鼻、咽、唇、皮肤干燥为辨证要点。

【鉴别诊断】 燥淫证与内燥证鉴别，内燥证是因津液不足不能濡润脏腑组织所致，又称"津伤化燥"，多见于温热病后期，以全身津液亏损为主，无明显的秋令季节性；而燥淫证以秋季干咳，口、鼻、咽、唇、皮肤干燥为主要临床表现。

（六）火淫证

火淫证是指外感火（热）阳邪，使机体阳热之气过盛所致之证候。

【临床表现】 发热恶热，面红目赤，渴喜冷饮，尿短便秘，舌红或绛，苔黄干燥或灰黑起芒刺，脉洪数有力；或见心烦失眠，神昏谵语，躁扰发狂、惊厥抽搐，吐血、衄血、发斑疹，痈肿疮疡。

【证候分析】 火、热、温邪为阳邪，其性燔灼迫急，伤津耗气，具有炎上、生风动血、易致疮疡的特点。在程度上有"温为热之渐，火为热之极"之说，在病机上有"热自外感，火由内生"之谓。火、热、温邪入气分，气血沸涌则发热恶热，面红目赤，脉洪数；热迫津伤则口渴，尿短便秘；火热入营血，逼血妄行，则吐血、衄血，发斑疹；热扰心神则烦躁不眠，神昏谵语，甚至躁扰发狂；热极动风则惊厥抽搐；火热郁结不解，腐肉成脓，则生痈肿疮疡。

【辨证要点】 以发热，口渴，烦躁，出血，疮疡为辨证要点。

【鉴别诊断】 火热证与虚热证都属热证，但有虚实之分。火（热）证呈现外感热性病的病变过程，起病急，病势剧，一般为实火，属实证；虚热证由久病阴虚或实热证迁延转化而来，病程较长，属虚证。

附：疫疠辨证

疫疠是指感受疠气所表现的一类外感病证，具有发病急剧，传变迅速，病情险恶，传染性强等特点。疫疠所致病证种类很多，临床常见的主要有瘟疫、疫疹、瘟黄等。

（1）瘟疫：瘟疫是指感受疫房之毒而引起的病证。

【临床表现】 初起恶寒而后发热，头痛身疼，胸痞呕恶，继而内外俱热而不恶寒，昼夜发热，日晡益甚，头痛如劈，头汗多，舌红绛，苔白如积粉或焦黄，脉数有力。

【证候分析】 邪在膜原，向外影响于卫，故初起恶寒而后发热，头痛身疼；瘟疫夹湿浊蕴阻于内，气机不畅，胃失和降，故胸痞呕恶；疫邪化热入里，则内外俱热，昼夜发热，日晡益甚。疫邪上攻则头痛如劈；火性炎上，毒火盘踞于内，五液受其煎熬，热气上腾，如笼上熏蒸之露，故头汗独多；瘟疫病毒，秽浊蕴积，故苔白如积粉；舌红绛，苔焦黄，脉数有力为热毒壅盛之征。

【辨证要点】 以发病急骤，寒热俱重，舌红绛，苔白如积粉，脉数等为辨证要点。

（2）疫疹：疫疹是指感受燥热疫毒而引起的发疹性病证。

【临床表现】 初起发热遍体炎炎，头痛如劈，斑疹透露，或红或赤，或紫或黑，脉数。如初起六脉细数沉伏，面色青，昏愦如迷，四肢逆冷，头汗如雨，其痛如劈，腹内绞痛，欲吐不吐，欲泄不泄，摇头鼓颔，则为闷疫。

【证候分析】 疫毒火邪从皮毛或口鼻而入，侵袭肺胃，充斥表里，则见初起发热遍体炎炎，头痛如劈；疫毒火邪内迫血分，故见斑疹透露；毒热郁蒸则脉数；诊其脉即知其吉凶，浮大而数者，其毒发扬；沉细而数者，其毒已深；不浮不沉而数者，为热毒陷于半表半里“膜原”之间的证候；疫毒内伏而不外达，则见初起六脉细数沉伏，面色青；热毒上扰心神，则昏愦如迷；热深厥亦深，则四肢逆冷；火热上攻，则头汗如雨，其痛如劈。疫毒深伏于内，不能发露于外，则可见腹内绞痛，欲吐不吐，欲泄不泄，摇头鼓颔等症。

【辨证要点】 以发热，斑疹透露，舌红，脉数等为辨证要点。

（3）瘟黄：瘟黄是指感受瘟毒夹有湿热而引起猝然发黄的病证。

【临床表现】 初起可见发热恶寒，随即猝然发黄，全身、齿垢、白睛黄色深，名急黄。严重者变证蜂起，或四肢逆冷，或神昏谵语，或直视，或遗尿、旁流，甚至舌卷囊缩，循衣摸床，撮空理线。

【证候分析】 瘟毒与湿热外袭，郁于皮肤、肌腠之间，则初起可见发热恶寒。瘟毒与湿热内阻中焦，脾胃运化失职，湿热熏蒸肝胆，胆汁不循常道而外溢肌肤，随即猝然发黄，出现全身、齿垢、白睛黄色深等症；疫毒入于五脏，阴阳格拒而不相顺接，则四肢逆冷；内扰心神则神昏谵语；上干脑系，蒙蔽清窍，则直视；下犯于肝肾，下焦失固，则遗尿旁流而囊缩；流窜肝经，筋脉拘挛，则舌卷囊缩；热盛动风，可见循衣摸床，撮空理线。

【辨证要点】 以来势凶猛，发热之后即发黄，高热，神昏，或有发斑、出血等为辨证要点。

二、七情辨证

七情辨证是对患者的症状、体征、病史等病情资料，根据七情致病特点进行综合分析，进而判断疾病证候是否存在情志病因的辨证方法。

情志致病有三个特点：一是由耳目所闻，直接影响脏腑气机，致脏腑功能紊乱，气血不和，阴阳失调。如怒则气上，恐则气下，惊则气乱，悲则气消，思则气结，喜则气缓。二是与个人性格、生活环境有关。如性格急躁者，易被怒伤；而性格孤僻者，常被忧思所伤。三是不同的情志变化，所影响的内脏也不同。如喜伤心、怒伤肝、思伤脾、悲伤肺、恐伤肾。

（一）喜伤证

喜伤证是指因过喜而导致心神失常所表现的情志证候。

【临床表现】 心神不安，精神涣散，甚则神志错乱，语无伦次，哭笑无常，举止失常，甚者癫疯狂乱。

【证候分析】 喜为心之志，喜则气缓，适度喜乐能使人心情舒畅，精神焕发；喜乐较少致病，仅见于过分狂喜。《灵枢·本神》曰：“喜乐者，神惮散而不藏。”过喜伤心，喜乐、兴奋过度，使心气涣散，神气不敛，故见心神不安，精神涣散；暴喜过度，导致神不守舍，出现语无伦次，举止失常，甚至出现神志错乱，哭笑无常及癫疯狂乱。

【辨证要点】 以喜笑不休，精神涣散为辨证要点。

（二）怒伤证

怒伤证是指因暴怒或过于愤怒而致肝失疏泄，气血逆乱所表现的情志证候。

【临床表现】 头胀头痛，面红目赤，呕逆吐血；腹胀、泄泻；自觉气冲胸满，甚至神昏，不省人事；两胁胀痛，胸闷，善太息，或见急躁易怒。

【证候分析】 怒为肝之志，大怒、暴怒可导致肝气上逆，血随气升，气血并走于上，见头胀头痛，面红目赤；肝气横逆犯胃，胃气上逆，胃失和降，故自觉气冲胸满，呕逆吐血；横逆犯脾，脾失健运，脾气不升，则见腹胀、泄泻。《素问·举痛论》说："怒则气逆，甚则呕血及飧泄。"过于愤怒，气血逆乱，气血蒙蔽清窍则见神昏暴厥之病变。正如《素问·生气通天论》所云："大怒则形气绝，而血菀于上，使人薄厥。"大怒则肝气郁结，肝火亢盛，故两胁胀痛，胸闷，善叹息，或见急躁易怒。

【辨证要点】 以头痛，面红，胸满，甚或呕逆，吐血，昏厥为辨证要点。

（三）忧伤证

忧伤证是指因忧伤过度，导致情绪抑郁、忧愁不乐所表现的情志证候。

【临床表现】 情绪抑郁，闷闷不乐，善太息，胸闷脘痞，干咳少痰，甚则咯血或痰中带血，面白无华，消瘦，神疲乏力。

【证候分析】 肺在志为忧，故过忧最易伤肺，而致肺肃降失常、气机闭塞。《灵枢·本神》说："愁忧者，气闭塞而不行"。忧愁过度，情志不舒，则见情绪抑郁，闷闷不乐，善太息；肺气闭塞不行，则见胸闷，干咳少痰等证；肺脾为母子相生关系，肺病及脾，子盗母气，致脾气不运，气血乏源，故见脘痞，神疲乏力，面白无华，消瘦等症。

【辨证要点】 以闷闷不乐，善太息；或胸闷干咳，乏力消瘦为辨证要点。

（四）思伤证

思伤证是指因思虑过度，导致心脾功能紊乱、神思恍惚所表现的情志证候。

【临床表现】 表情淡漠，神思恍惚，食少纳呆，胸闷、腹胀、脘痞，便溏；甚者心悸健忘，失眠消瘦，面色萎黄。

【证候分析】 思为脾之志，"思伤脾"，思虑致病最易损伤脾胃；思虑过度，久则暗耗心血，气血不和；思则气结，思虑伤神损脾导致气机郁结，脾运受阻，纳化失职，则食少纳呆、胸闷脘痞、腹胀便溏；《素问·举痛论》说："思则心有所存，神有所归，正气留而不行，故气结矣。"阴血暗耗，心神失养，可见表情淡漠，神思恍惚，心悸健忘，失眠消瘦，面色萎黄。

【辨证要点】 以神思恍惚，纳呆，胸闷，腹胀为辨证要点。

（五）悲伤证

悲伤证是指因悲伤过度，导致神气涣散、意志消沉所表现的情志证候。

【临床表现】 善悲喜哭，精神沮丧，面色惨淡，神疲乏力；甚者心悸怔忡，健忘失眠，意志消沉。

【证候分析】 《素问·举痛论》说："悲则心系急，肺布叶举，而上焦不通，营卫不散，热气在中，故气消矣。"悲伤致病较快，悲则气消，悲哀太过，最易耗散神气，出现善悲喜哭，精神沮丧；气消则血少，则见面色惨淡，神疲乏力；气血衰少，心神失养，则心悸怔忡，健忘失眠，意志消沉。

【辨证要点】　以善悲喜哭，精神沮丧，意志消沉，神疲乏力为辨证要点。

（六）恐伤证

恐伤证是指因恐惧过度，导致肾虚气陷、恐惧不安所表现的情志证候。

【临床表现】　怵惕不安，常欲闭户独处；暴病则二便失禁，身体不支；久病则骨瘦痿厥，遗精滑精。

【证候分析】　恐为肾之志，恐伤肾，肾之精气亏损而怵惕不安，欲闭户独处；肾居下焦，主藏精，司二便之开合，“恐则气下”，则见遗精、滑精、二便失禁等肾气不固之症；恐惧致病，有缓有急，暴恐则势急，久惧则势缓。《灵枢·本神》说：“恐惧而不解则伤精，精伤则骨酸痿软，精时自下。”故骨瘦痿厥。

【辨证要点】　以怵惕不安，二便失禁为辨证要点。

（七）惊伤证

惊伤证是指因过度惊骇，导致气机逆乱、惊悸胆怯所表现的情志证候。

【临床表现】　惊悸，怔忡，胆怯，坐卧不安，健忘失眠；甚则神志错乱。

【证候分析】　《素问·举痛论》说：“惊则心无所倚，神无所归，虑无所定，故气乱矣。”惊则心神不能安藏，故惊悸，怔忡，胆怯，坐卧不安；心主血脉，惊则伤心血，心血不足，易健忘失眠；惊则气乱，故神志错乱。

【辨证要点】　以惊悸不宁，胆怯不安为辨证要点。

三、劳伤辨证

劳伤，是指因体力或脑力过度劳累，或过度安逸所引起的一类病证。劳伤辨证，就是对患者症状、体征、病史等病情资料，根据劳逸失度的致病特点进行综合分析，进而判断疾病证候是否存在劳逸失度病因的辨证方法。

（一）劳力过度

劳力过度是指强力久劳，气耗难复，积劳成疾。

【临床表现】　神疲懒言，嗜睡体倦，气短乏力，汗多口干，食欲不振；腰背、四肢关节或全身酸软，胀痛不适，或轻度压痛，活动受限。

【证候分析】　劳力伤气，积劳成疾，多损伤肺脾，致脾肺气虚，宗气不足、中气下陷，元气损伤，故见神疲懒言，嗜睡体倦，气短乏力，汗多口干，食欲不振；腰背、四肢关节等用力部位受损，伤及筋肉、经络及关节，故见腰背、四肢关节或全身酸软，胀痛不适，或轻度压痛，活动受限。

【辨证要点】　以神疲懒言，嗜睡体倦，气短乏力；腰背、四肢关节或全身酸软，胀痛不适为辨证要点。

（二）劳神过度

劳神过度是指思虑过度，暗耗营血，损伤心脾。

【临床表现】　心悸怔忡，失眠多梦，健忘少神，面色少华，甚者身心憔悴，食少消瘦。

【证候分析】 久思多虑、暗耗营血，故见心悸怔忡，失眠多梦，健忘少神，面色少华等血虚失养失荣症状，多发于心而及于肝脾，日久则身心憔悴，食少消瘦。

【辨证要点】 以心悸怔忡，失眠多梦；甚者身心憔悴为辨证要点。

（三）房劳过度

房劳过度是指纵欲少节，房事过度，或早婚，产育过多，耗精伤气。

【临床表现】 腰膝酸软，头晕耳鸣，形体消瘦，男子遗精、早泄、阳痿，女子月经不调、梦交、宫寒不孕、经少经闭、带下清稀量多，甚者精神萎靡。

【证候分析】 房事过度，肾精亏虚，不能滋养形体则消瘦，腰膝酸软；肾精耗伤，无以生髓，脑髓不充，元神失养，故头晕耳鸣；肾主生殖，肾精久耗，阳虚火衰，故精神萎靡，男子早泄、阳痿，女子宫寒不孕、经少经闭；肾虚则带脉不束，故带下清稀量多。阴虚不能制阳，虚火内生，扰动精室，故男子遗精，女子梦交。

【辨证要点】 以腰膝酸软，遗精早泄，月经不调为辨证要点。

（四）过逸少动

过逸少动是指长期不劳作运动，坐卧闲逸过度。

【临床表现】 头昏心悸，身倦乏力，动则气喘、汗出，面白少华，日渐消瘦，易感冒，舌淡或瘦，脉细无力；或形体臃肿，肢体困倦，四肢胀痛、麻木、酸软，关节肿胀而活动不便。

【证候分析】 久卧伤气，久坐伤肉。过闲少动，导致脾胃功能减退，后天失养，气血渐弱，故见头昏心悸，身倦乏力，动则气喘、汗出，面白少华，日渐消瘦，易感冒，舌淡或瘦，脉细无力；气血运行迟缓，渐至气滞血瘀、经络痹阻，久则津滞为痰、血滞为瘀，壅阻脏腑体窍，而见形体臃肿，肢体困倦，四肢胀痛、麻木、酸软，关节肿胀而活动不便。

【辨证要点】 以头昏心悸，身倦乏力；或形体臃肿，肢体活动不便为辨证要点。

四、食积辨证

食积辨证，是对患者当前症状、体征、病史等病情资料，根据饮食失宜的致病特点进行综合分析，进而判断疾病证候是否存在饮食不节病因的辨证方法。

食积证是指因暴饮暴食、过食肥甘厚味或酗酒，致饮食停滞胃肠所表现的一类证候。

【临床表现】 脘腹饱胀或脐腹疼痛拒按，吞酸嗳腐，恶闻食臭；腹泻，大便臭如败卵；甚者恶心呕吐，或便秘，舌苔厚浊，脉滑。

【证候分析】 暴饮暴食，壅塞胃肠，妨碍胃肠通降，导致腑气逆滞，出现脘腹饱胀或脐腹疼痛拒按，吞酸嗳腐，恶闻食臭，甚者恶心呕吐的症状；食物停积不化则酸腐变质，产生异常气味，见腹泻，大便臭如败卵；积食久停，进而损脾，水谷失运，化生浊气，且滞气机，故见便秘，舌苔厚浊，脉滑等。

【辨证要点】 以胃脘胀满或脐腹疼痛，嗳腐吞酸，大便不爽，臭如败卵为辨证要点。

五、虫积辨证

虫积辨证，是对患者的症状、体征、病史等病情资料，根据寄生虫的致病特点进行综合分析，判断疾病证候是否存在寄生虫病因的辨证方法。

虫积证，是指某些寄生虫侵入人体，发育繁殖，耗损营血、阻碍气机所表现的一类证候。其中，肠道寄生虫特别是蛔虫引起的病证比较常见，故为本节论述的重点。

【临床表现】 脐周腹痛，时作时止，腹部可触及条索状虫团，胃脘嘈杂，大便失调，或吐虫便虫，或嗜食异物，或睡中龂齿，或面目虫斑，或发“蛔厥”，面色萎黄，形体消瘦，神疲乏力，头晕心悸，唇爪淡白无华，舌淡，脉细弱等。

【证候分析】 虫积肠胃，腑气紊乱，故见脐周腹痛，时作时止，虫体易绞结于肠道，腹部可触及条索状虫团；虫积以肠道为主，有时亦可侵入胃、胆、肝等脏腑为患，故出现胃脘嘈杂，大便失调，或吐虫便虫，或嗜食异物，或睡中龂齿，或面目虫斑，或发“蛔厥”等；气血暗耗、营养不良，故见面色萎黄，形体消瘦，神疲乏力，头晕心悸，唇爪淡白无华，舌淡，脉细弱等。

【辨证要点】 以腹痛时作时止，吐虫便虫；或触及虫团，面黄肌瘦；大便镜检发现虫卵为辨证要点。

【鉴别诊断】 不同的寄生虫可引起各自特有的症状、体征，如蛔虫的吐蛔、便蛔，蛲虫的肛门瘙痒，钩虫的多食易饥、血虚“黄胖”等。诸虫致病具有一定的活动规律性，如蛔虫易绞结于肠道而形成虫团，或上窜于胆管、食管，或下泄于肛门，而蛲虫常于夜间爬出肛门产卵等。

六、外伤辨证

外伤辨证，是对患者的症状、体征、病史等病情资料，根据外伤的致病特点进行综合分析，进而判断疾病证候是否存在外伤病因的辨证方法。

外伤是对各种外力或外物直接作用于人的形体所造成的组织、器官、脏腑损伤的总称。外伤作为一类病因所赅甚广，诸如跌打堕坠伤、撞击扭压伤、金刃枪弹伤、烧烫伤、冻伤、虫兽咬蜇伤、雷电击伤、溺水等皆属于此。

【临床表现】 软组织挫伤，可见受伤局部疼痛、肿胀、青紫、活动受限、压痛；体表创伤，伤口浅深不等、流血、疼痛，若受热毒或湿热侵袭，可致局部红肿热痛、化脓、溃烂而难愈合；脱臼和骨折，伴局部肿痛、拒按，功能障碍或关节固定；脏腑及其血管损伤，轻者局部疼痛、压痛，少量出血，重者可致大出血、呼吸困难、神昏、气脱直至死亡。至于烧烫伤、冻伤、雷电击伤、溺水等表现各具特点，不一一列举。

【证候分析】 外伤所致的临床表现各异，临证时根据具体情况分析，本书略。

【辨证要点】 受伤处多有疼痛、压痛，活动受限；或见肿胀、青紫，或见伤口、流血；而脱臼、骨折、内出血、脏腑内伤等可借助影像学检查确诊。

第二节 气血津液辨证

气血津液辨证是根据气、血、津液的生理功能和病理特点，从而分析、判断疾病中有无气、血、津液的亏损或运行、代谢障碍证候存在的一种辨证方法。

气血津液辨证既是八纲辨证在气、血、津液层面的深化和具体化，也是对病因辨证的不可缺少的补充。病因辨证的重点是探讨六淫外邪致病的规律，确定疾病的原发病因如六淫、疫疠、七情内伤、饮食劳逸等，而气血津液辨证重点在诊察患者体内生命物质的盈亏及其功能状态。同时，气血津液与脏腑是不可分离的。在生理上，气血津液是脏腑功能活动的物质基础，而其生成与运行又有赖于脏腑功能活动的正常，在病理上，脏腑的病理变化必然会导致气、血、津液的紊乱与亏虚，而气、血、津液的亏虚或运行、代谢障碍，必然会影响脏腑的功能活动。所以，气血津液的病变是不能离开脏腑功能的失调而存在的。掌握气血津液病变的一般规律，可以为辨别脏腑病变的病理性质奠定基础。

气、血、津液病变一般分为两个方面：一是气、血、津液量的亏虚或不足，如气虚、血虚、津液亏虚；二是气、血、津液的运行或代谢发生障碍，表现为气滞、气逆、血瘀、津液内停等。另外，气、血、津液三者之间有着密切的关系，因此，在疾病过程中，气血津液的病变之间可形成因果、兼并等病理关系，如气虚血瘀、气滞血瘀、气虚津停、气滞津停、气血两虚等，从而增加了病情的复杂性。

气血津液辨证就是应用有关气血津液的理论，对气、血、津液病变的各种证候，加以提纲挈领的概括，以阐述和分析疾病的辨证方法，也可理解为运用气血津液理论，去辨别、分析、判断四诊收集的病情资料，从而确定其气、血、津液的具体病机、证型的思维过程和辨证方法；气血津液辨证常被认为是脏腑辨证的延续或补充，临床时应互相参照。

一、气病辨证

气的病变常先于精、血、津液的病变出现。气病的证候，常见的有七类，以虚实为纲可分为气病虚证（气虚证、气陷证、气虚不固证、气脱证），气病实证（气滞证、气逆证、气闭证），其中，气虚证、气滞证分别是气病虚证和实证的基础证候。

（一）气虚证

气虚证是指元气不足，导致气的推动、温煦等基本功能减退，或脏腑组织的功能活动减退所表现的虚弱证候。

【临床表现】 神疲乏力，少气懒言，声低息弱，或面白少华，头晕，自汗，活动后诸症加重，舌淡嫩，脉虚。

【证候分析】 本证形成的主要原因有：多病、饮食失调或年老体弱等因素。先天不足、后天失养致使元气生成不足；或久病、重病、劳累过度而使元气耗损太过；或因年老脏腑功能减退而元气自衰等。

人体脏腑组织的功能活动与气的盛衰有密切关系，由于元气亏虚，脏腑功能活动减退，形神失养，故神疲乏力、少气懒言，声低息弱；气虚则推动无力，清阳不升，不能温养头目，故面白少华、头晕；气虚卫外不固，腠理疏松，故自汗；《素问·举痛论》云："劳则气耗"，故活动或劳累后诸症加重；气虚推动血行乏力，血不上荣于舌，故舌淡嫩；运血无力，故脉虚。

【辨证要点】 以神疲乏力，气短懒言，动则加剧为辨证要点。

（二）气陷证

气陷证是因气虚升举无力、清阳下陷所表现的虚弱证候。

【临床表现】 头晕眼花，神疲乏力，面色淡白；脘腹坠胀感，大便溏泄，久泻久痢；或胃、肾下垂，脱肛或子宫脱垂，阴挺；舌淡、脉弱。

【证候分析】 本证多由气虚证进一步发展而来，或是气虚的一种特殊表现形式，一般指脾气的下陷。

气虚而功能减退，故神疲乏力；气虚清阳之气不升，头面诸窍失养，故头晕眼花，面色淡白；气虚无力，失其升举之能，以致腹内脏器不能维持其正常位置，故有脘腹坠胀感，甚或见胃、肾、直肠、子宫等脏器下垂；脾失健运，水谷精微下趋，则见大便溏泄，或久泻久痢；气陷常由气虚发展而来，故本证可兼有气虚的一般表现。

【辨证要点】 以神疲乏力，脘腹坠胀，久泻久痢或脏器下垂为辨证要点。

（三）气虚不固证

气虚不固证是因气虚而导致气对精、血、津液的固摄功能减退所表现的虚弱证候。

【临床表现】 神疲乏力，面白舌淡，脉虚；自汗不止，尿频清长，尿后余沥不尽，遗尿，二便失禁，涎、唾、涕、泪清稀量多；或各种慢性出血症；或滑精早泄，月经、白带量多，滑胎等。

【证候分析】 本证由气虚证发展而来，因而有气虚的一般表现，并以气对液态物质如精、血、津液的固摄功能减退为主要表现。气虚固摄功能减退，气不固津，可表现为自汗不止，白带过多，涎、唾、涕、泪清稀量多；不能固摄二便，则尿频清长，尿后余沥不尽，遗尿，二便失禁；气不摄血，血溢脉外，而见月经过多及多种慢性出血症；气不固精，可见滑精、早泄或滑胎。

【辨证要点】 以自汗，二便不固，或精、或血不固及神疲乏力，动则加剧为辨证要点。

（四）气脱证

气脱证是元气亏虚已极而欲外脱所表现的危重证候。

【临床表现】 呼吸微弱或不规则，神情淡漠或昏愦，大汗不止，面色苍白，口开目合，手撒身软，二便失禁，舌淡，脉微欲绝。

【证候分析】 本证可由气虚证、气虚不固证进一步发展而来，如在大汗、大吐、大泻、大失血后出现，也可在极度疲劳、急性中毒、严重外伤等状况下迅速出现。气脱证乃危急重证，应及时抢救。

元气衰竭，欲外脱，则心、肺、肝、脾、肾五脏之气皆欲衰竭。肺主气、司呼吸，肺气衰竭，则呼吸微弱或不规则；心主血脉、藏神，其华在面，在液为汗，心气衰竭，则神情淡漠或昏愦，脉微欲绝，面色苍白，大汗不止；脾主肌肉、四肢，开窍于口，肝藏血主筋，开窍于目，肾藏精，开窍于二阴，脾、肝、肾脏气衰竭，故口开目合，手撒身软，二便失禁；舌淡，脉微欲绝为气脱之征。

【辨证要点】 以呼吸微弱或不规则，神情淡漠或昏愦，面色苍白，脉微欲绝为辨证要点。

（五）气滞证

气滞证是指人体局部或某一脏腑经络的气机阻滞，运行不畅所表现的证候。

【临床表现】 局部或全身胀满，痞闷，甚或胀痛、窜痛，部位不固定，症状时轻时重，常随情绪变化而加重或减轻，或因太息、嗳气、矢气而减轻，脉弦，可无明显舌质变化。

【证候分析】 外感六淫，或内伤七情，或饮食劳倦，或跌仆闪挫等皆可引起气机不畅，出现气滞证。引起本证的原因有三个方面：一是情志不遂而致气机郁滞（常称为“气郁证”或“肝气郁结证”）；二是外邪侵袭、内生病理产物如痰饮瘀血阻滞、跌仆闪挫等使气机运行出现障碍而致气行不畅；三是脏气虚弱，运行乏力而气机阻滞。

气的运行发生障碍，气机不畅则为胀、满、痞、闷，气机阻滞不通则痛，故可表现为胀痛、窜痛；太息、嗳气、矢气可使气机暂时得以通畅，故胀、痛等症可缓解；而情志不舒常可导致或加重气机郁滞，故症状之轻重随情绪波动而改变。弦脉乃气机不利，肝气不舒之象。因病在气，故舌质可无明显变化。

由于引起气滞的病因不同，发生气滞的脏腑、经络部位不同，其证候表现尚有各自的特点。因此，辨证时既要辨明病因，也要联系病位，如食积胃脘而致胃气郁滞，胁肋胀痛以肝胆病变多见，四肢关节疼痛多为经络之气不畅。

【辨证要点】 以局部胀、闷或窜痛，并随情志波动而变化为辨证要点。

（六）气逆证

气逆证是体内气机升降失常，应降反升或升发太过所表现的证候。一般多见于肺、胃、肝之气上逆多见。

【临床表现】 咳嗽，气喘为肺气上逆；恶心，呕吐，嗳气，呃逆，为胃气上逆；头目胀痛，眩晕，面红目赤，或自觉气从少腹上冲胸咽，吐血，甚至晕厥，为肝气上逆。

【证候分析】 外邪犯肺，或痰浊壅肺等致肺失宣降，故上逆为咳嗽。本证一般是在气滞基础上的一种表现形式，人体脏腑、经络的气机如因情志过激、外邪入侵等而使气机运行不畅、紊乱，表现为气机的升降失常，气逆于上，如应降反升或升发太过，则形成气逆证。

肺司呼吸，主宣降，感受外邪或痰浊阻滞，则肺失宣降而上逆，则见咳嗽，气喘；胃以通降为顺，如因寒饮、痰浊、食积等停留于胃，阻滞气机，胃失和降而上逆，则见恶心，呕吐，嗳气，呃逆；肝主升发，但须调顺有制，若郁怒伤肝，肝气升发太过，气火上逆，血随气逆而上，可见头目胀痛，眩晕，或自觉气从小腹上冲胸咽，面红目赤，吐血，甚至晕厥。

【辨证要点】 以脏腑气机运动方式向上的表现为辨证要点。

（七）气闭证

气闭证是指人体某些脏腑及其官窍的气机闭塞不通所引起的危急证候。

【临床表现】 突然昏仆或神昏，头、胸、腰、腹等处剧痛或绞痛，二便闭塞，呼吸急促，甚则喘急窒息，脉沉实。

【证候分析】 本证形成的原因主要有：强烈情志刺激，使气机闭塞；瘀血、痰浊、结石、蛔虫等有形实邪阻塞脉络、官窍等处，亦可导致气机阻闭。因机体重要脏腑的络脉、官窍堵塞，气机闭塞不通，气闭证乃危急重证。

强烈情志刺激导致气机逆乱，神机闭塞，故可突然昏仆；有形实邪阻滞，气机闭塞不通，则突发剧痛、绞痛，或见二便不通；气机阻滞，肺气闭塞，息道不通，故喘急，甚则窒息；证因邪实所致，故脉沉实。

【辨证要点】 以突然昏仆或绞痛，或二便闭塞，呼吸急促为辨证要点。

二、血病辨证

血病的证候，常见的有血虚证、血瘀证、血热证和血寒证四类，以虚实为纲，分为血病虚证、血病实证，其中血虚证、血瘀证分别是血病虚证和血病实证的基础证候。

（一）血虚证

血虚证是体内血液亏虚、血液不足导致脏腑、组织、器官失去濡养所表现的虚弱证候。

【临床表现】 面色淡白无华或萎黄，口唇、眼睑、爪甲、舌质的颜色淡白，头晕眼花，心悸健忘，多梦，肌肤干涩，手足发麻，妇女月经后期、量少色淡，甚或闭经，脉细无力。

【证候分析】 血虚证形成的原因概括起来有四个方面：一是因失血过多而致，如吐血、咯血、产后失血、月经过多、外伤出血等；二是因脾胃虚弱，生化不足而成，脾胃为后天气血生化之源，脾胃虚弱，水谷精微不能充养血液则致血虚；三是因七情过度暗耗阴血，如思虑劳神则耗伤心血；四是因瘀血阻滞，日久则新血不生，均可形成血虚证。

血液亏虚，不能濡养头目，上荣面、舌，故头晕眼花，面色淡白无华或萎黄，口唇、眼睑、舌色淡；血虚不能濡养爪甲、肌肤、经脉，故爪淡无华，肌肤干涩，手足发麻；心主血脉而藏神，肝藏血而主魂，血虚则心肝失养，神魂不宁，故心悸健忘，多梦，脉细无力；女子以血为用，血海空虚，冲任失充，故月经后期、量少、色淡，甚或闭经。

【辨证要点】 以面、睑、唇、舌颜色浅淡，头晕心悸多梦，脉细为辨证要点。

（二）血瘀证

血瘀证是指脉管内血液运行迟滞，或血溢脉外而停蓄体内所引起的证候。

【临床表现】 有疼痛、肿块、出血、瘀血色脉征等方面的表现。其疼痛特点为刺痛、痛处拒按、固定不移，常在夜间痛甚；肿块的性状是在体表者包块色青紫，在腹内者或可触及质硬而推之不移的肿块；出血的特征是出血反复不止，色紫暗或夹血块，女子或见经闭；瘀血色脉征主要有面色黧黑，或唇甲青紫，舌质紫暗或有瘀点、瘀斑，或舌下络脉曲张，或腹部青筋显露，或皮下紫斑，或皮肤出现丝状血缕，或肌肤甲错，脉细涩。以上为血瘀证的共同临床特点，但临床所见，一般并非单纯的血瘀，往往兼见寒、热、虚等证候，如寒客血脉证、血热搏结证、虚证、血瘀兼血虚证等。

【证候分析】 本证形成的原因很多：如外伤、跌仆及其他原因损伤脉管造成出血，离经之血未能及时消散或排出，瘀积于内；气滞而血行不畅或气虚而推动血行无力，以致血行迟缓；或血寒而使血脉凝滞、血热而使血行壅滞或煎熬血液；或湿热、痰浊等阻滞脉络，导致血行不畅。

瘀血乃有形之邪，停滞于内，阻碍气机，不通则痛，故痛如针刺、痛处拒按、固定不移；夜间阳气内藏，血行较缓，瘀阻加重，故疼痛更甚。瘀血凝聚，日久不散而成肿块，故外可见肿块色青紫，内部肿块触之坚硬不移。其离经之血，排出体外则见出血；停积体内，凝结为瘀，阻滞脉络，血液不能循经运行而溢出脉外，成为再出血的原因，由于所出之血乃停聚未行之血，故色多紫暗且夹有血块。瘀血阻滞，气血运行不利，日久肌肤失养，则见肌肤甲错、面色黧黑、唇甲紫暗；舌质紫暗或有瘀点、瘀斑，舌下络脉粗长青紫，脉细涩，皆为瘀血之象。

瘀血阻滞部位不同，症状表现亦有差异，瘀阻于皮下，则见皮下紫斑；瘀阻于肌表络脉，则皮肤出现丝状血缕；瘀阻肝脉，则腹部青筋显露；瘀血内阻，冲任不通，则见经闭。

【辨证要点】 以固定刺痛，面色、唇甲和舌色青紫、晦暗，脉细涩等为辨证要点。

（三）血热证

血热证是指火热炽盛，侵入血分，迫血妄行所表现的证候。

【临床表现】 咳血、吐血、尿血、便血、鼻衄、齿衄、肌衄、月经提前、量多或崩漏等急性出血，血色深红，发热或身热夜甚，面赤口渴，心烦失眠，或皮疹紫红密集，或疮疡红肿热痛，舌质红绛，脉滑数。

【证候分析】 本证的形成，可因外感火热之邪，或其他病邪化热，传入血分，或因情志过激，气郁化火，或过食辛辣，火热内生，侵扰血分等。血热证属实热证的范畴。

火热为阳邪，热入血分，迫血妄行，血溢脉外，故表现为各种出血，血热所致出血具有势急、量较多、色深红的特点；由于血热所伤脏腑不同，故出血部位有异；热在血分，血行加速，气血充盈脉络，故发热面赤，皮疹紫红密集，舌红绛，脉滑数；火热炽盛，耗伤津液，故口渴，或见发热夜甚于昼；血热内扰心神，故心烦、失眠；火热壅积于局部，腐败血肉，则局部疮疡红肿热痛。

【辨证要点】 以出血或疮疡红肿热痛和发热口渴，心烦，舌红绛等热象为辨证要点。

（四）血寒证

血寒证是指寒邪客于血脉，凝滞气机而致血行不畅所表现的证候。

【临床表现】 手足、颜面、耳垂等处冷痛，得温痛减，患处发凉，肤色紫暗，或少腹拘急冷痛，或月经愆期、痛经，经色紫暗夹有血块；恶寒肢冷，舌淡紫，苔白，脉沉迟或涩。

【证候分析】 本证主要因寒邪侵犯血脉，或阴寒内盛，凝滞脉络而成，属实寒证的范畴。

寒为阴邪，性凝滞、主收引，寒邪侵袭血脉，脉道收引，血行不畅，故手足、颜面、耳垂等处冷痛；血得温则行，得寒则凝，故患处发凉，得温痛减；女性若在经期贪凉饮冷，可致寒凝胞宫，冲任阻滞，则见少腹拘急冷痛，或月经愆期、痛经；寒邪易伤阳气，阳气被遏不能外达肌肤，故恶寒肢冷；肤色紫暗，经色紫暗夹有血块，舌淡紫苔白，脉沉迟或涩等，为血行不畅之瘀血征象。

【辨证要点】 以局部冷痛，肤色紫暗和恶寒肢冷等寒象为辨证要点。

三、气血兼病辨证

气属阳，血属阴，“气主煦之”“血主濡之”，气为血之帅，血为气之母。气和血两者在生理上具有相互依存、相互资生、相互为用的密切关系，在病理上常可相互影响，或为同时发病，或为先后因果，形成多种兼病证候。临床上气血同病常见的证候有气血两虚证、气虚血瘀证、气不摄血证、气随血脱证、气滞血瘀证。

（一）气血两虚证

气血两虚证是指气虚和血虚证同时存在的证候。

【临床表现】 面色淡白无华或萎黄，神疲乏力，少气懒言，或自汗，头晕目眩，动则加剧，多梦，唇甲色淡，形体消瘦，舌淡嫩，脉细无力。

【证候分析】 本证多由久病不愈，气血两伤；或先有血虚，气失生化之源而随之匮乏；或先因气虚，不能生血而继见血少。以上各种情况均可导致气血两虚。

气可生血，血亦可化气，气和血互根互化，故本证虽多因气虚不能生血，由气虚而致血虚，即气虚在先、为因，血虚在后、为果；然而也有先血虚而致气虚者。因此气血两虚证的病机，常常是互为因果。

气虚则形神失养，故神疲乏力，少气懒言，动则加剧；血虚不能充盈脉络，则唇甲色淡，舌淡嫩，脉细；心神失养，故心悸多梦；气血亏虚，不能上荣于头面，外养肌肉，则面色淡白或萎黄，目眩头晕，形体消瘦。

【辨证要点】 以面色淡白或萎黄，神疲乏力，头晕心悸，多梦，舌嫩，脉细无力为辨证要点。

（二）气虚血瘀证

气虚血瘀证是气虚运血无力而致血行瘀滞所表现的证候。

【临床表现】 面色淡白或晦滞或青灰，神疲乏力，少气懒言，或胸胁或其他局部刺痛，痛处不移而拒按，或见局部青紫，或可触及肿块而质硬，舌淡紫或有瘀点、瘀斑，脉细涩无力。

【证候分析】 本证一般是由于各种原因导致气虚，推动血行无力，渐致血行不畅而瘀滞，形成气虚血瘀证。气虚多在先，为因、为本，血瘀在后，为果、为标。本证为虚中夹实，以气虚和血瘀的证候表现为诊断依据。

气虚不荣于面，则面色淡白，舌淡；元气不足则脏腑功能减退，故神疲乏力，少气懒言，脉细无力。气虚运血无力，血行缓慢，以致脉络瘀滞，故面色晦暗或青灰，舌淡紫或有瘀点瘀斑，或局部青紫；瘀血内阻，经络不通，则胸胁或其他局部刺痛，痛处不移而拒按，脉涩；血瘀日久，结聚日深，可逐渐形成肿块而质硬。

【辨证要点】 以神疲乏力，少气，局部刺痛，舌淡紫，脉细涩无力为辨证要点。

（三）气不摄血证

气不摄血证是指气虚不能统摄血液，而表现以出血为主症的证候。

【临床表现】 有吐血、便血、尿血、齿衄、肌衄、崩漏等出血症，并见面白无华，神疲乏力，少气懒言，头晕心悸，动则加剧，舌淡嫩，脉弱或芤。

【证候分析】 本证多由久病、劳倦、饮食不节等导致气虚，以致气不能统摄血液的运行，血溢脉外而成为气不摄血证。本证气虚在先，为因，出血在后，为果，但其证候表现则不一定前者重、后者轻。

气为血之帅，能统摄血液在脉内运行，如气虚统摄无权，血不循经运行而溢于脉外，可见吐血、便血、尿血、齿衄、肌衄、崩漏等多种出血症状；同时，气虚则表现为神疲乏力，少气懒言，动则加剧；气虚则行血无力，络脉不充，加之失血，故见面白无华，头晕心悸，舌淡嫩，脉弱或芤。

【辨证要点】 以出血、神疲乏力，动则加剧等气虚症状为辨证要点。

（四）气随血脱证

气随血脱证是指由于大量失血而引起气随之暴脱的危重证候。

【临床表现】 大量出血（如吐血、鼻衄、咯血、便血、崩漏、产后大出血、创伤出血等）的同时，见面色苍白，神情淡漠，甚至晕厥，大汗淋漓，气少息微，四肢厥冷，舌淡，脉微欲绝。

【证候分析】 本证常由外伤，或肝、胃、肺等脏器本有宿疾而脉道突然破裂，或妇女血崩、产后等突然大量出血所致。大失血出现在前，为因，血为气之母，血以载气，血脱则气无所依附，故气亦随之而脱。

大量出血时气随之而脱，气脱阳亡，则五脏之气皆欲衰竭。心主血脉、藏神，其华在面，在液为汗，心气衰竭，则面色苍白，神情淡漠，甚至晕厥，大汗淋漓，脉微欲绝；肺主气司呼吸，肺气衰竭，则气少息微。气脱阳亡，阳气衰微不能通达四肢，故四肢厥冷。舌为心之苗，心血不足，故舌淡。

本证虽因大失血而致血脱在先，但此后元气随之亡脱，病势危急。

【辨证要点】 以大出血的同时，有神情淡漠，面色苍白，脉微，气少息微等气脱征象为辨证要点。

（五）气滞血瘀证

气滞血瘀证是指由于气机郁滞而致血行瘀阻所表现的证候。

【临床表现】 胸胁或局部胀满疼痛或窜痛；或刺痛，拒按不移；或肿块坚硬，局部青紫肿胀；情志抑郁或急躁易怒；或面色晦暗；或妇女乳房胀痛，或痛经、闭经，或经色紫暗夹血块；舌紫暗或有瘀点、瘀斑，脉弦涩。

【证候分析】 本证多由情志不遂，或跌仆闪挫，或外邪侵袭，使气机郁滞，血行不畅而成。气行则血行，气滞则血瘀，故本证大多气滞在先，为因，血瘀在后，为果，由气滞而致血瘀；然而也有先血瘀而致气滞者，因此气滞血瘀证的病机，常常是互为因果。

肝主疏泄，具有条达气机，调节情志的功能，情志不遂，或外邪侵袭肝脉，导致疏泄失职，气机郁滞，而见胸胁胀闷疼痛，或窜痛，情志抑郁或急躁易怒；气为血之帅，气滞则血行不畅，气血瘀滞，可见疼痛更甚，呈刺痛，拒按不移，肿块坚硬、局部青紫肿胀，面色晦暗，舌紫暗或有瘀点、瘀斑，脉弦涩；肝主藏血，肝血瘀滞，冲任受阻，可有闭经；肝脉绕阴器，抵小腹，过两乳，肝气郁滞，血行不畅，女子可见痛经、经色紫暗夹血块，乳房胀痛。

由于气滞无形，血瘀有形而难消，本证临床表现多以血瘀为主。

【辨证要点】 以胸胁胀满、刺痛，情志抑郁或易怒，舌紫暗为辨证要点。

四、津液病辨证

津液的病变，既可由各种病因的直接侵扰而导致，亦可由脏腑的功能失常而间接形成。津液的生成不足或丢失过多，可出现伤津、脱液的津液亏虚证；其输布、排泄异常，引起津液代谢障碍，导致津液内停，产生痰、饮、水、湿等病理产物。因此，津液病的证候可分为津液亏虚证和津液内停证。

（一）津液亏虚证

津液亏虚证是指体内津液不足，导致脏腑、组织、官窍失于滋润濡养所表现的证候。

【临床表现】 口、鼻、唇、咽干燥，皮肤干燥或皲裂，口渴喜饮，小便短少，大便干结，舌红，苔少津或干，脉细；甚至目眶凹陷，皮肤枯瘪，唇干裂，少尿甚至无尿，舌红瘦，少苔或无苔，脉细数或疾。

【证候分析】 本证的产生，原因有水液摄入不足与水液丢失过多两方面。水液摄入不足，多见于饮水过少或某些疾病导致；而水液丢失过多，多见于高热、大汗、大吐、大下、烧伤等使津液大量丢失。

津液缺乏，不能滋润肌肤、濡润组织官窍，则见皮肤干燥或皲裂，口、鼻、唇、咽干燥，口渴喜饮，大便干结；津液不足致其排泄减少，故有小便短少；舌红，苔少津或干，脉细，均为津液不足之象。

若津液严重不足，以致不能充养、濡润脏腑组织，则见目眶深陷，皮肤枯瘪；尿无化源，故少尿甚至无尿；津液乃阴液的重要组成部分，津液大伤，致使阴液不足，阴阳平衡失调，虚热内生，故见舌红瘦，少苔或无苔，脉细数或疾等阴虚之象。

【辨证要点】 以肌肤、口唇舌咽干燥及尿少为辨证要点。

（二）津液内停证

津液的输布、排泄障碍，可导致津液停聚于体内，从而产生痰、饮、水、湿等病理性产物，进而形成痰证、饮证、水证及内湿证。

痰、饮、水、湿四者同源异形，既可相互转化，又可结合致病，因而常连称，如痰饮、痰湿、水湿、水饮。

1. 痰证 痰是体内津液停聚所形成的稠浊而黏滞的病理产物，流动性小而难以消散，可停聚于人体的任何部位。痰证是指痰阻于局部或流泛全身所表现的证候。

【临床表现】 咳喘咳痰，喉中痰鸣，呕吐痰涎；痰核，瘿瘤，瘰疬，乳癖，梅核气；眩晕，胸闷脘痞，肢体麻木，半身不遂，舌强言謇；神识不清或昏仆，癫，狂，痫，痴呆；形体肥胖，妇女白带量多，不孕；苔腻，脉滑。

【证候分析】 本证痰的形成，是由于诸种因素如外感六淫、饮食不节、情志刺激、劳逸失宜等，影响肺、脾、肾的气化功能，以致津液未能正常输布而停聚凝结而成。

“肺为贮痰之器”，说明痰易停聚于肺。痰阻于肺，影响肺气的宣发肃降功能，肺气上逆，则见胸闷，咳喘咳痰，痰质黏稠，或喉中痰鸣等症；“脾为生痰之源”，说明痰的生成与脾的运化功能失常密切相关。痰浊中阻，气机不畅，胃失和降，可见脘痞，呕吐痰涎；痰质地黏稠，流动性小而难以消散，故常停积于某些局部，而见痰核、瘿瘤、瘰疬、乳癖、梅核气等症；痰亦可随气升降而流窜全身，如痰浊蒙蔽清窍，则头晕目眩；痰浊蒙蔽心神，则神昏，或为癫、狂、痫、痴呆等病；“肥人多痰湿”，故可表现为形体肥胖；痰浊停滞于胞宫，冲任受阻，则白带量多而不孕；痰停经络，气血运行不利，可见肢体麻木，半身不遂，舌强言謇；苔腻，脉滑为痰浊内阻的表现。

痰有有形和无形之分。有形之痰，可见、可闻、可及；无形之痰，则多根据特定症状或体征而推断。因痰浊致病具有多样性和奇异性，故有“百病多因痰作祟”和“痰多怪症”之说。

【辨证要点】 以咳吐痰涎，或喉中痰鸣，局部包块，苔腻脉滑，或神昏癫狂等症状为辨证要点。

2. 饮证 饮是体内津液停聚所形成的较痰清稀而易流动的病理产物，属有形之邪，常停蓄于肺、心、胃肠及胸胁等处。饮证是指由饮所引起的证候。

【临床表现】 根据饮停留的部位不同而出现各种不同的主症。脘痞腹胀，呕吐清水，肠鸣漉漉；或胸胁饱满胀痛，咳唾、转侧则疼痛加剧；或胸闷心悸，咳嗽气喘，痰清稀色白量多，甚或倚息不能平卧，水肿；舌淡胖，苔白滑，脉沉弦。

【证候分析】 本证多由中阳素虚，或胸阳不振，复因外感风寒水湿之邪、饮食劳倦所伤等，以致津液的转输、输布发生障碍，从而停聚为病。饮为阴邪而兼有寒象。

饮邪主要停积于胃肠、胸胁、肌肤、肺等部位。饮邪停于局部，主要影响气机的畅通，导致脏腑功能失常。《金匮要略》根据饮邪停聚于机体部位的不同，将饮分为四种：饮停胃肠谓之“痰饮”（《脉经》和《千金翼方》俱作“淡饮”），饮停胁下谓之“悬饮”，饮停胸膈谓之“支饮”，饮溢四肢、皮肤谓之“溢饮”。

饮邪停留于胃肠，阻滞气机，胃失和降，可见脘痞腹胀，呕吐清水，肠鸣漉漉。

饮邪流注胁下（胸胁），阻碍肝肺气机，致肝气不利，肺气不降，则见胸胁胀痛，咳嗽。有形之邪停聚，故胸胁饱满，咳唾、转侧则气滞加重，故而疼痛加剧。

饮邪停于胸膈（心肺），胸中气机不畅，可见胸闷；饮邪轻微者，仅妨碍气机升降而咳嗽气喘，重则饮邪凌心而见心悸，甚或倚息不得卧；饮为阴邪兼有寒象，故见痰清稀色白量多；肺外合皮毛，水饮犯肺并外走皮肤，故可见水肿。

饮证多因阳虚津液不化所致，舌淡胖，苔白滑，脉沉弦为阳虚饮停之象。

【辨证要点】 以舌淡胖，苔白滑及脘痞腹胀，呕吐肠鸣；或胸胁饱满胀痛，咳唾、转侧加剧；或胸闷心悸，咳喘痰多等为辨证要点。

3. 水证 水又称“水气”，是体内津液停聚所形成的最清稀且流动性大的病理产物。水证是指水溢肌肤引起以肢体水肿、小便不利为主要表现的证候。

【临床表现】 水肿，小便短少，苔白润或滑。

若水肿先见于眼睑、颜面，迅速遍及全身肌肤，小便短少，伴恶风发热，头身疼痛，咽痛，咳嗽，舌红或暗，苔薄白，脉浮紧或数，为阳水。多为外感风邪，或水湿浸淫等因素引起。

若水肿先见于足胫、下肢，逐渐发展至全身，腰以下为甚，按之肌肤凹陷而不能即起，甚至腹部胀大，按之有波动感，叩之音浊，小便短少，神疲乏力，畏寒肢冷，面色㿠白，舌淡胖，苔白滑，脉沉迟无力，为阴水。多因劳倦内伤、脾肾阳衰，正气虚弱等因素引起。

【证候分析】 本证的形成，可因风邪外袭或湿邪内阻，或因劳倦内伤、久病正虚等，影响肺、脾、肾的气化功能，使津液输布、排泄失常，而致水液泛溢。

水为有形之邪，因其质地较饮为清稀，流动性大，故易于渗透到肌肤、腠理等组织间隙及停蓄于空腔中，导致全身或局部水肿甚或胸、腹腔积水，并可随体位改变而变动。水邪泛溢肌肤，则局部或全身水肿；气化失司，水液停蓄而不泄，故小便短少；苔白润或滑，乃水湿内停之征。

水肿性质属实者，称为阳水。多为外感风邪或水湿浸淫等引起。肺通调水道，外合皮毛，为水之上源，风邪侵袭，肺卫受病，宣降失司，通调失职，水津失布，泛溢肌肤而成水肿，小便短少；风性轻扬、升散，善行而数变，风水相搏，故浮肿先见于头面，并迅速遍及全身；因感受风邪，故先见恶风发热、头身疼痛、咽痛、脉浮等表证之象。

水肿性质属虚者，称为阴水。多由劳倦内伤或病久正虚等导致脾肾阳虚，不能气化，津液停聚而泛溢肌肤，发为水肿。脾阳虚不能运化水液，肾阳虚气化无权，故水肿先见于下肢，逐渐发展至全身，腰以下为甚，小便短少；水肿严重者可见腹部膨隆，按之有波动感，叩之音浊；神疲乏力，畏寒肢冷，面色㿠白，舌淡胖苔白滑，脉沉迟无力，皆为阳虚之象。

【辨证要点】 水证以水肿，小便不利为主症。阳水以发病急，进展迅速，水肿先从眼睑、头面开始，上半身肿甚为辨证要点；阴水以发病缓、来势徐，水肿先从足部开始，腰以下肿甚为辨证要点。

4. 内湿证 内湿是由脾、肺、肾等脏腑功能失调，尤其是脾失健运、水津不布，留而生湿所产生的病理产物。内湿证是指由内生湿邪所引起的证候。

【临床表现】 脘痞腹胀，恶心欲吐，食少，口淡不渴或渴不多饮，便溏不爽，肢体困重，嗜睡，妇女带下质稠而量多，舌苔白腻，脉濡缓。

【证候分析】 内湿的特点是呈弥漫状态，其虽可阻滞于上、中、下三焦的任何部位，但以湿阻中焦、脾虚湿困最为常见。

内湿和外湿既有区别，又有联系。两者来源有内生和外感之异，病位有重在脏腑和重在体表之别。外湿是从外感受湿邪为病，以湿邪伤于肌表、筋骨关节为主；内湿是由脾肺等脏腑功能失调，尤其是脾失健运所致。湿邪外袭每易伤脾，若湿邪困脾伤阳，则易致脾失健运而滋生内湿；脾虚失运，内湿素盛者，易招致外湿入侵而致病。

湿滞中焦，阻碍气机，脾胃升降失常，则见脘痞腹胀，呕恶；湿困脾阳，运化失常，则食少、便溏不爽；下注于阴窍，则妇女带下量多；湿邪阻碍气机，易伤阳气，故嗜睡，肢体困重；脾失健运，水津不布，则口淡不渴或渴不多饮；湿性黏滞难去，故病势缠绵而病程较长；苔白腻，脉濡或缓，俱属湿邪为患之征。

【辨证要点】 以脘痞腹胀，呕恶纳呆，便溏不爽等脾胃症状及苔白腻脉濡为辨证要点。

第三节 脏腑辨证

辨证
要点

脏腑辨证是根据脏腑的生理特性、生理功能、病理表现，再结合八纲、病因、气血、津液等一系列理论，通过四诊合参及当时的检查结果收集病情资料，对疾病的证候进行分析和归纳，借以推究其病机，判断病位、病性以及正邪盛衰状况的一种辨证方法。这是中医临床辨证方法中的一个重要组成部分。

《内经》奠定了脏腑辨证的理论基础，如《灵枢·本神》曰："必审五脏之病形，以知其气之虚实，谨而调之。"东汉张仲景在《金匮要略》中开始以脏腑病机立论进行辨证，华佗的《中藏经》则有专篇论述五脏六腑虚实寒热、生死顺逆脉症，脏腑辨证已初具系统性。唐代的孙思邈、金元时期的张元素、李东垣，明清时期的张景岳、李中梓、叶天士等医家均对脏腑辨证有较大的充实和发展。

脏腑辨证是一种病位辨证。脏腑辨证的过程，首先是辨明受邪的具体脏腑，也就是脏腑病位。由于各脏腑的生理特性以及功能不同，疾病过程中所表现的症状、体征也不同，因此，熟悉各脏腑的生理功能和病理特点，是脏腑辨证的关键所在。其次是辨明病性，结合病变所在的脏腑病位，分辨在此病位上的具体病性。病性辨证是脏腑辨证的基础，只有辨清病性，才能得出正确的诊断，为治疗立法提供确切依据。病位、病性相互交织，临床辨证过程可以根据具体情况灵活应用。

一、肝与胆病辨证

肝，位于膈下，腹腔之右上方，右胁之内。肝者，"将军之官，谋虑出焉"（《素问·灵兰秘典论》）。肝为魂之处，血之藏，筋之宗，在五行中属木。肝的主要生理功能是主疏泄，主藏血。肝在志为怒，在体合筋，其华在爪，开窍于目，在液为泪。胆附于肝，足厥阴肝经与足少阳胆经在肝与胆之间相互络属，故肝与胆相表里。

肝的两大生理功能，主疏泄和主藏血之间有着密切的关系。肝为藏血之脏，血为阴，故肝体为阴；肝主疏泄，其气主升主动，其作用属阳，故肝用为阳。因此，清·叶天士《临证指南医案·肝风》中有肝"体阴用阳"之说。肝的疏泄和藏血是相辅相成、相互为用的，藏血是疏泄的物质基础，疏泄是藏血的功能表现，两者的关系体现为气与血的协调。在生理上，肝主疏泄的功能正常，气机调畅，则血液能正常地贮藏和调节；而肝主藏血的功能正常，则血能养肝，不使肝气亢逆，才能保证肝主疏泄的功能正常，全身气机疏通畅达。在病理上，若肝失疏泄，疏泄不及，肝气郁滞，则可导致血瘀证；若疏泄太过，肝气上逆，血随气逆，则可导致出血证。若肝藏血不足，则肝气有余，可导致肝气上逆，而致肝火、肝风等。

肝的病证有虚有实。虚证多见肝阴虚证、肝血虚证等；实证多见肝气郁结证、寒滞肝脉证、肝胆湿热证、肝阳上亢证、肝风内动证等，多为虚实夹杂。肝病的常见症状：胸胁少腹胀痛、窜痛，烦躁易怒，头晕胀痛，肢体震颤，手足抽搐，以及目疾，月经不调，睾丸胀痛。胆病常见口苦发黄、惊悸失眠等症。

（一）肝气郁结证

肝气郁结证是指肝失疏泄，气机郁滞所表现出的证候。

【临床表现】 情志抑郁或易怒，善太息，胸闷不舒，胸胁或少腹胀痛，或咽喉有异物梗塞感，或胁下痞块，妇人见经前乳房胀痛，痛经，月经不调，甚至闭经，舌质紫或边有瘀斑，脉沉弦涩。

【证候分析】 本证多因情志不遂，肝的疏泄失常所致。肝属木主疏泄，以疏达为畅，情志不遂，肝失条达，故见精神抑郁、易怒，胸闷不舒，善太息；肝脉布胁肋，肝郁则经脉不利，故见胸胁少腹胀痛；气郁生痰，痰随气逆，痰气搏结于咽喉，故咽喉有异物梗塞感，俗称“梅核气”；肝气郁结，气血不畅，冲任失调，故有月经不调，经前乳房胀痛；肝郁经久不愈，气病及血，则痛经或闭经；舌质紫或边有瘀斑，脉沉弦涩，皆为气滞血瘀之征。

（二）肝火上炎证

肝火上炎证是指肝经气火上逆所表现出的证候。

【临床表现】 头胀痛，眩晕，面红目赤，急躁易怒，口苦咽干，失眠或恶梦纷纭，胁肋灼痛，耳鸣耳聋，尿黄便秘，或吐血，衄血，或目赤肿痛，舌红苔黄，脉弦数。

【证候分析】 本证多由情志不遂，肝郁化火，过食肥甘厚腻、嗜酒，或因外感火热之邪所致。肝火上攻于头，故见头胀痛，眩晕，面红目赤，目赤肿痛；肝火循经上扰于耳，则耳鸣耳聋；肝火内盛不能疏泄情志，故急躁易怒，不能藏神，故失眠多恶梦；火热内盛，肝不藏血，血热妄行，则吐血，衄血；口干，尿黄便秘，脉弦数，均为肝火内盛之征。

（三）肝血虚证

肝血虚证是指肝藏血不足，导致肝血亏虚所表现出的证候。

【临床表现】 眩晕耳鸣，面白无华，爪甲不荣，两目干涩，视物模糊，夜盲，肢体麻木，筋脉拘挛，月经量少或闭经，舌质淡，脉细。

【证候分析】 本证多因生血不足或失血过多所致。肝血不足，不能上荣于头面，故有眩晕，面白无华，舌质淡；肝血不足，不能上注于目，故视物模糊，两目干涩，夜盲；肝血亏虚，血不荣筋，故肢体麻木，筋脉拘挛，爪甲不荣；肝血不足，血海空虚，故经少经闭；血少，脉失充盈，故见舌淡脉细。

（四）肝阴虚证

肝阴虚证是指肝阴不足，虚热内扰所表现出的证候。

【临床表现】 头晕，头痛，耳鸣，胁肋隐痛，两目干涩，视物模糊，烦躁失眠，五心烦热，潮热盗汗，咽干口燥，舌红少津，脉弦细数。

【证候分析】 本证多因情志不遂，气郁化火，灼伤阴液，致肝阴不足所致。肝阴不足，不能上滋于头目，故见头晕，头痛，耳鸣；肝阴不足，不能濡养肝络，故有胁肋隐痛；肝血不足，不能上注于目，则两目干涩，视物模糊；阴虚内热，热扰心神，故见烦躁，失眠；五心烦热，潮热盗汗，咽干口燥，舌红少津，脉弦细数，均为阴虚内热之征。

肝阴虚证与肝火上炎证，均有热象的表现，但前者属虚热，后者为实火，有着本质的不同。临床辨证，应予注意。

（五）肝阳上亢证

肝阳上亢证是指肝气亢奋，或肝肾阴虚，阴不潜阳，肝阳上扰头目所表现出的证候。

【临床表现】 急躁易怒，头胀痛，眩晕目胀，或面部烘热，口苦咽干，小便黄，大便秘结，舌红苔黄，脉弦数。

【证候分析】 本证多由素体阳旺或七情内伤所致。肝失疏泄，肝气亢奋或肝阴不足，肝阳上扰于头目，故见头胀痛，眩晕目胀或面部烘热；肝阳失潜，肝失疏泄，气郁化火，内耗阴血，阴不制阳，阴虚阳亢，故见急躁易怒，口苦咽干，小便黄，大便秘结，舌红苔黄，脉弦数。

肝气郁结，肝火上炎，肝阴不足，肝阳上亢四证是相互联系、相互影响的，如肝气久郁，可以化火；肝火上炎，火热炽盛，可以灼伤肝阴；肝阴不足，可致肝阳上亢；而肝阳亢盛又可化火。所以在辨证上既要掌握其临床表现的各个特征，又要分析其内在联系的不断变化，才能及时正确做出判断。

（六）肝风内动证

肝风内动证是指肝阳化风、热极生风、血虚生风、阴虚动风所表现出来的证候。

1. 肝阳化风 肝阳化风证是指肝阳亢逆无制而表现出的风动证候。

【临床表现】 眩晕欲仆，头痛而摇，项强肢麻，肢体震颤，语言不利，步履不稳，舌红，脉弦细；或见猝然昏倒，不省人事，口眼㖞斜，半身不遂，舌强语謇，喉中痰鸣等中风症状。

【证候分析】 本证多由肝阳上亢而致。肝阳亢逆无制，阳亢于上，阴亏于下，则风自内生，上达巅顶，横窜脉络，而见眩晕欲仆，肢体麻木，震颤头摇等动风之象；上盛下虚，故有步履不稳，行走飘浮。阳盛灼液而成痰，风阳夹痰上扰，蒙蔽清窍，则见猝然昏倒，不省人事；风痰窜络，经气不利，则见口眼㖞斜，半身不遂，舌强语謇等；痰随风升，则喉中痰鸣；舌红，为阴虚之象；脉弦细，为肝风夹痰之征。

2. 热极生风证 热极生风证是指热邪炽盛引起抽搐等动风的证候。

【临床表现】 高热，烦渴，躁扰不安，抽搐项强，两目上翻，甚见角弓反张，神志昏迷，舌红苔黄，脉弦数。

【证候分析】 本证多因外感温热邪毒入里，热邪炽盛，燔灼肝经，筋脉失养而动风，故见抽搐项强，角弓反张，两目上翻；热入心包，心神被扰，则见躁扰不宁；蒙蔽心窍，则神志昏迷；高热，烦渴，舌红苔黄，脉弦数，均为热邪炽盛之征。

3. 血虚生风证 血虚生风证是指血虚、筋脉失养所表现出的证候。

【临床表现】 手足震颤，肌肉瞤动，关节拘急不利，肢体麻木，眩晕耳鸣，面色无华，爪甲不荣，舌质淡，苔白，脉细。

【证候分析】 本证多由失血过多，或久病血虚所致。肝血不足，不能上荣于头面，故见眩晕耳鸣，面色无华，舌质淡；血虚筋脉失濡，则爪甲不荣；血虚动风，故见肢麻，筋挛，肉瞤震颤；血少则脉不充盈，故其脉细。

4. 阴虚动风证 阴虚动风证是指肝肾阴亏，筋脉失养，引动肝风所表现的动风证候。

【临床表现】 手足蠕动，眩晕耳鸣，潮热盗汗，颧红咽干，形体消瘦，舌红少苔，脉细数。

【证候分析】 本证多因外感热病后期阴液耗损，或内伤久病，阴液亏虚，使肝阴不足，筋脉失养，虚风内动而致。

肝阴不足，筋脉失养，虚风内动故见手足蠕动；肝肾阴虚，髓海失充则眩晕耳鸣；阴液亏虚，虚热内扰则潮热盗汗，颧红；濡养失职则口咽干燥，形体消瘦；舌红少苔，脉细数为阴虚之征。

（七）肝胆湿热证

肝胆湿热证是指湿热蕴结肝胆所表现出的证候。

【临床表现】 胁肋胀痛，口苦纳呆，呕恶腹胀，小便短黄，大便不调，苔黄腻，脉弦数；或兼见身目发黄，发热；或见阴囊湿疹，睾丸肿大热痛，妇人外阴瘙痒，带下黄臭等症。

【证候分析】 本证多因感受湿热之邪，或嗜酒、过食肥甘，酿生湿热所致。湿热内蕴，肝胆疏泄失常，气机郁滞，故见胁肋胀痛；湿热熏蒸，胆气上泛则口苦；胆汁不循常道而外溢，则面目周身发黄，发热；湿热郁阻，脾胃升降失常，故有纳呆，腹胀，呕恶，大便不调；肝脉绕于阴器，湿热下注，则阴囊湿疹或睾丸肿痛，妇人则见外阴瘙痒，带下黄臭等症。

（八）寒凝肝脉证

寒凝肝脉证是指寒邪凝滞于肝脉所表现出的证候。

【临床表现】 少腹胀痛，睾丸坠胀遇寒加重、得温痛减；或见阴囊内缩，痛引少腹，面色青白，形寒肢冷，口唇青紫，小便清长，舌淡苔白，脉沉弦。

【证候分析】 本证多因寒邪侵袭于肝脉，使气血凝滞而致。寒凝肝脉，气血凝滞，故见少腹胀痛，睾丸坠胀；寒则气血凝滞，热则气血通利，故疼痛遇寒加重，得温痛减；寒主收引，肝脉受寒，则阴囊冷缩而痛引少腹；寒为阴邪，寒盛阻遏阳气，阳气不得布达，故见面色青白，形寒肢冷；阴寒内盛不能化气行水，泌别清浊，水走肠间，而见小便清长；肝络环唇，寒滞于肝，故口唇青紫；舌淡苔白，脉沉弦，皆属寒盛于肝之征。

寒凝肝脉证，常见于疝气病中的寒疝，因其具有小肠从少腹下垂阴囊而致气胀坠痛的特点，故又称小肠气痛。

（九）胆郁痰扰证

胆郁痰扰证是指胆失疏泄，痰热内扰所表现出的证候。

【临床表现】 惊悸不寐，烦躁不安，口苦泛恶、呕吐，胸闷胁胀，头晕目眩，耳鸣，舌黄苔腻，脉弦滑。

【证候分析】 本证多由情志不遂，气郁化火，炼津成痰所致。肝与胆相表里，互为络属，肝热及胆，痰热内扰，胆气不宁，故见惊悸不寐，烦躁不安；胆热犯胃，胃气上逆，故口苦泛恶、呕吐；胆气郁滞，见胸闷胁胀；痰热循经上扰，则头晕目眩，耳鸣；苔黄腻，脉滑，均为痰热内蕴之征。

二、心与小肠病辨证

心，位于胸腔之内，膈膜之上，两肺之间，脊柱之前，形似倒垂未开之莲花，外有心包护卫。心为神之舍，血之主，脉之宗，为五脏之首，在五行属火，在五脏阴阳中属阳中之阳，起着主宰人体生命活动的作用。心的主要生理功能是主血脉，主神志。心在志为喜，在体合脉，其华在面，开窍于舌，在液为汗。手少阴心经与手太阳小肠经在心与小肠之间相互络属，故心与小肠相表里。

若心主神志的功能正常，则精神振奋，神志清晰，思维敏捷，反应灵敏；若心主神志的功能异常，则可出现精神、意识、思维异常，如失眠、多梦、健忘、反应迟钝、精神委顿，甚则出现谵妄、昏迷、不省人事等临床表现。

心的病证有虚有实，虚证为气、血、阴、阳之不足；实证多为火、热、痰、瘀等邪气的侵犯而致。心病的常见症状：心悸怔忡，心烦，心痛，失眠多梦，健忘，谵语。

小肠病有小肠实热、小肠虚寒等，小肠实热是因心火下移，心与小肠相表里，致肠内积热所致；小肠虚寒多由脾阳受损而累。

（一）心气虚证、心阳虚证与心阳暴脱证

心气虚证和心阳虚证是指心气不足，心之阳气虚衰所表现出来的证候。

【临床表现】 心悸，气短，活动时加重，自汗，脉细弱或结代，为其共有症状。若兼见面白无华，体倦乏力，舌淡苔白，此属心气虚；若兼见形寒肢冷，心胸憋闷，舌淡胖，苔白滑，此属心阳虚；若突然冷汗淋漓，四肢厥冷，呼吸微弱，面色苍白，口唇青紫，神志模糊或昏迷，则是心阳暴脱的危象。

【证候分析】 临床诊断本证，若见心之常见症状，又兼见气虚证的共见症状者，此为心气虚证；若见心之常见症状，又兼见阳虚证之共见症状者，此为心阳虚证。

心气虚与心阳虚，心脏鼓动乏力，不能推动血液正常运行而强为鼓动，故见心悸；心气不足，胸中宗气运转无力，则见气短，动则耗气，故活动劳累时加重；气虚表卫不固，则自汗出；气血不足，不能充盈脉管或脉气不相连续，故其脉细弱或结代；心气不足，血液运行无力，不能上荣，故见面白无华，舌淡苔白；气虚及阳，损伤心阳，故为心阳虚，心阳虚则心脉阻滞，气血运行不畅，则心胸憋闷；心阳虚不能温煦周身，故见形寒肢冷；舌淡胖，苔白滑，为阳虚寒盛之象。若心阳衰败而暴脱，阳气衰亡不能卫外则冷汗淋漓，不能温煦肢体故四肢厥冷。心阳衰，宗气泄，不能助肺以行呼吸，故见呼吸微弱不得续；阳气外失，无力推动血行致络脉瘀滞，血液不能外荣肌肤，所以面色苍白，口唇青紫；心神失常、涣散，致神志模糊，甚则昏迷。

（二）心血虚证、心阴虚证

心血虚证是由于心血亏虚，心失濡养所出现的证候。心阴虚证是由心阴亏损，虚热内扰所致的证候。

【临床表现】 心悸、失眠、健忘多梦为其共有症状。若见面白无华，眩晕，唇舌色淡，脉细，此为心血虚证；若兼见心烦，颧红，潮热，五心烦热，盗汗，舌红少津，脉细数，此为心阴虚证。

【证候分析】 临床诊断本证，以心的常见症状，又兼见血虚证之见证，此属心血虚证；以心的常见症状，又兼见阴虚证之见证，则属心阴虚证。此两证常由于久病耗伤阴血或失血过多，或阴血不足，或情志不遂，耗伤心血或心阴所致。心阴（血）不足，心失

所养，故出现心悸，健忘，失眠多梦；心血虚，不能上荣充盈于脉，故出现眩晕，面白无华，唇舌色淡，脉细；心阴虚，则心阳偏亢，虚火内扰，故见心烦、颧红、潮热，五心烦热，盗汗，舌红少津，脉细数。

（三）心火炽盛证

心火炽盛证是指心火炽盛所表现出来的实热证候。

【临床表现】 心胸烦热，失眠，面赤口渴，尿黄，便秘，舌尖红赤，苔黄，脉数有力；或见口舌生疮，舌体糜烂疼痛，或吐血衄血，甚或狂躁、谵语等。

【证候分析】 本证常因七情郁久化火，或六淫内郁化火所致。心火炽盛，内扰心神，轻者为心胸烦热，失眠；重者见狂躁，谵语；心火炽盛，灼伤津液，则见面赤口渴，尿黄，便秘；心火上炎，故其舌体糜烂疼痛，或见口舌生疮，舌尖红赤。心火炽盛，灼伤络脉，迫血妄行，故见吐衄，苔黄，脉数有力等实热之象。

心火炽盛与心阴不足证都能反映心病的常见症状和热象。但前者属实，后者属虚，有着本质的不同，应注意鉴别。

（四）心血瘀阻证

心血瘀阻证是指瘀血、痰浊、寒凝、气滞阻滞心脉所表现出来的证候。

【临床表现】 心悸，怔忡，心胸憋闷或刺痛，痛引肩背内臂（手少阴心经循行于前臂尺侧的部位），时发时止，舌质紫暗或见瘀点、瘀斑，脉细涩或结代；重者暴痛欲绝，口唇青紫，肢厥神昏，脉微欲绝。

【证候分析】 本证多为继发于心气虚或心阳虚而来。由于阳气不足，血液运行无力使瘀血内阻或痰浊停聚，而致心脉痹阻，或因情绪激动、劳累、受寒凉及过食肥甘、饮酒而诱发或加重。心阳不振，体内气血运行不畅致心脉痹阻，故可见心悸，怔忡，心胸憋闷或刺痛；手少阴心经循肩背而行，故能引肩背内臂疼痛；心血瘀阻，故见舌质紫暗或见瘀斑、瘀点，脉细涩或结代；心阳暴绝，血脉凝滞不通，故心暴痛，见口唇青紫，甚至神昏，脉微欲绝。

瘀阻心脉的疼痛以刺痛为特点，伴见舌色紫暗，瘀斑，脉细涩或结代等瘀血内阻的症状；痰浊停聚心脉的疼痛以闷痛为特点，患者多见体胖痰多，身重困倦，舌苔白腻，脉象沉滑等痰浊内阻的症状；阴寒凝滞心脉的疼痛，以痛势剧烈，突然发作，得温痛减为特点，伴见畏寒肢冷，舌淡苔白，脉象沉迟或沉紧等寒邪内盛的症状；气滞心脉的疼痛以胀痛为特点，其发作往往与精神因素有关，脉多见弦象，气滞多影响血行，影响较轻则舌淡红，稍重则舌黯红。

（五）痰迷心窍证

痰迷心窍证是指因情志不遂，气结痰凝，痰浊蒙闭心神所致的证候。

【临床表现】 面色晦滞，脘闷作恶，意识模糊，语言不清，喉中痰鸣，甚则昏不知人，舌苔白腻，脉滑；或精神抑郁，表情淡漠，神志痴呆，喃喃自语，举止失常；或突然仆地，不省人事，口吐痰涎，两目上视，手足抽搐，口中如作猪羊叫声。

【证候分析】 本证多因外感热病或其他疾病恶化所致。湿浊郁遏中焦，清阳不升，浊气上泛，故见面色晦滞；胃失和降，胃气上逆则脘闷作恶；湿邪留恋不化，酝酿成痰，痰随气升则喉中痰鸣；痰邪上迷心窍，神识受蒙则意识模糊，语言不清；舌苔白腻，脉滑是痰浊内盛之象。精神抑郁，表情淡漠，神志痴呆，喃喃自语，举止失常多由肝气郁结，气郁生痰，痰浊上蒙心窍所致，属于癫证；突然仆地，不省人事，口吐痰涎，两目上视，手足抽搐，口中如作猪羊叫声，为脏腑功能失调，痰浊内伏心经，时或痰涎上涌而致，属于痫证。

（六）痰火扰心证

痰火扰心证是指火热、痰浊之邪，侵扰心神所表现出来的证候。

【临床表现】 发热，面赤气粗，口苦，痰黄，喉中痰鸣，狂躁谵语，舌质红苔黄腻，脉滑数；或失眠心烦，或神志狂乱，哭笑无常，狂躁妄动，甚则打人毁物。

【证候分析】 痰火扰心证，多由情志不遂，气机不舒，郁而化火，灼津成痰，内扰心神所致。外感热病是以高热、痰盛、神志不清为其辨证要点；内伤杂病中，轻者见失眠心烦，重者以神志狂乱为其辨证要点。

外感热病，因其邪热亢盛，炼液为痰，痰热互结，内扰心神，致神志不宁，而见狂躁谵语；邪热炽盛，火性上炎，故见面赤气粗，口苦；蒸腾于外，故发热；痰热阻滞气机，气急痰涌，则见喉中痰鸣；舌红苔黄腻，脉滑数，乃痰火内盛之征。内伤病中，因痰火扰心，则见失眠，心烦；若出现神志错乱，哭笑无常，此为痰火互结，内扰心神所致；火属阳，阳主动，故发病则狂躁妄动，打人毁物。

（七）小肠实热证

小肠实热证是指心火下移，致小肠里热炽盛所表现出来的证候。

【临床表现】 心中烦热，口渴喜凉饮，面赤，口舌生疮，小便赤涩，尿道灼痛，尿血，舌质红苔黄，脉数。

【证候分析】 本证多由于心热之邪，下移小肠所致。心与小肠相表里，小肠主泌别清浊，心移热于小肠，影响其泌清别浊的功能，症见小便赤涩，尿道灼痛；热盛灼伤血络，则见尿血；心火炽盛，内扰心神，见心中烦热；心火上炎，故见面赤、口舌生疮；热盛伤津，见口渴喜凉饮；舌红苔黄，脉数，皆为内热炽盛之征。

（八）小肠虚寒证

小肠虚寒证是指脾阳受损，累及小肠，致小肠阳虚所表现出来的证候。

【临床表现】 面色淡白，神疲乏力，畏寒肢冷，口淡不渴，腹痛绵绵或时有隐痛，喜暖喜按，肠鸣泄泻，小便清长或频数不爽，舌质淡苔薄白，脉沉细。

【证候分析】 本证多因饮食不节、劳累过度等，损伤脾阳累及于小肠，致使小肠阳气亏虚所致。阳气亏虚则运血无力、络脉不充，故面色淡白，阳虚则神失所养，故神疲；机体功能衰退，则少气乏力；形体失于温煦，故畏寒肢冷；小肠阳虚肠道失于温煦，则腹痛绵绵或隐痛时作；证属虚寒，故见喜暖喜按；泌别清浊功能失司，故其小便清长或频数不爽；水湿不化而下趋，故有肠鸣泄泻；阳虚寒盛，津液未伤，故口淡不渴；舌淡，脉沉细，均为虚寒之征。

附：心包络 心包络，简称心包，是心脏外面的包膜，为心脏的外围组织，其上附有脉络，是通行气血的经络，合称心包络。由于心包络是心的外围组织，故有保护心脏，代心受邪的作用。脏象学说认为，心为“君主之官”，邪不能犯，所以外邪侵袭于心时，首先侵犯心包络，故曰：“诸邪之在于心者，皆在于心之包络”（《灵枢·邪客》）。其临床表现，主要是心藏神的功能异常，如在外感热病中，因温热之邪内陷，出现高热神昏、谵语妄言等心神受扰的病态，称为“热入心包”。由痰浊引起的神志异常，表现为神昏模糊、意识障碍等心神昏乱的病态，称为“痰浊蒙蔽心包”。实际上，心包受邪所出现的病变与心是一致的，故在辨证和治疗上也大体相同。

三、脾与胃病辨证

脾，位于中焦，在左膈之下，形如镰刀；《素问·太阴阳明论》说：“脾与胃以膜相连。”脾胃同居中焦，是人体消化系统的主要脏器，在五行属土，在五脏阴阳中属阴中之至阴。脾胃共为后天之本，气血生化之源，故《素问·灵兰秘典论》说：“脾胃者，仓廪之官，五味出焉。”脾的主要生理功能是主运化，主升，主统血。脾在志为思，在体合肌肉，主四肢，开窍于口，其华在唇，在液为涎。足太阴脾经与足阳明胃经在脾与胃之间相互络属，故脾与胃相表里。脾与胃相表里，脾升胃降，燥湿相济，共同完成食物的消化、吸收与输布，为气血生化之源，后天之本。

脾胃病证，皆有寒热虚实之不同。脾病多虚证，以脾阳虚衰，运化失调，水湿痰饮内生及气虚下陷为常见。胃病多实证，以受纳腐熟功能障碍，胃气上逆为主要病理改变。脾病的常见症状，腹胀腹痛，泄泻便溏，浮肿，出血等。胃病多见脘痛，呕吐，嗳气，呃逆等。

（一）脾气虚证

脾气虚证是指脾气不足，失其健运而出现的证候。

【临床表现】 食少纳呆，口淡无味，脘腹胀满，便溏，面色萎黄，少气懒言，四肢倦怠、消瘦，舌淡边有齿痕，苔白，脉缓弱。

【证候分析】 本证多因饮食不节或饮食失调，或过度劳倦，或其他疾病影响，损伤脾气所致。脾气虚，运化失常，故食少纳呆，口淡无味；脾虚失运，消化迟缓，食后脾气反为所困，故食后腹胀愈甚；脾虚生湿，水湿不化，清浊不分，水谷齐下，并走肠中，故有便溏；脾虚食少，精微不布，气血生化之源匮乏，不荣润于面，则面色萎黄；肌体失于奉养，则少气懒言，四肢倦怠、消瘦；舌边有齿痕，苔白，脉缓弱等，皆为脾气亏虚，气血不充之证。

（二）脾阳虚证

脾阳虚证是指脾阳虚衰，阴寒内盛所表现出的证候。

【临床表现】 纳呆食少，脘腹胀满冷痛，喜温喜按，畏寒肢冷，面色萎黄，口淡不渴，或肢体困重，或周身浮肿，大便溏薄清稀，或妇人白带量多质稀，舌质淡胖，苔白滑，脉沉迟无力。

【证候分析】 本证多因脾气亏虚日久，损伤脾阳；或因过食生冷、过用寒凉药物；或命门火衰，火不暖土所致。脾阳虚衰，运化减弱，故见食少纳呆，脘腹胀满；中阳不振，虚寒内生，寒凝气滞，故腹中冷痛，喜温喜按；阳虚阴盛，温煦失职，故有畏寒肢冷；脾失健运，化源不足，面失所荣，故面色萎黄；中阳不运，水湿内盛，水湿流注肠中，故便溏清稀；水湿内停则口淡不渴；湿性重着，湿邪困脾，则肢体困重；水湿泛溢肌肤，故周身浮肿；水湿渗注于下，故妇人白带清稀量多；舌淡胖；苔白滑，脉沉迟无力，均为脾阳虚之征。

脾阳虚证，由于寒象明显，胃阳也虚，故又称“脾虚寒证”或“脾胃虚寒”。

（三）脾气下陷证

脾气下陷证是指脾气虚弱，升举功能失常所表现出的证候。

【临床表现】 脘腹有坠胀感，食后益甚，或便意频频，肛门坠重，或久痢不止，甚则脱肛，或内脏下垂，或小便浑浊如米泔；伴头晕目眩，少气无力，肢体倦怠，食少便溏，舌淡苔白，脉虚弱。

【证候分析】 本证多由久病虚损，劳倦伤脾；或由脾气不升及脾气虚进一步发展而来，脾气虚则升举无力，内脏无托，故见脘腹坠胀，食后益甚，便意频频，或见脱肛、内脏下垂；固摄无权，故久痢不止，小便浑浊如米泔；清阳之气不能上升于头，清窍失养，故见头晕目眩，少气无力，肢倦，食少便溏，舌淡，脉虚弱等，均为脾气虚弱之征。

（四）脾不统血证

脾不统血证是指脾气虚不能统摄血液所表现出的证候。

【临床表现】 肌衄，鼻衄，齿衄，便血，尿血或妇人月经过多，崩漏，伴有食少便溏，神疲乏力，少气懒言，面白无华，舌淡，脉细弱。

【证候分析】 本证多由久病脾气虚弱所致。脾气虚失于统摄，血液不能循经而行，溢于肌肤，故见肌衄；溢于鼻腔为鼻衄；溢为牙龈为齿衄；溢于胃肠，则便血；溢于膀胱，则见尿血；脾虚统血无权，冲任不固，故妇人月经过多，崩漏；食少便溏，神疲乏力，少气懒言，面白无华，舌淡，脉细弱，均为脾气虚甚之征。

（五）寒湿困脾证

寒湿困脾证是指寒湿内盛，脾阳受困所表现出的证候。

【临床表现】 脘腹痞闷，食少便溏，泛恶欲吐，口黏乏味，头重身困，面色晦黄或见肢体浮肿，小便短少，妇人白带过多，舌淡胖，苔白腻，脉濡缓。

【证候分析】 本证多因贪凉饮冷，过食生冷，或居处潮湿，或内湿素盛所致。脾为太阴湿土，喜燥而恶湿。今寒湿内侵，中阳被困，升降失常，故见脘腹痞闷，重则作胀疼痛，食少便溏，泛恶欲吐，口黏乏味；寒湿滞于经脉，湿性黏滞重浊，阳气被困失展，故见头重身困；脾为湿困，生化不足，气血不能外荣，故有面色晦黄；阳气被寒湿所困，不能温化水湿，湿泛肌表，故见肢体浮肿，小便短少；寒湿渗注于下，故妇人白带量多；舌淡胖，苔白腻，脉濡缓，皆为寒湿内盛之征。

寒湿困脾和脾阳虚都有脾失健运，寒象以及湿阻的表现，但两者重点不同，鉴别要点如下：

寒湿困脾证：是寒湿内侵，中阳受阻，性质属实，病程短，苔白腻，脉濡缓。

脾阳虚证：是阳虚失运，寒湿内生，性质属虚，病程长，苔白腻滑，脉沉迟无力。

（六）脾胃湿热证

脾胃湿热证是指湿热蕴结脾胃所表现出的证候。

【临床表现】 脘腹痞闷，纳呆呕恶，口黏而甜，肢体困重，便溏尿黄，身目发黄或皮肤瘙痒，或身热起伏，汗出而热不解，舌红苔黄腻，脉濡数或滑数。

【证候分析】 本证多由感受湿热之邪或饮食不节，或过食肥甘酒酪，酿成湿热，内蕴脾胃所致。湿热之邪蕴于脾胃，受纳运化失职，升降失常，故见脘腹痞闷，纳呆呕恶；湿热上泛，故口黏而甜；脾主肌肉，湿性重着，脾为湿困，故肢体困重；湿热蕴结，熏蒸肝胆，胆汁外溢，故见身目发黄，皮肤瘙痒；湿热蕴脾，交阻下迫，故便溏、尿黄；湿遏热伏，热处湿中，湿热郁蒸，故身热起伏，汗出而热不解；舌红苔黄腻，脉濡数或滑数，均为湿热内盛之征。

（七）胃阴虚证

胃阴虚证是指胃阴亏虚，虚热内生所表现出的证候。

【临床表现】 胃脘隐痛，饥不欲食，口燥咽干，或脘痞不舒，干呕呃逆，形瘦便干，舌红少津，脉细数。

【证候分析】 本证多因湿热病后，热盛伤津所致。胃阴不足，胃阳偏亢。虚热内生，胃气不和，故见胃脘隐痛，饥不欲食；胃阴不足而失濡润，纳化失常，则脘痞不舒，胃阴亏虚不能滋润咽喉，故口燥咽干；燥热伤津，津不下润，不能濡润大肠，故大便干结；胃纳不足，形体失养，故消瘦；阴虚热扰，胃气上逆，则见干呕呃逆；舌红少津，脉细数，皆为阴虚内热之征。

（八）胃热炽盛证

胃热炽盛证是指胃中火热炽盛所表现出的证候。

【临床表现】 胃脘灼热疼痛，吞酸嘈杂，呕吐或食入即吐，渴喜冷饮，消谷善饥，或牙龈肿痛溃烂，齿衄，口臭，大便秘结，小便短黄，舌红苔黄，脉滑数。

【证候分析】 本证多由平素过食辛辣，化热生火或邪热犯胃，或情志不遂，气郁化火所致。胃火内炽，煎灼津液，故见胃脘灼热疼痛，渴喜冷饮；肝经郁火横逆侮土，肝胃气火上逆，则吞酸嘈杂，呕吐或食入即吐；胃热炽盛，腐熟水谷功能亢进，故消谷善饥；胃的经脉上络齿龈，胃热上蒸，故有口臭，齿龈肿痛或溃烂；热灼血络，迫血妄行，故见齿衄；大便秘结，小便短黄，舌红苔黄，脉滑数，皆为胃中热盛之征。

（九）食滞胃脘证

食滞胃脘证是指食物停滞胃脘所表现出的证候。

【临床表现】 脘腹胀满或疼痛，嗳腐吞酸，或呕吐酸腐饮食，吐后腹胀痛得减，厌食，矢气酸臭，大便溏泄，泄下物酸腐臭秽，舌苔厚腻，脉滑。

【证候分析】 本证多由饮食不节，暴饮暴食，或脾胃素虚，食滞于胃脘，阻滞气机，故见脘腹胀满或疼痛；胃失和降而上逆，胃中腐败谷物挟腐蚀之气上泛，故见嗳腐吞酸，或吐酸腐饮食，厌食；吐后食积得去，实邪得消，故吐后腹胀痛得减；食浊下趋，积于肠道，则矢气酸臭，大便溏泄，泻下物酸腐臭秽；舌苔厚腻，脉滑，皆为食浊内阻之征。

（十）胃气虚证

胃气虚证是指胃气不足，胃的功能减退，影响胃的受纳、腐熟功能，以致胃失和降所表现出的证候。

【临床表现】 胃脘痞胀，食后胀甚，或隐隐作痛，按之觉舒，不思饮食，恶心呕逆，时作嗳气，或干呕反胃，面色萎黄，少气，神疲乏力，声低懒言，自汗眩晕，舌质淡，苔薄白，脉虚弱。

【证候分析】 本证多因饮食不节，饥饱失常，或劳倦伤中，或久病失养，致使胃气损伤或脾气虚弱，累及于胃所致。胃主受纳、腐熟水谷，其气以和降为顺。胃气亏虚，胃气失和，受纳、腐熟功能减退，故见胃脘痞胀或隐隐作痛，不思饮食，食后胀甚；病性属虚，故按之觉舒。胃气不降而反上逆，则见恶心呕逆，时作嗳气，或干呕反胃；胃气虚，影响及胃，脾失健运，化源不足，面失所荣，故见面色萎黄；气虚功能衰减，则见少气，神疲乏力，声低懒言，自汗眩晕；舌质淡，苔薄白，脉虚弱为胃气不足之象。

（十一）胃阳虚证

胃阳虚证是指胃中阳气不足所表现出的证候。

【临床表现】 胃脘隐痛，时作时止，吐清水，喜温喜按，得食痛减，面色㿠白，畏冷肢凉，神疲乏力，舌质淡，苔白，脉弱。

【证候分析】 本证是由胃气虚证发展而致。胃为阳土，主受纳腐熟水谷。胃阳不足，虚寒内生，阳不化气，故见胃脘隐痛，时发时止；得温得食得按，则寒气可散，胃络得养，热气得至，其症自解；阳虚胃寒，水饮不化，故吐清水；阳虚生外寒，温煦功能减退，故见面色㿠白，畏冷肢凉；食少，生化之源匮乏，机体失养，故神疲乏力；舌质淡，苔白，脉弱，皆为阳虚之征。

（十二）寒滞胃脘证

寒滞胃脘证是寒邪犯胃，气机凝滞，胃失和降所表现出的证候。

【临床表现】 胃脘冷痛，痛势急迫，得温痛减，面白或青，或恶心呕吐，吐后痛减，泛吐清涎，或形寒肢冷，口淡不渴或口泛清涎，舌淡苔白，脉沉紧或弦。

【证候分析】 本证多因饮食失宜，过食生冷，或寒邪犯胃，胃腑收引所致。寒邪犯胃，气机凝滞，寒主收引，故胃脘冷痛，甚则剧痛，得温痛减；寒邪内凝，血脉收引，气血运行不畅，故见面青或白；寒凝胃气不舒，上逆则恶心呕吐，吐后气机暂通，故痛缓；寒凝津停，故口淡不渴或口泛清涎；寒邪伤阳，肢体失去温养，则形寒肢冷；舌淡苔白滑，脉沉紧或弦，为阴寒内生之象。

（十三）胃脘气滞证

胃脘气滞证是指邪气犯胃，胃腑气机失于和降所表现出的证候。

【临床表现】 胃脘胀满疼痛，每因情志不舒而加重，食少纳呆，嗳气频作，呃逆，恶心呕吐，苔白，脉弦。

【证候分析】 本证多因情志不遂，肝郁犯胃，或饮食不节、久卧少动等，皆可导致胃腑气机郁滞而致。胃气以降为顺，胃腑气机阻滞不通或肝气犯胃，影响胃气通降，反逆而向上，故嗳气频作，呕逆，甚则恶心呕吐；情志不舒，不能条达气机，故见症状加重；气滞不畅，郁阻胃脘，故胃脘胀痛；胃气阻滞则纳化功能减退，故食少纳呆；苔白，脉弦，为气郁不畅之象。

四、肺与大肠病辨证

肺，位于胸腔，居横膈之上，分为左肺、右肺；气管、支气管，咽喉，鼻共同构成肺系，与肺相连。肺在人体脏腑中位置最高，故称肺为“华盖”。因肺叶娇嫩，不耐寒热，易被邪侵，故又称肺为“娇脏”。肺为魄之处，气之主，在五行属金，在五脏阴阳中属阳中之阴。肺的主要生理功能是主气、司呼吸，主宣发和肃降，通调水道，朝百脉，主治节，外合皮毛，开窍于鼻。肺在志为悲忧，在体合皮，其华在毛，开窍于鼻，在液为涕。肺居胸中，其经脉起于中焦，下络于大肠，手太阴肺经与手阳明大肠经在肺与大肠之间相互络属，故肺与大肠相表里。

肺的病变主要反映在肺系，以呼吸功能减退、宣降功能失调、水液输布失职、卫外功能不固等为主要病理变化，故肺病常见症状有咳嗽、喘促、咳痰、胸痛、喉痛、声音变异、鼻塞流涕或水肿等，其中以咳喘更为多见。大肠病以传导功能失常为主要病理变化，常见症状有便秘、泄泻、腹胀、腹痛、肠鸣矢气、里急后重等。

肺的病证有虚有实，虚证多见气虚和阴虚；实证则由风、寒、燥、热等邪气侵袭或痰湿阻肺所致。大肠传导功能失常，主要表现为便秘与泄泻。大肠病变常见于饮食不节，或热病后津液耗亏所致，常见有大肠湿热、大肠液亏、大肠结热和虫积肠道证。

（一）肺气虚证

肺气虚证是指肺气不足所表现出的证候，以卫表失固、宣降无权为主要表现的虚弱证候。

【临床表现】 咳喘无力，少气短息，动则益甚，咳痰多而质清稀，声低懒言，或自汗畏风，易患感冒，面色皖白无华，体倦乏力，舌淡苔白，脉虚弱。

【证候分析】 本证多因久咳、久喘，或禀赋不足，或由他脏变化影响及肺，致使肺气耗伤，肺气虚；或脾虚失运，水谷精微生化不足，肺失充养，则全身功能减弱所致。

肺气亏虚，呼吸功能减弱，宣降无权，气机上逆，加之宗气生化不足，故咳喘无力，气短而喘，动则耗气，肺气更虚，则喘咳加重；肺气虚，功能低下，宗气衰少，发声无力，则声低懒言；肺气亏虚而卫外不固，腠理不密，防御功能降低，故见自汗、畏风，易受外邪侵袭而常患感冒；肺为水之上源，今肺气虚，其输布水液功能相应减弱，水液停聚于肺，故见咳痰多而质清稀；面色皖白无华，体倦乏力，舌淡苔白，脉虚弱，均为肺气虚之征。

（二）肺阴虚证

肺阴虚证是指肺阴不足，失于清肃，虚热内生所表现出的证候。

【临床表现】 咳嗽，干咳无痰，或痰少而黏稠，不易咳出，或咳痰带血，口干咽燥，声音嘶哑，形体消瘦，午后潮热，颧红，五心烦热，盗汗，舌红少津，脉细数。

【证候分析】 本证多因燥热伤肺，久咳伤阴或痨虫袭肺，邪热恋肺耗伤肺阴，或汗出伤津，或素嗜烟酒及辛辣刺激之品，或久病咳喘，年老体弱，渐致肺阴亏虚所致。

肺阴不足，虚火内灼，肺为热蒸，气机上逆，则为咳嗽；肺津为热灼，炼液成痰，故干咳无痰，或痰少而黏稠，不易咳出；虚火灼伤肺络，则痰中带血；津液耗伤不能上润于咽喉，故见口干咽燥；肌失所濡，则形体消瘦；虚火内炽则午后潮热、五心烦热；热扰营阴则盗汗；虚热上炎则见颧红；舌红少津，脉细数，均为阴虚火旺之征。

（三）风寒束肺证

风寒束肺证是指风寒之邪外袭肺系，肺卫失宣所表现出的证候。

【临床表现】 咳嗽气喘，咳痰色白清稀，微恶寒发热，鼻塞流清涕，咽痒，或恶寒发热，无汗，头身疼痛，舌苔薄白，脉浮紧。

【证候分析】 本证是由外感风寒，侵袭肺卫，肺卫失宣所致。

肺司呼吸，外合皮毛，风寒外感最易袭表犯肺，肺气被束，失于宣降而上逆，肺气上逆则咳嗽气喘；肺失通调，肺津不布，聚成痰饮，随肺气逆于上，寒属阴，故咳痰色白清稀；风寒外束，卫阳被遏，肌表失于温煦，故见微恶风寒；卫阳抗邪，邪正交争，阳郁浮于表则发热；寒性收引，毛窍郁闭，则无汗；鼻为肺窍，喉为门户，肺气失宣，鼻咽不利，则鼻塞、流清涕、咽痒；舌苔薄白，脉浮紧，为风寒束表之征。

本证与风寒表证的临床表现很相近，但辨证要点各有侧重，要注意鉴别。本证以咳嗽为主症，兼见风寒表证，且表证一般较轻，有时甚至不太明显；风寒表证，以恶寒发热为主症，咳嗽为或有症，即使出现咳嗽亦很轻微，这是两者的主要区别。

（四）风热犯肺证

风热犯肺证是指风热邪气外袭肺系，肺卫受病所表现出的证候。本证在三焦辨证中属上焦病证，在卫气营血辨证中属卫分证。

【临床表现】 咳嗽，咳吐黄稠痰而不爽，鼻塞，流浊涕，微恶风寒发热，口渴，咽喉干痛，或目赤头痛，舌尖红，苔薄黄，脉浮数。

【证候分析】 本证多因外感风热之邪侵袭肺卫，肺失清肃、宣降之功所致。

风热犯肺，肺失清肃，肺气上逆，则出现咳嗽；风热熏蒸，灼津为痰，故咳吐黄稠痰而不爽；肺卫受邪，卫阳抗邪，阳气浮郁于表，则发热；卫气被郁，肌表失于温煦，故微恶风寒；咽喉为肺之门户，风热上壅，故见口渴，咽喉干痛；肺开窍于鼻，肺气不宣，鼻窍不利，津液为风热所灼，故见鼻赛，流浊涕；肺为华盖其位在上，而舌尖常候上焦病变，今肺为风热侵袭，故见舌尖红；目赤头痛，苔薄黄，脉浮数，皆为风热犯肺之征。

（五）燥邪犯肺证

燥邪犯肺证是指燥邪外袭肺脏，肺系津液耗伤，肺失清润所表现出的证候。

【临床表现】 干咳无痰，或痰少而黏，不易咳出，甚则胸痛，痰中带血，唇、舌、鼻、咽、皮肤干燥，或见鼻衄，咯血，尿少便干，微恶风寒，无汗或少汗，发热，舌干红苔白或黄而干燥少津，脉浮数或细数、浮紧。

【证候分析】 本证多因时处秋令，或居干燥少雨之地，燥邪犯肺，耗伤肺津，津亏液少，肺失滋润，清肃失职，或风温之邪化燥，损伤肺津所致。

肺喜润恶燥，燥邪伤肺，易伤肺津，肺失滋润，清肃失职，故干咳无痰，或痰少难咳；重者燥伤血络，则胸痛，痰中带血，或见鼻衄，甚则咯血；燥邪伤津，官窍、皮肤失于滋润，则见唇、舌、鼻、咽、皮肤干燥，舌干红苔白或黄而干燥少津；津液亏虚，则大便秘结、小便短少；燥邪袭表，肺卫失宣，故见轻微发热恶寒。

夏末秋初，燥与热合，称为温燥，腠理开泄，则见汗出，舌尖红，苔薄黄而干，脉浮数。秋末冬初，若燥与寒并，称为凉燥，较少见，寒主收引，腠理闭塞，则表现为无汗，苔薄白而干，脉浮紧。

（六）痰热壅肺证

痰热壅肺证是指痰热互结，壅阻于肺而使肺失于宣降所表现的实热证候。

【临床表现】 咳嗽气喘，气促息粗，甚则鼻翼煽动，喉中痰鸣，咳痰黄稠或痰中带血，或咳脓血痰有腥臭味，发热，胸痛，身热，烦躁不安，口渴，小便黄，大便秘结，舌红苔黄腻，脉滑数。

【证候分析】 本证多因温热之邪从口鼻而入，热邪壅肺，肺热炽盛，炼液成痰；或宿痰内盛，郁而化热，痰热郁结，壅阻于肺所致。

痰热郁阻，肺气不利，宣降失常，肺气上逆，故见咳喘，气促息粗，甚则鼻翼煽动；痰热互结，随肺气上逆，故喉中痰鸣，咳痰黄稠量多；痰热阻滞肺络，则胸痛，血败肉腐化脓，则咳吐血腥、臭痰；热邪郁遏于里，肺热炽盛，痰热内灼阴津，故身热口渴，小便黄，大便秘结；痰热内结，热扰心神，则烦躁不宁；舌红苔黄腻，脉滑数，皆为痰热内壅之征。

（七）痰湿阻肺证

痰湿阻肺证是指由痰湿阻滞于肺而表现出的证候。

【临床表现】 咳嗽痰多，色白而黏容易咳出，胸部满闷或见气喘，喉中痰鸣，舌淡苔白腻，脉滑。

【证候分析】 本证多因久咳伤肺，肺不布津，水湿停聚而成为痰湿；或由脾虚生湿，输布失常，水湿凝聚为痰，上渍于肺；或感受寒邪，肺失宣降，水液停聚而为痰湿所致。

痰湿阻肺，肺气上逆，故有咳嗽痰多，痰白质黏易咳出；痰湿阻滞气道，肺气不利影响气机升降，则见胸部满闷，甚则气喘痰鸣；舌淡苔白腻，脉滑，皆为痰湿内阻之征。

（八）风水相搏证

风水相搏证是指风邪袭肺，宣降失常，水道失于通调，水湿泛溢肌肤所表现出的证候。

【临床表现】 眼睑头面先肿，继而遍及全身，来势迅猛，皮肤薄而亮，小便短少，或伴有恶寒，发热，无汗，舌苔薄白，脉浮紧；或兼咽喉肿痛，舌红，脉浮数。

【证候分析】 本证多由风邪外感，肺卫失司，宣降无权，通调失职，风遏水停，风水相搏，泛溢肌肤而成。

肺为华盖，具通调水道之功，为水之上源，风为阳邪，其性轻扬开泄，风邪外袭，肺先受之，致使肺之宣发肃降失职，不能通调水道，风水相搏，水液向上向外输布失常，故水肿起于眼睑头面，上半身肿甚；由于是风邪新感，其性善行而数变，所以发病较快，水肿迅速，皮肤薄亮；肺失宣发，水液滞于上源，不能下输于膀胱，则见小便短少。若伴见恶寒重，发热轻，无汗，舌苔薄白，脉浮紧等症，为风水偏寒；若伴见发热重，恶寒轻，咽喉肿痛，舌红，脉浮数等症，为风水偏热。

（九）大肠湿热证

大肠湿热证是指湿热蕴结于大肠，传导功能失职所表现出的证候。

【临床表现】 腹痛，泄泻秽浊，或有下痢黏液脓血，里急后重，或暴泻黄糜臭秽稀便，肛门灼热，发热烦渴，小便短赤，舌红苔黄腻，脉滑数。

【证候分析】 本证多因夏秋之季，外感暑湿热毒之邪侵犯大肠；或饮食不节，或进食腐败不洁之物，湿热秽浊之邪蕴结肠道所致。

湿热蕴结于大肠，胶结不解，壅阻气机，传导失常，故见腹痛，里急后重；湿热熏灼，肠络受损，血肉腐败，则见下痢脓血黏液便（赤白黏冻）；湿热下注大肠，传导失职，水液下注，则泄泻秽浊，肛门灼热；若热迫肠道，传导失职，水液下注，则暴注下泻，便稀黄糜臭秽；湿热蕴结肠道，蒸达于外，则见发热；热盛伤津，则烦渴，小便短赤；舌红苔黄腻，脉滑数，均为湿热内结之征。

湿热为病，有湿重、热重之分。湿重于热，脉象多见濡数；热重于湿，脉象多见滑数。应注意鉴别。

（十）大肠液亏证

大肠液亏证是指大肠阴津亏虚，肠失濡润，传导不利所表现出的证候。

【临床表现】　大便干燥如羊粪，艰涩难下，数日一行，腹胀作痛，或左少腹触及包块，或伴头晕，舌唇干燥，咽干口臭，舌红少津，苔黄燥，脉细涩。

【证候分析】　本证多因素体阴亏，或年老阴血不足，或嗜食辛辣燥烈食物，或热病后汗、吐、下太过，久病，温热病后期，津液耗伤，或失血、妇人产后出血等，阴血津液不足，肠道失润所致。

热病后，或汗吐下后，肠道津液不足，失于濡润，则传导不利，故大便干燥秘结，坚如羊粪，难以排出，甚至数日一行；肠中燥屎内结，气机阻滞，则腹胀作痛，或左少腹触及包块；大便日久不下，浊气不得下泄而反上逆，故见口臭，甚则清阳被扰而见头晕；阴伤于内，阴液不足，津亏不能上承，则口燥咽干；阴津不足，虚火上扰，故有舌红少津；阴液不足，阴液不能充盈濡润脉道，血行涩滞，故脉细涩。

（十一）大肠结热证

大肠结热证是指邪热入里，与肠中糟粕相结所表现出之实热证候。

【临床表现】　脐腹胀满疼痛，拒按，大便干结或泻下青黑色恶臭粪水，身热，面赤，口渴，日晡热甚，小便短赤，口舌生疮，轻则烦躁失眠，甚则神昏谵语，狂乱，舌红苔黄干而起芒刺，脉沉实兼滑。

【证候分析】　本证多因热邪内盛，津液暗耗，或汗出过多，津液外泄，肠中干燥，里热炽盛，燥屎内结而成。

邪热炽盛于胃，胃肠热结里实，大肠传导难行，故见大便干结；或燥屎内积，邪热迫津下泄，则泻下青黑色恶臭粪水，此为“热结旁流”；腑气不通，则见腹胀痛而拒按；里热蒸腾，则有身热，面赤，口渴；热邪蒸腾，上灼心神，则躁烦失眠、狂乱、神昏谵语。日晡适当阳气旺时，其与邪相争，阴不胜阳，故日晡热甚；热盛津伤则有尿赤；邪热上扰，则见口舌生疮；舌红苔黄干而起芒刺，脉沉实兼滑，皆为燥热内结之征。

（十二）虫积肠道证

虫积肠道证是指蛔虫等寄生肠道，耗吸营养，阻滞气机所表现出的证候。

【临床表现】　胃脘嘈杂，脐腹部疼痛，时发时止，反复发作，或腹部可触及条索状虫团，或大便排虫，面黄肌瘦，烦躁不安，或厌食、嗜食、异食，或鼻痒，睡中磨牙，面部白斑，白睛蓝斑，下唇黏膜有小粟粒状隆起，或突发脘腹剧痛而汗出肢厥，呕吐蛔虫。

【证候分析】　本证多因饮食不洁，虫卵随食入口，寄生于肠道所致。

虫居肠道，扰乱气机，则脐腹部疼痛时作，虫动则痛，虫静则止，痛无定时，反复发作，或随排便而出；若虫抱聚成团，堵塞肠道，则腹痛按之有条索状物；虫居胃肠争食水谷，吮吸水谷精微，故患者觉胃脘嘈杂，久则面黄肌瘦；若虫动扰乱脾胃的受纳、腐熟及运化功能，则可见厌食、嗜食、异食；阴血不足，虚火内生，则烦躁不安；阳明大肠经入下齿、环唇口、行面颊，阳明胃经起于鼻、入上齿、布面颊，虫积肠道，湿热浊气循阳明经上熏，故见鼻痒、睡中磨牙、面部白斑、下唇黏膜有小粟粒状隆起；肺与大肠相表里，白睛属肺，虫居肠道，故可见白睛蓝斑；若蛔虫上窜，侵入胆道，以致气机闭塞、逆乱，则胁腹剧痛、呕吐蛔虫，甚至汗出肢厥，称为“蛔厥”。

五、肾与膀胱病辨证

肾，位于腰部，脊柱两旁，左右各一，《素问·脉要精微论》说：“腰者，肾之府”，肾脏外形椭圆弯曲，状如豇豆。肾为封藏之本，精之处，先天之本，五脏阴阳之本，在五行属水。肾的主要生理功能是藏精，主水，主纳气。肾在志为恐，在体合骨，骨生髓充脑，其华在发，开窍于耳及二阴，在液为唾。膀胱位于小腹，足少阴肾经与足太阳膀胱经在肾与膀胱之间相互络属，故肾与膀胱相表里。

肾的主要生理功能是藏精，主生长、发育与生殖，主纳气。肾内寄元阴元阳，元阴属水，元阳属火，为脏腑阴阳之根本，故称肾为“先天之本”“水火之宅”。肾又主水，并有纳气功能。膀胱为“州都之官”，有储存和排泄尿液的功能。

肾为先天之本，藏真阴而寓元阳，宜固藏而不宜泄。另外，多种疾病发展到严重阶段，都可累及到肾，故肾病多虚证。肾病以人体生长发育迟缓或早衰、生殖功能障碍、水液代谢失常、呼吸功能减退和骨、髓、脑、发、耳及二便等功能异常为主要病理变化，临床以腰膝酸软或疼痛，耳鸣耳聋，齿摇发脱，水肿，呼吸气短而喘，二便异常，男子阳痿遗精、精少不育，女子经少、经闭不孕等为肾病的常见症状。膀胱病以排尿异常为主要病理变化，常见症状有尿频、尿急、尿痛、尿闭、遗尿、小便失禁等。

肾病常见证候有肾阳虚证、肾气不固证、肾虚水泛证、肾不纳气证、肾阴虚证、肾精不足证。膀胱病常见证候有膀胱湿热证。

（一）肾阳虚证

肾阳虚证是指肾阳虚衰，机体失却温煦，生殖、气化等功能减退所表现出的虚寒证候。

【临床表现】 腰膝酸软冷痛，畏寒肢冷，以下肢为甚；头晕耳鸣，神疲，面色黧黑，精神萎靡；性欲减退，男子可见阳痿早泄、滑精精冷，女子宫寒不孕、白带清稀量多；浮肿，或五更泄泻；或小便频数清长，夜尿频多，舌淡苔白滑，脉弱或沉迟无力，尺部尤甚。

【证候分析】 本证多因素体阳虚、年高体衰，房劳过度或久病伤及肾阳所致。肾主骨生髓，肾阳虚则骨失所养，髓液不充，故见腰膝酸软；阳气不能温煦肌肤，故畏寒肢冷；肾阳不足，阴寒盛于下，故下肢尤以两足发冷明显；阳衰精髓不足，脑失所养，故神疲，甚则头晕耳鸣；若肾阳衰惫，阴寒内盛，气血运行不畅，则本脏之色外现而面色黧黑；阳虚不能鼓舞精神，则精神萎靡。肾藏精主生殖，肾阳不足，命门火衰，其生殖功能减退，故见男子阳痿早泄或滑精精冷，女子不孕；阳虚气化不及，故小便频数清长，夜尿频多，浮肿；阳虚不能温煦脾胃，故五更泄；舌淡苔白滑，脉弱或沉迟无力，均为阳虚之征。

（二）肾气不固证

肾气不固证是指肾气亏虚，失于封藏、固摄所表现出的虚弱证候。

【临床表现】 腰膝酸软，神疲乏力，耳鸣耳聋；小便频数而清，或尿后余沥不尽，或遗尿，或夜尿频多，或小便失禁；男子滑精早泄，女子带下量多清稀，或月经淋漓不尽，或胎动易滑。舌淡，苔白，脉沉弱。

【证候分析】 本证多由年高肾气衰弱，或年幼肾气不充，或久病劳损而伤肾，使肾气亏损，失去封藏固摄之权所致。肾气不固，肾与膀胱相表里，膀胱失约，不能贮藏津液，故小便频数，清长，遗尿，小便失禁或余沥不尽；夜为阴盛阳衰之时，肾气虚则阴寒尤甚，故夜尿多；肾失封藏，精关不固，故男子滑精早泄；带脉失固，不能固胎涩带，故女子带下量多清稀；冲任失约，则月经淋漓不尽；胎元不固以致胎动不安、滑胎；腰为肾之府，肾主骨生髓，开窍于耳；肾气亏虚，骨髓、耳窍失养，故腰膝酸软，神疲乏力，耳鸣耳聋；舌淡苔白，脉沉弱，皆为肾气虚而不固之征。

（三）肾虚水泛证

肾虚水泛证是指肾的阳气亏虚，气化无权不能温化水液，水湿泛滥所表现出的证候。

【临床表现】 腰膝酸软、冷痛，全身水肿，腰以下尤甚，按之没指，腹胀满，小便少，形寒肢冷，或见心悸，气短，喘咳痰鸣，舌淡胖嫩有齿痕，苔白滑，脉沉细。

【证候分析】 本证多因素体虚弱或久病损伤肾阳，肾阳虚衰以致水湿泛滥所致。肾阳虚衰致膀胱气化无权，故小便不利而尿少；肾阳虚不能化气行水，水溢于肌肤，停滞胃肠，故有全身水肿，腹胀满；肾居下焦，阳虚气化不行，水湿趋下，故腰以下肿尤甚；阳虚不能温煦肢体，则腰膝酸软、冷痛，形寒肢冷；水气凌心，心阳受阻，则心悸、气短；水气射肺，肺失肃降，故喘咳痰鸣；舌淡胖嫩有齿痕，苔白滑，脉沉细，皆为阳虚水泛之征。

（四）肾不纳气证

肾不纳气证是指肾气虚衰，气不归元而摄纳无权所表现出的虚弱证候。

【临床表现】 久病咳喘，喘促、气短，呼多吸少，气不得续，动则喘息益甚，腰膝酸软；自汗神疲，声音低怯，舌淡苔白，脉弱；或喘息加剧，冷汗淋漓，肢冷面青，脉浮大无根；或气短息促，颧红心烦，口燥咽干，舌红少苔，脉细数。

【证候分析】 本证多由久病咳喘，肺虚及肾；或劳伤太过，先天不足，年老体弱，肾气亏虚，纳气失权所致。肺为气之主，司宣降，肾为气之根，主摄纳。肺司呼吸，肾主纳气。经久咳喘由肺及肾，肾虚下元不固，摄纳无权，气不归元，故见喘促，气短，呼多吸少，气不得续；动则耗气，故动则益甚；肾虚腰膝失养，故腰膝酸软；肺肾气虚，宗气亦虚，故声音低怯、神疲乏力；卫气不固则自汗；舌淡苔白，脉弱，均为肺肾气虚之征。肾气虚进一步发展可致肾阳亏虚，阳虚失于温运则肢冷面青；甚至虚阳浮越欲脱，则见喘息加剧，冷汗淋漓，脉浮大无根；阴阳互根，肾气虚衰，若久延伤阴，或素体阴虚，均可致气阴两虚，而见气短息促，颧红心烦，口燥咽干；舌红少苔、脉细数等，为阴虚内热之象。

（五）肾阴虚证

肾阴虚证是指肾阴亏虚，失于滋养，虚热内扰所表现出的虚热证候。

【临床表现】 腰膝酸软，眩晕，耳鸣耳聋，失眠多梦，咽干舌燥；形瘦，五心烦热，潮热盗汗；男子阳强易举，遗精、早泄，女子经少、经闭，或见崩漏；舌红少津，少苔或无苔，脉细数。

【证候分析】 本证多因禀赋不足，肾阴素亏；老年体弱，阴液自亏；或久病伤肾，或房劳过度，或热病伤阴，或情志内伤，耗伤肾阴后；或过服温燥，劫夺肾阴所致。腰为肾之府，肾主骨生髓，肾阴虚不能生髓充骨养脑，故见腰膝酸软，眩晕，耳鸣耳聋；肾阴不足，形体失于濡养则形瘦；阴虚生内热，故见五心烦热，失眠多梦，潮热盗汗，咽干舌燥；肾阴亏虚，虚热内生，相火妄动，则男子阳强易举，精室被扰，精关不固，而见遗精、早泄；女子以血为用，阴亏则经血来源不足，故经少或经闭；阴虚火旺，迫血妄行，则见崩漏；舌红少津，少苔或无苔，脉细数，为阴虚内热之象。

（六）肾精不足证

肾精不足证是指肾精亏损，脑与骨、髓失充，以小儿生长发育迟缓、成人生殖功能低下、早衰等为主要表现的虚弱证候。

【临床表现】 小儿生长发育迟缓，囟门迟闭，身材矮小，智力低下，动作迟钝，骨骼痿软；成人生殖功能减退，男子精少不育，女子经少或经闭不孕；成人早衰，腰膝酸软，耳鸣耳聋，发脱齿摇，健忘恍惚，神情呆钝，足痿无力，舌淡，脉弱。

【证候分析】 本证多因先天禀赋不足，元气不充，或后天失养，肾精不充；或因久病劳损，他脏病久及肾，或房劳过度，耗伤肾精所致。肾精主生长、发育，肾精不足，不能化气生血，不能主骨生髓充脑，故小儿发育迟缓，囟门迟闭，身材矮小，骨骼痿软，智力低下，动作迟钝。肾精主生殖，肾精亏虚，生殖功能低下，故男子精少不育，女子经少或经闭不孕；若肾精不足，可致成人早衰。肾之华在发，精不足则发枯易脱；齿为骨之余，肾精亏则齿摇早脱；肾开窍于耳，脑为髓海，精少髓亏，则耳鸣耳聋；精少无以充髓实脑，则健忘恍惚，神情呆钝。腰为肾之府，肾精不足，则腰膝酸软；精亏骨骼失养，则足痿无力，动作迟缓；舌淡，脉弱，为精血亏虚之象。

（七）膀胱湿热证

膀胱湿热证是指湿热蕴结于膀胱，气化不利所表现出的湿热证候。

【临床表现】 尿频，尿急，排尿灼热疼痛，小便短赤涩少，或淋漓不尽，或尿血，或尿有砂石，尿浊，或腰痛，少腹拘急疼痛，发热，舌红苔黄腻，脉滑数或濡数。

【证候分析】 本证多由外感湿热，湿热之邪蕴结于膀胱；或饮食不节，湿热内生，下注于膀胱，致使膀胱气化不利所致。湿热蕴结，膀胱气化失常，故见小便短涩不利，或淋漓不尽；湿热下迫尿道，故尿频、尿急、尿赤浑浊；湿热阻滞，故排尿灼热疼痛；伤及阴络，则尿血；湿热煎熬津液，渣滓沉结而成砂石；湿热阻滞肾府，故腰痛；膀胱湿热波及少腹，则少腹拘急疼痛；湿热郁蒸则发热；舌红苔黄腻，脉滑数，乃湿热内蕴之征象。

六、脏腑兼病辨证

人体各脏腑在生理上相互联系、密切相关，发生病变时也会相互影响。当疾病发展到一定阶段，可同时出现两个或两个以上的脏腑证候，凡两个以上脏腑相继或同时发病者，即为脏腑兼病。然而，脏腑兼病并非多个脏腑证候的简单相加，而是发生兼病的脏腑之间，存在着较密切的生理病理联系，如脏腑之间的表里、生克、乘侮关系及功能联系。因此，辨证时应当注意辨析脏腑之间有无先后、主次、因果、生克等关系，这样才能明确其病理机制，做出恰当的辨证施治。

学习脏腑兼病辨证，对于掌握脏腑病证的发生、发展和传变规律，正确认识和处理临床上各种复杂病情，具有重要意义。

关于脏腑兼病的辨证，主要应抓住三点：一是兼病是由哪几个脏腑的哪几个证候组成的；二是这些证候之间存在着什么关系，如因果、主次、并列关系等；三是兼病的辨证要领。脏腑兼病在临床上甚为多见，其证候也较为复杂，现将临床常见的十二个脏腑兼病作简要介绍。

（一）心肺气虚证

心肺气虚证，是指心肺两脏气虚，其主要功能减退所表现的证候。

【临床表现】 心悸，久咳不已，咳喘，胸闷，痰液清稀，气短乏力，声音低怯，动则尤甚，头晕神疲，自汗，面白无华，舌淡苔白，脉沉弱或结代。

【证候分析】 本证多由久病咳喘，耗伤心肺之气；或先天禀赋不足、年高体弱、劳倦过度，精气渐损所致。肺气虚弱，宗气生成不足，致使心气亦虚；而当心气先虚时，其宗气耗散，亦可致肺气不足，导致心肺气虚。宗气不足，心的鼓动力弱，故见心悸；肺气虚则肃降无权，气机上逆则咳喘；宗气不足，则气短乏力，声音低怯，动则尤甚；胸阳不振，肺气不宣，则胸闷；肺气不能敷布津液，则痰稀；肺主一身之气，心主血脉，心肺气虚，全身功能活动减弱，肌肤及头面供养不足，则面白无华，头晕神疲；表卫不固则自汗；舌淡苔白，脉沉弱或结代，为心肺气虚之象。

【辨证要点】 以心悸咳喘，胸闷气短与气虚见症为辨证要点。

（二）心脾两虚证

心脾两虚证是指心血亏虚，脾气虚弱同时出现所表现出的证候。

【临床表现】 心悸怔忡，眩晕，健忘，失眠多梦；饮食减少，腹胀便溏；倦怠乏力，面色萎黄；或皮下出血，妇女月经量多色淡，或崩漏或经少、经闭，舌淡，脉细弱。

【证候分析】 本证多因久病失调、失血，或思虑过度，致心血耗伤，脾气受损所致。临床上由脾气虚导致心血虚者较多见。脾气虚弱，生血不足或统摄无权，血溢脉外可致心血虚；心血不足，无以化气以温煦脾胃，则脾气变虚，因而形成心脾两虚证。心血不足，心神失养，神不守舍故心悸怔忡，失眠多梦，眩晕，健忘；脾气虚，脾失健运，故食少、腹胀便溏，倦怠乏力，面色萎黄；脾主统血，脾气虚，摄血无力，故皮下出血，妇女月经量多，或崩漏；脾为后天之本，脾虚气血生化无源，故经少、经闭；舌淡，脉细弱，均为心脾两虚，气血不充之征。

【辨证要点】 以心悸失眠，食少便溏，慢性出血与气血两虚见症为辨证要点。

（三）心肝血虚证

心肝血虚证是指心肝两脏血虚，组织器官失养所表现出的证候。

【临床表现】 心悸健忘，失眠多梦，头晕目眩，面白无华，两目干涩，视物模糊，爪甲不荣，肢体麻木，甚则震颤拘挛，妇女月经量少色淡，甚则闭经，舌淡苔白，脉细。

【证候分析】 本证多因久病体虚，或思虑劳神、暗耗心血，或失血过多，或脾虚而生血化源不足所致。心血不足，心失所养，心神不宁，故见心悸健忘，失眠多梦；血虚头目失养，则头晕目眩，面白无华；肝血不足，目失所养，则两目干涩，视物模糊；爪甲、筋脉失于濡养，则爪甲不荣，肢体麻木，甚则震颤拘挛；女子以血为本，心肝血虚，冲任失养，则月经量少色淡，甚则闭经；舌、脉失充，则舌淡苔白，脉细。

【辨证要点】 以心悸健忘，失眠多梦，目、筋失养与血虚见症为辨证要点。

（四）心肾不交证

心肾不交证，是指心肾水火既济失调，心肾阴虚火旺所表现出的证候。

【临床表现】 心烦失眠，健忘心悸，头晕耳鸣，咽干，腰膝酸软，多梦遗精，五心烦热，潮热盗汗，小便短赤，舌红少苔或无苔，脉细数。

【证候分析】 本证多由久病伤阴，房事过度，耗伤肾阴；或思虑太过，情志抑郁化火；或外感热病等致心肾水火不济所致。肾阴亏损，水不济火，不能上滋心阴，心阳偏亢；或心火亢于上，内耗阴精，致肾阴亏于下。心肾阴阳水火失去了协调相济的关系，形成了心肾不交。肾水不升，心火无制，心神不安，故见心烦失眠，健忘心悸；肾阴亏虚，脑髓失养，则头晕耳鸣；肾阴虚，则腰膝酸软；虚火内扰，精关不固，故见多梦遗精；阴虚阳亢，虚热内生，则咽干，五心烦热，潮热盗汗；津亏火旺则咽干，小便短赤；舌红少苔，脉细数，皆为阴虚内热之征。

【辨证要点】 以心烦心悸，失眠，腰膝酸软，遗精与阴虚见症为辨证要点。

（五）心肾阳虚证

心肾阳虚证是指心肾阳气虚衰，失于温煦而表现出的证候。

【临床表现】 形寒肢冷，心悸，胸闷，气短喘息，小便不利，肢体浮肿，甚则唇甲青紫，舌青紫暗淡，苔白滑，脉沉微。

【证候分析】 本证多因久病不愈，或劳倦内伤所致。心阳虚衰，病久及肾，导致肾阳亦衰，造成心肾阳虚。阳衰不能温养机体，故形寒肢冷；心肾阳虚，鼓动乏力，不能温运血液，血行瘀滞，则见心悸，心胸憋闷，甚则唇甲青紫，舌青紫暗淡，脉沉微；心肾阳衰，肾阳不能气化水液，水液内停，故小便不利；泛滥肌肤则肢体浮肿，水气凌心则气短喘息；苔白滑为心肾阳虚、水湿内停之征。

【辨证要点】 以形寒肢冷，心悸，肢体浮肿，甚则唇甲青紫，舌青紫暗淡，脉沉微为辨证要点。

（六）肝脾不调证

肝脾不调证是指肝失疏泄，脾失健运所表现出的证候。

【临床表现】 胁肋胀满窜痛，情志抑郁，善太息，太息则痛减；或急躁易怒，纳呆腹胀，便溏，或腹痛泄泻，泻后痛减；舌苔白腻，脉弦。

【证候分析】 本证多因情志不遂，郁怒伤肝，肝失疏泄，则气机不利，木郁乘土；或思虑伤脾，劳倦过度，脾失健运，反侮肝木所致肝脾不调。胁乃肝之分野，肝失疏泄，肝郁气滞，则胸胁胀满窜痛，情志抑郁，善太息；气郁化火，肝失柔顺之性，则急躁易怒；太息可引气舒展，气郁得散，故胀闷疼痛可减；脾失健运，则纳呆腹胀，便溏；肝郁乘脾，气机失调，脾失健运，清气不升，则腹痛泄泻，泻后气滞得畅，故泻后疼痛缓解；舌苔白腻，脉弦，均属肝脾不调之征。

【辨证要点】 以胸胁胀满窜痛，善太息，纳呆腹胀便溏为辨证要点。

（七）肝胃不和证

肝胃不和证是指肝郁气滞，横逆犯胃，胃失和降所表现出的证候。

【临床表现】 胸胁、胃脘胀满疼痛或窜痛，呃逆嗳气，吞酸嘈杂，不思饮食，精神抑郁，善太息，或烦躁易怒，舌红苔薄黄，脉弦或弦数。

【证候分析】 本证多因情志不遂，肝气横逆犯胃，胃失和降；或饮食伤胃，胃病及肝所致。情志不遂，肝失疏泄，肝气横逆犯胃，胃气郁滞，则胃脘、胸胁胀满疼痛或窜痛；肝胃郁热，胃失和降，胃气上逆则呃逆嗳气，吞酸嘈杂；肝失条达，情志失调，则精神抑郁，善太息；气郁化火，肝性失柔，则烦躁易怒；胃受纳失职，则不思饮食；若气郁化火，则舌红苔薄黄，脉弦或弦数。

【辨证要点】 以胃脘、胁肋胀痛或窜痛，嗳气吞酸为辨证要点。

（八）肝火犯肺证

肝火犯肺证是指肝郁化火，上逆灼肺，肺失清肃所表现出的证候。

【临床表现】 胸胁灼痛，急躁易怒，咳逆上气，痰黄黏稠，甚则咯血，烦热口苦，头晕目赤，舌红苔薄黄，脉弦数。

【证候分析】 本证多由情志郁结，郁怒伤肝，气郁化火，肝火循经，上逆犯肺，肺失清肃所致。肝属木，主升发；肺属金，主肃降。肝肺二脏，升降相应，则气机调畅。肝郁化火，故胸胁灼痛、急躁易怒；肝火炽盛，上逆犯肺，木火刑金，肺失清肃，肺气上逆，则咳逆上气；火热灼伤肺络，炼液成痰，则痰黄黏稠，咯血；肝火上炎，故烦热口苦，头晕目赤，舌红苔薄黄，脉弦数。

【辨证要点】 以咳嗽或咯血，胸胁灼痛，急躁易怒与实热见症为辨证要点。

（九）肝肾阴虚证

肝肾阴虚证是指肝肾两脏阴液亏虚，虚热内扰所表现出的证候。

【临床表现】 胁部隐痛，头晕目眩，耳鸣健忘，腰膝酸软，视物模糊，咽干，颧红盗汗，五心烦热，男子遗精，女子经少，舌红少苔，脉细数。

【证候分析】 本证多由久病失调、房劳过度、情志内伤耗伤精血；或温热病后期肝肾阴亏等所致。肝藏血，肾藏精，精血互相资生，在病理上亦相互影响。当肾阴不足，则水不涵木，因之肝阴亦亏；肝阴亏虚，子病及母，又可累及肾阴，导致肾阴亦亏，形成肝肾阴虚。肝肾阴虚，肝脉失养，虚火上扰，故胁部隐痛、头晕目眩、视物模糊等；肾精不足，耳失所养，则耳鸣；冲任隶属于肝肾，肝肾阴亏，冲任失调，故女子经少；虚火扰动精室，则男子遗精；腰为肾府，腰膝失于肾精滋涵，则腰膝酸软；五心烦热，咽干，颧红盗汗，舌红少苔，脉细数，皆属肝肾阴虚之征。

【辨证要点】 以眩晕耳鸣，腰膝酸软，胁痛与虚热见症为辨证要点。

（十）肺脾气虚证

肺脾气虚证是肺脾两脏气虚，其主要功能减退所表现出的证候。

【临床表现】 久咳不止，气短而喘，痰多稀白，食欲不振，腹胀便溏，面白无华，少气乏力，声低懒言，甚则面浮足肿，舌淡苔白，脉细弱。

【证候分析】 本证多由久病咳喘，肺虚累及于脾；或饮食不节，劳倦伤脾，不能输精于肺所致。脾肺之气均不足，水津无以布散，痰湿由内而生。久病咳喘，肺气虚损，呼吸功能减弱，宣降失职，气逆于上，则久咳不止，气短而喘；肺气虚，水津不布，聚湿生痰，故痰多稀白；脾虚运化失常，故食欲不振，腹胀便溏；气虚运血无力，面部失养，则面白无华；气虚全身脏腑功能活动减退，故少气乏力，声低懒言；肺失宣发，脾失健运，肺脾之气不能化气行水，故面浮足肿；舌淡苔白，脉细弱，皆属肺脾气虚之征。

脾肺气虚证与心肺气虚证，均有气虚表现，二者区别在于：前者伴有脾病证候，后者兼有心病证候。

【辨证要点】 以食少腹胀便溏，咳喘气短与气虚见症为辨证要点。

（十一）肺肾阴虚证

肺肾阴虚证是指肺肾两脏阴液亏虚，虚火内扰所表现出的证候。

【临床表现】 干咳少痰，或痰中带血，口燥咽干，或声音嘶哑，形体消瘦，腰膝酸软，骨蒸潮热，颧红盗汗，口干咽燥或声音嘶哑，男子遗精，女子月经不调，舌红少苔，脉细数。

【证候分析】 本证多因久咳伤肺，耗伤肺阴，进而耗伤肾阴；或痨虫、燥热耗伤肺阴，病久及肾；或房劳过度，肾阴亏虚，损及肺阴致肺肾阴虚。肺肾两脏，“金水相生”。阴虚肺燥，津液不能上承，肺失清肃，则干咳少痰；虚火熏灼，咽喉失滋，则口燥咽干，甚或声音嘶哑；虚火上炎，灼伤肺络，故痰中带血；肾阴不足，故见腰膝酸软；阴虚火旺，扰动精室，精关不固，则为男子遗精；阴精不足，精不化血，冲任空虚，则女子月经不调；阴精不足，虚热内生，故形体消瘦，骨蒸潮热，颧红盗汗，舌红少苔，脉细数等阴虚内热之征。

肝肾阴虚证与肺肾阴虚证，都有肾阴不足，虚火内炽的表现，所不同者，前者尚有肝阴虚、肝阳亢的症状，后者反映肺阴虚的现象。

【辨证要点】 以干咳痰少，音哑，遗精，月经不调与虚热见症为辨证要点。

（十二）脾肾阳虚证

脾肾阳虚证是指脾肾阳气亏虚所表现出的证候。

【临床表现】 形寒肢冷，面色㿠白，腰膝冷痛，下利清谷，或五更泄泻，或面浮肢肿，小便不利，甚则出现腹水，腹胀如鼓，舌淡胖，苔白滑，脉沉迟无力。

【证候分析】 本证多因脾、肾两脏久病，耗气伤阳；或久泻久痢，脾病及肾；或阳虚水泛，肾病及脾等所致，形成脾肾阳虚证。脾主运化，肾司二便。脾肾阳虚，不能温养形体，故见形寒肢冷，面色㿠白；肾阳不能正常温煦腰膝，故腰膝冷痛；脾阳虚失于运化水谷精微，则下利清谷，五更泄泻；脾阳虚不能运化水液，水湿内停，膀胱气化失司，则小便不利；水湿泛滥肌肤，则面浮肢肿；土不制水，水湿内聚，水渗腹腔，则出现腹水，腹胀如鼓；舌淡胖，苔白滑，脉沉迟无力，均为阳虚失于温运，水寒之气内停之征。

【辨证要点】 以腰腹冷痛，久泻久痢，浮肿与虚寒见症为辨证要点。

第四节　经络辨证

经络辨证，是以经络及其所联系脏腑的生理病理为基础，在经络学说理论指导下，对患者表现出的症状、体征进行综合分析，辨清病证的经络属性和所在部位、病因病机及其性质特征等，为治疗提供依据，是中医诊断学的重要组成部分。

经络是人体经气运行的通道。经络通过有规律的循行和纵横交错的联络网，组成了经络系统，把人体五脏六腑、肢体官窍及皮肉筋骨等组织紧密地联结成统一的有机整体，通过联络脏腑肢节，沟通上下内外，使人体各部相互协调，共同完成各种生理活动。

经络是疾病发生和传变的途径。当外邪侵入人体，经气失常，病邪会通过经络逐渐传入脏腑；反之，如果内脏发生病变，同样也循着经络反映于体表，在体表经脉循行的部位，特别是经气聚集的腧穴之处，出现各种异常反应，如麻木、酸胀、疼痛，对冷热等刺激的敏感度异常，或皮肤色泽改变，或见脱屑、结节等。例如，手阳明大肠经起于食指末端桡侧，沿食指桡侧上行，循臂入肘，上肩，其分支从缺盆（锁骨窝）向上到颈，贯颊，入下齿中，还出挟口，交人中。所以当手阳明大肠经有了病变，就可能出现齿痛、颈肿、肩胛及上臂痛、食指活动不灵活等，甚至出现红肿灼热或寒冷感等。经络所反映出来的病理变化，一方面与各经脉所络属的脏腑的病理变化有关；另一方面与各经络的循行路径和经脉气血运行通达与否也有关。因此临床根据这些症状、体征，用经络辨证的方法，判断病证属何经、何脏、何腑，以进一步确定病变性质及其发展趋势。

经络辨证与脏腑辨证互为补充，二者不可截然分开。十二经脉与五脏六腑皆有一定的络属关系，因此，十二经脉有病就会影响到相应的脏腑，从而出现脏腑的病理变化。如足太阴脾经入腹属脾络胃，并与心、肺及肠有直接联系，故足太阴脾经有病，会引起脾胃升降失常，纳运失职之候，如胃脘痛、呕恶、纳食减少、腹胀便溏，或完谷不化，或黄疸、肿胀等。足少阴肾经属肾络膀胱，并与肝、肺、心等脏有直接联系，所以足少阴经有病，就可出现水肿、泄泻、腹胀、阳痿，以及眩晕、目视模糊、气短、心烦等症。所以分析经络的病理变化，必须与它相络属的脏腑联系起来。脏腑辨证侧重于阐述脏腑功能失调所出现的各种症状，而经络辨证则主要是论述经脉循行部位出现的异常反应，对其所属脏腑病证论述较为简略，是脏腑辨证的补充，对临床各科，特别是针灸、按摩、气功等治疗具有重要意义。

一、十二经脉病证

十二经脉，包括手足三阴经和三阳经。它们的病理表现有三个特点：一是经脉受邪，经气不利，出现的病证与其循行部位有关。如膀胱经受邪，可见腰背、腘窝、足跟等处疼痛；二是与经脉特性和该经所属脏腑的功能失调有关。如肺经为十二经之首，易受外邪侵袭而致气机壅塞，故见胸满、咳喘气逆等肺失宣降的症状；三是一经受邪常影响其他经脉，如脾经患病可出现胃脘疼痛、食后作呕等胃经病证。可见十二经病证是有一定规律可循的，掌握其规律和特点，便可以帮助我们推求出病因病机与病名，更好地指导临床。

（一）手太阴肺经病证

手太阴肺经病证是指手太阴肺经经脉循行部位及肺脏功能失调所表现出的临床证候。肺主气，司呼吸、连喉系，属于太阴经，多气多血，每日寅时周身气血流注于肺。

【临床表现】 肺胀、咳喘、胸部满闷，缺盆中痛，肩背痛，或肩背寒，少气，洒淅寒热，自汗出，臂内前廉痛，掌中热，烦渴咽干，小便频数或色变等。

【证候分析】 肺者生气之源，其脉循胃口上膈属肺。肺合皮毛，肌表受邪，内传于肺，失其宣降，致胸闷胀满，咳喘气逆；缺盆为十二经通络，与肺接近，肺气不畅，故见疼痛；肺经行于肘臂间，其经气不利，则肩背及臂内侧前缘疼痛，掌中热；邪客于肌表，卫气郁闭，故洒淅寒热；腠理不固，则汗出；外邪入里化热，或肺经有热，则可见烦渴、咽干；肺为肾之母，邪伤其气，故小便频数或色变。

（二）手阳明大肠经病证

手阳明大肠经病是指手阳明大肠经经脉循行部位及大肠功能失调所表现出的临床证候。大肠禀燥化之气，主津液所生的疾病，属手阳明经，每日卯时周身气血流注于大肠。

【临床表现】 齿痛、颈肿，咽喉肿痛，鼻衄，目黄口干；肩臂前侧疼痛，拇指、食指疼痛、活动障碍。

【证候分析】 手阳明大肠经的支脉，从缺盆上颈贯颊入齿，故病则齿痛、颈肿、咽喉肿痛，大肠经之别络达目，邪热炽盛，则目黄口干；热盛迫血妄行，故鼻衄；病邪阻滞经脉，气血不畅，则肩臂前侧疼痛；拇指、食指疼痛及活动障碍，均为本经经脉所及的病变。

（三）足阳明胃经病证

足阳明胃经病证是指足阳明胃经经脉循行部位及胃腑功能失调所表现出的临床证候。脾与胃相连，以脏腑而言，均属土；以表里而言，脾阴而胃阳；以运化而言，脾主运而胃主化。足阳明胃经多气血，每日辰时周身气血流注于胃。

【临床表现】 壮热，汗出，头痛，颈肿，咽喉肿痛，齿痛，或口角㖞斜，鼻流浊涕；或鼻衄；惊惕狂躁；或消谷善饥，脘腹胀满；或胸乳部、腹股部、下肢外侧、足背、足中趾等多处疼痛，足中趾活动受限。

【证候分析】 胃经多气多血，受邪后易从阳化热，见里实热证。里热内盛则壮热；邪热迫津外出致汗出；胃火循经上炎，则见头痛、颈肿、咽喉肿痛、齿痛；若风邪侵袭，可见口角㖞斜，鼻流浊涕；热盛迫血妄行，则鼻衄；热扰神明，则惊惕发狂而躁动，胃火炽盛，致消谷善饥；胃病及脾，中焦气阻，则脘腹胀满；胃经受邪，气机不利，则所循行部位如胸乳部、腹股部、下肢外侧，足背、足中趾等多处疼痛，且活动受限。

（四）足太阴脾经病证

足太阴脾经病证是指足太阴脾经经脉循行部位及脾脏功能失调所表现出的临床证候。脾为胃行其津液，为十二经脉的根本，属足太阴经，主血少气旺，每日巳时周身气血流注于脾。

【临床表现】 舌本强，食则呕，胃脘痛，腹胀善噫，得后与气则快然如衰者，身体皆重；舌本痛，体不能动摇，食不下，烦心，心下急痛，溏泄，癥瘕，泄、水闭、黄疸，不能卧，股膝内肿厥，足大趾不用。

【证候分析】 脾经血少气旺，如果经气发生变动，因其脉连舌本，所以发生舌根强硬现象。脾病失运，所以食不下，食则呕，胃脘痛，腹胀。若阴盛而上走阳明，故气滞而为嗳气；得后与气则快然如衰者，为脾气得以输转而气通，所以矢气或大便后腹胀和嗳气就得以衰减或暂时消除。脾主肌肉，湿邪内困，故身体皆重。脾不健运，筋脉失养，则舌本痛，肢体关节不能动摇。足太阴之脉，上膈注心中，故为烦心，心下急痛。脾经有寒，则为溏泄；脾经有郁滞则为癥瘕。脾病不能制水则为泄，为水闭，为黄疸，不能卧。足太阳脾经起于大趾，上膝股内前廉，故为肿为厥，为大趾不用等病。

（五）手少阴心经病证

手少阴心经病证，是指手少阴心经经脉循行部位及心脏功能失调所表现出的临床证候。手少阴心经少血多气，十二经之气皆感而应心，十二经之精皆贡而养心，故心为生之本，神之居，血之主，脉之宗。每日午时周身气血流注于心。

【临床表现】 心胸烦闷疼痛、咽干、渴而欲饮、目黄、胁痛、臑臂内侧后缘痛，掌中热。

【证候分析】 心属火脏，故心经病变多见热证。心火内盛，则心胸烦闷疼痛；本经的支脉从心系上挟于咽部，心火上炎，心阴耗损，则咽干，渴而欲饮；手少阴之脉系于目系，又出于胁下，故目黄胁痛。心脉又循臑臂内侧入掌中，故而可见臑臂内侧后缘痛和掌中发热之证。

（六）手太阳小肠经病证

手太阳小肠经病证，是指手太阳小肠经经脉循行部位及小肠功能失调表现出的临床证候。小肠为受盛之官，化物所出，与心为表里，居太阳经，少气多血。每日未时周身气血流注于小肠。

【临床表现】 耳聋、目黄、咽痛；肩似拔、臑似折。颈项肩肘臂外后廉痛。

【证候分析】 小肠经属阳，其病多热。小肠经支脉从缺盆循颈上颊，至目锐眦，即入耳中，故出现聋、目黄、咽痛；肩似拔，臑似折，乃由于手太阳之脉循行于上臂外侧后缘，到达肩关节，绕行肩胛部，交会于颈部大椎的缘故。热邪侵袭小肠经脉，则颈、项、肩、肘、臂外侧后缘等处疼痛。

（七）足太阳膀胱经病证

足太阳膀胱经病证，是指足太阳膀胱经经脉循行部位及膀胱功能失调所表现出的临床证候。膀胱为州都之官，藏津液，属太阳经，少气而多血。每日申时周身气血流注于膀胱。

【临床表现】 发热，恶风寒，鼻塞流涕，头痛，项背强痛；目似脱、项如拔，腰似折，腘如结，踹如裂；癫痫、狂证、疟疾、痔疮；腰脊、腘窝，腓肠肌、足跟和小趾等处疼痛，活动障碍。

【证候分析】 膀胱经行于背部，易受外邪侵袭。邪客体表，卫阳郁滞，故发热，恶风寒，鼻塞流涕。本经脉上额交巅入络脑，故头痛，项背强痛；又因足太阳经起目内眦，还出别下项、抵腰中、过髀枢、下合腘中、贯踹内，故本经有病，疼痛得眼珠好像要脱出一样，颈项好像被人拉拔一样，腰好像要折断一样，膝弯部位好像结扎一样不能弯曲，踹部（即小腿肚）好像撕裂一样疼痛，股关节屈伸不利，其所过部位均疼痛，足小趾不能随意运动；热邪极盛则发生癫痫、狂证、疟疾；热聚肛门，气血壅滞，则酿生痔疮。

（八）足少阴肾经病证

足少阴肾经病证，是指足少阴肾经经脉循行部位及肾脏功能失调所表现出的临床证候。肾脏藏精主水，属阳气初转，阳气乍生的少阴。足少阴肾经，多气而少血。每日酉时周身气血流注于肾。

【临床表现】 面黑如漆柴，头晕目眩；咳唾有血或气促而喘；饥不欲食，心胸痛，腰脊下肢无力或痿厥，足下热痛；心烦、易惊、善恐。

【证候分析】 肾虽属阴，内藏元阳，水中有火；肾又为五脏之本，则易影响其脏腑而出现寒热错杂、虚实相兼的证候。肾主水，水色黑、肾精亏损，不能上荣于面，故见面黑如漆柴，头晕目眩；金水相生，肾虚子病及母，故咳唾有血或气促而喘。肾阴不足，虚火上犯于胃，致饥不欲食；心肾不交，故心烦，易惊、善恐和心胸疼痛；病邪阻滞肾经，则腰脊下肢无力或痿厥，足下热痛。

（九）手厥阴心包经病证

手厥阴心包经病证，是指手厥阴心包经经脉循行部位及心包络功能失常所表现出的临床证候。心包络为心之宫城，位居相火，代君行事属于厥阴经，少气而多血。每日戌时周身气血流注于心包络经。

【临床表现】 手心热，臂肘挛急，腋肿，甚则胸胁支满，心烦、心悸、心痛，喜笑不休，面赤目黄等。

【证候分析】 心包为心脏外面包膜，心火为君火，肝肾之火为相火，其病多见热证并往往影响到心。手厥阴之脉起于胸中，循胸出胁，入于掌中，故其所循行的部位发生病变，引起手心热，上臂、肘部挛急，腋肿，胸胁支满；气血运行不畅，则心悸，心痛；神魂不宁，则心烦，甚或喜笑不休；心火上炎，故面赤目黄。

（十）手少阳三焦经病证

手少阳三焦经病证，是指手少阳三焦经经脉循行部位及三焦功能失调所表现出的临床证候。三焦为人体水谷精微化生和水液代谢的通路，总司人体的气化，属手少阳经，少血多气。每日亥时周身气血流注于三焦。

【临床表现】 耳聋、心胁痛，目锐眦痛，耳后疼痛，汗出，肩肘、前臂痛，小指、食指活动障碍。

【证候分析】 三焦之脉上项系耳后，故本经受邪，热邪上扰，则见耳聋；手少阳三焦经循行经过面颊到目外眦，故见目锐眦痛，颊部耳后疼痛；三焦出气以温肌肉、充皮肤，故为汗出。三焦主气所生病者，气机抑郁，则心胁不舒而痛；肩肘，前臂疼痛，小指、食指活动障碍，都是由于经脉循行之所处，经气不利所引起。

（十一）足少阳胆经病证

足少阳胆经病证，是指足少阳胆经经脉循行部位及胆腑功能失常所表现出的临床证候。胆为中精之府，“凡十一脏皆取决于胆”，属足少阳经，多气少血。每日子时周身气血流注于胆。

【临床表现】 口苦、善太息，心胁痛不能转侧，甚则面微有尘，体无膏泽，足外反热；头痛颔痛，缺盆中肿痛，腋下肿，马刀侠瘿，汗出振寒为疟，胸、胁、肋、髀、膝外至胫，绝骨外踝前及诸节皆痛，足小趾、次趾不用。

【证候分析】 胆经为人体气机出入之枢纽，邪客于此，气机失常，则见胆液外溢而口苦，胆郁不舒，故善太息。足少阳之别，贯心循胁里，故心胁痛不能转侧；足少阳之别散于面，胆木为病，故面微有尘，体无膏泽。少阳属半表半里，阳胜则汗出，风胜则振寒而为疟。其他各症，皆为其经脉所及经气不利而致。

（十二）足厥阴肝经病证

足厥阴肝经病证，是指足厥阴肝经经脉循行部位及肝脏功能失调所表现出的临床证候。肝主藏血，主疏泄，属足厥阴经，少气而多血。每日丑时周身气血流注于肝。

【临床表现】 腰痛不可俯仰，面色晦暗，咽干，胸满，腹泻、呕吐、遗尿或癃闭，疝气或妇女少腹痛。

【证候分析】 足厥阴的支脉与别络，和太阳少阳之脉，同结于腰踝下中部与下部之间，故病则为腰痛不可俯仰。肝血不足，不能上养头面，致面色晦暗；肝脉循喉咙之后，上入颃颡，上出额，其支者从目系下颊里，故病则咽干，肝经上行夹胃贯膈，下行过阴器抵少腹，故病则胸满，呕吐、腹泻，遗尿或癃闭，疝气或妇女少腹痛等。

二、奇经八脉病证

奇经八脉为十二正经以外的八条经脉，除其本经循行与体内器官相连属外，还通过十二经脉与五脏六腑发生间接联系，尤其是冲、任、督、带四脉与人体的生理、病理，都存在着密切的关系。奇经八脉具有联系十二经脉，调节人体阴阳气血的作用。分言之，督脉总督一身之阳；任脉总任一身之阴；冲脉为诸脉要冲，源起气冲；带脉状如腰带，总束诸脉；阳跷为足太阳之别脉司一身左右之阳；阴跷为足少阴之别脉司一身左右之阴；阳维脉起于诸阳会，阴维脉起于诸阴交，为全身纲维。因此人体脏腑经络有病通过奇经八脉可表现出来。

（一）督脉病证

督脉病证，是指督脉循行部位及与其相关的脏腑功能失调所表现出的临床证候。督脉起于胞宫（或精室），循背而行于身之后，为阳脉的总督，故又称为“阳脉之海”，其别脉和厥阴脉会于巅，主身后之阳。

【临床表现】 腰骶脊背痛，项背强直，头重眩晕。成人癫疾，小儿风痫。

【证候分析】 督脉起于胞宫（或精室），并于脊里，上风府、入脑、上巅、循额，故病邪阻滞督脉，经气不利，故腰骶脊背痛，项痛强直；督脉失养，脑海不足，故见头晕头重；若阴阳气错乱，则可出现成人癫疾和小儿风痫。

（二）任脉病证

任脉病证，是指任脉循行部位及与其相关脏腑功能失调所表现出的临床证候。任脉起于中极之下，循腹而行身之前，与冲脉主身前之阴，又称“阴脉之海”。任脉又主胞胎。

【临床表现】 脐下、少腹阴中疼痛，男子内结七疝，女子带下瘕积聚。

【证候分析】 任脉主阴，易感寒邪，寒凝于脉，血行不畅，则脐下、少腹阴中疼痛；任脉主身前之阴，阴凝寒滞，气血瘀阻，则见男子疝气，女子带下瘕积聚。

（三）冲脉病证

冲脉病证，是指冲脉循行部位及其相关脏腑功能失调所表现出的临床证候。冲脉起于气街，与少阴之脉挟脐上行，有总领诸经气血的功能，能调节十二经气血，故又称为“血海”“经脉之海”，与任脉同主身前之阴。

【临床表现】 气逆里急，或气从少腹上冲胸咽，呕吐、咳嗽；男子阳痿，女子经闭不孕。

【证候分析】 冲为经脉之海，由于冲脉之气失调，与足阳明之气相并而上逆，气不得降，故出现气从少腹上冲胸、咽，呕吐、咳嗽等症；冲为血海，与任脉共同参与生殖功能，冲任失调或气血不充，致男子阳痿，女子经闭不孕等。

（四）带脉病证

带脉病证，是指带脉循行部位及其相关脏腑功能失调所表现出的临床证候。带脉起于季胁，绕腰一周，状如束带，总约十二经脉及其他七条奇经。

【临床表现】 腰酸腿痛，腹部胀满，赤白带下，或带下清稀，阴挺、漏胎。

【证候分析】 带脉环腰，总束诸脉，人身冲任二脉，与阳明合于宗筋，会于气街，皆属于带脉，而络于督脉，太冲所以能够上养心肺，须赖带脉以主持之，而人身之气所以能上下流行，亦赖带脉为关锁。带脉经气不利，故出现腰酸腿痛；中气不运，水湿困阻于带脉，则腹部胀满，赤白带下，或带下清稀量多；带脉气虚，不能维系胞胎，则见阴挺、漏胎。

（五）阳跷、阴跷脉病证

阳跷、阴跷脉病证，是指阳跷、阴跷脉循行部位及其相关脏腑功能失调所表现出的临床证候。阴跷主一身左右之阴，阳跷主一身左右之阳，跷脉左右成对，均起于足跟，达于目内眦，有濡养眼目、司开合的作用。

【临床表现】 阳跷为病，阴缓而阳急；阴跷为病，阳缓而阴急。阳急则狂走，目不昧、目眦赤痛；阴急则阴厥。

【证候分析】 阳跷、阴跷二脉均起于足跟，阳跷循行于下肢外侧，阴跷循行于下肢内侧，二者协调关节，有保持肢体动作矫捷的作用。如某侧发生病变，则经脉拘急，另一侧则相对弛缓。两脉均达于目内眦，故阳跷患病，阳气偏亢则目内眦赤痛，或失眠而狂走；阴跷患病，阴寒偏盛，寒盛则下肢厥冷。

（六）阳维、阴维病证

阳维、阴维病证，是指阳维、阴维二脉循行部位及其相关脏腑功能失调所表现出的临床证候。阳维起于诸阳之会，阴维起于诸阴之交，分别维系三阳经和三阴经。

【临床表现】 阳维为病苦寒热，阴维为病苦心痛。若阴阳不能自相维系，则见精神恍惚，不能自主，倦怠乏力。

【证候分析】 人身阳脉统于督，阴脉统于任，而诸阳诸阴之散现而会者，又必有经脉以维系而主持之，二维脉有维系阴阳之功能。阳维脉起于诸阳会，以维系诸阳经，由外踝而上行于卫分，故阳维脉受邪，可见发热、恶寒；阴维脉起于诸阴交，以维系诸阴经，由内踝而上行于营分，故阴维脉受邪，则见心痛。若二脉不能相互维系，阴阳失调，阳气耗伤则倦怠无力，阳精亏虚则精神恍惚，不由自主。

第五节　六经辨证

六经辨证，是汉·张仲景《伤寒论》在《素问·热论》等篇的基础上，结合伤寒病证的传变特点所创立的一种论治外感病的辨证方法。六经，即太阳、阳明、少阳、太阴、少阴和厥阴。六经辨证，是融合了《内经》脏腑学说、气化学说、病因、病机、诊法和治则等基本理论并从中进一步发挥整合而得出的。六经辨证中六经的含义与经络学说中的六经含义不尽相同，它是外感过程中所出现的不同阶段和证候类型，是疾病部位、性质、人体抗病能力等多种概念的高度综合。

六经病证候，是六经所属脏腑病理变化表现于临床的各种证候。因此，综合疾病的部位、性质、病机、病势，加以分析归纳，别为某经病证，作为辨证施治的依据。这是张仲景论治伤寒的主要方法，也是临床反复实践、行之有效的经验总结。六经辨证，将外感病演变过程中所表现的各种证候，以阴阳为纲，分成三阳和三阴两大类，作为论治的基础。按疾病的不同性质分三阳为太阳病证、阳明病证和少阳病证；三阴为太阴病证、少阴病证和厥阴病证。凡是抗病力强，病势亢盛的，为三阳病证；抗病力衰减，病势虚弱的，为三阴病证。

伤寒的发病，乃人体感受六淫之中风寒之邪，开始从皮毛、肌腠，渐循经络，由表及里，进而传至脏腑。因此，六经病证，实质上是经络、脏腑病理变化的反映，其中三阳病证以六腑的病变为基础；三阴病证以五脏的病变为基础。所以说六经病证实际上基本概括了脏腑和十二经的病变。但由于六经辨证的重点，在于分析外感风寒所引起的一系列的病理变化及其传变规律，因而不能等于内伤杂病的脏腑辨证。

运用六经辨证，能使我们正确地掌握外感病变化发展的规律，从而对治疗起指导作用。

一、六经病证的分类

六经病证是经络脏腑病理变化的反映，而经络脏腑是人体不可分割的整体，故某一经的病变，很可能影响到另一经，所以六经病有相互传变的证候。一般说来，六经传变，阳证大多从太阳开始，然后传入阳明、少阳，如正气不足，亦可传及三阴；阴证大多从太阴开始，然后传入少阴、厥阴，但亦有邪气直中三阴的。总之，病邪传变，大多自表而里，由实而虚；然在正复邪衰的情况下，亦可由里达表，由虚转实。前者是病邪进展的传变，后者是病情向愈的转归，之所以有这样的演变，是与各种客观因素的影响密切相关的，凡病邪的轻重，体质的强弱，以及治疗的恰当与否，都是决定疾病转变的主要因素。如患者体质衰弱，或医治不当，虽阳证亦可转入三阴；反之，如患者护理较好，医治适宜，虽阴证亦可转出三阳。所以，疾病的转变虽然没有固定的形式，但是也总不离乎六经的证候范围，因而只要分清六经脉证的界限，也就能识别六经病证的传变证候。

（一）太阳病证

太阳病证是指外感伤寒病初期所表现的证候。太阳为人身的藩篱，主肌表；太阳经脉循行于项背，统摄营卫之气。太阳之腑为膀胱，贮藏水液，经气化为小便排出。外邪侵袭，大多从太阳而入，正气奋起抗邪，于是首先表现出来的就是太阳病。

太阳病的主脉、主症，是脉浮，头项强痛而恶寒。这里所称的主脉、主症是指，凡具有如此脉症，不论其感受何种病邪，病程长短，但见此脉、此症，即可辨为太阳病。因外邪侵袭于肌表，正气抗邪于外，故脉亦应之为浮。足太阳经脉从头走足，行于身体的背部，太阳经脉受邪，失其柔和，故头项强痛。恶寒，亦包括恶风在内，风寒之邪束于表，卫阳被郁故恶寒。

风寒侵袭人体，正邪抗争于肌表浅层所表现出来的证候，即太阳经证，是伤寒病的初起阶段。由于患者感受病邪的不同和体质的差异，同是太阳经证，却有中风与伤寒的区别。若太阳经病不愈，病邪可循经入腑内传膀胱，而发生太阳腑证。由于病邪传入气分和血分的不同，故腑证有蓄水、蓄血之分（图 4-1）。

太阳病本证包括太阳经证和太阳腑证。太阳病变证指因误治而致原始证候发生反常变化，证候复杂错综，已不属太阳病范畴病证

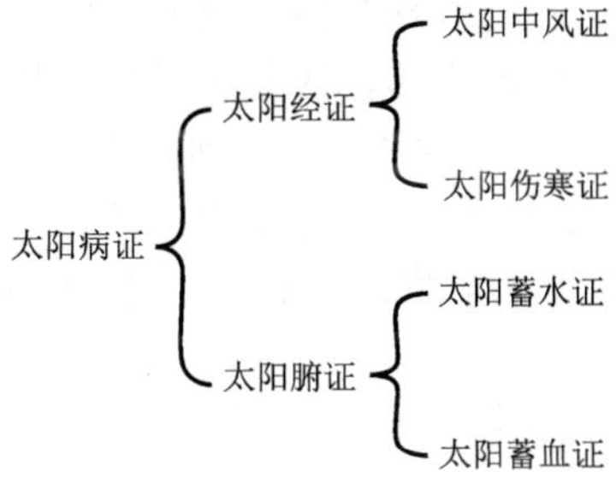

图 4-1 太阳病证

1. 太阳经证

太阳经证是指风寒之邪侵袭人体，邪正相争，营卫失和所致。由于患者感受病邪的不同和体质的差异，而有中风和伤寒的区别（表 4-1）。

（1）太阳中风证：太阳中风为外伤风邪之意，并不是指猝然昏倒的中风。太阳中风的主要病机，是由于营卫失调所致。又称表虚证。

【临床表现】 发热，恶风，头痛，脉浮缓，自汗出，有时可见鼻鸣干呕。

【证候分析】 太阳主表，统摄营卫。卫为阳，功主卫外；营为阴，有营养的作用。阳在外为阴之使，阴在内为阳之守。今风邪外袭，卫受病而卫阳浮盛于外而发热，所谓“阳浮者热自发”。正由于卫阳浮盛于外，失其固外开阖的作用，因而营阴不能内守而汗自出，汗出则营弱，所谓“阴弱者汗自出”。由于汗出肌腠疏松，营阴不足，故脉浮缓。汗出肌疏，故恶风。鼻鸣干呕，则是风邪壅滞而影响及于肺胃使然。由于此证汗出肌腠疏松，所以又有表虚证之称，这是对太阳伤寒证的表实而言的，并不是绝对的虚证。

（2）太阳伤寒证：为寒邪袭表，卫阳被束，营阴郁滞所致的证候。又称表实证。

【临床表现】 发热，恶寒，头项强痛，体痛，无汗而喘，脉浮紧。

【证候分析】 邪壅于表，故恶寒，卫与邪争，故发热。初起有未发热者，乃是寒邪初袭，卫阳被遏，暂时还未与邪相争的现象。《素问·调经论》：“卫气不得泄越，故外热。”伤寒初起，卫阳被郁，虽有未发热的，但必为时短暂，由于卫阳被遏，势必与邪相争，即会出现发热。因此，临床所见伤寒，多为恶寒发热，同时并见。太阳伤寒未发热而恶寒，与少阴病的无热恶寒，有根本上的不同。未发热是指暂时不发热，无热是指根本不发热，而且以恶寒来讲，太阳病恶寒，必脉浮头痛，少阴病之恶寒，则脉微细而无头痛。卫阳既遏，营阴亦受邪滞，筋骨失于濡煦，故身体骨节痛。腠理闭塞，所以无汗。正气欲向于外而寒邪束于表，所以脉见浮紧。肺主呼吸而外舍皮毛，邪束于外，肌腠失宣，必然影响及肺，肺气不利，则呼吸喘促。因其无汗，故又称为表实证。

表 4-1　太阳经证

证候分型		症状	主要鉴别点
太阳经证	中风	发热，恶风，头痛，脉浮缓，自汗出，或见鼻鸣干呕	表虚，有汗，脉浮缓
	伤寒	发热，恶寒，头痛，体痛，无汗而喘，脉浮紧	表实，无汗，脉浮紧

2. 太阳腑证（表 4-2）

（1）太阳蓄水证：是指太阳经证不解，邪与水结，膀胱气化不利，水液停蓄所表现的证候。

【临床表现】 发热恶寒，汗出，少腹微满，小便不利，口渴或水入即吐，脉浮或浮数。

【证候分析】 太阳经邪不解而内传，故发热恶寒、脉浮等表证仍在。邪热与水内结于膀胱，水气不化，故少腹微满，小便不利。邪水互结，气不化津，津不上承，故见口渴，因津液停而非津液不足，水停不化，反逆于胃，故见水入即吐的“水逆”之候。

（2）太阳蓄血证：指太阳经证不解，外邪入里化热，随经深入下焦，热邪与瘀血相互搏结于下焦少腹所引起的病证。

【临床表现】 少腹急结或硬满，如狂或发狂，小便自利，大便色黑如漆，脉沉涩或沉结。

【证候分析】 邪热内传，与血搏结于下焦少腹，故少腹急结或硬满；心主血而出神明，邪热入于血分，每多神志异常而见如狂或发狂的症状。瘀血下行，随大便而出，故大便色黑如漆；邪在血分，膀胱气化并未受影响，所以小便自利；瘀热内阻，脉道流行不畅，所以脉见沉涩或沉结。

表 4-2　太阳腑证

	太阳蓄水证	太阳蓄血证
病机	膀胱之气，不能化水	太阳随经，瘀热在里
症状	小便不利 口渴饮水或水入即吐 少腹微满 发热恶寒汗出 脉浮或浮数	小便自利 不渴 少腹急结或硬满 神志如狂或发狂 身体发黄或表证未解 脉沉涩或沉结

太阳蓄水与太阳蓄血二证，均有太阳病经邪不解内传于腑所致，分传血分和气分。太阳蓄水者为膀胱气化受阻，津液内停；太阳蓄血者为经热入里，瘀血在肠。前者小便不利，后者小便自利，这是主要的区别。

（二）阳明病证

阳明病是指太阳病未愈，病邪逐渐亢盛入里，内传阳明或本经自病而致邪热炽盛，伤津成实所表现出的临床证候。为外感病的极期阶段，以身热汗出，不恶寒，反恶热为基本特征。阳明病以“胃家实”为内在病机，病位主要在肠胃，病性属里、热、实。阳明包括手阳明大肠经和足阳明胃经，与手太阴肺经和足太阴脾经互为表里。阳明以燥气为本，在太阴湿气的制约下，相济为用，不致太过。若脾湿不足，或伤津化燥，都可导致燥气亢盛（胃肠燥热）而为阳明病。根据邪热入里是否与肠中积滞互结，而分为阳明经证和阳明腑证（表 4-3）。

1. 阳明病经证：指阳明病邪热亢盛，弥漫全身，充斥阳明之经，而肠道尚无燥屎内结的证候。

【临床表现】 身大热，大汗出，大渴引饮，面赤心烦，舌苔黄燥，脉洪大。

【证候分析】 阳明有“两阳合明”的含义，即太阳病、少阳病进一步发展，而阳热亢极的意思。阳明主肌肉，为多气多血之经，阳气旺盛，邪入阳明最易化燥化热，燥热亢盛，充斥阳明经脉，故周身大热；阳明之脉荣于面，热势上腾，故面赤；热迫津液外泄，故大汗出；热炽伤津，汗出而津不能继，故大渴引饮；阳明热甚，蒸灼于心神，故心烦；热甚津伤，所以舌苔黄燥；热甚阳亢，阳明为气血俱多之经，热迫其经，气血充溢脉道，故脉来洪大。

2. 阳明病腑证：是邪热传里与肠中糟粕相搏而成燥屎内结的证候。病情较经证为重，往往是阳明经证进一步发展的结果。如阳明热盛，汗出过多，或误用发汗，使津液外泄，于是肠中干燥，里热更甚，而致燥屎阻滞，则成阳明腑实证。

【临床表现】 日晡潮热，手足濈然汗出，脐腹部胀满疼痛、拒按，大便秘结，或热结旁流，腹中转矢气，甚者谵语、狂乱，不得眠，舌苔多厚黄干燥，边尖起芒刺，甚至焦黑燥裂，脉沉迟而实，或滑数等。

【证候分析】 阳明的经气旺于日晡，而四肢禀气于阳明，腑中实热，弥漫于经，故日晡潮热，手足濈然汗出；热与糟粕充斥肠道，形成燥屎，结而不通，则脐腹部胀满疼痛，且痛而拒按，大便秘结。若热结而水液从旁溢出，则为热结旁流。燥屎内结，结而不通，气从下失，则腹中矢气频转。邪热炽盛上蒸而熏灼心宫，则现谵语，狂乱，不得眠等症；热内结而津液被劫，血脉壅热，故舌苔厚黄干燥、起芒刺或焦黑燥裂。燥热内结于肠，脉道壅滞而邪热又迫急，故脉沉迟而实，或滑数。

表 4-3 阳明病证分类

	阳明病经证	阳明病腑证
发热	大热	日晡潮热
汗出	大汗	手足濈然汗出
口渴	大渴	(−)
脐腹	无胀满	腹满疼痛，拒按

续表

	阳明病经证	阳明病腑证
燥屎	(−)	大便秘结或热结旁流
舌苔	舌红苔黄燥	舌边尖起芒刺，甚至焦黑燥裂
脉象	洪大	沉迟而实或滑数

（三）少阳病证

少阳病从其病位上看，是已离太阳之表，而未入阳明之里，正是在表里之间，因而在其病变的机转上，既不属于表证，也不属于里证，而是属于半表半里的热证。少阳病的主要脉证，《伤寒论》以“口苦、咽干、目眩”为提纲。《伤寒来苏集·伤寒论注·少阳脉证》说：“口、咽、目三者，不可谓表，又不可谓里，是表之入里，里之出表处，所谓半表半里也。三者能开能合，开之可见，合之不可见，恰合枢机之象，故两耳为少阳经络出入之地。三症为少阳一经病机，兼风寒杂病而言，但见一症便是，不必悉具。”

【临床表现】 口苦、咽干、目眩，往来寒热，胸胁苦满，默默不欲饮食，心烦喜呕，脉弦等。

【证候分析】 少阳位居半表半里，《伤寒论》以“口苦、咽干、目眩”为提纲。因为少阳受病，邪热熏蒸，胆热上腾则口苦，津为热灼则咽干，目为肝胆之外候，少阳风火上腾，所以目为之眩。此外，邪入少阳半表半里之间，正邪相争，正不胜邪，则恶寒，正胜于邪，则发热，因此寒热往来，亦为少阳病的主要特征之一。少阳之脉布于胁肋，热郁少阳，故胸胁苦满。胆热木郁，干犯胃腑，胃为热扰，失其和降之常，则默默不欲饮食。少阳木郁，木火上逆，则心中烦扰；胆气横逆，胃土必自受侮，胃为邪袭，失其降下之常，而反气逆向上，所以时时欲呕，肝胆受病气机郁滞，脉来端直弦长，是为弦脉，为肝胆受病的脉象特征。

（四）太阴病证

太阴病的性质属于里虚寒湿。脾属太阴，与阳明胃相表里，胃阳旺盛则邪从燥热而化，脾阳不足则邪从寒湿而化，故阳明病属于燥热伤津的里实热，太阴病属于寒湿为患的里虚寒。由于脾与胃同居中州，相为表里，所以两经见证可以相互转化，如阳明病而中气虚，即可转为太阴；太阴病而中阳渐复，亦可转为阳明。太阴病证是指中焦阳气虚衰，寒湿不运，脾胃功能减弱所表现的证候；临床所见，凡三阳病而中气虚者，每易转为脾胃虚寒的证候，称为“传经”；如里阳素虚而始病即见虚寒证候者，称为“直中”；无论传经或直中，凡见下述症状的可诊断为太阴病证。

【临床表现】 腹满而吐，食不下，自利，口不渴，时腹自痛；或舌苔白腻，脉沉缓而弱。

【证候分析】 脾土虚寒，气机不利，则腹部满闷；寒邪阻滞，则腹痛阵发；所以太阴病的腹满、腹痛与阳明病的腹满因于燥屎内结者，迥然不同。燥屎内结者，其满痛必甚，而且痛必拒按；太阴病腹满痛为虚，所以腹满时减，而且喜温手揉按。由于中焦虚寒，脾失健运，胃气呆滞，故食不下；寒湿不化，脾气不升，影响肠道，故自利；且下焦气化未伤，津液犹能上承，所以太阴病口多不渴。在吐利严重的情况下，纵然见渴，喜热饮而饮亦不多。这是与阳明病证不同之处。寒湿之邪，弥漫太阴，故舌苔白腻、脉沉缓而弱。

三阴俱有下利，太阴病证之下利需与厥阴、少阴之下利鉴别。太阴本证下利为脏有寒；自利渴者，属少阴，以下焦虚寒，津液不升，故引水自救；惟厥阴下利，属热，厥阴主肝，肝旺则气上冲心，火郁则热利下重。三阴下利，以此为辨。

（五）少阴病证

少阴病证是对外感病过程中的后期阶段，全身性阴阳衰惫所表现出的证候的概括。少阴包括心肾二脏，为水火之脏，是人身的根本，心肾功能衰减，抗病力量薄弱，则为少阴病变。少阴为病，多为危笃重证，为伤寒六经病变发展过程中最为危险的阶段。少阴病的主证，《伤寒论》以“脉微细，但欲寐”为提纲。由于少阴为三阴之枢，统水火之气，寒热杂居，本阴而标阳，故少阴病既可从阴化寒，又可从阳化热，因而在临床上有寒化、热化的两种不同证候。《医宗金鉴·订正伤寒论注·辨少阴病脉证并治》：“少阴肾经，水火之脏。邪伤其经，随人虚实，或从水化以为寒，或从火化以为热。”病至少阴，已属伤寒病的危重阶段。

1. 少阴寒化证 是指少阴阳气虚衰，病邪入内从阴化寒，阴寒独盛所表现的全身性的虚寒证候，是少阴病过程中比较多见的一种证候，这与太阴病的肠胃虚寒证是判然有别的。

【临床表现】 无热恶寒，但欲寐，四肢厥冷，脉微细，下利清谷，呕不能食，或食入即吐；身瞤动，振振欲擗地；或脉微欲绝，反不恶寒，甚至面赤。

【证候分析】 少阴阳气衰微，阴寒独盛，故无热恶寒，所谓“无热恶寒者，发于阴也”；亦即“阳虚则外寒”之义。阳气衰微不能鼓动血液运行，是以脉微细；“阳气者，精则养神”，今阳气衰微，神气失养，故呈现“但欲寐”神情衰倦的迷糊状态。此外，更由阳衰寒盛，外不能温煦四肢，四肢失其所本，则四肢厥冷；阴寒内盛，不能腐熟水谷，故下利清谷，呕不能食，或者食入即吐。下利清谷，即指下利而完谷不化，此种下利，必兼口渴，与太阴病的自利不渴者不同。因少阴病下焦阳气衰微，不能化气生津，同时下利较甚，津液亦随之外泄，所以少阴下利，每多口渴；若太阴下利，下焦阳气未受影响，且下利不如少阴之甚，所以太阴病的下利，口多不渴，这是两者的区别。阳气者柔则养筋，阳虚则筋脉失其所养，则可见身瞤动，振振欲擗地。若阴寒极盛于下，将残阳格拒于上，则表现为阳浮于上的面赤“戴阳”假象。

2. 少阴病热化证 为少阴阴虚阳亢，病邪从阳化热的证候。

【临床表现】 心烦不得卧，口燥咽干，舌尖红赤，脉细数。

【证候分析】 邪入少阴，少阴为水火之脏，既可从阴化寒，也可从阳化热，化热则阴液受灼，不能上承，故口燥咽干；水亏则不能上济心头，而心火独亢于上，阳亢不入于阴，阴虚不受阳纳，则心烦不寐。阴虚阳热亢盛，邪热入营，故可见舌尖红赤及脉细数等。

少阴兼水火二气，寒热并居，故邪入少阳，既可从阴寒化，也可从阳化热。张仲景以少阴寒化为少阴病之正病，热化证则为少阴病之变证，应随证辨之。

（六）厥阴病证

厥阴病在病程中为病变的后期阶段，厥阴是三阴之尽，又是阴尽阳生之脏，这个阶段正气和病邪相争于内，病变的表现极为错综复杂。足厥阴经属肝络胆而挟胃，故其病变虽极复杂，但是归结起来，其病则多显示出肝胆和胃的证候，临床特点为阴阳对峙、寒热交错，由于其病理变化，正邪消长的不同，故有上热下寒和厥热胜复的不同机转。厥阴为阴之尽，因而厥阴病的发展转归是疾病全过程的一个重要转折点。厥阴病可由其他诸经传变而来，亦可因肝经素虚、肝肾两虚所致。

【临床表现】 消渴，气上冲心，心中疼热，饥而不欲食，食则吐蛔。

【证候分析】 厥阴病的主症，表现为上热下寒。因厥阴为阴之尽，其特点是阴阳各趋其极，阳并于上则上热，阴并于下则下寒。肝气挟邪热上逆，灼伤阴津，故消渴，气上冲心，心中疼热；肝失疏泄，气机逆乱，横逆犯脾，且相火内郁，上炎犯胃，则胃热消谷善饥，肝木克脾土则不欲食；阴寒趋下，下部肠道虚寒，蛔虫避寒就温，蛔虫栖息的环境改变且无食物而窜动，故呈现出食则吐蛔的症状。

二、六经病证的传变

六经病证循着一定的趋向发展和变化，无论病证由表入里，由阳入阴，还是由里出表，由阴出阳，皆谓之传变。传变的基本规律为：由表及里，由浅入深，由轻而重，由虚致实，反之则由里出表、由虚致虚实夹杂。

六经病证是否传变及如何传变，取决于正气的强弱、感邪的轻重、治疗是否得当等因素。一般情况下，病邪由表及里，由阳转阴，多为邪盛正衰，体质虚弱，或者失治误治所致，是病情加重的传变；若疾病由里达表，由阴出阳，则是正复邪退，体质强壮，或者治疗得当的结果，为病情向愈的转归。

六经病证是脏腑、经络病变病理变化的临床反映，而脏腑经络之间又相互联系，所以，六经病证可以相互传变，从而出现合病、并病、传经、直中等。

1. 合病 两经病或三经病同时发生的为合病，例如，太阳病伤寒证或中风证和阳明病同时出现，为“太阳阳明合病”；三阳经同病的为“三阳合病”等。《伤寒论》中有太阳阳明合病、太阳少阳合病和三阳合病。

2. 并病 凡一经之病，治不彻底；或一经之证未罢，又见他经证候的，称为并病，这与两经同时发病者不同。例如太阳病，发汗不彻因而转属阳明，为太阳阳明并病。少阳病进一步发展而又涉及阳明，或少阳证未罢而已见阳明证的，为少阳阳明并病；以及症见头项强痛、眩冒、时如结胸、心下痞硬等的太阳少阳并病。其实这是疾病传变中的一种形式。《医学心悟·合病并病》：“合病者，伤寒传经之别名也。或两经同病，或三经同病，名曰合病；若一经病未已，复连及一经，名曰并病。”

3. 传经 病邪从外侵入，逐渐向里传播，由这一经的证候转变为另一经的证候，称为“传经”（图4-2）。传经与否，关键决定于受邪的轻重、病体的强弱和治疗得当与否三个方面。邪胜正衰则病传，反之，邪衰正盛则病愈。身体较强者，病的传变，多在三阳经；身体弱者，容易传入三阴经。此外，误汗、误下，也能传入阳明，更可以不经少阳经、阳明经而径传三阴经。但三阴经病也不一定从阳经传来，有时外邪可以直中三阴经。传经的一般规律有：

（1）循经传：就是按六经次序相传。如太阳病不愈，传入阳明，阳明病不愈，传入少阳；三阳不愈，传入三阴，首传太阴，次传少阴，终传厥阴。另有一说按太阳→少阳→阳明→太阴→厥阴→少阴相传者。

（2）越经传：是不按上述循经次序，隔一经或隔两经相传。如太阳病不愈，不传阳明而传少阳，或不传少阳、阳明而直传太阴。越经传的发生，多由病邪旺盛，正气不足所致。

（3）表里传：即是相为表里的经相传。例如太阳传入少阴，阳明传入太阴，少阳传入厥阴。表里相传，是邪盛正虚，由实转虚，病情加剧的征候，与越经传同义。

4. 直中 凡伤寒病的发病，病邪初起不从阳经传入，而径中阴经，表现出三阴经证候的为直中（图 4-2）。

以上所述，都属由外传内，由阳转阴。此外，还有一种里邪出表，由阴转阳的阴病转阳证。所谓阴病转阳，就是本为三阴病而转变为三阳证，从阴出阳，为正气渐复，病有向愈的征象。

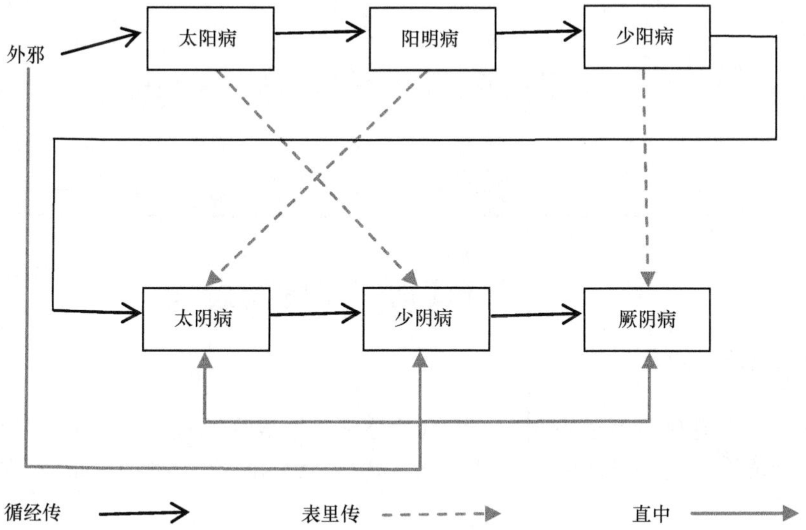

图 4-2 传经与直中

第六节 卫气营血辨证

卫气营血辨证，是清代叶天士运用于外感温热病的一种辨证方法。它是在伤寒六经辨证的基础上发展起来的，又弥补了六经辨证的不足，从而丰富了外感病辨证学的内容。温病，始载于《内经》。《素问·阴阳应象大论》："冬伤于寒，春必病温。"《六元正纪大论》："初之气，地气迁，气乃大温，草乃早荣，民乃疠，温病乃作。"叶氏借用《内经》中关于卫、气、营、血四种物质的分布、功能不同而又密切相关的生理概念，将温热病邪侵袭人体分为由浅入深传变的四个阶段。卫、气、营、血，即卫分证、气分证、营分证、血分证这四类不同证候。就卫气营血的生理功能而言，卫和气，具有"温分肉，充皮肤，肥腠理，司开合"的作用，营和血，主要作用是滋润和营养全身。卫和气属阳，营和血属阴，"阳在外阴之使，阴在内阳之守"，在生理活动中，卫气营血之间互相密切联系。当温热病邪侵入人体，由于卫气敷布于人体的肤表，有卫外的作用，病邪侵入，必先犯及卫分；邪在卫分郁而不解，势必向里传变而入气分；气分病邪不解，若其人正气虚弱，津液亏乏，病邪乘虚内陷，则入营分，营分有热，进而其势必累及血分。

卫气营血辨证，主要适用于温病。温病因感受温热病邪所引起，与伤寒感受风寒而引起的截然不同，脉象、证候也有明显差别。在感染途径方面，伤寒邪从皮毛而入，温病邪从口鼻而入；病机方面，伤寒易于伤阳，温病易于伤阴（表 4-4）。

表 4-4 温病与伤寒鉴别要点

辨证	温病	伤寒
发热	重	轻
恶寒	轻	重

续表

辨证	温病	伤寒
头身痛	轻	重
口渴	渴甚	不渴
小便	黄涩	清利
舌质	舌边尖红	正常
舌苔	薄黄	薄白
脉象	浮数	浮紧

一、卫气营血辨证的概念

（一）卫分证候

卫分证候，是温热病邪侵犯肤表，卫气功能失常所表现的证候，常见于外感温热病的初期。因肺合皮毛，主人身之表，且“肺位最高，邪必先伤”，故卫分证候常伴有肺经病变的见症。

【临床表现】 发热，微恶风寒，舌边尖红，脉浮数；常伴有头痛，口干微渴，咳嗽、咽喉肿痛等症。

【证候分析】 温热病邪，犯于肤表，卫为邪郁，故发热，微恶风寒。温热之邪属阳，所以常多发热重而恶寒轻。温热在表，故舌质边尖红而脉来浮数。阳邪必伤阳络，清空被扰，是以头痛；邪郁肤表，卫受其侵，肺失宣降之常，是以咳嗽；热伤津液，但伤津不重，所以初起即见口干微渴；咽喉为肺之门户，温热上灼，气血壅滞，所以咽喉红肿疼痛。

（二）气分证候

气分证候，是温热病邪内入脏腑，正盛邪实，正邪剧争，阳热亢盛所表现的里热证。由于邪入气分犯及所在脏腑、部位的不同，因此，所反映的证候也就有很多类型，常见的如热壅于肺、热扰胸膈、热在肺胃、热迫大肠等。

【临床表现】 发热，不恶寒反恶热，舌红苔黄、脉数有力；常伴有心烦、口渴、汗出、尿赤等症。若兼咳喘、胸痛，咳吐黄稠痰者，为热壅于肺；若兼心烦懊侬，坐卧不安者，为热扰胸膈；若兼自汗，喘急、烦闷、渴甚、脉数而苔黄燥者，为热在肺胃；若兼胸痞、烦渴、下利者，为热迫大肠；若兼胁痛、干呕、口苦、心烦、脉弦数，为热郁胆经，枢机不利。

【证候分析】 温热病邪，入于气分，正邪剧争，阳热亢盛，故发热而不恶寒、尿赤、舌红、苔黄、脉数，邪不在表，热已入气分，热邪从内蒸发，外灼肌腠，故不恶寒反恶热；热甚伤津故口渴，热扰心神故心烦。热壅于肺，肺失清肃，气机不利，故咳喘、胸痛；肺热炼液成痰，所以痰多黄稠。热扰胸膈，郁而不达故心烦懊侬，坐卧不宁。热在肺胃，肺热郁蒸，则自汗、喘急；热在于胃，胃中津液被热所灼，则烦闷、渴甚而脉数、苔黄燥。肺胃之热下迫大肠，肠热炽甚，热结旁流，则胸痞、烦渴而下利。此处，热壅于肺应与风温犯卫相鉴别，二者病情轻重悬殊，区别如表 4-5。

由于邪初入气分，引起脏腑本质的灼热尚不太重，故其病机仍然呈现着向卫转机的趋势。若烦渴加甚，则为病势直向脏腑传变之机，应当注意。温邪从里发者，木火内燃，故壮热烦冤。《临证指南医案》:“冬伤于寒，春必病温者，重在冬不藏精也。盖烦劳多欲之人，阴精久耗，入春则里气大泄，木火内燃，燔燎之势，直从里发。始见必壮热烦冤，口干舌燥，主治以存津液为第一。”

表 4-5 热壅于肺应与风温犯卫鉴别要点

	热壅于肺	风温犯卫
发热	身热恶热	微恶风寒
汗出	汗多	无汗或少汗
咳嗽	喘咳互见	轻
口渴	烦渴	微渴
舌苔	黄燥	薄白
脉象	滑数	浮数

（三）营分证候

营分证候，是温热病邪内陷、劫灼营阴的深重阶段。营行脉中，内通于心，故营分证候以营阴受损，心神被扰的病变为特点。营分介于气分和血分之间，若病邪由营转气，表示病情好转；而由营入血则表示病情加重。所以在温病过程中，温邪初入营分时，犹可外透，使其转出气分而解，故叶天士说：“入营犹可透热转气”，这是从病理机制方面提出对营分病变的治疗原则。

【临床表现】 身热夜甚，口渴不甚，心烦不寐，甚或神昏谵语，斑疹隐现，舌质红绛，脉细数。

【证候分析】 邪热入营，灼及营阴，营阴受损，真阴被劫，故身热灼手，入夜尤甚，热蒸阴津上潮于口，故口渴不若气分热重口渴之甚，脉来细数。营分有热，热势蒸腾故舌质红绛。若热窜血络，故斑疹隐隐。营气通于心，心神被扰，故心烦不寐，神昏谵语。这与阳明腑实的昏谵，多伴有大便秘结，腹部硬痛，舌有苔垢等相鉴别是不难的（表 4-6）。

表 4-6 邪热伤营与阳明腑实鉴别要点

	邪热伤营	阳明腑实
发热	身热夜甚	日晡潮热
斑疹	隐隐可见	无
心烦	不寐，甚或神昏谵语	烦躁，甚或神昏谵语，狂躁不得眠
口渴	不甚	渴
大便	(–)	秘结
腹部	(–)	痛
舌苔	舌质红绛	苔垢，黄燥
脉象	细数	沉、数、实

本证可由气分证不解，邪热传入营分而成，或由卫分证直接传入营分而成，称为“逆传心包”，亦有营阴素亏，初感温热之邪盛，来势凶猛，发病急骤，起病即见营分证者。

邪热伤营与六经辨证中阳明腑实证均有神昏谵语，需注意鉴别。

（四）血分证候

血分证候，指温热病邪深入阴血，导致动血、动风、耗阴所表现出的一类证候，是卫气营血病变的最后阶段，也是温热病发展过程中最为深重的阶段。心主血而肝藏血，故邪热入于血分，势必影响心肝二脏；而邪热久羁，以致耗伤真阴、病又多及于肾，所以血分证以心、肝、肾病变为主，临床表现除具有营分证候且较为重笃外，更以耗血、动血、阴伤、动风为特征。

1. 血分实热 血分实热证，多由营分证病邪不解传入血分，亦有由气分邪热直入血分而成者。其病变多偏重于心、肝两经。

【临床表现】 在营分证的基础上，更见烦热躁扰，昏狂、谵妄，斑疹透露、色紫或黑，吐衄，便血、尿血、舌质深绛或紫，脉细数；或兼抽搐、颈项强直，角弓反张，窜视，牙关紧闭，脉弦数等。

【证候分析】 邪热入于血分，较之热闭营分更为深重。血热扰心，故烦热躁扰；血分热极，迫血妄行，故现出血诸症；由于热炽甚极，故昏狂谵妄而斑疹紫黑。斑属出血者至多，疹属气者不少，斑疹都是邪气外露。如斑疹出而神昏者，为正不胜邪，内陷为患，或由胃津内涸之故。血中热炽，故舌质深绛或紫。实热伤阴耗血，故脉见细数；肝藏血主风，血热灼及肝经，肝风内动，筋脉拘挛迫急，故见抽搐、颈项强直，角弓反张，窜视，牙关紧闭，脉弦数等。

2. 血分虚热 血分虚热证，多由血分实热证演变而来，然亦有从营分证候转变、迁延而成者。其病变多偏重于肾、肝两经。当与“三焦辨证”中的“下焦病证”相互参证。

【临床表现】 持续低热，暮热朝凉，五心烦热，热退无汗，口干咽燥，神倦，耳聋，肢体干瘦，舌上少津，脉象虚、细；或见手足蠕动，瘛疭等。

【证候分析】 邪热久羁血分，劫灼肝肾之阴，阴虚阳热内扰，故低热，或暮热朝凉、五心烦热；阴伤津亏，汗出无源，故热退无汗；阴精耗竭，不能上承清窍，故口干咽燥，舌上少津，耳聋失聪；阴精亏损，神失所养，故神倦；阴精与血液俱亏，肢体失于滋润濡养，故干瘦；脉虚细为精血不充之象；若血虚不能养筋，虚风旋动，故手足蠕动、瘛疭等。

二、卫气营血的传变规律

温热病卫气营血传变的一般规律，其发展过程，是由卫分开始，渐次内传入气，然后入营入血。此为“顺传”，它体现了病邪由表入里、由浅入深，步步深入，病情由轻而重，由实致虚的传变过程。但由于温热病邪和机体反应的特殊性，在某病例中可出现特殊的传变规律。如在发病初期不一定出现卫分证候，而即出现气分、营分或血分的证候；或虽出现卫分证候但为时短暂，病变立即传入气分、营分或血分，有时病变从卫分进入气分、营分、血分的过程中，可能卫分的证候未完全消除，而气分的证候即已出现，或气分的证候仍然存在，而营分、血分的证候同时出现。所以，温病整个发生、发展和变化过程中，卫、气、营、血四个阶段有时不能截然划分，而是互相错杂并见。例如邪已入营，而气分之热尚炽，虽已见神昏谵语，舌绛而口渴，但舌苔仍见黄白色，这是气分之邪未完全入营分的表现。尤其是热邪进入血分后，仍然多数兼有营分症状。更有热势弥漫，不但气分、营分有热，且血分亦受燔灼，出现痉挛、抽搐等症的。

外感温邪，由外向内，亦有不按上述规律传变的。如开始是卫分证候，没有经过口渴、烦躁等这一气分过程，而直接出现神昏、谵语、舌绛等营分证候，这叫卫热陷入营分，亦即“逆传”，实际上是“顺传”规律中的一种特殊类型，是病邪不按通常规律发展，病情变化较快、较重的表现。

如果是温病内热，自里达表，那就不由卫分开始，起病即见气分证候，也有起病即见营血证候的。若外感引起内热，二者齐作，便有里热，兼见发热、恶寒等卫分证候。

总之，卫气营血辨证的理论基础，不能逾越经脉、脏腑。《伤寒来苏集•伤寒论翼•温暑指归》：“温病症治，散见六经。”在生理情况下，“营行脉中，卫行脉外”，“取血于营，取气于卫”，故卫气营血，“内溉脏腑，外濡腠理”，它们是密切联系互相为用的。气为血之帅，血为气之母，气与血又是难以截然分割的。又因病邪性质不同，病位深浅有别，经络脏腑各有其功能特点，故营卫气血之为病，亦因在经、在络、在脏、在腑之不同而有不同的表现。

第七节 三焦辨证

三焦辨证是清代医家吴鞠通在其《温病条辨》中创立的一种外感温热病辨证方法。吴氏根据《内经》关于三焦所属部位划分的概念，从咽喉至胸膈属上焦；脘腹属中焦；下腹及二阴属下焦，在六经辨证和卫气营血辨证的基础上，结合温病发生、发展的一般规律及症状变化特点，以上焦、中焦、下焦为纲，对温病过程中的各种临床表现进行综合分析和概括，以区分病程阶段、识别病情传变、明确病变部位、归纳证候类型、分析病机特点、确立治疗原则并推测预后转归的辨证方法。三焦辨证与卫气营血理论有密切联系，又补充了卫气营血辨证理论的不足，从而使温病的辨证理论趋于系统、完善。

三焦所属脏腑的病理变化和临床表现，标志着温病发展过程的不同阶段。在三焦病证中，上焦病证包括手太阴肺经和手厥阴心包经的病变，多见于温热病的初期阶段，病较轻浅；中焦病证包括足阳明胃经和足太阴脾经的病变，脾胃同属中焦，阳明主燥，太阴主湿。邪入阳明而从燥化，则多呈里热燥实证；邪入太阴从湿化，多为湿温病证，其中足阳明胃的病变多见于温热病的中期或极期阶段，病情较重；下焦病证包括足少阴肾经和足厥阴肝经的病变，多为肝肾阴虚之候，多见于温热病的末期阶段，病情深重。

一、上焦病证

上焦病证，是指温热之邪侵袭肺卫及陷入心包所表现的证候。温邪由口鼻而入，自上而下，首先犯肺，温邪犯肺以后，它的传变有两种趋势，一种是“顺传”，指病邪由上焦传入中焦而出现中焦足阳明胃经的证候；另一种为“逆传”；即从肺经而传入手厥阴心包经，出现“逆传心包”的证候。

（一）邪犯肺卫证

【临床表现】 发热，微恶风寒，咳嗽，头痛，汗出，口微渴，舌边尖红赤，舌苔薄白欠润，脉浮数等。

【证候分析】 温热之邪自口鼻、皮毛而入，而肺外合皮毛，开窍于鼻，故肺常先受邪。肺主表统卫，热邪犯表，卫气被郁，肺气失宣，故见发热，微恶风寒，咳嗽。热邪上炎则头痛，伤津则口微渴，开泄腠理则汗出。舌边尖红，脉浮数，是风热在表之象。该证候类型属于卫气营血辨证中的卫分证，在这些症状中以发热，微恶风寒，咳嗽为辨证要点。

（二）肺热壅盛证

【临床表现】 身热烦躁，咳嗽，气喘，汗出，口渴，苔黄，脉数等。

【证候分析】 若表邪入里，热邪壅肺，肺失宣降，肺气上逆，则咳嗽，气喘；里热亢盛，充斥内外，则身热、烦躁；迫津外泄则汗多、口渴；苔黄，脉数均属肺热炽盛之象。以上症状中以身热、咳喘、苔黄为辨证要点。

（三）湿热阻肺证

【临床表现】 恶寒发热，身热不扬，胸闷，咳嗽，咽痛，舌苔白腻，脉濡缓。

【证候分析】 由于湿邪郁于卫表，困遏卫阳，则表现为恶寒发热；湿热互结，热为湿遏则身热不扬；湿热郁肺，肺肃降功能失司，则见胸闷、咳嗽、咽痛等。该病证的初期，多为湿邪偏盛，故见舌苔白腻，脉濡缓等。湿热阻肺证以恶寒，身热不扬，胸闷，咳嗽，苔白腻为辨证要点。

（四）热陷心包证

【临床表现】 高热，神昏谵语或昏愦不语，胸腹壮热，舌謇肢厥，舌质红绛。

【证候分析】 若肺卫热邪不解，内陷心包，灼伤心神，神志异常，故神昏谵语，甚至昏愦不语，舌謇；热邪壅盛，格阴于外，故胸腹壮热而四肢厥冷；舌质红绛，为里热内盛之征。邪陷心包以神昏，肢厥，舌绛为辨证要点。热陷心包还常夹痰夹瘀：夹痰者，证见神昏，喉间痰鸣，舌绛苔垢等；夹瘀者，证见神志如狂，唇黑甲青，舌质紫黯等。

（五）湿蒙心包证

【临床表现】 身热，神志昏蒙，时清时昧，谵语，舌苔垢腻，脉濡滑数等。

【证候分析】 湿热熏蒸则见身热，痰湿蒙蔽心窍，心神困扰，故神志昏蒙，间有谵语；邪留气分，未入营血，故舌质不绛。湿热上泛，故舌苔垢腻。湿热内蕴则见脉濡滑数。以上症状以神志时清时昧，舌苔垢腻为辨证要点。

二、中焦病证

中焦病证，是指温热之邪自上焦开始，顺传至中焦，侵袭脾胃，邪从燥化或邪从湿化所表现的证候。脾胃虽为表里，而其性各异。胃喜润恶燥，邪入阳明则易化燥伤津，若邪从燥化，或为无形热盛，或为有形热结，表现出阳明失润，燥热伤阴的证候；脾喜燥恶湿，邪入太阴则易伤脾生湿，若邪从湿化，郁阻脾胃，气机升降不利，出现湿热证候。因此，在证候上有胃燥伤阴与脾经湿热的区别。

（一）阳明热炽证

【临床表现】 壮热，大汗出，心烦，面赤，呼吸气粗，口干渴喜冷饮，舌红，苔黄燥，脉洪大。

【证候分析】　阳明主燥，温热之邪传入阳明，里热炽盛，迫津外泄，故壮热，汗多；热性上炎，上扰心神，则心烦，面赤；邪热壅盛，则呼吸气粗；热炽津伤，故口干渴喜冷饮。阳明热炽证以壮热，汗多，渴饮，舌红，苔黄燥，脉洪大为辨证要点。

（二）阳明热结证

【临床表现】　日晡潮热，或有谵语，大便秘结，腹部胀满疼痛，舌苔黄黑而燥，脉沉实有力。

【证候分析】　下午 3 ～ 5 时阳明经气旺，正邪斗争剧烈而发热明显；热扰心神，则见谵语；胃肠津亏，邪热与燥屎内结，腑气不通，故见便秘而腹满胀痛。舌苔黄黑而燥，脉沉实，均为燥热内结，气机不畅之象。阳明热结证以潮热，便秘，苔黄黑而燥，脉沉实有力为辨证要点。

（三）湿热中阻证

【临床表现】　湿热中阻证因湿热之偏盛不同而有不同表现。湿重热轻者，脾气受困，气机阻滞，症见身热不扬，胸闷脘痞，泛恶欲吐，头重身痛，大便不爽或溏泄，舌苔白腻或白厚，或白多黄少等；湿热并重或热重湿轻者，症见高热持续，不为汗衰，烦躁不安，脘腹痛满，恶心欲呕，舌苔黄腻或黄浊。

【证候分析】　太阴主湿，邪入中焦，脾气受困，运化失司，升降反常，气机郁阻，湿重热轻者，症见身热不扬，胸脘痞满，泛恶欲呕，头重身痛，大便不爽或溏泄，舌苔白腻或白厚，或白多黄少等。如湿渐化热，形成湿热并重或热重湿轻者，里热偏盛，故见高热持续；湿热相蒸，故虽汗出而热势不衰；中焦湿热互结，升清降浊受阻，气机失于宣展，则脘腹痛满；湿热中阻，胃气上逆，则恶心欲呕。舌苔黄腻或黄浊，亦为湿热互结的征象。湿热中阻证以身热不扬，脘痞，呕恶，苔腻为辨证要点。

（四）湿热积滞搏结肠腑证

【临床表现】　身热，烦躁，胸脘痞满，腹痛，大便溏垢如败酱，便下不爽，舌赤，苔黄腻或黄浊，脉滑数。

【证候分析】　肠腑湿热与糟粕积滞搏结，肠腑湿热熏蒸见身热，烦躁，湿邪郁阻气机则胸闷脘痞，湿热积滞内阻肠道，气机不通，故见腹痛，便溏不爽；舌赤，苔黄腻或黄浊，脉滑数为湿热内盛之象。湿热积滞搏结肠腑证以身热，腹痛，大便溏垢，舌苔黄腻或黄浊为辨证要点。

（五）湿阻大肠证

【临床表现】　大便不通，神识如蒙，少腹硬满，苔垢腻，脉濡。

【证候分析】　湿热之邪流连气分，阻滞肠道，传导失司所致。肠道湿滞气结则大便不通；大便不通，邪无出路，湿浊弥漫，上蒙清窍则神识如蒙，下闭浊道则少腹硬满；湿浊偏盛则苔垢腻，脉濡。湿阻大肠证以大便不通，少腹满，苔垢腻为辨证要点。

三、下焦病证

下焦病证，是指温病之邪久留不退，传入下焦，劫灼下焦阴精，肝肾受损，而出现的肝肾阴虚证候，属于温病的末期阶段。

（一）肾精耗损证

【临床表现】 低热，手足心热甚于手足背，口干舌燥，颧赤，耳聋，神倦，舌红少苔，脉虚数。

【证候分析】 肾藏精，肝藏血，同居下焦。温热之邪，深入下焦，最易耗损肝肾精血；精血既亏，神失所养，则神倦；耳失所养，故耳聋；阴虚阳亢，虚热内扰，故见低热，手足心热甚于手足背，颧赤；阴虚津乏，则口干舌燥；舌红少苔，脉虚数，为阴虚内热之象。肾精耗损证以手足心热甚于手足背，口干咽燥，舌红，脉虚为辨证要点。

（二）虚风内动证

【临床表现】 手足蠕动，或瘛疭，心中憺憺大动，甚则时时欲脱，脉虚弱。

【证候分析】 肝脏体阴而用阳，属风木而主筋，赖肾水以涵养。邪热久羁，真阴被灼，水亏木枯，筋失所养，则虚风内动，故见手足蠕动，或时发抽搐，心悸怔忡，严重时则阴不敛阳，阳气有时时欲脱之势。虚风内动证以手足蠕动，或瘛疭，脉虚弱为辨证要点。

四、三焦病证的传变

三焦病证的传变，一般由肺卫开始，有“顺传”和“逆传”两种方式。从肺自上而下，传入中焦，进而传入下焦，即为顺传。这一传变，标志着温病由浅入深，由轻到重的传变过程。其特点是：病邪以脏传腑，正气较盛，病情较稳定，预后较好。若病邪从肺卫直入心包，则为逆传，表明邪热亢盛，正气内虚，病情危重。其特点是：发病急骤，病邪以脏传脏，来势凶猛而正虚邪实，病情重笃凶险，预后差。

在温病的发展过程中，三焦病证的传变，多数呈自上而下趋势。然而，由于病邪的性质不一，感邪的轻重不同，患者的体质各异，其传变亦有其他形式。如患者体质偏于阴虚而抵抗力较强的，感受病邪又为温热、温毒、风温、温疫、冬瘟，若顺传中焦，则多从燥化而为阳明燥化证；传入下焦，则为肝肾阴虚之证。如患者体质偏于阳虚而抵抗力较弱者，感受病邪又为寒湿，若顺传中焦，则多从湿化，而为太阴湿化证；传入下焦，则为湿久伤阳之证。唯暑兼湿热，传入中焦可从燥化，也可以湿化；传入下焦，既可伤阴，也可伤阳，随其所兼而异。如有的病在上焦经治而愈，并不传变；有的自上焦传入下焦；有发病之初即见中焦或下焦病证；还有两焦病证互见或病邪弥漫三焦者。三焦病的传变过程，虽然有自上而下，但这仅指一般而言，也并不是固定不变的。有的病犯上焦，经治而愈，并无传变；有的又可自上焦径传下焦，或由中焦再传肝肾的，这又与六经病的循经传、越经传相似。也有初起即见中焦太阴病证症状的，也有发病即见厥阴证症状的。这又与六经病证中的直中相类似。此外，还有两焦症状互见和病邪弥漫三焦的，这又与六经的合病、并病相似。故临证时，要知常达变。

本章内容小结表解

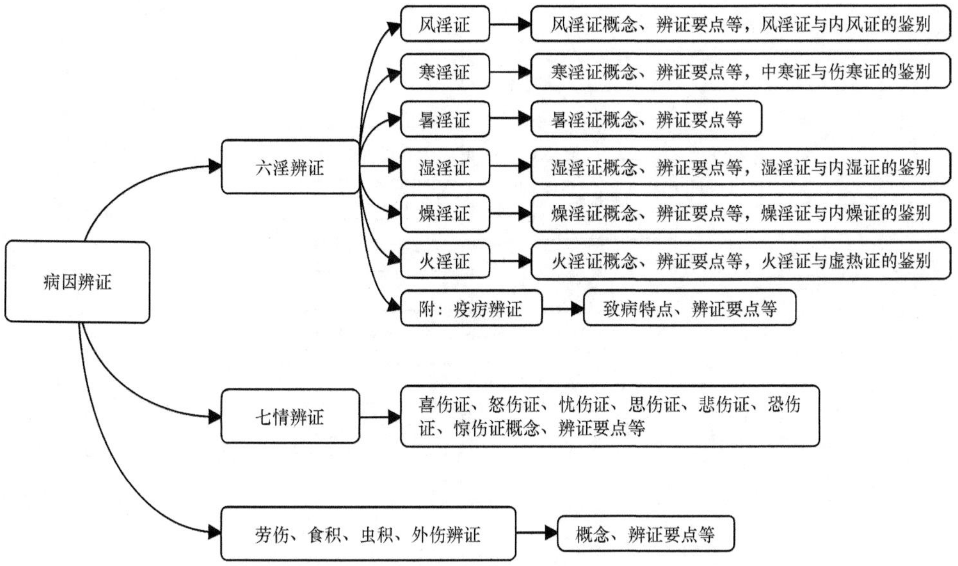
病因辨证
六淫辨证
风淫证
风淫证概念、辨证要点等，风淫证与内风证的鉴别
寒淫证
寒淫证概念、辨证要点等，中寒证与伤寒证的鉴别
暑淫证
暑淫证概念、辨证要点等
湿淫证
湿淫证概念、辨证要点等，湿淫证与内湿证的鉴别
燥淫证
燥淫证概念、辨证要点等，燥淫证与内燥证的鉴别
火淫证
火淫证概念、辨证要点等，火淫证与虚热证的鉴别
附：疫疠辨证
致病特点、辨证要点等
七情辨证
喜伤证、怒伤证、忧伤证、思伤证、悲伤证、恐伤证、惊伤证概念、辨证要点等
劳伤、食积、虫积、外伤辨证
概念、辨证要点等

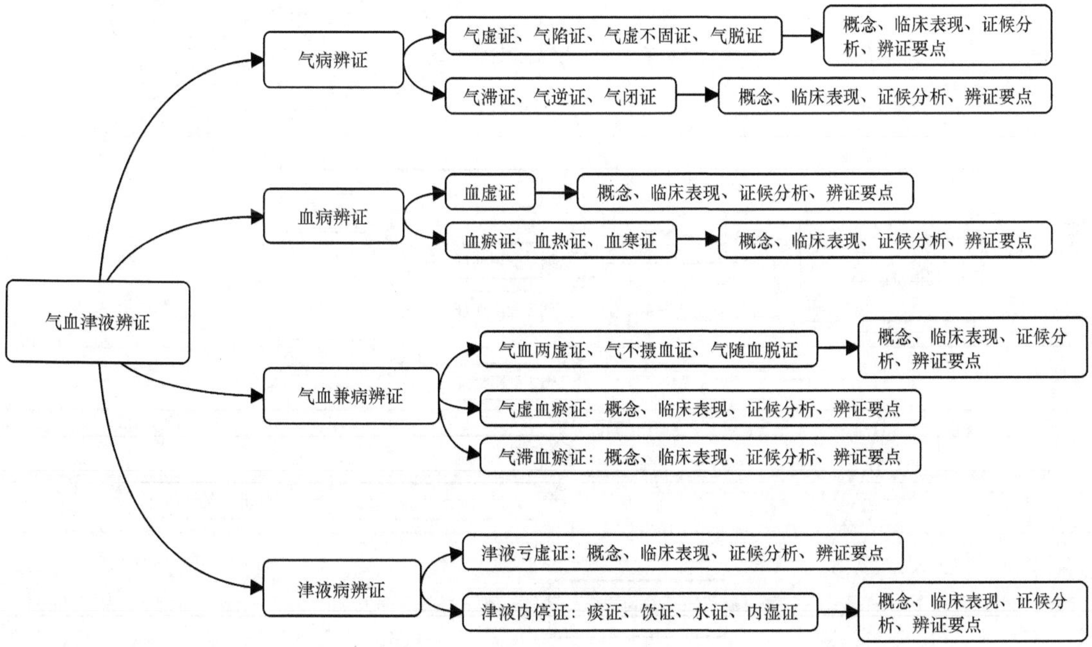
气血津液辨证
气病辨证
气虚证、气陷证、气虚不固证、气脱证
概念、临床表现、证候分析、辨证要点
气滞证、气逆证、气闭证
概念、临床表现、证候分析、辨证要点
血病辨证
血虚证
概念、临床表现、证候分析、辨证要点
血瘀证、血热证、血寒证
概念、临床表现、证候分析、辨证要点
气血兼病辨证
气血两虚证、气不摄血证、气随血脱证
概念、临床表现、证候分析、辨证要点
气虚血瘀证：概念、临床表现、证候分析、辨证要点
气滞血瘀证：概念、临床表现、证候分析、辨证要点
津液病辨证
津液亏虚证：概念、临床表现、证候分析、辨证要点
津液内停证：痰证、饮证、水证、内湿证
概念、临床表现、证候分析、辨证要点

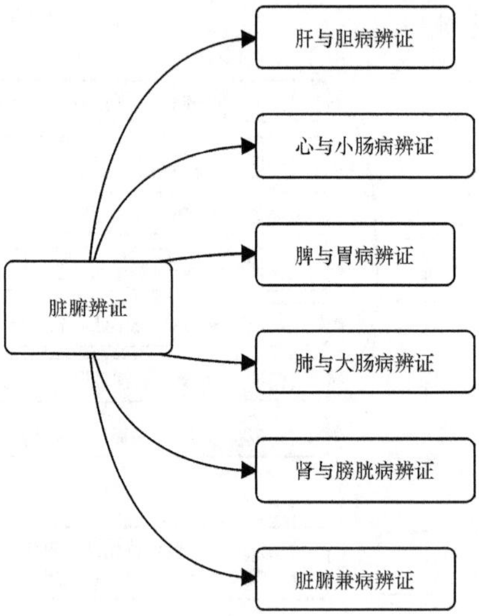
脏腑辨证
肝与胆病辨证
心与小肠病辨证
脾与胃病辨证
肺与大肠病辨证
肾与膀胱病辨证
脏腑兼病辨证

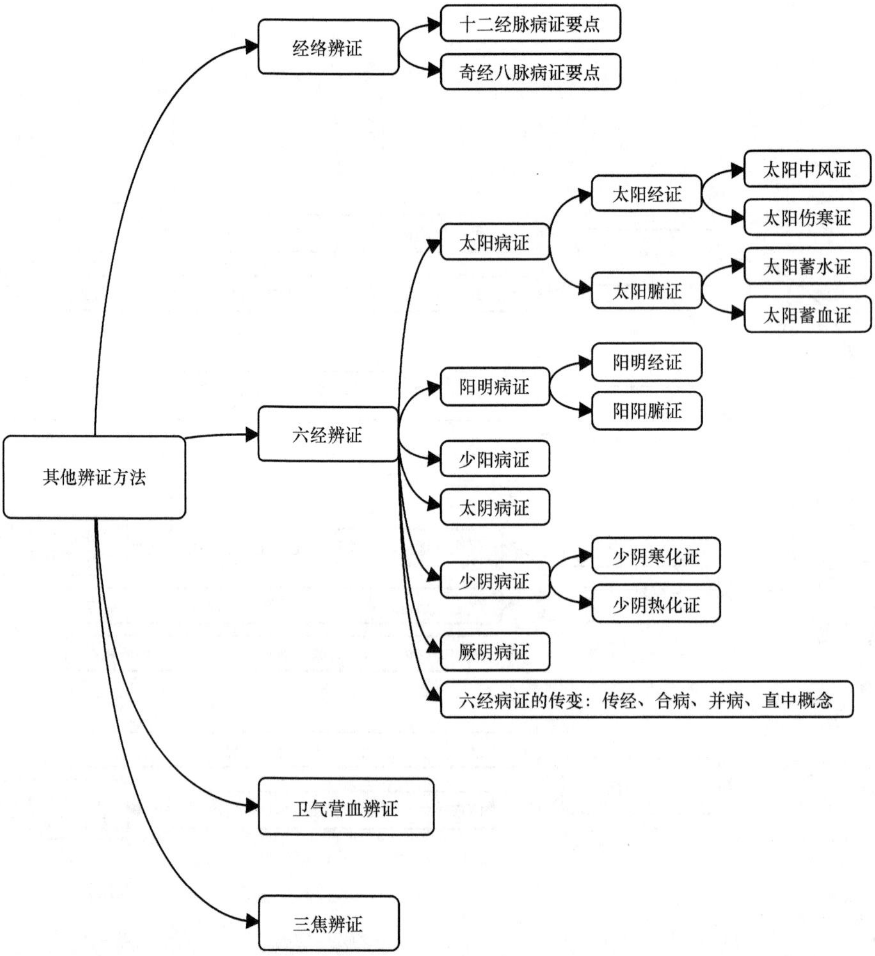
其他辨证方法
经络辨证
十二经脉病证要点
奇经八脉病证要点
六经辨证
太阳病证
太阳经证
太阳中风证
太阳伤寒证
太阳腑证
太阳蓄水证
太阳蓄血证
阳明病证
阳明经证
阳阳腑证
少阳病证
太阴病证
少阴病证
少阴寒化证
少阴热化证
厥阴病证
六经病证的传变：传经、合病、并病、直中概念
卫气营血辨证
三焦辨证

复习思考题

1. 试述六淫致病特点、临床表现及证候分析。
2. 试述七情致病特点、临床表现及证候分析。
3. 为什么说湿邪致病常“内外合邪”？
4. 食积致病特点有哪些？
5. 病因辨证包括哪些？
6. 气血津液的病变有什么特点？
7. 气虚可导致哪些病理变化？气虚类证包括的类型有哪些？
8. 何谓血虚证？血虚证的辨证要点是什么？试分析之。
9. 导致血瘀的常见原因有哪些？血瘀证的临床表现有哪些？
10. 何谓水证？如何区别阳水与阴水？
11. 何谓津液内停，它包括哪些病证？
12. 试述心气虚、心阳虚、心阳暴脱三证的异同点。
13. 心烦可以见于哪些心病证候，如何鉴别？
14. 肺的病变中，常兼见表证的证型有哪些？
15. 肝火炽盛与肝阳上亢证有何异同？肝阳上亢证与肝阳化风证有何区别与联系？
16. 试述肝气郁结、肝火炽盛、肝阴虚、肝阳上亢、肝阳化风五证间的关系。
17. 肝脾不调证和肝胃不和证的临床表现有何异同？
18. 兼有肾虚的脏腑兼病有哪些？分述其辨证要点。
19. 试述太阳中风证与太阳伤寒证的概念、临床表现及主要区别。
20. 试述阳明病经证与阳明病腑证的概念、临床表现及主要区别。
21. 试述少阳病证的概念及其临床表现。
22. 试述六经病证的传变规律。
23. 试述卫分证、气分证、营分证、血分证的概念及临床表现特点。

第五章 诊断与病历

第一节 诊 断

中医诊断的过程包括四诊与辨证、辨病。四诊与辨证、辨病是认识疾病的不同阶段，各有其主要的目的和任务。四诊是辨证、辨病的前提和依据，主要任务是收集病情资料；辨证、辨病是将四诊所收集的病情资料，通过分析、综合、推理、判断的逻辑思维，得出符合临床实际结论的过程，也是将感性认识上升到理性认识，再回到临床中进行验证，并不断进行修正、不断深化认识的过程。

由于受历史条件的限制，中医的诊法带有一定的主观性。如舌诊、脉诊是中医学的独特内容，在诊病方面有重要价值，但中医望舌、诊脉全凭经验和眼睛、手指的主观感觉，缺乏客观指标作为判定舌象及脉象的标准，故阐明舌诊、脉诊的价值，并使其客观化是中医学术发展的需要。在诊法研究方面，国内学者侧重于脉诊与舌诊的研究。在脉诊研究方面，主要针对将脉象可视化、客观化和科学化的目的，进行了形式多样的脉象仪的研制；从心血管功能、血流动力学角度探讨了脉象的形成机制；建立了一些脉图的分析方法；探讨了常见病证与脉象、脉图的关系等。

在舌诊的研究方面，从现代医学角度，基本阐明了正常舌象与异常舌象的形成机制，探讨了临床常见疾病的舌象变化及演变规律，并将舌象作为某些疾病的重要诊断指标，研制了舌色检查仪等。此外，国外对腹诊研究较多，已形成独特的汉方腹诊；并通过对皮肤电阻等的研究，形成了以良导络为代表的经络诊断方法。

传统的中医诊法包括望、闻、问、切四诊，主要依靠医生的视觉、触觉、听觉、嗅觉等感觉器官收集病情资料，但依据人体五官收集的资料，其分辨率低、信息量少，难以合参；模糊性大，有很大的主观性，且量化与客观化不足，缺少定性与定量结合的综合分析。在诊法的客观化研究方面虽然做了很多工作，但与临床实际运用还有较大的差距，主要体现在舌诊仪、脉诊仪、腹诊仪等仪器本身获取的信息量不够、欠灵敏，有待进一步的深入研究。

辨证的目的在于揭示疾病发展过程中某一阶段的病因、病性、病位、病势等病机要素，是论治的前提。因此，在四诊与辨证的运用过程中，应当把四诊与辨证的内容联系起来灵活运用，同时必须对病情资料予以综合处理，遵循辨证的基本原则、特点和思维方法，熟练运用各种辨证方法，按照辨证的具体目标要求，四诊与辨证交叉进行，并做到辨证与辨病相结合，辨病、辨证相得益彰，提高病证诊断水平，指导临床治疗。

中医诊断包括对患者进行检查，收集患者的病情资料，采用正确的思维方法进行分析，确定病证的临床表现特点与病情变化的规律，为临床预防、治疗提供依据。对病证正确的诊断是有效防治的前提，中医诊断学是根据中医学基本理论，专门研究如何诊察病证临床表现、确定病证诊断、分析病证变化及其演变规律的一门科学。在长期的医疗实践活动中，历代医家积累了丰富的临床诊断经验，形成了中国特有的完整的诊病体系，即四诊（望、闻、问、切）、辨证与辨病。中医诊断学所具有的独特诊断方法与对人体生命活动状态的认识，自古至今，一直在临床上发挥着重要的作用，而且在不断地丰富和发展，并对国外医学产生了一定的影响。

中医在诊察患者时，主要依据患者的自我感觉与外在表现，将四诊所获得的各种模糊信息（病情资料）进行综合分析，形成对患者整体状态（证候）的认识；这种整体、动态的观念体现在诊断上的重点侧重于辨证，显示出中医在医疗实践方面的独特之处。随着现代医学模式的转变，这些特点日益受到人们的重视。由于历史条件的限制，中医诊断未能采用实验室与特殊仪器检查，在诊断的定位、定量方面显得相对不足，如何有机地结合现代各种检测手段以拓宽中医传统四诊的视野，以及病证诊断的规范化、微观化方面，国内外不少学者已进行了大量的有益探索，但仍是今后中医诊断研究的命题。

一、证候诊断

所谓辨证，是在中医理论和辨证纲领的指导下，运用正确的思维，对从四诊获得的病情资料进行辨别、分析、综合、推理活动，以求得证名结论。因此，研究辨证过程的思维形式，掌握其基本规律和要求，以正确的方法和步骤进行辨证，是提高临床辨证水平的重要途径。

（一）辨证的思维法则

辨证的思维法则是辨证时必须遵循的思维规律，概括起来有如下5条：

1. 以主症为中心进行辨证　在四诊过程中，以主症为中心收集病情资料，可使病情资料系统条理、重点突出、主次分明，辨证阶段更应抓主症并以主症为中心进行，这将直接影响证名的确定，如患者咳嗽、痰稀色白、恶寒发热、头身疼痛、无汗、苔薄白、脉浮紧等，若确定主症是咳嗽、痰稀色白时，应辨为风寒束肺证；若主症是恶寒发热、无汗时，则应辨为风寒表实证。通过对主症的辨析，可以初步确定病位和病性。例如，患者咳喘、心悸并见，如咳喘为主症，主要病位在肺；心悸为主症，则主要病位在心。又如同为咳嗽，若以咳而呕吐痰涎、脘痞食少为主症，则病位在脾肺，病性为气虚痰湿；若以咳而腰脊酸痛、小便失禁为主症，则病位在肺肾，病性为气虚不固。

值得注意的是，主症虽是当前辨证的最重要线索和依据，但对于证的正确诊断，需要对主症与其他伴随症状进行综合分析才能完成。因为所有的症状、体征都从不同的侧面反映出证的本质属性，若仅辨析少数病症，哪怕是主症，也难以完全反映其病机；而且主症、次症、兼症的划分是相对的，只有将收集到的所有症状、体征结合在一起分析、综合，才能完整地揭示证的本质。如咳嗽而痰稀色白可为风寒束肺证、寒饮阻肺证、心肺气虚证等的主症，若结合恶寒发热、头身疼痛等症状分析，应辨为风寒束肺证；若结合哮喘苔滑、形寒肢冷等症状分析，应辨为寒饮阻肺证；若结合胸闷心悸、气短乏力等症状分析，则应辨为心肺气虚证。

此外，舌象、脉象是中医临床诊断的重要体征，虽一般不作为主症，但对于中医判断病机、识别证候，发挥着不可或缺的重要作用。

2. 力求一证概括全部表现　临证时，对患者的临床表现应力求以一种证型来概括。如果概括的证型过多，势必抓不住重点，以致治疗缺乏针对性，给立法处方带来困难。由于病情的复杂性及脏腑的相关性，两种及两种以上证候的复合、兼夹是不可避免的。因此，若出现了难以用单一证型来概括临床表现时，可以考虑复合证、兼夹证的存在，如寒热错杂证、虚实夹杂证等。对于多种证型并存的诊断，要求能分清并体现各证之间的主次、因果、并列等具体关系。

3. 首先考虑常见证与多发证　常见证与多发证是临床常见的，因此，辨证时首先应考虑常见证与多发证，这种直接的思维方法可删繁就简，减少辨证过程中的非必要环节。本教材各辨证方法中所列诸证，如脾气虚证、血虚证、太阳中风证、卫分证等均为常见证、多发证。对于疑难杂证、危急重证等，则应考虑少发证与罕见证。例如，怪病从痰、瘀证论治；按常见证久治不愈的患者，尤应考虑到罕见证之可能性。

新的病种不断出现，而现行教材中所列常见证有限，加之临床病情复杂，多不典型，因而教材所列证型往往与临床所见不能“对号入座”。这就要求医者能根据临床实际，灵活而简明地概括出具体证名，而不能受教材证型的拘泥。当然，对于非常见、非典型证型的命名，还是应力求规范，而不应滥造。

4. 在辨证过程中修正和完善 证候有由不典型到典型、由简单到复杂的过程，再加上其他因素的干扰，使证候的临床表现出现差异，所以临床辨证，有一个由表及里、从现象到本质、从感性到理性的认识过程。因此，诊断初期或首次所提出的证名诊断，其正确与否还有待于验证，需要在诊疗过程中不断予以修正和完善。例如，一名咳嗽患者，初起由外邪犯肺所致，病变以肺为中心，病机为外邪壅肺，肺气不利；若病久不愈、反复发作或治疗失误，病变渐累及心、肾等脏，病机可由实转虚。

由于病情变化，特别是主症变化，要求证名诊断也应随之而变化，故辨证是一个动态过程，需要不断予以修正和完善。

5. 正确处理各方面的辨证关系 中医整体观视人为一个有机整体，天人相应、形神合一，以及机体脏腑、气血、经络、内外、上下相互联系，因此，辨证过程中应注意机体与环境（包括时空）、形与神、局部与整体等的辩证关系。而疾病是邪正斗争的过程，且证反映疾病阶段性的病机特征，因此，辨证过程中还应注意邪气与正气、病与证的辩证关系。就证候的临床表现是否反映其本质而言，一般现象与本质是一致的，但在特殊情况下，现象与本质不一致，如出现寒热、虚实的真假。同一证候发生在不同疾病中、不同人身上，其临床表现亦不尽相同。此外，既要重视中医宏观辨证的依据，也不可忽视实验室、仪器等检查的结果。因此，辨证过程中应注意现象与本质、共性与个性、宏观辨证与微观辨证等的辩证关系。

总之，辨证应因人、因时、因地制宜，这就要求在辨证时，不能孤立地看待各种病情资料，还要重视患者整体情况和不同患者的个体差异，且要考虑到自然环境、社会环境、心理因素等对病证的影响。

（二）辨证的逻辑思维

辨证过程中，既有分析、判断、推理的一般逻辑思维方法的运用，也有辨常见证、疑似证、危急重证的特定思维方法。诊与断交替进行，感性认识与理性认识之间循环上升，逐渐达到对病机的正确判断。

1. 辨证的逻辑思维方法 在分析病情资料的基础上，辨证的常用逻辑思维方法有类比法、归纳法、演绎法、反证法等。

（1）类比法：类比法是将患者的临床表现和已知的某一证型进行比较，若两者的主要特征相吻合，此证的诊断即可成立。如患者表现为发热恶风、汗出、脉浮缓等，这与《伤寒论》所载，“太阳病，发热汗出，恶风，脉缓者，名为中风”之说相符合，因而便可以诊断为太阳中风证。可见，掌握各种证候的临床表现和辨证要点，是采用类比法的先决条件。类比法是一种直接的思维，具有迅速、简捷的特点，它不需要做更大范围内的思考，可凭借直接印象做出诊断。当然患者的典型表现和该证型吻合越多，其诊断准确性就越大。

（2）归纳法：归纳法是将必要性资料和特征性资料加以归类、综合，从而得出辨证结论的思维方法。它是在对病情资料属性进行分析的基础上进行的。每个症状都从不同侧面反映证的属性，归纳了全部或大多数症状的属性，进而加以综合分析，即可得出证的诊断。例如，一名患者下肢水肿、尿少、舌体胖大苔滑，为水液内停；若病程长，伴有疲乏无力、畏冷、肢凉、苔白、脉弱，为阳虚之证；若兼有纳呆、腹胀、便溏，为病位在脾；若又有腰膝酸软、性欲淡漠、夜尿清长，为肾阳虚。将以上归类的病情资料进行分析，该病涉及水、脾、肾、阳虚等辨证要素，将这些要素综合起来，便可诊断为脾肾阳虚证。

（3）演绎法：演绎法是根据认识论对事物本质的认识由浅入深、从粗到精的原理，对病情进行层层深入的辨证分析方法。通常是从脏腑、气血、经络等功能的一般性前提出发，结合病情资料，分析其病因、病性、病位等，从而确立证的诊断。演绎法需要运用各种辨证的基本方法、技能并按具体步骤逐级进行，一般应辨出证之病因、病性、病位等。如一名患者为新病，并有感受外邪的病史，为"外感病"范畴；发热明显，已不恶寒，并有口渴、舌红、脉数，为表邪入里的里热证；若咳嗽明显、气喘、咳黄黏痰，则痰浊阻肺，便可诊断为痰热壅肺证。又如，辨证从内伤久病→虚证→气虚证→心气虚证逐步深入具体，亦是演绎法。另外，根据脏腑、气血等的生理功能而推导其病理变化，判断为"久痛入络""久病及肾"等，也可视为演绎法的具体应用。

（4）反证法：反证法，又称为否定法，是指对疑似证难以从正面进行鉴别时，可从反面寻找不属于某证的依据，通过否定而达到确定诊断的目的。如《伤寒论》第61条载："下之后，复发汗，昼日烦躁不得眠，夜而安静，不呕，不渴，无表证，脉沉微，身无大热者，干姜附子汤主之。"六经皆有"烦躁"，此究竟是何证呢？仲景用"无表证"否定其为太阳病证，用"不呕"否定其为少阳病证，用"不渴"否定其为阳明病证；于是病证范围缩小至三阴，结合"脉沉微，身无大热"，便可确认其为少阴阳虚证，而用干姜附子汤治疗。

（5）其他方法：辨证思维尚有一些其他方法，如所谓"预测法"，是根据疾病发生、发展的一般规律或证候之间的相互联系，判断或预测新的病情或证型。如患者本为肝阳上亢证，可预测其进一步发展为肝阳化风证。此外，结合患者体质，前人有"从阳化热""从阴化寒""瘦人多火""肥人多痰"等论述，均可视为预测法。临床上还可通过治疗而肯定或否定某证，这种以方测证的方法，称为"试探法"，或称为"试治法"。如患者便秘数日，可用小承气汤试下之，药后若转矢气者为燥结腑实证，若便溏者则为脾气虚证。

以上几种辨证的逻辑思维方法，彼此联系，一般适宜于对常见证与多发证的诊断，但这种诊断只不过是一种推测，尚待实践验证。因此，在辨证过程中，应发挥主动的积极性思维，克服惰性思维，在诊治过程中进一步修正、完善先前的辨证结论，以避免诊断僵化或停滞不前。对于一些疑难杂证、疑似证、危急重证的诊断，还应运用特殊的逻辑思维方法，如对疑难杂证的辨证，可用经验再现、线索追溯、病因穷举及试验性治疗等。成就卓著的中医学者之所以对疑难杂证辨证准确且疗效好，无不与其熟练掌握了逻辑思维技巧和丰富的辨证论治经验有关，故继承、发扬名老中医的这些特长和经验，并在临床中反复实践和运用，将有助于辨证水平的提高和思路的拓宽。对疑似证的诊断与鉴别，关键在于应有求异的思维，因疑似证之间的临床表现相似，但部分症状及病机则不相同，因此，要特别注意运用同中求异的思维方法。对危急重证的诊断，应有准确、果断、迅速的思维，并注意诊治并举，急救为先。

2. 各种辨证方法的灵活运用　在长期的医疗实践中，中医理论不断发展，对辨证的认识也不断深入，逐渐创立出行之有效的多种辨证方法，包括八纲辨证、病因辨证、气血津液辨证、脏腑辨证、六经辨证、卫气营血辨证、三焦辨证和经络辨证等。以上八种常见的中医辨证方法各有其特点与应用范围，相互补充而不能相互取代，形成了辨证体系的纵横交叉网络，故要求临证时将这些辨证方法灵活地综合运用。

八纲辨证是各种辨证的基本纲领，阴阳、表里、寒热、虚实可以反映证的总体性质和部位，其他辨证方法均是它的具体化。脏腑辨证、气血津液辨证、经络辨证主要适用于内伤杂病的辨证，但以脏腑辨证为中心，因为脏腑辨证以脏腑理论为基础，尤其是五脏在人体的生理功能和病理变化中居于核心地位，因此脏腑证候可以综合反映人体多方面的病变，而其他辨证方法所涉及的证候大多要落实在脏腑的病机上，因此脏腑辨证是中医辨证体系的主体。若患者气血津液病证的表现突出，则结合应用气血津液辨证；若经络循行部位的症状比较明显，则与经络辨证相结合。

六经辨证、卫气营血辨证和三焦辨证可从不同阶段、不同层次反映外感病证的演变。六经辨证开创了外感热病辨证论治的先河，多适用于伤寒，强调寒邪致病的临床特点和病变规律；卫气营血辨证弥补了六经辨证的不足，强调温热与湿热之邪侵犯人体的不同层次和阶段，适用于温病；三焦辨证则是在卫气营血辨证的基础上，提出了自上而下的温病传变规律，尤详于湿热温病。而病因辨证则以辨别六淫、疫疠、七情、饮食、劳倦等不同的病因病邪为目的，无论内伤与外感病证，均需要结合病因辨证以探求病因。

灵活地运用各种辨证方法，要求辨证时，根据每个患者的具体病情及特点选择最适宜的辨证方法进行辨证。中医学的生命力在于如何提高临床疗效，而提高疗效的关键是辨证的准确无误。因此，正确地选用、灵活地运用上述八种辨证方法，具有重要的临床意义。

（三）辨证的特性

辨证就是辨别、识别证候，它是中医关于疾病发生发展过程中把握疾病某阶段本质的一种概念。辨证准确是疗效的保证，疗效是中医的生命，因此辨证论治是中医的灵魂。掌握证的“五性”对于提高辨证的精确度、加强辨证的预见性，甚有裨益。

1. 特异性　每一个证的概念都有其特殊内涵，即特异性。但从组成证的各个症状和体征看，其中不少表现既可出现在本证，也可出现在他证，并非均带有特异性。在临证中，要特别重视组成此证的特异性症状和体征，如外感“少阳证”，须具备“口苦、咽干、目眩、往来寒热、胸胁苦满、脉弦”等症状。若分解看，“往来寒热”的特异性价值明显高于其他，临床即使有口苦、咽干、目眩、脉弦等数症亦不能轻易诊断为少阳证；又如“痰热蕴肺证”，须见“咳嗽、气粗、咳痰黄稠、苔黄腻、脉滑数”等症状，其中，“痰黄稠”如系主诉兼望诊所得，只此一端，便基本可构成该证，其他症状、体征若单一出现则不能轻言属该证。

2. 可变性　证是具有时相性的诊断概念，随着时间推移，这一证可以转化或传变为另一证，相比而言，较西医诊断的时相概念要强烈得多。在急性病中，甚者旦夕可变。即使是慢性病，随着患者的体质内环境、治疗等外在条件的不同，也可错综演化。在许多情况下，注意掌握证势、病势，对证的可变性也是可以预见的。所谓“证势”，即指一种证向另一种或若干种证转化的常见趋势：如肝气郁结可化火、生痰，故气郁证每多转化为气火证、痰气郁结证等；在外感疾病中，卫分证可向气分证传变，气分证又可向营分证、血分证传变等。但因“证势”在很多情况下尚不足以把握疾病转归，故探求“病势”的问题必须兼顾。所谓“病势”是“证势”的特殊规律，即指一些疾病，证的转化有自己的特殊趋势：如肺痨病的“肺阴不足证”往往出现在初期，而风温病的“肺阴不足证”则多见于恢复期。结合现代医学辨病知识而论，同样是温病，如是“流行性乙型脑炎”，则每从“气分证”传变为“热陷心营证”，“血分证”较少见；若系“流行性出血热”，则“气分证”每每传变至营血分，而单纯“热陷心营证”并不常见。故治疗“流行性出血热”，抓住“气血两燔”的特点，多用“清气泻热凉营（血）解毒”的基本方药进行治疗，能获显效。

3. 交叉性　交叉性即两类以上证候的互相联系、并见。其交叉组合形式多样：在八纲辨证方面如寒热互结、表里同病；在脏腑病位方面，如肺肾阴虚、肺脾气虚；在病理因素方面，如气滞血瘀，湿热内蕴、痰瘀交阻等。其辨治要点是确定两者的轻重缓急，以明确治疗的主次先后。有的应抓病变重点，如肺肾阴虚重在治肾，肺脾气虚重在治脾。有的应抓病机主次，如气滞血瘀之胁痛，气滞突出用柴胡疏肝散，血瘀明显时用复元活血汤。如湿热内蕴之黄疸，湿为主者用茵陈四苓汤渗湿泻热，热为主者选茵陈蒿汤清热利湿。如《伤寒论》治疗痞证之半夏、甘草、生（干）姜三泻心汤，因属寒热错杂，故既用苦寒泻热的黄芩、黄连，又配辛温散寒的生（干）姜、半夏。

4. 夹杂性　所谓夹杂性即指两种或两种以上的疾病并存，并由此产生两类或两类以上的复合证。其辨治要点是把握标本主次，或标本兼顾，突出重点，或遵“间者并行，甚者独行”的原则论治。如患者同时有胃脘痛、失眠，证属肝胃不和、湿热中阻、心肾不交，治疗当根据患者的具体情况，或以疏肝和胃为主，或以清化湿热为主，或以交通心肾为主，或三者同时予以兼顾，治当把握标本，分清缓急。

5. 非典型性　非典型性是指证应该出现的特异性症状在数量和程度上表现不足，即不符合常见的典型症、证。对于证非典型性的辨识，应注意证的发生、发展、转归的全过程，把握初期性证、过渡性证、隐伏性证与轻型性证，避免辨证的局限及用药的浮泛。

（1）初期性证：指疾病初起阶段病证特有的症状尚未显现，缺少特异性。如风温、悬饮、肺痈初期均可有风热犯肺证的过程，若不从发展趋势深入分析，不结合辨病，均予疏风清热宣肺，必然针对性不强，难以阻止其发展。

（2）过渡性证：又叫临界性证，是病情由一证向另一证转化发展过程中出现的似此似彼的证候。如中风虽无明显昏迷，仅见半身不遂、口角㖞斜，但神识时清时昧者，为界于中经络和中脏腑间的证候，似可称之为“半经半腑证”。这种情况既可由昧转清而表现为中经络证，也可进一步发展至内闭神昏而见中脏证。又如胃痛，喜热敷，苔白腻，同时又见口苦、口干、舌质偏红，乃属寒热并见的过渡证，既可进一步化热，也可转从寒化。如顽固哮喘，表现为典型的小青龙汤证，药入缓解，而背寒、易汗、气短，转为肺气虚寒证，经从本治疗稳定。逾年复发，服温化剂不效。再审其烦躁、唇起火疮、舌质较红，乃在小青龙汤的基础上加石膏服之喘止，说明寒饮伏肺证既可转见虚寒，亦可寒郁化热。据此可知，对过渡性证必须及时抓住病机演变趋势，予以相应治疗。

（3）隐伏性证：又叫“潜证”，其特点是临床症状极少甚至无症可辨。对此需注意从病史、舌、脉、体质、个性、喜好等细微处探索，并借助现代医学理化检查，参照疾病的基本病理进行辨证论治。如哮喘处于缓解期时，只有凭借病史及一般情况推测其发作时证候，按照“平时治本”的原则立法选方。通过治疗隐伏证而达到防止或减轻发作之目的。其他如癫痫等具有发作性特点的疾病，亦均与此类同。又如经实验室检查证实的慢性乙型肝炎、肺结核、隐匿性肾炎、糖尿病、高血压等，患者可无任何自觉不适，但可针对各自的基本病理给予相应处理。慢性乙型肝炎多给予调养肝脾、清化瘀毒，肺结核多给予滋阴补肺、抗痨（结核）杀虫，糖尿病多给予清热润燥，高血压多给予息风潜阳、滋阴降火等。

（4）轻型性证：是由于症状严重程度不著，存在质的差异而缺乏典型表现。如肺痨（结核），有些人肺阴虚证不重，仅有轻微咳嗽，或略觉乏力；又如高血压之头痛、眩晕程度不著，再如冠心病之胸痛血瘀证不显，仅偶感胸闷等。临证对轻型证候亦不可忽视，因它虽然反映病情的轻浅，但也可能成为严重疾患的不典型表现，仍要高度警惕，仔细辨析。

另外，“证”是客观存在的，但在临床上判断患者凭主观所获得的具体“证”是否客观存在，则需要慎思。从患者方面看，主诉是受主观感觉支配的，患者的耐受性、表达能力各有不同，还有各种社会、心理因素可以影响或扭曲主诉；对医者来说，认症问题，如舌是否红？是否紫？脉是否弦？是否滑？也有一个敏感性和标准化、客观化问题。故临床所获得的“证”，不可否认存在客观性强弱的问题。一个证候（尤其是主症）不仅出自主诉，还同时得到其他三诊（望、闻、切）的支持，甚至微观检查的证实，则提示客观性强。如主诉口干，望之口舌少津，嘴唇干裂，扪之糙手；主诉心悸而切诊脉律失常，听诊心音或心律有异，心电图、超声心动图等亦有阳性改变等。

（四）辨证的具体要求

辨证是论治的前提，辨证的结论必须准确地揭示疾病现阶段的本质。为此，具体应做到如下 4 个方面：

1. 掌握辨证要点，鉴别证间差异 所谓辨证要点是对某一证候临床表现的重点和特殊性的高度概括，可对辨证起到提纲挈领、执简驭繁的作用。因此，掌握证的辨证要点，有利于该证的诊断和鉴别诊断，从而提高辨证的准确性。气虚证以全身功能活动低下的表现，如气短懒言、声低息弱、神疲乏力等为辨证要点，血虚证以体表肌肤黏膜组织呈现淡白及眩晕、心悸为辨证要点。对于辨证要点不可僵化看待，因它的运用主要适宜于典型证候的诊断与鉴别，而对于复杂证候则应综合多方面的病机要素，切忌以偏概全。

2. 分清证的主次，注意证间转化 在复合证候等复杂病情中，应辨明其中居主导地位的证型，称为主要证型；也可从病因病机角度进行比较，最能反映其病理本质，且对病情发展起决定性作用的证型，是主要证型。辨主要证型仍要以主症为中心，通过辨析主症及其相关症状而确定。例如，一名患者证候比较复杂，先有胁肋胀痛、头晕目胀、情绪不宁等肝郁气滞证的表现，继有纳呆、腹满、便溏等脾气虚证的表现，且每因情志不舒时而诱发或加重。若按发病先后及病情主次分析，应确定肝气郁结为主要证型，而脾气虚证则为次要证型或兼夹证。

又如《伤寒论》小青龙汤，主治风寒客表、水饮内停之恶寒发热、无汗、喘咳、痰多而稀、不得平卧，或身体疼重、头面四肢浮肿，舌苔白滑，脉浮。该证的主要证型为风寒表实证，次证或兼证为水饮停肺证。

主要证型在疾病过程中并非一成不变，在一定条件下，诸如体质、药物治疗、情志、饮食、调护等因素的影响下，可以转化。如一名胃痛患者，病情急性期症见胃脘灼痛、吞酸嘈杂、烦躁易怒、舌红苔薄黄、脉弦等，初诊为肝胃不和证；经过疏肝和胃药物治疗及饮食调护后，患者胃脘灼痛、吞酸嘈杂两症消失，却出现纳食不馨、腹胀便溏、倦怠肢软，脉象由弦转虚，此为脾气虚证。此时，主要证型已由实转虚。一般而言，疾病的主症变，则主证也随之发生相应的变化。

3. 详审证间标本，区分先后因果 辨证间标本、区分证型之间的因果关系，是辨证的重要内容之一。所谓本，是指原发病证，为主要矛盾或主要方面；所谓标，是指继发病证，为次要矛盾或次要方面。一切复杂的病证，总不外标与本，区分两个证型之间的因果先后关系，就可以辨出标本，从而抓住病变的主要矛盾或主要矛盾方面，进而以标本缓急的原则确定治疗。如脾肾阳虚证，若因肾阳虚衰不能温养脾阳，致脾肾阳气俱伤，则原发肾阳虚证为本，继发脾阳虚证为标，治疗的重点应放在温补肾阳。

4. 辨明寒热虚实，识别证候真假 在辨证过程中，典型的证候较易识别，不典型的证候，尤其是证候中有些症状互相矛盾，甚至出现假象时，辨证比较困难。最常见的是寒热、虚实真假，即所谓“真寒假热”“真热假寒”“大实有羸状”“至虚有盛候”；还有危急重证、濒死的患者可出现假神，即“回光返照”等。因此，应注意现象与本质的关系，要辨清孰真孰假，不为假象所迷惑。辨真假，首先，要注意其出现的时机性，因为假象易出现在“过极”的关键之时，如寒极、热极时分别出现似热、似寒的假象，大实、至虚时分别出现羸状、盛候等。其次，应从四诊合参中，找出关键性指征，如古人多以脉象为凭识别虚实真假，诚如张介宾所说：“虚实之要，莫逃乎脉。如脉之真有力、真有神者，方是真实证；似有力、似有神者，便是假实证。”

（五）辨证的具体目标

辨证的目的是寻找疾病发生、发展某一阶段的病因、病性、病位等病理要素，并进而归纳病机，确定证名。因此，辨证就要在分别探求病因、落实病位、分清病性等的基础上，最终做出证名诊断。

1. 辨病因　辨病因就是要探求导致疾病当前证候的本质性原因。病因分原发性病因和继发性病因。中医所谓“辨证求因”，即通过辨别、分析其临床表现，识别疾病当前证候的发病原因。任何病证都可寻求到其发病的原因，一般可通过问诊，直接询问发病时的内外致病因素，如湿痹多因久居湿地、淋雨涉水所致；泄泻多因饮食不洁、过食生冷所致；肝气郁结多因情志不畅、肝失疏泄所致。但有些病因不能直接获得，更重要的是通过审证求因，即从对病情资料的分析来探求病证之因。如外感病，病因是风寒或是风热，只有对临床表现的分析后才可以确定；又如气滞、瘀血、食积、痰饮等病理产物作为继发性病因，也是通过审证而求得的。原发性病因，是指一般常说的发病原因，如六淫、七情、饮食、劳倦、虫兽金刃所伤等。在疾病发展过程中产生的病理变化产物，可能成为继发性病因或病邪，如瘀血、积食、痰、饮、水、虫、石等。此时，这些继发性病因成为疾病现阶段的主要矛盾所在，是辨证论治的主要对象。

2. 辨病位　辨病位就是确定病证发生在人体的部位。病位并不等同于个别症状发生的部位，而是运用中医整体观和脏腑经络理论，综合分析一切临床资料后做出的疾病的整体定位。病位不仅要落实在脏腑等具体部位上，而且应该结合其具体病理变化来探求病位之所在，如心气虚证、脾阳虚证等，其中，心气、脾阳均可理解为病位。确定疾病现阶段证候的病变部位，其中，又可分为空间性病位和层次（时间）性病位。

表证、里证（及半表半里证），是大的位置概念。心、肺、脾、肝、肾、胃、胆、小肠、大肠、膀胱、三焦，以及脑、胞宫、精室、咽喉、头、鼻、耳、目、皮、肉、脉、筋、骨、颈、胸、膈、腹、脊柱、背、腰、臀、前阴、四肢等，皆为具体的空间性病位概念。层次（时间）性病位可有不同的称呼，如卫分、气分、营分、血分，以及太阳、阳明、少阳、太阴、少阴、厥阴、上焦、中焦、下焦等，皆有浅深层次及阶段性病位的含义。辨病位一般要落实到脏腑。

辨病位在辨证中具有重要意义，因为病位与病邪、病性、病势等密切相关。常用的定病位方法有如下 4 种：

（1）表里定位法：表里定位法是病证横向传变的定位方法，在外感病证中运用广泛。六经病证中，太阳主表，少阳为半表半里，阳明和三阴主里；而卫气营血病证，病位由表入里按顺序排列。

（2）上下定位法：上下定位法是病证纵向传变的定位方法，多在六淫邪气致病和温病中运用。如风邪侵上，湿邪伤下；湿热温病有上、中、下三焦部位的划分。

（3）气血定位法：气血定位法是辨别病证在气、在血的定位方法，通常运用于杂病辨证。一般新病在气，久病及血；温病轻浅者邪在卫分、气分，病深重者邪已入营血。

（4）脏腑定位法：脏腑定位法是辨别病证在不同脏腑的定位方法，适用于一切疾病。此定位法涉及的范围较广，可结合脏腑与病因方面的关系定位，如风伤肝、火伤心、湿伤脾、燥伤肺、寒伤肾等；可结合脏腑与季节相应的关系定位，如春病在肝、夏病在心、长夏病在脾、秋病在肺、冬病在肾等。结合脏腑所属经络循行的路线定位，如肝之经脉绕阴器、抵少腹、布胁肋等，因此，上述部位的病证可定位在肝；可结合五脏与五体、五志、五液等的关系定位，如肝开窍于目、在体为筋、其华在爪、在志为怒、在液为泪，故以上诸方面的病证可定位在肝；可结合脏腑与体表局部的对应关系定位，如寸关尺脉分候脏腑等；亦可结合脏腑各自的生理特点和临床病理表现定位，如肺主气司呼吸，以宣降为顺，因此，症见咳、痰、喘等可定位在肺。

3. 辨病性　辨病性就是分清病证的基本性质。病证的发生，根本在于邪正斗争引起的阴阳失调，故病性总体表现为阴阳的偏盛偏衰和邪正力量的对比，具体体现在寒、热、虚、实四种属性上。因此，寒、热、虚、实是最基本的病性。

（1）寒热定性：有从病因的寒热定性者，如过食生冷多为寒证，感受暑热多为热证；但主要应据临床表现的特点定性，如寒证以冷、凉表现为特点，热证以温、热表现为特点。一般证的寒热属性，在外感病中，常可揭示邪气的性质；在内伤杂病中，则常揭示体内阴阳盛衰的变化，如阳盛则热、阴盛则寒，阳虚则寒、阴虚则热等。应注意在某些情况下，病性与病因不一致，如阳盛体质之人，感受寒邪可从阳化热而表现为热证；也应注意在内伤杂病中，某些证并无明显的偏寒或偏热的属性，如脾气下陷证、肾精不足证等。

（2）虚实定性：从病因定性，邪气盛则实，故六淫、痰饮、食积、瘀血等病邪侵入或内停体内所致病证可定性为实；精气夺则虚，故先天不足、后天失养、久病重病、房劳过度等所致病证多定性为虚。从病程特点定性，新病多实，久病多虚。从体质特点定性，素体强壮者多实，素体虚弱者多虚。从临床表现特点定性，凡人体处于虚弱、衰退、不足状态，抗病能力低下者，可定性为虚；凡人体处于亢盛、兴奋、有余状态，邪正交争剧烈者，可定性为实。

对病证属性的定性，除寒与热、虚与实两端外，同样要注意它们之间的错杂与真假。

4. 辨病势　辨病势就是辨别病情的轻重、缓急的程度，预测病证发展、演变的趋势。病势主要决定于患者正气和病邪在体内斗争的力量对比及其激烈程度。具体而言，是对患者体质、病邪性质及受邪轻重、病位浅深、治疗及调养等因素综合考虑和估量的结论。例如，大体上，表证病轻，里证病重；新病多急，久病多缓；外感病证病势急，内伤杂病病势缓；感受火热之邪病势多急，感受寒湿之邪病势多缓；体质强而感邪重者病势急，体质弱而感邪轻者病势缓；体质强或感邪轻者病较轻，体质弱或感邪重者病较重；感邪轻浅者预后较好，感邪深重者预后较差；正气胜邪者病向愈，病邪胜正者病恶化；治疗调养得当者病愈，反之则病当加重或内传。然而，目前中医对病势的判断仍较粗略和模糊，有待于量化和规范。

5. 辨病机　辨病机就是阐明病证发生发展变化的机制，换言之，就是将病因、病位、病性、病势等病理要素综合地表述出来，以得出对病证本质的整体、动态的概括性认识。病因、病位、病性、病势等都只是侧重于表明疾病过程中某一侧面的病理要素，而证候的病机综合，概括了这些要素，因而能全面地解释所有临床表现产生的总机制，揭示疾病现阶段的病理实质及其特征。辨病机应包括辨脏腑病机（病理生理）、辨病理因素、辨标本关系。

（1）辨脏腑病机（病理生理）：根据中医有关脏腑、气血等生理功能和病理变化的理论，抓住临床表现，分析综合证候的发生机制，了解脏腑、气血失调状态下的病理演变，可以掌握“证”与“证”之间的转化规律，对指导当前治疗和制订下一步诊疗计划有重要作用。如外感咳嗽可表现风寒袭肺、风热犯肺等证，但肺除主气司呼吸、调节卫气外，尚有通调水道、主治节等功能，若邪壅肺气，肺失通调，可以出现水肿病。如反复感邪，久咳迁延，损伤肺气，肺失治节，可以发展为咳喘、痰饮。后期可导致心血瘀阻之证。总之，一个脏腑有多种生理功能，一种疾病可以只涉及其中一种功能失常，也可在同一阶段或不同阶段表现若干种病理生理变化，复杂的疾病涉及多种脏器，则可有更复杂的病理生理改变。

（2）辨病理因素：根据中医有关病理因素（如痰、饮、火、瘀等）的理论，抓住某些证候表现（包括可见的病理产物与特征）推理而得。病理因素不仅直接致病，还可以在疾病过程中起因果关系，促使病情日趋恶化。因而，了解病理因素，对消除它的存在（治疗病理因素产生的原因和/或直接祛除病理因素本身），切断疾病发生、发展的因果交替循环，促使疾病痊愈有重要意义。值得强调的是，辨证的关键，必须以脏腑病机制论为主导，审证求机，根据主要症状特征，把握病机所属，辨清病理因素及其多元复合关系，以病机证候为辨证的客观依据，使辨证更加活化，切合临床实用，不致成为僵化的教条，不合实际的标准。为此，有学者提出“脏腑病机辨证十三条”新说，作为辨证的要领，病机证候的论据，明确病位、病性，提供证候要素的特征，为治疗指明依据，从而构建成中医病机辨证网络系统。概要言之，“脏腑病机辨证十三条”的要领是“风病善变，寒多阴伏，火热急速（温暑同类），湿性缠绵，燥胜伤津，痰证多怪，水饮同源，瘀有多歧（血病多瘀），郁病多杂（气病多郁），虚病多久，毒多难痼，疫为戾气，多因复合（风火相煽，瘀热相搏，寒热错杂，湿遏热伏，痰瘀互结，邪实正虚，多脏同病）”等。如能据此详释其常见证候内涵，可有助于制定出新的辨证体系。

（3）辨标本关系：根据中医的标本理论，对有关因素及矛盾进行分析，找出那些在疾病全过程或某阶段中决定疾病进程、影响全局的主导环节，正确把握各种因素之间的联系与转化。对治疗复杂疾病（即存在复合病因、多病位、多种病理生理改变、多种病理因素及对立的八纲属性等），解决主要矛盾，恰当处理次要矛盾，起主要作用。故《黄帝内经》有“不知标本，是谓妄行”“知标知本，万举万当”的说法。

6. 辨证名 辨证名就是确定辨证的最后结论。实际上，证名就是以病机命名的证候，因此，证名诊断，就是用规范性术语高度概括疾病现阶段的病机类型；对证名的诊断，必须建立在辨病因、辨病性、辨病位、辨病势的基础上。例如，肝胆湿热证，病位在肝胆，病性为湿热，病机为肝胆湿热；风寒束肺证，病因为风寒，病位在肺，病性为寒。

关于证名的确定，一是要求文字精练，证名一般包括病因、病位、病性等内容，因此文字要求具有高度的概括性，如肝胆湿热证、肾水凌心证等；二是要求术语规范。规范的证名，可参照国家标准——《中医临床诊疗术语》（包括疾病部分、证候部分、治法部分），或新版《中医诊断学》教材。

7. 辨转归预后 在以上多方面分析的基础上，根据中医疾病学的知识和经验，并参考现代医学的有关知识，结合病变过程中出现的重要症状、体征，做出以下两个方面初步估计：①疾病的转归，在发病学的预防和治疗上有一定意义（如“见肝之病，知肝传脾，当先实脾”）；②疾病的预后，便于及时采取措施而处于主动地位。

以上是我们在辨证分析中需要认真把握的内容，但必须说明，具体对象的每个项目，并不可能都得出完整的结论，如病因和病名就经常有难以明确的情况；同时，在临床应用时，各个项目的重要性及其主次作用也可因病而异。

例：陈某，男，40岁。素有胃痛病史，常因劳累或饮食不当而诱发。此次因贪凉饮冷，胃脘已间断疼痛不适半个月，痛引两胁，痛则食减，按之较舒，得热痛减，遇寒痛剧，口淡无味，面黄肌瘦，无反酸呃逆，舌质淡胖嫩，边有齿痕，脉弱。分析：此患者因贪凉饮冷而发病，则病因属寒；因其得热痛减，遇寒痛剧，又有面黄肌瘦、舌质淡胖嫩、边有齿痕、脉弱等虚象，则病性属寒、属虚；因患者主诉为胃痛且素有胃痛史，则病位属脾胃，病机为脾胃虚寒。故诊断病名为胃脘痛，证名为脾胃虚寒证。病属本虚标实，病势较轻，预后较好。

（六）四诊与辨证的交叉进行

辨证是一门非常复杂而灵活的学问。在临床实践中，“诊”与“断”并未严格分开，往往是边诊边断、边断边诊。医者在进行询问、检查的同时，便对获得的病情资料进行辨证分析；在分析思考时，发现什么线索、疑问，便会有目的地进一步收集病情资料。

例：若患者主诉头晕眼花，医者就应据此联想到，中医学理论有“诸风掉眩，皆属于肝”“无痰不眩，无火不晕”“无风不作眩”“肥人眩晕，气虚有痰，瘦人眩晕，血虚有火”“风阳上扰，发为眩晕”等说法。因此，“头晕眼花”一症，在医生头脑中应该考虑的病理因素，就有肝、风、痰、火、血虚、气虚、阳亢等，但疾病的本质到底是什么呢？仅孤立地凭这一个症状是难以确定的。此时，如经过检查，发现患者有面色淡白、舌质淡白、脉沉细等，则头脑中“血虚”的可能性就增加了，因为这些病状均与血虚有关；为了进一步求得证实，医者可能根据血虚的一般表现，进一步询问其有无失眠多梦、（女子）月经量少等症状。假若患者兼有的是体胖、胸闷、舌苔腻、脉滑等症状，则要考虑痰湿内阻。

二、疾病诊断

中医的病名诊断简称辨病。临床时，在中医学理论的指导下，按照有关“病”的定义，对患者的各种病情资料进行分析、综合，确定患者所患病种的思维过程，称为“辨病”。辨病的具体内容将在中医临床各科中进一步深入学习。

（一）疾病的概念

早在有文字记载的甲骨文时代即有疾病的概念，随着中医学的发展，辨病在医疗实践中亦不断得到发展。中医学自古便形成了内、外、妇、儿、五官等许多专科，每一专科都有各自病种的诊断，而且涉及人体各个系统的疾病，故辨病在临床各科的意义尤为突出。

1. 疾病的基本概念 《说文解字》云：“疾，病也。”又云：“病，疾加也”。“病”的字义与“疾”一致，合为疾病，两者的微小差别是疾轻病重。疾病通常是从总体上反映人体精、气、神异常变化的诊断学概念，它包括功能和器质两方面的改变。疾病是指在一定的病因（包括六淫、七情、饮食、劳逸、外伤等）作用下，人体内部及人体与环境的平衡协调状态遭到破坏，所引起的具有自身演变规律的异常生命活动过程。每一种疾病都表现为若干特定症状、体征和各阶段前后衔接的相应证候，并且具有发生、发展到结局的病变全过程。

中医学对疾病的认识深受天人相应、形神合一、阴阳平衡等观念的影响。中医学认为，当人体的生命活动处于整体的动态平衡协调状态时，就健康无病；而一旦因外邪侵入或内邪生成所导致的正邪斗争破坏了这种平衡协调状态，就会生病。疾病与健康存在生命质量的不同，但两者之间没有截然的界线。

2. 与病相关的证、症概念 《玉篇》云："证，验也。"《增韵》云："证，候也。"《说文解字》中有"證""証"字。"證"的本义为证实、验证；"証"通"證"，为证据、验证之义，已被引申作为疾病的征象、证据。《伤寒论》各篇名均称"病脉证并治"。"证"既指具体症状，如"但见一证便是"，又可指一组症状，如"麻黄汤证"等。

在古代医籍中，"证"和"症"两者相通。"症"字在医学用语中虽义同"證""証"，但将部首"言"改为"疒"，随着时间的推移，"证"与"症"不仅仅是字形的改变，而且有了各自的含义。目前，已规定了证、症的各自含义。

证，即证候。它是疾病发生和演变过程中某一阶段病理本质的反映，以一组相关的症状和体征表现出来，是对疾病所处一定阶段的病因、病性、病位、病势等所作的病理性概括；或可认为证是人体生命活动状态的阶段划分。

症，即病症，是病证表现出的各种现象，包括症状和体征。如发热、恶寒、疼痛、恶心、腹胀等症状，是患者的主诉或感觉到的不适；而面色㿠白、舌淡苔白、脉细无力、下肢浮肿、腹部包块等体征，则是医者通过检查发现的客观病理征象。另外，有些病证，患者自觉症状不明显，但是经用现代医疗仪器设备检测所得到的异常结果，如蛋白尿、血压高、血红蛋白低、大便潜血阳性等亦属病理征象。

3. 病、症、证三者的关系 病、症、证是中医诊断学中 3 个最基本的概念，三者之间存在着不可分割的内在联系。病名代表着疾病全过程的病变规律的根本性矛盾，证名代表着疾病当前所处阶段的主要矛盾，而症则是病、证的具体表现。

症是最基本的病理要素，是诊断疾病和辨别证候的主要依据。诊断的思维过程必须围绕症来进行，症是原始的病情资料，离开了症就很难做出病、证的诊断，但症仅是疾病的现象，而不是疾病的本质，特别是临床上还有脉症相反及寒热、虚实真假等现象与本质不一致的情况发生，因此，必须将以症为主体的所有病情资料综合起来分析，才有可能将其上升到证乃至病的高层次上，抓住本质。

证是病的阶段性反映，病与证纵横交叉，因为有异病同证、异病异证、同病异证、同病同证等。对于异病异证、同病同证不难理解。所谓同病异证，是指相同的病，因发病原因、患者体质及所处阶段的不同，可反映出不同的证候。例如，感冒病，因外感风寒、风热的差别，有风寒表证和风热表证的不同；又如胸痹病，因瘀血质、痰湿质、阳虚质等体质差异，可分别表现为瘀阻心脉、痰阻心脉、寒凝心脉的证型。所谓异病同证，是指不同的病，在疾病发展过程中，由于体质、病性、病位等的错综变化，可出现基本相同或相似的证候。许多慢性胃肠道疾病，如泄泻、痢疾、胃脘痛、腹痛、臌胀等，都可能出现脾气虚证。异病虽可以同证，但由于所处病种不同，其证候的临床表现并非完全相同，即构成同一证型的诸要素，如主症、次症、兼症等，在不同的病种中其内容及主次地位是不等的。例如，同为脾虚证，大便溏泄和食后腹胀喜按均为其构成要素，但是，胃脘痛（脾虚证）的主症是食后脘腹胀痛，可不一定出现大便溏泄；而泄泻之脾虚证的主症是大便泄泻，食后腹胀则为次症或可不出现。又如哮喘、水肿、崩漏、阳痿等不同疾病，虽都可出现肾阳虚证，见腰膝酸软冷痛、畏寒肢冷、舌淡苔白、脉沉弱等共同症状，但它们各自的主症显然是不同的。

同病虽可以异证，但无论证型有何差异，既然病相同，也就是其病理变化是基本或部分一致的，其主症亦贯穿病变的全过程，故虽同病异证，却异中有同。如肺痨，虽有肺阴亏损、阴虚火旺、气阴耗伤、阴阳两虚等不同的证型，但该病的临床特点，即咳嗽、咯血、潮热、盗汗四大主症，则出现于上述四证型之中，只不过因病情轻重或各阶段不同略有差别。

（二）辨病的诊断意义

每一种疾病都有各自的病因可寻、病机可究、规律可循、治法可依、预后可测，因此应高度重视对疾病的诊断，以便总揽病变全局，实施针对性强的治疗等。诚如朱肱《南阳活人书》所说："因名识病，因病识证，如暗得明，胸中晓然，无复疑虑，而处病不差矣。"

1. 总揽病变全局 任何疾病，均有自身的临床特点和演变规律，以此把握疾病的全局，有利于选择对该病特有的、及时的治疗。例如，麻疹的根本矛盾是麻毒内伏，在其初起阶段，易与感冒、风温肺病等外感病混淆，若不能辨别病名，就会忽视麻毒内伏的关键；发热三四日后，疹点出现于皮肤，若能明确麻疹的诊断，便胸有成竹，知其从疹点透发的情况及伴随症状判断病变之顺逆：当病势顺时，即使有发热、咳嗽、喷嚏流泪等症状，也可不必做特殊治疗；但当麻疹难以外透时，则应及时透疹，并防热毒闭肺、疹毒内陷之可能。又如中风病，可分为 3 个阶段：平素经常出现头晕头痛、肢麻欲仆及一时性语言障碍等，为中风先兆，病机为肝肾阴虚、肝阳上亢、欲作化风之势；而一旦出现突然倒仆、昏不知人等症状，为卒中，系肝风夹痰夹瘀、气血上逆、蒙蔽清窍而成；神清之后，往往脉络闭阻兼见气虚，表现为半身不遂、口眼㖞斜、语言不利等中风后遗症。此病不同阶段出现了不同的证候，但始终沿上述基本病机的变化规律发展，这就为总揽全局，采取预防性治疗以截断传变、减轻症状及预测转归等，提供了可能。因此，中医病名诊断，不能被证名诊断所代替；同时，由于中西医的基本理论和对疾病的认识角度上的差异，它也不能被西医病名诊断所取代。

2. 治疗针对性强 以辨病为主所进行的专方专药治疗，是中医学术发展和中医临床的一个重要内容。专病专方，如少阳病用小柴胡汤、百合病用百合类方、肠痈用大黄牡丹皮汤或薏苡附子败酱散、郁病用逍遥散、脏躁用甘麦大枣汤、蛔厥用乌梅丸等；专病专药，如海藻、昆布消瘿，水银、硫黄疗疥，常山、青蒿截疟，黄连、鸦胆子止痢等，都有很强的针对性，其临床疗效是辨证处方及其随证加减所代替不了的。

（三）疾病诊断的一般途径

疾病诊断是根据各种疾病的临床表现和特征，确定患者所患疾病的名称。辨病是中医学认识和治疗疾病的重要环节。中医学认为，无论外感热病 还是内伤杂病，均有符合其自身规律的发生、发展、传变过程，表现出各自不同的临床症状和特征。根据每种疾病的不同表现和传变规律，不但可以区别疾病种类，也可以深入认识每种疾病在不同发展阶段或不同类型之间的区别，这对于掌握其证治规律，从而准确地辨证论治和遣方用药是十分必要的。

疾病诊断的一般途径，主要是根据每种疾病的病因、发病特点，尤其是临床表现，结合疾病流行情况、特定的发病患者群等因素综合分析。

主症，尤其是某些疾病具有的特征性症状是疾病诊断的最主要线索和依据，此类症状或体征常属于上述必要性病情资料。如尿中有砂石，或患者腰腹疼痛，伴有血尿，X 线检查显示肾盂或输尿管内有结石影者，即可诊断为石淋。再如，患者表现为发作性神志不清，猝然昏倒，不省人事，牙关紧闭，四肢抽搐，甚则角弓反张，伴有口吐涎沫，喉有痰声者，应诊断为痫证。

除主症或特征性症状外，明确的病因病史也是疾病诊断的重要途径，很多疾病均有明确的病因，如能将目前症状与病因联系起来，可以对疾病的正确诊断和治疗起到重要作用。如风寒感冒多有汗出当风或冒雨涉水等病史；再如患者出现黄疸，又有长期酗酒史，可考虑酒疸。另外，考虑到疾病的发展和转归，既往史对疾病诊断有积极意义，如患者原有心胸闷痛，时作时止，痛引肩背，此次突见心胸刺痛或闷痛加重，伴有四肢厥冷，冷汗淋漓，神识模糊，脉微欲绝等表现，应为胸痹日久，阳气虚极，心血瘀阻之真心痛。

发病特点也是疾病诊断的重要提示，如均为水肿，若表现为新起水肿，起病急骤，蔓延快，水肿从头面开始，眼睑颜面肿甚，伴有恶寒发热，鼻塞流涕或咽喉肿痛等表证者，当属阳水，或曰风水；若水肿为缓慢起病，或反复出现，病程较长，水势进展缓慢但消退困难，以腰以下肿为主，甚则出现胸水、腹水者，当属阴水，或曰正水、石水。

也可以参考患者的年龄、性别、职业等因素，从特定的发病患者群来考虑。如小儿由于脏腑精气未充，为稚阴稚阳之体，多有五软五迟、食积、惊风等常见病。老年人则由于年高体弱，脏腑精气虚衰，并常伴有痰饮、瘀血等病理产物的停积，易发肺胀、眩晕、胸痹、中风等疾病。女性有经、带、胎、产的特殊生理病理现象。故女性就诊，应针对其主诉及发病时期，着重考虑月经病的月经先期、月经后期、月经先后无定期及带下、妊娠恶阻、产后便难等疾病。男性则有阳痿、早泄、遗精等特定疾病。

另外，疾病诊断不是一次完成的，往往需要详细地鉴别诊断。某些疾病在临床表现上类似，很容易混淆。如癫、狂、痫三种疾病，总的来讲，均属神志异常类疾病，但临床表现却各有特点。其中癫病者以沉默痴呆，语无伦次，静而多喜为特征；狂病者以躁扰不宁，动而多怒为特征；痫病则以猝然昏倒，不省人事，四肢抽搐，口吐涎沫为特征。

（四）正确对待中医病名

中医病名具有悠久的历史，中医学对疾病的命名很多是以主症、临床特点及病因病机为基础的，具有简明、形象、科学的特征。例如，胃脘痛、咳嗽、伤寒、中暑、痹证、痿证、厥证、臌胀、破伤风、鹅口疮、痄腮、带下、崩漏等，精练简要，形象生动，见其名便知其义，易于掌握。有的病名，如痢疾、疟疾、白喉、癫痫、哮喘、感冒、麻疹、水痘等，还一直为现代医学所沿用。

当然，中医病名亦有不足之处，命名的标准不统一，病、证、症的名称概念时有混淆，如以主症命名诸如咳嗽、胃脘痛、头痛等，是造成一病多名、多病一名、诊断歧化的主要原因，因为一个主症可见于多种疾病中，一种疾病又可有多个主症，在病程的不同阶段主症还可能发生变化，以及不同医生诊治关注的角度不同，都有可能产生不同的诊断。有的病名的定义欠确切，内涵与外延不够清楚，病种分化不够精细，有的病名实为疾病分类概念等。

（五）合理参照现代医学病名

中医学病名是历代医家长期临床实践的总结，但不可否认，中医学病名尚有不足之处。随着人类对疾病认识的不断深入，很多疾病的诊断方法和预后判断也更加精细和准确。中医临床可以适当参考现代医学病名进行辅助诊断。比如患者出现多饮、多食、多尿、消瘦，按照中医诊断标准，可判为消渴，参考现代医学诊断方法，可让患者进行空腹血糖、餐后血糖、血胰岛素、糖耐量和C肽释放等实验室检查，以判断是否符合糖尿病的诊断标准，使患者得到最佳诊治。

三、辨证与辨病相结合

辨证与辨病是诊断疾病的两种方法，中医诊断要求证名和病名的双重诊断。正确认识辨证与辨病各自的优势与适应范围，是提高临床诊治水平的重要途径。

（一）辨病在先，以病限证

临床通过辨病，将辨证局限于某一疾病之中，可以缩小辨证范围，减少辨证的盲目性，以病为纲，可起到提纲挈领的作用。每种疾病都有其基本病机和传变规律，疾病的基本病机贯穿于疾病的全过程，但是作为证候特征的各阶段的具体病机却存在差别；证候的转化，即各阶段的具体病机的变化可揭示出疾病的传变规律。另外，不同的疾病有各自的规律和特点，因此，辨病可区分疾病的不同性质；而掌握临床各科各系统疾病的特点，就能有力地指导辨证。

（二）从病辨证，深化认识

辨病可以获得对疾病的整体本质和全过程病变规律的认识。由此进一步辨证，又可以获得对疾病中不同阶段病机特点的具体认识。因为辨证是对疾病发生发展至某一阶段病因、病性、病位等所得出的概括性结论，所以，一方面证受病的限定，辨证的范围缩小；另一方面证又受诸如体质、情志等个体因素的制约，使辨证比辨病对疾病的认识更加深刻而丰富。先辨病继而辨证，可使中医诊断不断深入和具体化，显示出中医诊断的特色。

中医的理法方药基本上是以证为基础的，中医临床突出辨证论治便说明了这一点。辨证是在对疾病感性认识的基础上所进行的理性认识，是高度概括的综合概念。因此，从病辨证，有利于反映疾病现阶段的基本特点和发展趋势，从而为论治提供准确可靠的依据。

（三）病证同辨，相得益彰

在辨病的基础上进一步辨证，既有全局观念和整体认识，又有灵活机动性和阶段性认识。辨病有助于提高辨证的准确性，重点在全过程；辨证又有助于辨病的个体化，重点在现阶段。对病的治疗有专方专药，针对性强；对证的治疗为辨证论治，灵活性强。因此，辨病与辨证相互补充，不可偏废。

此外，由于中医辨病、辨证主要是在四诊所收集的症状、体征上进行的，对疾病特异性的诊断较模糊，适当利用现代检测手段进行辨病（现代医学病名）与辨证结合也是必要的。一方面，现代医学辨病或微观辨证，可以摆脱中医有时无证可辨的困境；另一方面，对于一些现代医学检查诊断不清的疾患，按照中医辨证进行论治则可收到良好的疗效，故辨证又可以弥补现代医学无病可辨的不足。

附 1：病情资料的综合处理

四诊所收集的各种病情资料，为辨证、辨病作准备，是中医诊断的初级阶段。由于病情资料是识别病证的原始依据，为使诊断结论准确而可靠，对病情资料的综合处理应注意以下五个方面：

一、判断病情资料的完整性和系统性

患者的症状和体征有表有里，有全身亦有局部，有单一亦有复合；其他临床信息亦多种多样，涉及各个方面。因此，收集病情资料应力求完整而系统。忽视病情资料的完整性，有所遗漏或过于简单，可能导致漏诊、误诊；忽视病情资料的系统性，杂乱无章，主次不明，则难以做出准确结论。故在处理临床资料时，要求从四诊合参的原则出发，不能只凭一个症状或体征便仓促做出诊断，也不能片面强调或夸大某种诊法的作用，而必须对患者进行全面而系统的检查，发挥医者的主导作用，将诸种诊法综合运用，多层次、多角度、多方面收集病情资料。如问诊时，应以患者的主诉为中心，尽量涵盖“十问歌”的内容，以免遗漏，女性之经、带、胎、产及小儿之出生情况、发育史及预防接种史等也应详细询问。

病情资料的完整性和系统性，还反映在人与自然、社会的关系等方面。应考虑四时气候、地域水土、生活环境、职业性质、工作条件、生活习惯、性格爱好、精神情志、体质强弱等对病情的影响。诚如《素问·疏五过论》《素问·征四失论》所告诫的，医生不注意对患者作全面的了解，尤其是不知道患者所处的社会环境和心理状态等，将会造成诊治的失误。因此，在病情资料的收集上，不仅要重视症状和体征，还要发掘疾病深层次的社会、心理因素，按整体观、动态观要求，做到察形与神、察人体与环境的统一。

二、评价病情资料的准确性和客观性

各种疾病的病因错综复杂，临床表现多种多样，加之医患的主观因素作用，难免造成有些病情资料不够准确和客观，从而妨碍正确地诊断和治疗。为了使病情资料真实可靠，必须认真应用每一种诊法，那种“按寸不及尺，握手不及足”的不认真态度，早已被批评；同时，应防止主观性和片面性，避免先入为主、主观臆测或暗示的方法，如问诊时不应只“问其所需”或“录其所需”，否则不仅影响病情资料的完整性，也损害到病情资料的客观性。对有诊断或鉴别诊断意义的病情资料尤其应当明确并予以分级量化，如对“少气”“气短”等症状的记述不能含糊其辞，似是而非。必须采取实事求是的态度，对关键的病情资料应反复核实和动态观察，并借助现代医学的各种实验室检查、仪器检测等手段，以证实病情资料的可靠性。

当然，病情资料的准确和客观与否，还涉及患者是否能如实地、准确地反映病情。病人由于受年龄、文化程度、表达能力、神志状况等因素的影响，而表达不准确、欠全面，甚至有隐讳、夸大等情况时，医生应及时发现，设法加以修正，以保证病情资料的准确可靠。

三、分析病情资料的一致性程度

在多数情况下，各种病情资料与其所揭示的临床意义，即所主病证是一致的，也即所患病证和所表现的症状和（或）体征一般是一致的，可用统一的病机加以解释，称为“舌脉相应”“脉症相应”等。如患者纳少腹胀，或腹痛绵绵，喜温喜按，或畏寒肢冷，少气懒言，神疲乏力，面白无华或虚浮，或口淡不渴，大便稀溏，或见肢体浮肿，小便短少，或见带下量多而清稀色白，舌质淡胖或有齿痕，苔白滑，脉沉迟无力等，均为脾阳虚证，或中焦虚寒证。这种病情资料单纯、明显，说明疾病不甚复杂，医生认识其本质比较容易。

但是，临床上也存在病情资料不完全一致，其所反映的临床意义不相同，甚至存在着矛盾的情况，即所谓“舌脉不符”“脉症不相应”等，它反映了疾病的复杂性和疾病发展过程中的特殊性。如八纲辨证中的寒热真假、虚实真假，即所谓真热假寒证之“热深者厥亦深”，或真寒假热证之“虚阳浮越”以及“至虚有盛候”“大实有羸状”等。此时，医者应核实所收集的病情资料，全面分析病机，辨明主次，排除假象，从而抓住疾病的本质。

病情资料之所以出现不一致，可有多方面的原因。一是病情本来复杂，有多种病机存在，如寒热错杂、虚实错杂等；二是病情不断地动态变化，如表里出入、标本转化，有些症状、体征已发生了变化，而有些则仍停留在原有状态；三是可能受到治疗因素的影响，如热性病患者因大量输液而尿已不短黄，或消渴病患者已服西药降糖药后症状变得不典型等，需仔细分析，方可抓住病机之关键。

关于病情资料所出现的不一致性，古人有“舍症从脉”“舍脉从症”等说法。但对于这种“舍”与“从”，应具体加以分析，切不可简单地舍弃某些病情资料，即使是相互矛盾的病情资料，因为任何病情资料均有其自身的临床价值，均可从不同侧面反映病证的本质。如在真热假寒证中，所谓“假寒”的程度则恰恰反映出“真热”的程度，即“热深厥亦深”。因此，当病情资料不一致时，要求医者善于透过纷纭复杂的疾病现象，去识别疾病的本质。

四、辨别病情资料的主次

所谓主症，是一个患者所有的病情资料中的主要症状或体征，它一般由医者从患者的主诉中加以分析确定。而所谓主诉，是患者就诊时最感痛苦或最要求医生解除的症状和（或）体征及其持续时间。确定主症，要求重点突出、高度概括、简明扼要。

主症，多是患者的主诉或主诉的一部分，也是其前来就诊的主要原因。任何病证都有包括主症在内的基本临床表现，这是辨病、辨证的主要依据。所以在诊断过程中，应及早确定主症，并围绕它收集资料，从而避免罗列症状。确定了主症，才能系统条理、重点突出、主次分明。中医各科疾病名中，有许多是以症状命名的，如咳嗽、头痛、心悸、失眠等，它们既是病名，又是确定该病名的主症。

对于主症，尤其应注意了解、辨别其发生的部位、性质、程度、持续时间、缓解或加重因素等。以头痛为例，就其部位而言应辨明头痛连项、两侧、前额还是巅顶部，就其性质而言应辨明头痛是刺痛、胀痛、隐痛或重痛。在复杂疾病中，主症可能是一个，也可能是几个。次症是与主症密切相关的伴随症，其反映的病机与主症相同；而兼症则是与主症反映的病机不同的伴随症。

次症和兼症作为辨证的相对次要的病情资料，对主症分别起着辅助、旁证、补充乃至反证等作用。在疾病发展过程中，主症、次症、兼症可能发生变化，这尤其可能发生在证候兼夹、转化的时候。

例如：某女，35岁。8天前起两胁疼痛，右侧较剧。刻下寒热往来，两目发黄，胁肋疼痛，胸闷恶心，食欲不振，口苦尿赤，大便干结，前额胀痛，右臂酸痛麻木，舌尖边红，中根色黄，苔白腻，脉濡数。

上述病情资料中，主症为胁肋疼痛，右胁较剧，寒热往来；次症为食欲不振，胸闷恶心，两目发黄，口苦尿赤，大便干结，舌尖边红，中根色黄，苔白腻，脉濡数；兼症为前额胀痛，右臂酸痛麻木。诊断病名为胁痛，证名为肝胆湿热证。

在确定主症时，不同系统的疾病有不同的重点，如肺系疾病以咳、喘、痰为主，心系疾病以心悸、心痛、失眠为主等。若从病情的轻重缓急出发，一般又以急者、重者为主症，缓者、轻者为次症。

五、分析病情资料的属性

对病情资料属性的分析，是要求对患者的自觉症状、临床体征、发病过程、诊治经过以及生化、仪器检查的异常结果等进行辨别、分析、判断、分类，为辨别病证提供方向和依据。

（一）病情资料属性的分类

对病情资料属性的划分，是根据它们在辨病辨证中的作用、意义和性质而确定的。一般可划分为必要性资料、充要性资料、偶见性资料和否定性资料。

1. 必要性资料　指这种资料是某种疾病或证候必然见到的，缺少了就不能诊断为这种病或证。所谓必要性资料有两种情况。一种是病证的主症，在诊断该病证时必不可少，但不是特异性依据，因为它还可以见于其他病证。如咳嗽是咳嗽病的主症，它为咳嗽病的必要性资料，无它则不能诊断为咳嗽病；但是也不能仅凭咳嗽就能诊断为咳嗽病，因为咳嗽还可见于哮喘、肺痨等病中。又如热郁胸膈证必见烦躁，没有烦躁不能诊断为该证；但烦躁还可见于心阴虚证、肝火炽盛证及其他证候之中。另一种是病证的特异性症状，仅为该病证所独有，如口吐涎沫并发出猪羊叫声，为痫病所特有。

因此，必要性资料并不是排他性资料，即某症为某病或某证的诊断所必有，但不等于此症只见于此病或此证。

2. 充要性资料　这种资料仅见于该种疾病或证候，而不见于其他病证，但该种病证并不一定都能见到这种症状。因此，只要出现这种资料，即可诊断为该种病证；若没有这种资料，也不能除外该病证的可能性。如大便排出蛔虫，只见于蛔虫病，而不见于其他疾病，故只要见到便蛔，便可诊断为蛔虫病；但是没有便蛔也不能排除患蛔虫病的可能性。又如只要见盗汗便可诊断为阴虚证，但是没有盗汗也不能排除阴虚证的可能，因为还可凭骨蒸潮热、五心烦热、舌红少苔、脉象细数等诊断为阴虚证。

有些充要性资料主要是一些非特异性资料的有机组合，然而对该病证的诊断却有高度的特异性。如阳明经证的身大热、大汗出、大烦渴、脉洪大等“四大症”，就每一症单独而言，对阳明经证无特异性；但将其组合在一起则可确立本证的诊断，从而具有特异性。

3. 偶见性资料　是指这些资料在病证中的出现率较低，或可出现，或可不出现，随个体差异而定。一般认为，偶见性资料的诊断价值不大。如《伤寒论》第 96 条载：“伤寒五六日，中风，往来寒热，胸胁苦满，默默不欲饮食，心烦喜呕。或胸中烦而不呕，或渴，或腹中痛，或胁下痞硬，或心下悸、小便不利，或不渴、身有微热，或咳者，小柴胡汤主之。”可见主症为“伤寒五六日……心烦喜呕”，而自“或胸中烦而不呕”以下皆为或然症，为偶见性资料。但是，有些偶见性资料可提示病证的转化，不可忽视。如对于胃脘痛来说，便血为偶见性资料，但若有便血则提示胃络损伤；又如经常干咳少痰，虽偶见痰中带血，也应怀疑肺癌的可能性。

4. 否定性资料　是指某些症状或某些阴性资料，对于某些病或证的诊断具有否定意义，亦即指某一病或证在任何情况下都不可能出现的症状，如果出现，就能否定该种病证。因此，否定性资料对于病证的鉴别诊断有一定的意义。若能把握住相关病证的否定性资料，则往往使诊断变得果断迅速。如子肿病只见于妊娠期妇女，如果水肿患者不是妊娠妇女，则可否定子肿病；又如肝风内动证有肝阳化风、热极生风、血虚生风和阴虚动风等，若患者“动风”时并无高热症状，则可否定热极生风的可能。

总之，必要性资料和充要性资料是诊断病证的主要依据；偶见性资料提示诊断的可能性，但难以确定诊断；否定性资料则能为鉴别诊断提供依据。因此，在病情资料中，不仅要有揭示病证的阳性症状或体征，而且要有鉴别病证的阴性症状或体征。

（二）病情资料属性的变化

病情资料的属性不是一成不变的，随着疾病的不同阶段而变化。如肺痈病溃脓期症见咳吐大量脓血腥臭痰，是必要性资料；而它对于肺痈病初期、成痈期则是否定性资料。又如消瘦可见于许多病证，一般为非特异性，但若身体急剧消瘦而无其他原因时，便应考虑有恶性肿瘤的可能，这时消瘦已不再是非特异资料。再如《伤寒论》第120条载："太阳病，当恶寒发热，今汗自出，反不恶寒发热，关上脉细者……此为小逆。"恶寒发热为太阳病表证的必要性资料，现在患者不恶寒，亦不发热，为否定性资料，说明太阳病表证已去，病情起了质的变化。

附2：中医诊断规范

辨证是中医诊断学的主要内容。中医辨证标准的研究，对于发展中医理论及提高临床诊治水平，具有很重要的意义。对脏腑辨证进行规范化、标准化的研究，不仅可为制定其他各种辨证方法的辨证标准奠定基础，而且可为中医脏象理论等的研究提供条件。

我国从文献、临床及实验诸方面，对脏腑辨证进行了较多的研究，并取得了可喜的成果。主要有：根据中医文献及临床资料，明确病、证、症的关系，制定某些证的诊断标准，使辨证达到规范化，并将现代医学的实验指标结合到证的研究标准之中；由传统的临床患者的研究，发展为结合证的动物模型（中医证候动物模型研制，详见陈小野主编《实用中医证候动物模型》，通过动物模型的研究来与人的辨证研究对照。并结合临床流行病学研究，在脏腑病证的规范化、标准化方面进行了一定探讨。

自20世纪80年代中期开始有组织地开展证候规范化工作，在此期间曾开展中医各种辨证方法统一（如寒温辨证）的探讨。《中医证候鉴别诊断学》（赵金铎主编，人民卫生出版社，1987年）收录311个证，《中医证候辨治规范》（冷方南主编，人民卫生出版社，1989年）收录308个证，《中医病名诊断规范初稿》（欧阳锜等，湖南省中医研究院印，1987年）收录432个证。由国家中医药管理局医政司组织专家起草、国家技术监督局发布的中华人民共和国国家标准《中医临床诊疗术语》（包括疾病部分、证候部分、治法部分），对于建立统一、科学的中医临床诊疗术语标准起到了积极作用。

附3：中医的计量诊断

将中医思辨性的经验描述和宏观性概括过渡到高层次的分析与综合相结合，是中医学现代化的必由之路，其实质是解决客观化与定量化问题，而计量诊断是实现证候标准化的重要方法之一。

计量诊断是以统计学概率论为理论，依据有关的医学理论，将症状、体征及各种化验检查结果量化，通过概率运算，使其成为诊断和鉴别诊断的重要依据，并可用以判断病情的发展趋势，评价治疗效果，做出预后诊断。通常就是先将已知的一定数量的确诊病例（参照组）的症状和体征，按照一定的数学模型，经过统计计算归纳成为一定的数学公式。当待诊患者就诊时，将其症状体征存在与否和/或轻重程度，按事先规定的计量标准转换成为变量，代入公式即可得出以数量或概率大小表示的诊断结果。其主要包括四诊指标的计量诊断和病证的计量诊断两个方面。

症状体征是辨证的依据，症状体征的等级计量是基础，而中医对于症状的描述、记录和分析主观性强，不利于辨证的定量。这方面的工作正在加强。

而临床科研设计、衡量与评价（DME）、循证医学（EBM）的广泛应用，则对证候规范化研究的发展起了积极作用。

此外，随着证候现代病理生理基础的揭示，不少学者提出宏观辨证与微观辨证相结合、辨病与辨证相结合等观点，从而为中医诊断学的发展注入了新的活力。毋庸置疑，中医诊断学在沿着自身轨迹前进的基础上，积极吸取现代科学的新成果、新技术，紧密结合临床及实验室研究，将不断朝前发展，为人类的保健事业做出新的贡献。

第二节　病　　历

病历是指医务人员在医疗活动中形成的文字、符号、图表、影像、切诊等资料的总和，是临床第一手信息资料，在医疗保健、教学科研、医院管理等工作中起着重要作用。

医案，古称“诊籍”“脉案”，是医者解析诊治疾病全过程的夹叙夹议的书面记录。医案是中医临证的资料，它具体体现了中医理、法、方、药的综合应用。医者本人记录医案，目的是积累和总结诊疗经验。而学医者通过医案，可以开阔眼界，增长见识，学到他人的经验。在中医药学的文献资料中，记载了大量的医案，这些医案不仅保存了前人丰富的防病治病的临证经验，而且还体现了他们的临床思维过程和学术思想。同时，医案也是医疗、教学、科研、管理及司法等实践中不可或缺的重要资料。

一、中医病历的沿革

我国古代医家很早就对临床诊疗作了翔实的记录。《史记•扁鹊仓公列传》记载了西汉名医淳于意治疗的25个病案，当时称为“诊籍”，是我国现存最早的医案，其内容包括患者的姓名、身份、病史，以及症状、体征、病机、诊断、治疗和预后等，比较客观地反映了当时的医疗水平，是中医医案的首创。自汉以后，晋代葛洪《肘后备急方》、隋代巢元方《诸病源候论》及唐代孙思邈《备急千金要方》《千金翼方》等医著中，都能见到一些散在的医案记录。唐宋时期，医案开始流行，及至宋代，已有医案专著问世。宋代许叔微《伤寒九十论》可谓我国第一部医案专著，该书记载了用伤寒法来施治的90例医案。其他如宋代钱乙《小儿药证直诀》、元代罗天益《卫生宝鉴》等，皆在医论之中，兼有专门篇章集录医案。明清时期，收集和研究医案的工作被重视，有不少医案名著至今仍被人们借鉴。如明代薛己《薛氏医案》、汪机《石山医案》，清代叶桂《临证指南医案》、吴瑭《吴鞠通医案》等。尤其是明代江瓘编纂的《名医类案》和清代魏之琇《续名医类案》两书，收集明清以前医案8000余个，并加以分类、评注，起到了“宣明往范，昭示未来”的作用，标志着医案研究进入了新阶段。同时，在这一时期，医家们也注意到对医案格式的研究，韩懋、李梴、吴昆、喻昌等都提出了自己的医案格式，其中以喻昌《寓意草》中载有“议病式”，所列项目较全，内容系统详细，影响最大。近代何廉臣《全国名医医案类编》、秦伯未《清代名医医案精华》等具有新的特色，文字通俗，内容完整。虽然前人在医案格式的研究上做出了努力，但由于历史条件的限制，传统的医案都是以行医者的个人习惯记录的，无论是在格式或内容上都存在较大差异，中医医案的格式仍未能做到统一。

中华人民共和国成立以来，特别是改革开放后，随着大批中医院的建立，对中医病历书写规范化的要求日益迫切，病历书写内容也日趋完备。1953年卫生部召开医教会议，将诊籍、医案、病历等正式定名为“病案”，但无统一的中医病案格式。1982年拟定了《中医病案书写格式和要求》，初步统一了全国中医病案书写格式。1988年完成了《中医病案书写规范》（征求意见稿），1991年在国家中医药管理局组织下正式制定了《中医病案书写规范（试行）》，2000年国家中医药管理局还发布了《中医病案规范（试行）》。2002年卫生部、国家中医药管理局发布了《中医、中西医结合病历书写基本规范（试行）》（简称《规范》），其内容包括中医病历书写的基本要求、门（急）诊病历书写要求及内容，住院病历书写要求及内容等，并且将“病案”改名为“病历”。而在2010年，卫生部和国家中医药管理局在总结全国各地执行2002年《规范》情况的基础上，结合当前医疗机构管理和医疗质量管理面临的新形势和新特点，对《规范》进行了修订，制定了《中医病历书写基本规范》，这一新《规范》与2002年《规范》相比较，更能体现中医诊疗特色，如在中医门（急）诊的初诊、复诊病历记录中都应包括中医四诊的情况等。

二、中医病历概要

由于病历不同于一般的医疗文本，因此在写作病历时，要注意对客观事实的记录，说理要透彻，病因病机分析要全面，要突出中医特色，力求辞顺句通。

（一）中医医案的内容和要求

1. 中医医案的内容

（1）患者的一般情况和诊疗过程：包括患者的就诊时间，一般情况（姓名、性别、年龄、民族、婚姻状况、居住环境），主诉，主要伴随症状，体征，实验室检查，中西医诊断结果，相关诊疗过程。

（2）辨证分析和治法：介绍辨证思路，确立治则治法。应如实记录四诊资料，按辨证的要求分清主次，有系统、有重点、扼要地填写，避免主次不分或有重复、遗漏。必须把四诊的记述，加以综合研究，找出病因、病机、脏腑经络、阴阳虚实及其可能的变化等，从而阐述疾病的病理本质，力求明确、中肯、详尽，避免粗略草率，或理论空泛而与实际脱节。立法是根据辨证而来，根据辨证提出治疗法则。立法必须与辨证紧紧相扣。如患者为痢疾，属虚寒痢，则立法应是温中健脾，收涩固脱。若除了主病，还有兼症，更应按辨证的标本先后缓急而立法。务必使立法与辨证，丝丝入扣而不相矛盾或有所遗漏。

（3）方药：应根据立法而定处方，处方包括各种治疗方法，如药物、针灸、按摩等。既可用成方加减，也可以自拟方。不论古方、今方，必须在辨证立法的指导下，精确地处方用药。方药包括方剂名、药名、药物剂量、特殊煎服方法。药名尽量使用《中华人民共和国药典》和相关教材所示名称，避免使用别名或俗称。针灸、推拿或正骨治疗者，要写明所用穴位、手法和留针或治疗时间。

（4）医嘱：包括服药的注意事项、饮食宜忌、起居调摄及其他特殊注意事项。

（5）临证体会：详细论述临证思维方法和思辨特点，包括对疾病过程中某些特殊症状的分析和理解，立法处方的指导思想及用药特点，药物剂量、剂型或炮制、煎煮方法的变化，阐述中医理论对临床治疗的启示。

2. 中医医案的要求

（1）医案书写必须严肃认真、实事求是、准确、及时。

（2）症状描写要详细，一般要求使用中医名词术语。

（3）医案内容要求完整、精练、重点突出、条理清晰，注意前后病情演变的连贯性和系统性。

（4）文字要通顺、简洁，不能涂改、剪贴、挖补。

（5）最后要签全名。

（6）书写医案完毕，要注明书写日期，包括年、月、日、时间。

（二）中医病历的内容和要求

病历书写是指医务人员通过问诊、查体、辅助检查、诊断、治疗和护理等医疗活动获得有关资料，并进行归纳、分析、整理形成医疗活动记录的行为。病历反映了疾病的全过程，是临床医师进行正确诊断、抉择治疗和制订预防措施的科学依据。病历书写是每位临床医师必备的基本功，它反映了医务人员的临床诊疗技能、科学作风和文化素养水平。

病历书写的内容和要求，须遵循2010年卫生部、国家中医药管理局发布的《中医病历书写基本规范》中的规定。

1. 中医病历书写的重点内容

（1）主诉的确定与正确书写：主诉是指患者就诊时最痛苦最主要的症状或体征及其持续时间。

1）主诉的确定：主诉往往是疾病的主要矛盾所在，具有重要的诊断价值。主诉是调查、认识、分析、处理疾病的重要线索。主诉需要医师经过问诊或检查、分析思考以后确定。主诉的确定对临床诊疗具有重要的意义：①提示病情的轻重缓急及其救治原则，如以大出血、昏迷等危急重症作为主诉者，常需要急救处理。②确定询问和检查的主次和秩序，因为询问和检查应围绕主诉进行。③确定病种和辨别病位或病性的主要依据，如寒热定时发作常提示为疟疾、胃脘痛的病位多在胃。④决定现病史与既往史书写的内容，因为此两者一般是以主诉所定时间作为区分界限的。

2）主诉的书写要求：主诉的书写，要求重点突出，高度概括，简明扼要：①主诉只能是症状或体征，不能以病名、证名代替症状或体征。②主诉为主要症状或体征，一般只允许有1～3个。③主诉的时间要书写清楚，每一个主诉都必须有明确的时间（包括年、月、日、时、分等），对于有2个以上复合主诉者，应按主诉出现的时间先后排列。④尽可能将主诉症状的确切部位、性质、程度等描述清楚。⑤主诉应是精练的医学术语，不允许有口语化描述。

（2）现病史与既往史的划分

现病史是指患者当前所患病证的情况，包括本次疾病的发生、演变与诊治的全部过程，以及就诊当时的全部自觉症状。既往史是指患者过去健康与疾病的情况。

两者的时间界定主要是根据主诉所定病证及其所记时间为准，即主诉所述病证及其时间之内者属现病史的内容，主诉所述病证及其所定时间以外的其他疾病则属既往史的内容。

实际上，现病史与既往史有时难以截然划分。因为现在与过去是相对的概念，现在就诊的疾病可能既往已经存在，而既往所患疾病现在可能并未消除，若所指为同一病证，属何种病史，就要以主诉所定的时间为准。同时，主诉只能是症状或体征，且主诉只有1～3个，而临床就诊时的症状则可能有许多，在这些症状或体征中，现病史与既往史的界定，主要依据是是否为主诉所指的病证。正确地划分现病史与既往史，不仅首先要确定主诉的内容及其时间，而且也要依据病情进行综合分析。

（3）现病史的书写要求：现病史的书写要求是系统、完整、准确、翔实，具体要求如下：

1）发病原因、发病诱因、发病缓急等，要记录确切，确实弄清与主要疾病有关的方方面面。切忌不加询问就简单判断“无明显/特殊诱因”，以防失实。应在详细询问/诊察的基础上，写明患者主要症状出现、加重、发展的时间。一般而言，病史在1年以上者精确到月，1年以内者精确到旬或周，1个月以内者精确到天，1天以内者精确到时或分。

2）入院前在其他医院的检查、诊断和治疗要详细记录，尤其是检查内容及结果，治疗的药物、方法、时间及效果，要写具体就诊医院，而不能简单写上“当地医院”或“某医院”，以便于判定和评估检查其治疗水平及可信度。

3）现在症状应书写清楚。中医辨证主要是基于现在表现的症状、体征，故现在症状应作为现病史中的一项专门内容，围绕主症、伴随症状及中医问诊的“十问歌”内容进行书写。

（4）病历中的“诊断”内容：中医、中西医结合病历书写中所规定的诊断内容，应包括中医诊断和西医诊断，中医诊断包括病名诊断和证名诊断。在书写中医病名诊断、证名诊断时应当注意如下：

1）要使用的中医病名、证名，不能以西医病名、综合征等替代，也不能只从教材所列举的名称中选取病名和证名，而应从临床实际出发，准确地给疾病和证候下结论，一般应以中华人民共和国国家标准《中医临床诊疗术语》为依据。

2）病名与证名是不同的诊断概念，如将两者合并为一进行诊断，在病历书写中是不允许的。

3）若现存有几种疾病，应按重要的、急性的、本科的在先，次要的、慢性的、他科的在后的顺序分行排列。

4）若对具体病种尚不能即时明确诊断时，可采用“××（症状）待查 / 待排”的诊断形式，当疾病诊断一旦明确，则应及时予以纠正。

5）证名诊断一般应将病位、病性等综合为一个完整名称。当有多种疾病并存时，不能在每种疾病后分别写一个证，而应是一个全面、统一的证名，且证名必须包括病位和病性，同时证名也不能写成病机分析。

2. 中医病历书写的基本要求

（1）基本要求

1）病历书写应当客观、真实、准确、及时、完整。

2）住院病历书写应当使用蓝黑墨水、碳素墨水，门（急）诊病历和需复写的资料可以使用蓝色或黑色油水的圆珠笔。凡药物过敏者，应在病历中用红笔注明过敏药物的名称。

3）病历书写应当使用中文和医学术语。通用的外文缩写和无正式中文译名的症状、体征、疾病名称等可以使用外文。中医术语的使用依照有关标准、规范执行。患者述及的既往所患疾病名称和手术名称应加引号。

4）病历书写应当文字工整，字迹清晰，表述准确，语句通顺，标点正确。书写过程中出现错字时，应当用双线划在错字上，不得采用刮、粘、涂、剪等方法掩盖或去除原来的字迹。

5）病历应当按照规定的内容书写，并由相应医务人员签名。实习医务人员、试用期医务人员书写的病历，应当经过在本医疗机构合法执业的医务人员审阅、修改并签名。进修医务人员应当由接收进修的医疗机构根据其胜任本专业工作的实际情况认定后书写病历。

6）门诊病历即时书写，急诊病历在接诊的同时或处置完成后及时书写。住院病历、入院记录应在次日于上级医师查房前完成，最迟应于患者入院后 24 小时内完成。

7）危急患者的病历应及时完成，因抢救急危患者，未能及时书写病历者，有关医务人员应当在抢救结束后 6 小时内据实补记，并加以注明。

8）上级医务人员有审查修改下级医务人员书写的病历的责任。修改时应当注明修改日期、修改人员签名，并保持原记录清楚、可辨。修改、签名一律用红笔。修改病历应在 72 小时内完成。

9）病历书写中涉及的诊断，应当包括中医诊断和西医诊断，其中，中医诊断还须包括疾病诊断与证候诊断。中医治疗应当体现辨证论治的基本原则。

10）对按照有关规定需取得患者书面同意后方可进行的医疗活动（如特殊检查、特殊治疗、手术、实验性临床医疗等），应当由患者本人签署知情同意书。患者不具备完全民事行为能力时，应当由其法定代理人签字；患者因病无法签字时，应当由其近亲属签字，没有近亲属的，由其关系人签字；为抢救患者，在法定代理人或近亲属、关系人无法及时签字的情况下，可由医疗机构负责人或被授权的负责人签字。

因实施保护性医疗措施不宜向患者说明情况的，应当将有关情况通知患者近亲属，由患者近亲属签署同意书，并及时记录。患者无近亲属的或者患者近亲属无法签署同意书的，由患者的法定代理人或者关系人签署同意书。

医疗美容应由就医者本人或监护人签字同意。

11）规范使用汉字，不得自行杜撰。消灭错别字。词素中的数字一律用汉字。双位以上的数字一律用阿拉伯数字书写。

12）各项记录应注明年、月、日，急诊、抢救等记录应注明至时、分，采用24小时制和国际记录方式。

（2）门（急）诊病历书写的要求及内容

1）门（急）诊病历内容包括门（急）诊病历首页、病历记录、化验单或检验报告、医学影像学检查资料等。

2）门（急）诊病历首页内容应当包括患者姓名、性别、出生年月、民族、婚姻状况、职业、工作单位、住址、药物过敏史等项目。门诊手册封面内容应当包括患者姓名、性别、年龄、工作单位或住址、药物过敏史等项目。

3）门（急）诊病历记录分为初诊记录和复诊记录。

A. 初诊病历记录书写内容应当包括就诊时间、科别、主诉、现病史、既往史、阳性体征、必要的阴性体征和辅助检查结果、诊断及治疗意见和医师签名等。

B. 复诊病历记录书写内容应当包括就诊时间、科别、主诉、病史、必要的体格检查和辅助检查结果、诊断及治疗处理意见和医师签名等。

急诊病历记录书写就诊时间应当具体到分钟。

4）门（急）诊病历记录应当由接诊医师在患者就诊时及时完成。

5）抢救危重患者时，应当书写抢救记录。对收入急诊观察室的患者，应当书写留观期间的观察记录。

（3）住院病历书写的要求及内容

1）住院病历内容包括住院病历首页、住院志、体温单、化验单（检验报告）、医学影像学检查资料、特殊检查（治疗）同意书、手术同意书、麻醉记录单、手术及手术护理记录单、病理资料、护理记录、出院记录（或死亡记录）、病程记录（含抢救记录）、疑难病例讨论记录、会诊意见、上级医师查房记录、死亡病例讨论记录等。

2）住院志是指患者入院后，由经治医师通过问诊、查体、辅助检查获得的有关资料，并对这些资料归纳分析后，书写而成的记录。住院志的书写形式分为入院记录、再次或多次入院记录、24小时内入出院记录、24小时内入院死亡记录。

入院记录、再次或多次入院记录应当于患者入院后24小时内完成；24小时内入出院记录应当于患者出院后24小时内完成；24小时内入院死亡记录应当于患者死亡后24小时内完成。

3）入院记录的要求及内容

A. 患者一般情况，内容包括姓名、性别、年龄、民族、婚姻状况、出生地、职业、入院日期、记录日期、发病节气、病史陈述者。

B. 主诉是指促使患者就诊的主要症状或体征及持续时间。

C. 现病史是指患者本次疾病的发生、演变、诊疗等方面的详细情况，应当按时间顺序书写，并结合中医问诊要求，记录目前情况。内容包括发病情况、主要症状特点及其发展变化情况、伴随症状、发病后诊疗经过及结果、睡眠和饮食等一般情况的变化，以及与鉴别诊断相关的阳性或阴性资料等。对于与本次疾病虽无紧密关系，但仍需治疗的其他疾病情况，可在现病史后另起一段予以记录。

D. 既往史是指患者过去的健康和疾病情况。内容包括既往一般健康状况、疾病史、传染病史、预防接种史、手术外伤史、输血史、药物过敏史等。

E. 个人史、婚育史、女性患者的月经史、家族史。

F. 体格检查应当按照系统循序进行书写。内容包括体温、脉搏、呼吸、血压、一般情况（包括中医四诊的神色、形态、语声、气息、舌象、脉象等）、皮肤、黏膜、全身浅表淋巴结、头部及五官、颈部、胸部（胸廓、肺部、心脏、血管）、腹部（肝、脾等）、直肠肛门、外生殖器、脊柱、四肢、神经系统等。

G. 专科情况应当根据专科需要，记录专科特殊情况。

H. 辅助检查是指入院前所做的、与本次疾病相关的主要检查及其结果。应当写明检查日期，如系在其他医疗机构所做的检查，应当写明该机构名称。

I. 初步诊断是指经治医师根据患者入院时的情况，综合分析所做出的诊断，如初步诊断为多项时，应当主次分明。

J. 书写入院记录的医师签名。

4）再次或多次入院记录是指患者因同一种疾病再次或多次住入同一医疗机构时书写的记录。要求内容与入院记录基本相同，其特点是，主诉是记录患者本次入院的主要症状或体征及持续时间，现病史中要求首先对本次住院前历次有关住院诊疗经过进行小结，然后再书写本次入院的现病史。

5）患者入院不足 24 小时出院的，可以书写 24 小时内入出院记录。内容包括患者姓名、性别、年龄、职业、入院时间、出院时间、主诉、入院情况、入院诊断、诊疗经过、出院情况、出院诊断、出院医嘱、医师签名等。

6）患者入院不足 24 小时死亡的，可以书写 24 小时内入院死亡记录。内容包括患者姓名、性别、年龄、职业、入院时间、死亡时间、主诉、入院情况、入院诊断、诊疗或抢救经过、死亡原因、死亡诊断、医师签名等。

7）病程记录是指继住院志之后，对患者病情和诊疗过程所进行的连续性记录。内容包括患者的病情变化及证候变化情况、重要的辅助检查结果及临床意义、上级医师查房意见、会诊意见、医师分析讨论意见、所采取的诊疗措施及效果、医嘱更改及理由、向患者及其近亲属告知的重要事项等。

8）病程记录的要求及内容

A. 首次病程记录是指患者入院后由经治医师或值班医师书写的第一次病程记录，应当在患者入院 8 小时内完成。首次病程记录的内容包括病例特点、诊断依据及鉴别诊断、诊疗计划等。诊断依据包括中医辨病辨证依据与西医诊断依据，鉴别诊断包括中医鉴别诊断与西医鉴别诊断。

B. 日常病程记录是指对患者住院期间诊疗过程的经常性、连续性记录，由医师书写，也可以由实习医务人员或试用期医务人员书写。书写日常病程记录时，首先标明记录日期，另起一行记录具体内容。对病危患者应当根据病情变化随时书写病程记录，每日至少一次，记录时间应当具体到分钟。对病重患者，至少 2 天记录一次病程记录。对病情稳定的患者，至少 3 天记录一次病程记录。对病情稳定的慢性病患者，至少 5 天记录一次病程记录。

C. 上级医师查房记录是指上级医师查房时对患者病情、证候、诊断、鉴别诊断、当前治疗措施疗效的分析及下一步诊疗意见等的记录。

主治医师首次查房记录应当于患者入院48小时内完成。内容包括查房医师的姓名、专业技术职务、补充的病史和体征、诊断依据与鉴别诊断的分析及诊疗计划等。主治医师日常查房记录间隔时间视病情和诊疗情况而定，内容包括查房医师的姓名、专业技术职务、对病情的分析和诊疗意见等。科主任或具有副主任医师以上专业技术职务任职资格医师查房的记录，内容包括查房医师的姓名、专业技术职务、对病情的分析和诊疗意见等。

D. 疑难病例讨论记录是指由科主任或具有副主任医师以上专业技术职务任职资格的医师主持、召集有关医务人员对确诊困难或疗效不确切病例讨论的记录。内容包括讨论日期、主持人及参加人员姓名、专业技术职务、讨论意见等。

E. 交（接）班记录是指患者经治医师发生变更之际，交班医师和接班医师分别对患者病情及诊疗情况进行简要总结的记录。交班记录应当在交班前由交班医师书写完成；接班记录应当由接班医师于接班后24小时内完成。交（接）班记录的内容包括入院日期、交班或接班日期、患者姓名、性别、年龄、主诉、入院情况、入院诊断、诊疗经过、目前情况、目前诊断、交班注意事项或接班诊疗计划、医师签名等。

F. 转科记录是指患者住院期间需要转科时，经转入科室医师会诊并同意接收后，由转出科室或转入科室医师分别书写的记录，包括转出记录和转入记录。转出记录由转出科室医师在患者转出科室前书写完成（紧急情况除外）；转入记录由转入科室医师于患者转入后24小时内完成。转科记录内容包括入院日期、转出或转入日期、患者姓名、性别、年龄、主诉、入院情况、入院诊断、诊疗经过、目前情况、目前诊断、转科目的及注意事项或转入诊疗计划、医师签名等。

G. 阶段小结是指患者住院时间较长，由经治医师每个月所做的病情及诊疗情况的总结。阶段小结的内容包括入院日期、小结日期、患者姓名、性别、年龄、主诉、入院情况、入院诊断、诊疗经过、目前情况、目前诊断、诊疗计划、医师签名等。

交（接）班记录、转科记录可代替阶段小结。

H. 抢救记录是指患者病情危重，采取抢救措施时做的记录。内容包括病情变化的情况、抢救时间及措施、参加抢救的医务人员姓名及专业技术职务等。记录抢救时间应当具体到分钟。

I. 会诊记录（含会诊意见）是指患者在住院期间需要其他科室或者其他医疗机构协助诊疗时，分别由申请医师和会诊医师书写的记录。内容包括申请会诊记录和会诊意见记录。申请会诊记录应当简要载明患者的病情及诊疗情况、申请会诊的理由和目的、申请会诊医师签名等。会诊意见记录应当有会诊意见、会诊医师所在的科别或者医疗机构名称、会诊时间及会诊医师签名等。

J. 术前小结是指在患者手术前，由经治医师对患者病情所做的总结。内容包括简要病情、术前诊断、手术指征、拟施手术名称和方式、拟施麻醉方式、注意事项等。

K. 术前讨论记录是指因患者病情较重或手术难度较大，手术前在上级医师的主持下，对拟实施手术方式和术中可能出现的问题及应对措施等进行讨论的记录。内容包括术前准备情况、手术指征、手术方案、可能出现的意外及防范措施、参加讨论者的姓名、专业技术职务、讨论日期、记录者的签名等。

L. 麻醉记录是指麻醉医师在麻醉实施中书写的麻醉经过及处理措施的记录。麻醉记录应当另页书写，内容包括患者一般情况、麻醉前用药、术前诊断、术中诊断、麻醉方式、麻醉期间用药及处理、手术起止时间、麻醉医师签名等。

M. 手术记录是指手术者书写的反映手术一般情况、手术经过、术中发现及处理等情况的特殊记录，应当在术后24小时内完成。特殊情况下由第一助手书写时，应有手术者签名。手术记录应当另页书写，内容包括一般项目（患者姓名、性别、科别、病房、床位号、住院病历号或病案号）、手术日期、术前诊断、术中诊断、手术名称、手术者及助手姓名、麻醉方法、手术经过、术中出现的情况及处理等。

N. 手术护理记录是指巡回护士对手术患者术中护理情况及所用器械、敷料的记录，应当在手术结束后即时完成。手术护理记录应当另页书写，内容包括患者姓名、住院病历号（或病案号）、手术日期、手术名称、术中护理情况、所用各种器械和敷料数量的清点核对、巡回护士和手术器械护士签名等。

O. 术后首次病程记录是指参加手术的医师在患者术后即时完成的病程记录，内容包括手术时间、术中诊断、麻醉方式、手术方式、手术简要经过、术后处理措施、术后应当特别注意观察的事项等。

9）手术同意书是指手术前，经治医师向患者告知拟施手术的相关情况，并由患者签署同意手术的医学文书。内容包括术前诊断、手术名称、术中或术后可能出现的并发症、手术风险、患者签名、医师签名等。

10）特殊检查、特殊治疗同意书是指在实施特殊检查、特殊治疗前，经治医师向患者告知特殊检查、特殊治疗的相关情况，并由患者签署同意检查、治疗的医学文书。内容包括特殊检查、特殊治疗项目名称、目的、可能出现的并发症及风险、患者签名、医师签名等。

11）出院记录是指经治医师对患者此次住院期间诊疗情况的总结，应当在患者出院后24 小时内完成，内容主要包括入院日期、出院日期、入院情况、入院诊断、诊疗经过、出院诊断、出院情况、出院医嘱、医师签名等。

12）死亡记录是指经治医师对死亡患者住院期间诊疗和抢救经过的记录，应当在患者死亡后 24 小时内完成，内容包括入院日期、死亡时间、入院情况、入院诊断、诊疗经过（重点记录病情演变、抢救经过）、死亡原因、死亡诊断等。记录死亡时间应当具体到分钟。

13）死亡病例讨论记录是指在患者死亡 1 周内，由科主任或具有副主任医师以上专业技术职务任职资格的医师主持，对死亡病例进行讨论、分析的记录，内容包括讨论日期、主持人及参加人员姓名、专业技术职务、讨论意见等。

14）医嘱是指医师在医疗活动中下达的医学指令。

医嘱内容及起始、停止时间应当由医师书写。医嘱内容应当准确、清楚，每项医嘱应当只包含一个内容，并注明下达时间，应当具体到分钟。医嘱不得涂改。需要取消时，应当使用红色墨水标注“取消”字样并签名。一般情况下，医师不得下达口头医嘱。因抢救危重患者需要下达口头医嘱时，护士应当复诵一遍。抢救结束后，医师应当即刻据实补记医嘱。

医嘱单分为长期医嘱单和临时医嘱单。长期医嘱单内容包括患者姓名、科别、住院病历号（或病案号）、页码、起始日期和时间、长期医嘱内容、停止日期和时间、医师签名、执行时间、执行护士签名。临时医嘱单内容包括医嘱时间、临时医嘱内容、医师签名、执行时间、执行护士签名等。

15）辅助检查报告单是指患者住院期间所做的各项检验、检查结果的记录。内容包括患者姓名、性别、年龄、住院病历号（或病案号）、检查项目、检查结果、报告日期、报告人员签名或者印章等。

16）体温单为表格式，以护士填写为主。内容包括患者姓名、科室、床号、入院日期、住院病历号（或病案号）、日期、手术后天数、体温、脉搏、呼吸、血压、大便次数、出入液量、体重、住院周数等。

17）护理记录分为一般患者护理记录和危重患者护理记录。

一般患者护理记录是指护士根据医嘱和病情对一般患者住院期间护理过程的客观记录，内容包括患者姓名、科别、住院病历号（或病案号）、床位号、页码、记录日期和时间、病情观察情况、护理措施和效果、护士签名等。

危重患者护理记录是指护士根据医嘱和病情对危重患者住院期间护理过程的客观记录。危重患者护理记录应当根据相应专科的护理特点书写，内容包括患者姓名、科别、住院病历号（或病案号）、床位号、页码、记录日期和时间、出入液量、体温、脉搏、呼吸、血压等病情观察情况，护理措施和效果，护士签名等。记录时间应当具体到分钟。

采取的中医护理措施应当体现辨证施护原则。

三、中医病历的书写格式

门（急）诊病历、住院病历、入院记录包括许多具体书写格式要求。

（一）门诊病历

由于门诊患者较多，诊病的时间较短，因此门诊病历书写一般不要求过于详尽。但病历的主要内容必须具备，其格式简述如下。

门诊病历封面式样

门诊病历：

病历编号：

姓名：　　　　性别：　　　　出生年月：

婚姻：　　　　民族：　　　　职业：　　　　药物过敏史：

工作单位：　　家庭住址：

1. 门诊首次病历书写格式及内容

就诊时间（要写明　　年　月　日　　时）：科别：

（1）问诊

1）主诉：患者就诊的主要症状（或体征）及持续时间。

2）现病史：主症发生的时间、病情的发展变化、诊治经过及重要的既往病史、个人史和过敏史等。

（2）望、闻、切诊：运用中医术语，简明扼要记录望、闻、切情况，特别要注意舌象、脉象。

（3）体格检查：记录生命体征、中西医检查阳性体征及具有鉴别意义的阴性体征。

（4）实验室检查：记录就诊时已获得的有关检查结果。

（5）诊断

1）中医诊断：包括病名诊断和证名诊断，病名后的括号内写证名。

2）西医诊断。

（6）处理

1）中医论治：记录治法、方药（方名、药名及剂量）、用法等。

2）西医论治：记录具体用药、剂量、用法等。

3）需要做进一步检查的项目名称。

4）医嘱：饮食起居宜忌、随诊要求、注意事项等。

医师签名：

2. 门诊复诊病历书写格式及内容

就诊时间（要写明　　年　月　日　　时）：科别：

记录以下内容：

前次诊疗后的病情变化，简要的辨证分析，补充诊断、更正诊断。

各种诊治措施的改变及其原因。

随诊要求、注意事项等。

医师签名：

（二）住院病历

住院病历格式的内容和要求

住院号：

姓名：	出生地：
性别：	职业（要写明具体工作类别）：
年龄（要写明“岁”，婴幼儿应写“月”或“天”）：	民族：
婚况：	入院时间：　年　月　日　时
病史陈述者（注明与患者的关系）：	记录时间：　年　月　日　时
发病节气：	可靠程度：
工作单位：	家庭住址：

主诉要求：重点突出，高度概括，简明扼要。

现病史：记录的内容要求准确具体，避免流水账式的记录。具有鉴别意义的阴性症状亦应列入。内容包括：

1）起病情况：发病时间地点、起病缓急、前驱症状、可能的病因和诱因。

2）主要症状、特点及演变情况。要准确具体描述每一个症状的发生、发展及其变化。

3）伴随症状情况。

4）结合“十问歌”，记录当前的情况。

5）诊治情况：在入院前经过诊治者，应按时间顺序记录与本病有关的重要检查结果及所接受过的主要治疗方法（药物治疗应记录药物名称、用量、用法等）及其使用时间、效果。诊断名称须加引号。

6）如果两种或两种以上疾病同时发病，应分段记录。与本次疾病虽无紧密关系，但仍需治疗的其他疾病情况，可在现病史后另起一段记录。

7）如果怀疑自杀、被杀、被打或其他意外情况者，应注意真实记录，不得加以主观推断、评论或猜测。

既往史：系统全面记录既往健康状况，防止遗漏。内容包括：

1）既往健康状况。

2）疾病史、传染病、地方病、职业病史，应按时间顺序记录诊断、治疗情况。

3）预防接种史、手术外伤史、输血史、药物（食物）过敏史等。

个人史：

1）患者的出生地及经历地区，特别要注意自然疫源地及地方病流行区，说明迁徙年月。

2）居住环境及条件。

3）生活及饮食习惯、烟酒嗜好程度、性格特点。

4）过去及目前的职业及其工作情况、粉尘、毒物、放射性物质、传染病接触史。

5）其他重要个人史。

过敏史：记录致敏药物、食物等名称及其表现。

婚育史：结婚年龄、配偶健康情况等。女性患者要记录经、带、胎、产情况。月经史记录格式：

$$\text{月经初潮年龄（岁）}\frac{\text{每次行经天数}}{\text{经期间隔天数}}\text{闭经年龄（岁）或末次月经时间}$$

生育情况按下列顺序写明：足月分娩数→早产数→流产或人流数→存活数。计划生育措施。

家族史：记录患者家庭成员、直系亲属及与本人生活有密切关系亲属的健康状况及患病情况。

体格检查：

体温（T）　脉搏（P）　呼吸（R）　血压（BP）

整体状况：望神、望色、望形、望态、声音、气息、舌象、脉象。

皮肤黏膜：皮肤、黏膜。

全身浅表淋巴结：淋巴结。

头面部：头颅、眼、耳、鼻、口腔。

颈项：形态、气管、甲状腺、颈脉。

胸部：胸廓、乳房、肺脏、心脏。

腹部：肝脏、胆囊、脾脏、肾脏、膀胱。

直肠肛门：直肠、肛门。

外生殖器：外生殖器。

脊往四肢：脊柱、四肢、指（趾）甲。

神经系统：感觉、运动、浅反射、深反射、病理反射。

经络与腧穴：经络、腧穴、耳穴。

专科检查：根据专科需要记录专科特殊情况。

辅助检查：采集病史时已获得的与本次疾病相关的本院及外院的重要检查结果，写明检查日期，如系在其他医疗机构的检查，写明该机构名称。

初步诊断

中医诊断：疾病诊断（包括主要疾病和其他疾病）

证候诊断（包括相兼证候）

西医诊断：包括主要疾病和其他疾病

住院医师（签名）：

主治医师（签名）：

如有修正诊断、确定诊断、补充诊断时，应书写在原诊断的左下方，并签上姓名和诊断时间。

（三）入院记录

主诉：患者就诊的主要症状或体征及持续时间。要求：重点突出，高度概括，简明扼要。

现病史：与住院病历要求相同。重点描述主要症状及其持续时间、入院前经过的检查和治疗（要写明主要检查结果、治疗方法、药物及用法、时间与效果）。

既往史：重点记录重要的过去病史。

过敏史：记录致敏药物、食物等名称及其表现。

其他情况：个人史、婚育史和家族史等（凡与此次发病有关的内容都不应遗漏）。

体格检查：按照住院病历体格检查的基本要求，扼要记录查体的阳性体征和有鉴别诊断意义的阴性体征。

专科检查：按各专科特点进行书写。

辅助检查：采集病史时已获得的本院及外院的重要检查结果。如果尚未进行任何检查，则写“目前尚无检查资料”。

初步诊断：

中医诊断：疾病诊断（包括主要疾病和其他疾病）

证候诊断（包括相兼证候）

西医诊断：包括主要疾病和其他疾病

住院医师（签名）：

主治医师（签名）：

如有修正诊断、确定诊断、补充诊断时，应书写在原诊断的左下方，并签上姓名和诊断时间。

【病历示例】

1. 门诊病历示例

门诊手册封面

病历编号：××

姓名：××　性别：女　出生年月：1938 年 5 月

婚姻：已婚　民族：汉　职业：退休　　药物过敏史：无

工作单位：×× 家庭住址：×× 市 ×× 区 ×× 路 ×× 号

门诊首次病历记录

就诊时间：×× 年 7 月 18 日 10 时　科别：脾胃病科

主诉：中上腹痛 5 月余。

现病史：5 月余前因血便诊断升结肠癌，并行右半结肠切除术，经治疗病情好转，但常出现中上腹痛，未系统诊治，为进一步调理来诊。

刻诊：食后腹痛，以脐周偏上明显，排便时腹痛，大便稀，无黑便，无便血，时有头胀，心悸，胸前区刺痛，活动时气喘，畏寒，口干不苦，小便频，夜尿 3 次。舌淡嫩稍暗，苔白，脉弱。

既往有“冠心病”“高血压”数十年，目前病情稳定。否认结核等传染病史，预防接种史不详。否认药物及食物过敏史。否认嗜食烟酒。

体格检查：T 36.4℃，P 88 次 / 分，R 20 次 / 分，BP 145 / 80 mmHg。形体消瘦，双肺呼吸音清，未闻及干、湿性啰音。心界不大，心率 88 次 / 分，律齐，无杂音。腹部无压痛及反跳痛，双下肢不肿。

辅助检查：病理活检示：升结肠癌（PT4aN0M0）。

中医诊断：腹痛（中虚脏寒证）

西医诊断：升结肠癌术后

处理

中医治法：温中补虚，缓急止痛。理中丸合小建中汤加减。桂枝 10g、党参 15g、干姜 10g、白术15g、砂仁10g、炒麦芽20g、白芍20、木香10g、炙甘草6g。7剂，水煎服，每天1剂。

注意饮食起居。饮食以清淡为主，忌肥甘、辛辣刺激。慎起居，避风寒。

7月28日复诊。

医师签名：××

2. 住院病历示例

住院记录

住院号：××××××

姓名：×××	出生地：上海
性别：女	职业：退休
年龄：61岁	民族：汉
婚况：已婚	入院时间：2019年1月2日14时50分
病史陈述者：患者本人	记录时间：2019年1月2日15时15分
发病节气：小寒前3天	可靠程度：可靠
工作单位：无	家庭住址：上海市浦东新区××路××号

主诉：反复咳嗽、咯血8月余，再发加重1周。

现病史：患者于2018年4月无明显诱因出现咳嗽、咯血，血色鲜红，无胸闷胸痛，无发热盗汗等不适，发病后至××医院就诊经胸部CT等检查，诊断为“支气管扩张伴感染”，予舒巴坦、依替米星抗感染，多索茶碱解痉平喘，溴己新、舍雷肽酶肠溶片化痰，病情好转后出院。近1周，患者无明显诱因再次出现咳嗽、咯血，伴少量质黏咖啡色痰，活动后气促，无胸闷胸痛，无发热、盗汗等不适，自行使用舍雷肽酶肠溶片化痰，病情未见明显改善。遂于2019年1月2日至我院门诊就诊，查胸部CT示：左肺上叶、两肺下叶炎症，两肺下叶支气管扩张；心包少量积液，右侧胸腔少量积液；两上胸膜增厚、粘连；右上胸膜小圆形钙化灶；肝脏右叶小囊肿。现为求进一步治疗，由门诊拟“支气管扩张伴感染”收治入院。

刻诊：咳嗽、咯血，伴少量质黏咖啡色痰，活动后气促，纳寐尚可，二便调。

既往史：否认高血压、糖尿病、冠心病等其他内科疾病史。否认肝炎、结核等传染病史。预防接种史不详，否认手术、外伤病史，否认输血史、左氧氟沙星过敏史，否认其他药物、食物过敏史。

个人史：生于并长期居住上海，居住条件可，否认粉尘、毒物、放射性物质接触史，否认疫水疫区接触史，否认烟酒等不良嗜好，否认冶游史。适龄婚育，育有1女，配偶及女均体健。月经$17\frac{7}{28}48$。

家族史：父已故，死因不详，母体健，有姐妹5人，均体健。否认家族性遗传性疾病史。

体格检查：

体温：36.5℃　脉搏：84次/分　呼吸：20次/分　血压：130/80mmHg

神清气平，步入病房，发育正常，形体偏瘦，自主体位，活动自如，对答切题，查体合作。全身皮肤黏膜无黄染和瘀点瘀斑，全身浅表淋巴结未及肿大。头颅无畸形，眼震（–），眼球运动未见异常，双侧瞳孔等大、等圆，直径约3mm，对光反射、辐辏反射正常。颈软，气管居中。颈静脉无怒张，肝颈反流征阴性。胸廓对称无畸形，两侧呼吸运动对称，肋间隙正常，无语颤，胸膜摩擦音未闻及，胸部叩诊音为清音、肺界正常，两肺呼吸音粗，两肺可闻及明显湿啰音。心前区无隆起，心尖冲动无弥散，心界无明显扩大。心率84次/分，律齐，各瓣膜区无明显病理性杂音，无心包摩擦音。腹平，腹壁无曲张静脉，无胃肠型。全腹软，无压痛、反跳痛，未触及包块，肝脾肋下未触及，肝区叩痛阴性，Murphy’s 征阴性，移动性浊音阴性，肠鸣音不亢进。肾区叩痛阴性，输尿管点压痛阴性。双下肢无水肿。四肢关节活动正常，肌力和肌张力正常。生理反射存在，病理反射未引出。全身未闻及异常声息气味。舌红苔黄，脉弦滑。

专科检查：胸廓两侧呼吸运动对称，肋间隙正常，无语颤，胸膜摩擦音未闻及，胸部叩诊音为清音、肺界正常，两肺呼吸音粗，两肺可闻及明显湿啰音。

中医望、闻、切诊：

望：望神：有神，望色：红润，望形：体形偏瘦，身体各部外观均匀、发育相称、五官端正，望态：病态的体形：无。舌质：红，舌苔：黄。

闻：听声音：音调和畅；发声异常：无；语言异常：无；呼吸异常：有；咳嗽：有；呕吐：无；嗳气：无；呃逆：无；嗅气味：病体气味（无）；排出物气味：无；小便：无特殊气味；大便：无特殊气味；矢气：无特殊气味。

切：皮肤：温，皮肤湿润；四肢：温暖；胸部：虚里按之应手。腹部：辨凉热：适中；辨疼痛：无疼痛；辨腹胀：无腹胀；辨痞满：无胃痞；辨结胸：无结胸；辨肿块：无肿块；脉象：滑。

辅助检查：（2019.1.2 我院）胸部 CT 平扫：左肺上叶、两肺下叶炎症，两肺下叶支气管扩张；心包少量积液，右侧胸腔少量积液；两上胸膜增厚、粘连。右上胸膜小圆形钙化灶；肝脏右叶小囊肿。

初步诊断：

中医诊断：咳嗽病（痰热壅肺证）

西医诊断：支气管扩张伴感染

住院医师（签名）：

主治医师（签名）：

日期：　　年　月　日

时间：

首次病程记录

2019-01-02　15：43

患者 ×××，61 岁，女，因“反复咳嗽、咯血 8 月余，再发加重 1 周”于 2019-01-02 12：05 由门诊拟“支气管扩张伴感染 ”收住我科。

病史特点：

患者于 2018 年 4 月无明显诱因出现咳嗽、咯血，血色鲜红，无胸闷胸痛，无发热、盗汗等不适，发病后至 ×× 医院就诊经胸部 CT 等检查，诊断为“支气管扩张伴感染”，予舒巴坦、依替米星抗感染，多索茶碱解痉平喘，溴己新、舍雷肽酶肠溶片化痰，病情好转后出院。近 1 周，患者无明显诱因再次出现咳嗽咯血，伴少量质黏咖啡色痰，活动后气促，无胸闷胸痛，无发热、盗汗等不适，自行使用舍雷肽酶肠溶片化痰，病情未见明显改善。遂于 2019.1.2 至我院门诊就诊，查胸部 CT 示：左肺上叶、两肺下叶炎症，两肺下叶支气管扩张；心包少量积液，右侧胸腔少量积液；两上胸膜增厚、粘连；右上胸膜小圆形钙化灶；肝脏右叶小囊肿。现为求进一步治疗，由门诊拟“支气管扩张伴感染”收治入院。

刻诊：咳嗽、咯血，伴少量质黏咖啡色痰，活动后气促，纳寐可，二便调。

既往史：否认高血压、糖尿病、冠心病等其他内科疾病史。否认肝炎、结核等传染病史。预防接种史不详，否认手术、外伤病史，否认输血史、左氧氟沙星过敏史，否认其他药物、食物过敏史。

体格检查：

体温：36.5℃ 脉搏：84 次 / 分 呼吸：20 次 / 分 血压：130 / 80mmHg

神清气平，步入病房，发育正常，形体偏瘦，自主体位，活动自如，对答切题，查体合作。全身皮肤黏膜无黄染和瘀点瘀斑，全身浅表淋巴结未及肿大。头颅无畸形，眼震（–），眼球运动未见异常，双侧瞳孔等大、等圆，直径约 3mm，对光反射、辐辏反射正常。颈软，气管居中。颈静脉无怒张，肝颈反流征阴性。胸廓对称无畸形，两侧呼吸运动对称，肋间隙正常，无语颤，胸膜摩擦音未闻及，胸部叩诊音为清音、肺界正常，两肺呼吸音粗，两肺可闻及明显湿啰音。心前区无隆起，心尖冲动无弥散，心界无明显扩大。心率 84 次 / 分，律齐，各瓣膜区无明显病理性杂音，无心包摩擦音。腹平，腹壁无曲张静脉，无胃肠型。全腹软，无压痛、反跳痛、未触及包块，肝脾肋下未触及，肝区叩痛阴性，Murphy’s 征阴性，移动性浊音阴性，肠鸣音不亢进。肾区叩痛阴性，输尿管点压痛阴性。双下肢无水肿。四肢关节活动正常，肌力和肌张力正常。生理反射存在，病理反射未引出。全身未闻及异常声息气味。舌红苔黄，脉弦滑。

辅助检查：（2019.1.2 我院）胸部 CT 平扫：左肺上叶、两肺下叶炎症，两肺下叶支气管扩张；心包少量积液，右侧胸腔少量积液；两上胸膜增厚、粘连。右上胸膜小圆形钙化灶；肝脏右叶小囊肿。

初步诊断：

中医诊断：咳嗽（痰热壅肺证）

西医诊断：支气管扩张伴感染

辨病辨证分析：

患者老年女性，因“反复咳嗽、咯血 8 月余，再发加重 1 周。”入院。入院症见：咳嗽、咯血，伴少量质黏咖啡色痰，活动后气促，舌红苔黄，脉滑。四诊合参，当属中医学之“咳嗽”范畴，属“痰热壅肺证"。患者日常起居失于调摄，痰湿内生，郁而化热，痰热，壅肺致肺失清肃，故见咳嗽，灼伤肺络见咯血，阻碍气机，甚至气逆于上，故气促，舌红苔黄，脉滑为痰热之征。

西医诊断依据：

（1）患者 61 岁，女，因“咳嗽、咯血加重 1 周”入院。入院症见：咳嗽、咯血，伴少量质黏咖啡色痰，活动后气促。

（2）查体：两肺呼吸音粗，两肺可闻及明显湿啰音。

（3）辅助检查：（2019.1.2 我院）胸部 CT 平扫：左肺上叶、两肺下叶炎症，两肺下叶支气管扩张；心包少量积液，右侧胸腔少量积液；两上胸膜增厚、粘连。右上胸膜小圆形钙化灶；肝脏右叶小囊肿。

西医鉴别诊断：

本病可与肺结核相鉴别：后者多有全身中毒症状，如午后低热、盗汗、疲乏无力、体重减轻、失眠、心悸等；X 线胸片见病变多在肺尖或锁骨上下，密度不均，消散缓慢，且可形成空洞或肺内播散。痰中可找到结核分枝杆菌；一般抗菌药物治疗无效。

中医类证鉴别：

本证可与肺痨鉴别：肺痨由痨虫犯肺而引起，常同时出现咳嗽、咯血、胸痛、潮热、盗汗、消瘦等症。必要时可结合进行 X 线肺部检查，以助诊断。

诊疗计划

（1）Ⅱ级护理，普食（忌食海鲜），吸氧。

（2）嘱避风寒，畅情志，调饮食，慎起居。

（3）健康教育：嘱空气清新时深呼吸锻炼。建议避免接触粉尘、有毒有害气体及室外污染环境。

（4）完善相关检查：三大常规（血常规、尿常规、粪便常规），血气分析，凝血功能，心肝肾功能、BNP、TNI，电解质、痰涂片，血脂，空腹血糖，糖化血红蛋白，G试验、内毒素，呼吸道病毒九项，痰检分枝杆菌，痰检脱落细胞，痰培养＋真菌＋药敏，痰支原体培养，肿瘤标志物，心电图，心脏B超，腹部B超等。

（5）抗感染：生理盐水250ml+硫酸依替米星注射液0.3g（每日1次，静脉滴注）；

化痰：生理盐水100ml＋盐酸氨溴索注射液90mg（每日1次，静脉滴注）；

清热化痰：生理盐水250ml+痰热清注射液20ml（每日1次，静脉滴注）。

（6）患者咳嗽、咯血，伴少量质黏咖啡色痰，活动后气促。舌红苔黄，脉弦滑。四诊合参，当属中医学之“咳嗽，痰热壅肺证”。治拟清热宣肺，自拟方如下：

黄芩12g	山栀12g	知母15g	桑白皮15g
瓜蒌仁15g	贝母9g	麦冬9g	橘红9g
茯苓9g	桔梗9g	甘草3g	

5剂（1.3—1.7）

上方加水200～300ml浸泡1小时，煎沸后小火煮15分钟，取汁；再加水200ml，重复一次，两剂相混，分两次顿服。

（7）积极对症处理。

住院医师（签名）：
主治医师（签名）：
签修日期：

四、中医病历书写的注意事项

（一）文字、格式及用语要求

1. 中医病历要求内容完整，重点突出，主次分明，条理清晰，语句精练，书写整洁，字迹清晰，表述准确，应规范使用医学术语，而中医术语的使用应依照相关标准、规范执行。其中，简化字应以《通用规范汉字表》为准。

2. 病历中所涉及的计量单位按我国有关标准书写，数字采用阿拉伯数字。

3. 病历书写一律使用阿拉伯数字书写日期和时间，采用24小时制记录。

4. 病历中每页上均应填写患者姓名、病历号和页序号。

5. 医师签名位于右侧，字迹必须清晰易辨，而计算机打印的病历也应有医师的手写签名。

6. 病历书写应当使用中文，通用的外文缩写和无正式中文译名的症状、体征、疾病名称等则可以使用外文。

7. 病历中护理记录按照国家中医药管理局颁发的有关护理文件书写要求执行。

（二）病历书写人员资格要求

1. 入院记录由经治医师书写；首次病程记录由经治医师或值班医师书写；门（急）诊病历记录应当由接诊医师书写。

2. 日常病程记录由经治医师书写，也可以由实习医务人员或试用期医务人员书写，但应有经治医师的签名。

3. 手术记录由手术者书写，而在特殊情况下由第一助手书写时，应有手术者签名。

4. 进修医务人员由医疗机构根据其胜任本专业工作的实际情况，认定后方可书写病历。

5. 有关拥有书写病历资格的其他部分人员可参见《中医病历书写基本规范》相关条款。

（三）病历书写的时限

1.“门诊记录”和“急诊记录”中的各种记录及“有创诊疗记录”“手术记录”“转入记录”“接班记录”“会诊记录”“病程记录”等要求及时完成。

2. 入院记录、再次或多次入院记录应于患者入院后 24 小时内完成；24 小时内入出院记录应于患者出院后 24 小时内完成；而 24 小时内入院死亡记录则应于患者死亡后 24 小时内完成。

3.“首次病程记录”要求在患者入院 8 小时内完成。

4. 主治医师首次查房记录应于患者入院 48 小时内完成。

5. 手术记录应在术后 24 小时内完成。

6.“交班记录”“转出记录”“出院记录”要求事前完成。

7.“死亡病例讨论记录”要求在患者死亡 1 周内完成。

8.“病历首页”实行按科室（或病区）签署首页制度，要求在出院后 2 周内完成。

（四）病历的修改

1. 病历是重要的医疗文书。病历书写过程中若出现错字时，应当用双线划在错字上，保留原记录清楚可辨，并注明修改时间、修改人签名。不得采用刮、粘、涂等方法掩盖或去除原来字迹。

2. 上级医务人员有审查修改下级医务人员所写病历的责任。实习医务人员、试用期医务人员书写的病历，应当经过本医疗机构注册的医务人员审阅、修改并签名。主治医师、副主任医师、主任医师及科室（病区）主任应经常检查病历的书写质量，发现问题应及时纠正。

3. 住院病历经各级医师签署首页并归档后，不能再做任何修改。

（五）病历书写基本要求

1. 病历书写应当客观、真实、准确、及时、完整、规范。

2. 每份病历一般应体现出三级医师查房制度。

3. 各项化验、检查报告单，要求使用专用化验单、检查报告单粘贴纸进行分类粘贴。粘贴时整齐有序，标记清楚。

4. 存档于医疗机构的病历按国家有关档案管理法规保存。

5. 病历书写应当使用蓝黑墨水、碳素墨水，需复写的病历资料可以使用蓝色或黑色油水的圆珠笔。

6. 计算机打印的病历应当符合病历保存要求。

7. 病历书写应当使用中文，通用的外文缩写和无正式中文译名的症状、体征、疾病名称等则可以使用外文。

8. 病历应当按照规定的内容书写，并由相应医务人员签名。

9. 病历书写中涉及的诊断，包括中医诊断和西医诊断，其中的中医诊断还包括疾病诊断与证候诊断；而中医治疗也应遵循辨证论治的原则。

10. 对需取得患者书面同意方可进行的医疗活动，应由患者本人签署知情同意书。患者不具备完全民事行为能力时，应由其法定代理人签字；患者因病无法签字时，应由其授权的人员签字；为抢救患者，在法定代理人或被授权人无法及时签字的情况下，则可由医疗机构负责人或者授权的负责人签字。

因实施保护性医疗措施不宜向患者说明情况时，应将有关情况告知患者近亲属，由患者近亲属签署知情同意书并及时记录。患者无近亲属或患者近亲属无法签署同意书时，则由患者法定代理人或者关系人签署同意书。

（六）病历排列顺序

1. 住院期间的住院病历排列顺序

（1）体温单（按日期先后倒排）。

（2）长期医嘱单（按日期先后倒排）。

（3）临时医嘱单（按日期先后倒排）。

（4）住院记录。

（5）首次病程记录。

（6）病程记录（顺接在首次病程记录之后）（按页数次序顺排）。

（7）术前小结。

（8）术前讨论记录。

（9）手术同意书。

（10）麻醉术前访视记录。

（11）麻醉同意书。

（12）手术记录。

（13）麻醉记录单。

（14）手术清点记录。

（15）手术安全核查记录。

（16）手术护理记录单。

（17）术后首次病程记录（与术前病程记录分开，另页书写）。

（18）会诊记录单（按会诊日期先后顺排）。

（19）各种特殊检查报告单（如心电图、超声、放射性核素检查等）（按检查日期先后顺排）。

（20）放射检查报告单（包括 X 线摄片报告单、X 线造影报告单、CT 检查报告单、MRI 检查报告单、介入检查报告单等）（按检查日期先后顺排）。

（21）特殊治疗记录单（如血液透析记录单、放射治疗记录单、物理治疗记录单等）。

（22）病理检查报告单（按检查日期先后顺排）。

（23）检验报告单。

（24）其他原始资料，如病重（危）通知书、知情同意书等。

（25）有关护理记录。

（26）住院病历首页。

（27）住院证。

（28）前次住院病历或门诊病历或急诊病历等。

（29）外院诊疗资料。

（30）有关医疗证明（患者工作单位的介绍信，外院诊断书，医疗、行政、司法部门的医疗文件副本等）。

2. 出院后的住院病历装订顺序

（1）病历首页。

（2）出院记录或死亡记录。

（3）住院证。

（4）至（18）同“住院期间的住院病历排列顺序”之（4）至（18）。

（19）死亡病例讨论记录。

（20）其他原始资料，如病重（危）通知书、知情同意书等。

（21）至（25）同“住院期间的住院病历排列顺序”之（19）至（23）。

（26）长期医嘱单。

（27）临时医嘱单。

（28）体温单。

（29）同“住院期间的住院病历排列顺序”之（30）。

（30）前次住院病历、死亡病例的门诊病历或急诊病历。

（31）院外医疗资料。

（32）随访记录。

（凡两次以上住院病历，按住院顺序先后装订）。

本章内容小结表解

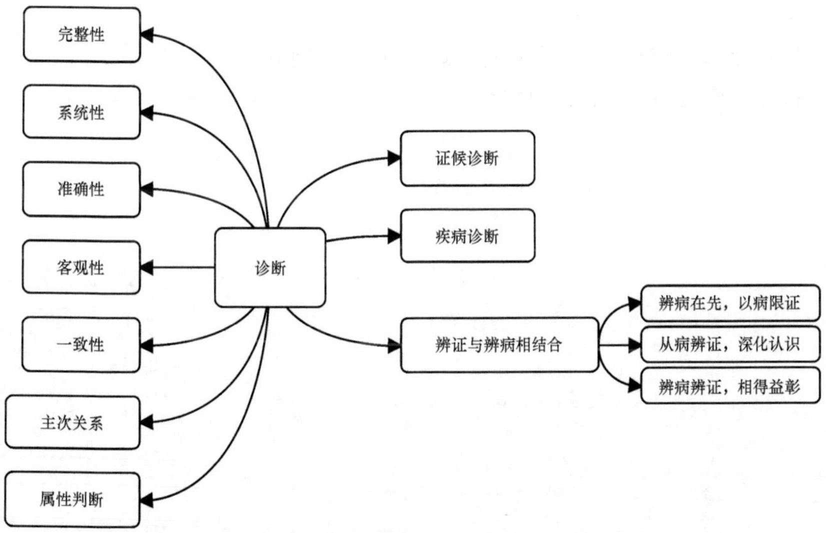

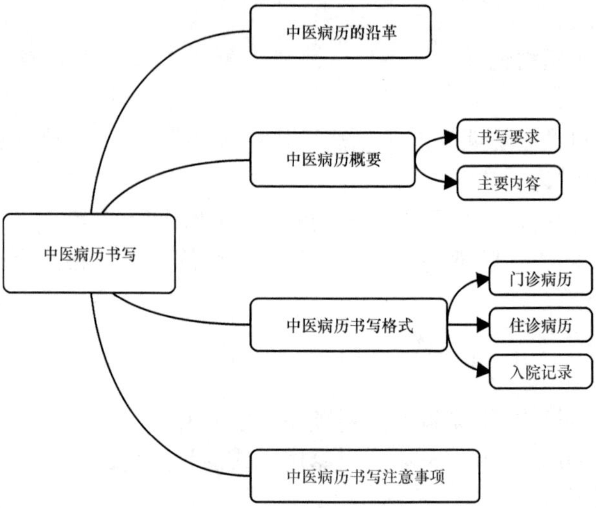

复习思考题

1. 对病情资料的处理要注意哪些方面？
2. 中医辨证的逻辑思维方法主要有哪些？
3. 中医学辨证有哪些具体目标？
4. 简述中医学疾病诊断的一般途径。
5. 简述病历书写的意义。
6. 准确描述主诉有哪些临床意义？
7. 在中医病历书写过程中，现病史与既往史如何划分？
8. 门诊初诊记录与复诊记录有何区别？

主要参考书目

陈家旭，邹小娟，2016．中医诊断学．3版．北京：人民卫生出版社．

邓铁涛，1989．中医诊断学．上海：上海科学技术出版社．

邓铁涛，陈群，2016．实用中医诊断学．北京：科学出版社．

范恒，2015．中医学．3版．北京：科学出版社．

范恒，沈霖，2010．伤寒论讲义．北京：中国医药科技出版社．

费兆馥，2009．中医诊断学．北京：人民卫生出版社．

李灿东，吴承玉，2016．中医诊断学．3版．北京：中国中医药出版社．

李兴广，杨毅玲，2015．中医诊断学速记歌诀．北京：化学工业出版社．

李曰庆，2017．中医外科学．北京：中国中医药出版社．

欧阳惠卿，2002．中医妇科学．北京：人民卫生出版社．

孙贵香，2018．中医诊断学笔记．北京：科学出版社．

王和鸣，2007．中医骨伤科学．北京：中国中医药出版社．

吴智兵，2017．温病学．北京：科学出版社．

徐荣谦，2004．中医儿科学．北京：学苑出版社．

周仲瑛，2007．中医内科学．北京：中国中医药出版社．

朱文锋，2011．中医诊断学．北京：人民卫生出版社．

朱文锋，2017．中医诊断学．2版．北京：中国中医药出版社．

朱文锋，何清湖，2016．现代中医临床诊断学．北京：人民卫生出版社．

附　　录

附一　鉴别诊断

在临床上，疾病是千变万化的，其证候和症状表现也是错综复杂的。只有真正掌握了各种常见症状和证候的病机分析方法，才可能对疑似的病证加以鉴别，而这正是辨证论治的关键步骤之一。鉴别诊断的目的，就在于通过对症状及症状之间内在联系的分析、比较、判断、综合，找出两个或两个以上证候或疾病之间的区别，从而做出正确的证名诊断或病名诊断。鉴别诊断一般包括症状鉴别、证候鉴别和疾病鉴别三类，后一类的内容见于临床各学科，这里仅介绍前两类。

第一部分　常见症状的鉴别诊断

症状鉴别诊断就是运用中医的基本理论和辨证方法，分析同一症状在不同证候中出现的机制和规律，即解决主症相同而证候不同的鉴别问题。症状鉴别是为辨证和辨病服务的。由于有些症状作为主症时，又是中医的病名，因此，这些症状的鉴别诊断实际上就是疾病的鉴别诊断。下面简述十一种常见症状的鉴别诊断。

（一）发热

发热指病理性的体温升高，或体温无明显升高而患者自觉有发热的感觉。由于发热的时间、部位、热势程度及伴随症状不同，临床可分为恶寒发热、壮热、潮热、往来寒热、烦热、微热等不同类型。

1. 恶寒发热

【概念】 是恶寒与发热同时出现的症状。六经辨证中的太阳病，卫气营血辨证中的卫分证，三焦辨证中的上焦证均可见此症，为外感表证的主症。

【常见证型】

（1）风寒束表证：又称风寒表实证或太阳伤寒证。主要表现为恶寒重而发热轻，头痛身痛，无汗，鼻塞流清涕，咽喉不适，苔薄白而润，脉浮紧等。

（2）风袭表虚证：又称风寒表虚证或太阳中风证。主要表现为恶风而发热较轻，自汗，头痛喷嚏，鼻塞流涕，喉痒不适，或见瘾疹，苔薄白，脉浮缓等。

（3）风热犯表证：又称卫分证。主要表现为发热较重而微恶风寒，头胀痛，鼻塞流浊涕，口微渴，咽喉红肿疼痛，舌尖红，苔薄黄或薄白而干，脉浮数等。

（4）暑湿困表证：表现为发热恶寒，头身重痛，心烦口苦，渴不欲饮，脘痞呕恶，身倦气短，尿短赤，舌红苔微黄腻，脉濡缓或数。发于炎热潮湿季节。

（5）肺卫湿热证：属上焦湿热证。表现为身热不扬而微寒，头身重痛，困倦乏力，胸闷不饥，面色淡黄，或咽痛微咳，小便短少，苔白腻、脉濡缓。

（6）燥邪伤肺证：表现为轻度发热恶风寒，口鼻咽喉干燥，头痛鼻塞，干咳痰少而黏，不易咳出，口微渴，苔薄白而干，脉浮细，多发于秋季。若为温燥，则热重寒轻，渴甚咽红肿，舌尖红，苔黄脉数；若为凉燥，则寒重热轻，身痛无汗，痰稀脉紧。

（7）风水相搏证：属于阳水，表现为恶寒发热，先睑面浮肿，继则四肢及全身皆肿，肢节酸重，小便不利，咽喉不适或疼痛，咳喘，舌苔薄白，脉浮滑。

【鉴别要点】

风寒束表证，以恶寒重，发热轻，无汗身痛，脉浮紧为临床特点。

风袭表虚证，以恶风，微热，汗出，脉浮缓为临床特点。

风热犯表证，以发热重，微恶风寒，咽痛口渴，脉浮数为临床特点。

暑湿困表证，以恶寒发热，头身重痛，脘痞呕恶，身倦尿赤为临床特点。

肺卫湿热证，以身热不扬，微恶寒，头重身困，胸闷不饥为临床特点。

燥邪伤肺证，以口、唇、鼻、咽干燥，干咳，痰少而黏，寒热轻微为临床特点。

风水相搏证，以风热（或寒）表证、睑面先肿、继而全身浮肿、小便不利为临床特点。

2. 壮热

【概念】　指发热较甚，扪之烙手，体温多在39℃以上者，又称高热。壮热是邪正剧争，热邪亢盛的标志，多见于外感病的中、极期阶段。

【常见证型】

（1）气分热盛证：表现为壮热恶热，汗多，烦躁头痛，渴喜冷饮，尿赤便结，或咳喘胸痛，或胁腹胀痛，舌红苔黄燥，脉洪滑数。本证可见于伤寒阳明证、温病气分证等。

（2）邪陷心包证：表现为壮热恶热，神昏谵语，或昏瞶不语，舌謇肢厥，舌质红绛苔黄而干，脉细数有力。多见于温病极期。

（3）热入营血证：壮热夜甚，口渴而饮水不多，心烦躁扰或昏谵，肌肤发斑或吐血、衄血、尿血、便血，舌绛苔黄，脉数有力。多见于温病极期。

（4）热极生风证：壮热恶热，头目胀痛，手足躁动，甚则抽搐，牙关紧闭，颈项强直，角弓反张，神昏狂乱，口干唇燥，尿短黄，或腹胀便秘，舌红苔黄燥，脉象弦数有力。

（5）中焦湿热证：壮热起伏，汗多不解，烦渴胸闷，脘痞呕恶，头重身困，腹胀便溏不爽，尿短赤灼热，舌红苔黄腻，脉滑数。多见于暑温、湿温病极期。

（6）大肠湿热证：壮热恶热，暴泻腹痛，或下利脓血黏液，里急后重，肛门灼热，心烦呕恶，口干不欲饮，小便短赤，舌红苔黄腻，脉濡数或滑数。

【鉴别要点】

气分热盛证，以高热，汗多，渴喜冷饮，脉洪大而数为临床特点。

邪陷心包证，以发病急骤，壮热神昏，舌謇肢厥为临床特点。

热入营血证，以身热夜甚，肌肤发斑或急性出血，舌绛为临床特点。

热极生风证，以高热而见抽搐，项强，口噤等肝风症状为临床特点。

中焦湿热证，以壮热起伏，头身重困，脘痞腹胀，烦渴尿赤为临床特点。

大肠湿热证，以发热，腹痛，里急后重，暴泻或下痢脓血黏液为临床特点。

3. 潮热

【概念】　指每天定时发热或热势升高，犹如潮汐一般。若一日数次，不属潮热范畴。多见于外感热病的中、后期以及某些内伤病。

【常见证型】

（1）阳明腑实证：日晡潮热，热势较高，汗出而热不退，脐腹胀满疼痛拒按，便秘，烦躁口渴，甚则神昏、谵语、狂乱，舌红苔黄燥，甚则灰黑起芒刺，脉沉实或数而有力。

（2）痰热壅肺证：发热，午后热甚，咳嗽喘促，痰涎壅盛，痰黄稠浊，胸闷脘痞，小便短黄，大便不畅，舌红苔黄腻，脉滑数。

（3）三焦湿热证：午后潮热，身热不扬，头身困重，胸脘痞闷，腹胀便溏，口苦不欲饮，呕恶不欲食，小便短黄，舌略红苔淡黄厚腻，脉濡稍数。

（4）阴虚火旺证：午后及夜间潮热，低热不退，骨蒸颧红，盗汗口干，或五心烦热，失眠乏力，干咳少痰，或痰中带血，或头晕耳鸣，形体消瘦，舌红绛少苔少津，脉细数。

【鉴别要点】

阳明腑实证，以日晡潮热、热势较高、腹硬满痛而便秘为临床特点。

痰热壅肺证，以午后潮热、咳嗽喘促、痰黄稠浊为临床特点。

三焦湿热证，以午后潮热、身热不扬、胸脘痞闷、腹胀便溏为临床特点。

阴虚火旺证，以午后及夜间潮热、低热不退、骨蒸盗汗、口干咽燥为临床特点。

4. 寒热往来

【概念】 指恶寒与发热交替发作，是半表半里证的特征。可见于外感少阳证和疟疾。

【常见证型】

（1）伤寒少阳证：寒热往来无定时，胸胁苦满，心烦喜呕，不欲饮食，口苦，咽干，目眩，舌边红，脉弦。

（2）肝胆湿热证：寒热往来，热势起伏，胁肋灼痛，口苦心烦，胸闷腹胀，呕恶厌食，便溏不爽，小便短赤，舌红苔黄腻，脉弦数或濡数。

（3）疟邪出入证：寒战高热，休作有时，一日、二日或三日一次，反复发作，头身剧烈酸痛，口渴引饮，汗出后热退身凉，周身乏力，脉弦。见于疟疾。

【鉴别要点】

伤寒少阳证，以寒热往来无定时、胸胁苦满、口苦目眩为临床特点。

肝胆湿热证，以寒热往来、热势起伏、胁痛腹胀、呕恶厌食为临床特点。

疟邪出入证，以寒战高热、休作定时、反复发作、头身剧痛为临床特点。

5. 烦热

【概念】 指因发热而烦躁不安，坐卧不宁，或心胸烦闷，或五心烦热的症状。烦热属里热证，虚实皆可引起。

【常见证型】

（1）热扰胸膈证：烦躁不安，身热或自觉胸膈灼热如焚，失眠，唇焦口燥，口渴便秘，舌红苔黄，脉浮滑数。

（2）气分热盛证：心烦壮热，头痛头胀，面赤气粗，口渴喜冷饮，汗多尿赤，或大便秘结，苔黄燥，脉洪数有力。

（3）热入心营证：烦躁发热，夜寐不安，身热夜甚，手足躁扰，有时谵语神昏或狂乱，咽干唇焦，斑疹隐隐，舌红绛，脉细数。

（4）热入血分证：烦躁灼热，斑疹紫黑，或吐衄、便血、尿血，色鲜红或紫红，甚则昏狂谵妄，痉挛肢厥，舌质深绛，脉细数疾。

（5）中焦湿热证：烦躁发热，身热不扬，午后加重，汗出不解，口渴不欲饮，胸脘痞闷，呕恶纳呆，腹胀便溏，尿短黄，或见黄疸，舌红苔黄腻，脉滑数或濡数。

（6）阴虚火旺证：五心烦热，或低热不退，骨蒸盗汗，失眠眩晕，颧红咽干，尿黄便干，形体消瘦，舌红绛少苔少津，脉细数。

【鉴别要点】

热扰胸膈证，以胸膈灼热如焚、心烦失眠为临床特点。

气分热盛证，以心烦壮热、烦渴多汗、脉洪数为临床特点。

热入心营证，以身热夜甚、夜寐不安，躁扰昏谵、舌红绛为临床特点。

热入血分证，以烦躁灼热、昏狂发斑或吐衄便血、舌深绛为临床特点。

中焦湿热证，以烦渴不欲饮、身热不扬、午后加重、汗出不解、脘痞便溏为临床特点。

阴虚火旺证，以五心烦热、低热不退、骨蒸盗汗、颧红消瘦为临床特点。

6. 微热

【概念】 指轻度发热，体温不升高或在38℃以下，又叫低热。常见于某些内伤病发热和温热病的恢复期。

【常见证型】

（1）肺胃阴虚证：微热或潮热，干咳少痰，或痰黏不易咳出，口舌干燥而渴，脘痞嘈杂，饥而不欲食，尿黄便干，舌红少津，脉虚细。

（2）肝肾阴虚证：低热久留不退，或五心烦热，颧红盗汗，目涩咽干，眩晕耳鸣，腰膝酸软，或手足蠕动，舌绛而干，少苔，脉虚数。

（3）肝气郁结证：低热或潮热，热势可随精神波动而增减，精神抑郁或烦躁易怒，胸闷胁胀，口苦嗳气，善太息，舌暗苔白，脉弦。

（4）脾虚气陷证：低热时发时止，多在劳累后发生或加重，头晕乏力，气短懒言，食少便溏，自汗恶风，易于感冒，舌淡苔薄，脉缓弱或浮大而虚。

【鉴别要点】

肺胃阴虚证，以微热、干咳少痰、脘痞嘈杂、饥而不欲食为临床特点。

肝肾阴虚证，以低热不退、眩晕耳鸣、腰膝酸软为临床特点。

肝气郁结证，以发热随情绪而波动、胸闷胁胀、口苦嗳气为临床特点。

脾虚气陷证，以低热在劳累后发作或加重、气短乏力、食少便溏为临床特点。

（二）异常出汗

凡与气候、劳动、情绪等因素无关而汗出过多者，皆属于异常出汗。异常出汗按其汗出特点和部位可分为多种。这里重点介绍自汗、盗汗及半身出汗。

1. 自汗

【概念】 指白天时时汗出、动则加剧的症状。自汗乃阴阳失调、津液外泄所致，外感、内伤病均可发生，尤以气虚、阳虚多见。

【常见证型】

（1）肺脾气虚证：也叫肺卫不固证。表现为自汗恶风，劳动则加剧，易于感冒，神疲乏力，气短懒言，食少便溏，面色淡白少华，舌淡苔薄白，脉弱。

（2）风袭表虚证：也叫营卫不和证或太阳中风证。表现为自汗恶风，低热头痛，肢体酸痛，鼻塞流涕，喷嚏喉痒，或见瘾疹，舌苔薄白，脉浮缓。

（3）气分热盛证：全身汗出量多，高热恶热，烦渴引饮，面红目赤，气急乏力，尿黄便干，或头额胀痛，舌红苔黄燥，脉洪数有力。多见于伤寒阳明经证及暑温病等。

（4）湿热内蕴证：全身出汗，手足心及头部较多，身热不扬或热势起伏，肢体重困重着，或关节肿痛，口腻纳呆，小便短黄，舌红苔黄腻，脉濡数。

（5）心肾阳虚证：汗出不止，精神萎靡，畏寒肢冷，面色苍白，头晕心悸，气短乏力，舌淡紫苔白滑，脉微细。可见于伤寒少阴证及内伤病后期。

【鉴别要点】

肺脾气虚证，以自汗恶风、易于感冒、气短乏力、食少便溏为临床特点。

风袭表虚证，以低热恶风、自汗头痛，鼻塞喷嚏为临床特点。

气分热盛证，以汗出量多、高热恶热、口渴饮冷为临床特点。

湿热内蕴证，以头颈、手足汗较多、身热不扬、头重体困为临床特点。

心肾阳虚证，以汗多不止、畏寒肢冷、精神萎靡、脉微细为临床特点。

2. 盗汗

【概念】 指睡着出汗、醒后汗止的症状。盗汗主要见于内伤杂病，多由阴虚或气阴两虚引起。

（1）心阴虚证：盗汗潮热，心悸怔忡，心烦失眠，多梦易惊，手足心热，口燥咽干，尿黄便干，舌红少津，脉细数。

（2）肾阴虚证：盗汗遗精，腰膝酸软或痛，五心烦热，骨蒸颧红，眩晕耳鸣，月经不调，咽干便结，舌红少苔少津，脉细数。

（3）气阴两虚证：盗汗咳嗽，痰少而黏，或痰中带血，气短乏力，食少纳呆，五心烦热，咽干颧红，舌红少苔，脉细数无力。

【鉴别要点】

心阴虚证，以盗汗心悸、心烦失眠为临床特点。

肾阴虚证，以盗汗遗精、腰膝酸痛、眩晕耳鸣为临床特点。

气阴两虚证，以盗汗咳嗽、痰少而黏、气短乏力、食少纳呆为临床特点。

3. 半身汗出

【概念】 指人体或上或下，或左或右，半身正常出汗，另一半却不能出汗的症状。本症可分虚实两类，多见于中风后遗症、痿病、外伤截瘫等病。

【常见证型】

（1）气血两虚证：半身出汗，或左或右，面色㿠白，神疲气短，眩晕心悸，四肢与唇舌发麻，食少乏力，舌淡脉弱。

（2）阳虚不固证：上半身出汗，下半身无汗，面色苍白，畏寒肢冷，神疲乏力，口淡不渴，小便清长，舌淡苔白，脉虚大无力。

（3）肾阴亏虚证：下半身有汗，上半身无汗，前阴潮湿，腰膝酸软或痛，梦遗早泄，口燥咽干，五心烦热，舌红少苔，脉细数。

（4）瘀血阻络证：半身无汗或左或右，或上或下，或某一局部无汗，无汗处或刺痛胀痛，或半身不遂，舌淡紫或有瘀斑、瘀点，脉沉涩。

【鉴别要点】

气血两虚证，以半侧汗出，面白神疲，心悸肢麻为临床特点。

阳虚不固证，以上半身出汗，畏寒肢冷，神疲乏力为临床特点。

肾阴亏虚证，以下半身出汗，阴湿遗精，腰膝酸软为临床特点。

瘀血阻络证，以半身无汗，无汗处刺痛或瘫痪，舌紫为临床特点。

（三）抽搐

抽搐，又称抽风、瘛疭，指肢体不自主地伸展和屈曲交替进行，抽动不已的症状。凡邪实或正虚导致筋脉过度舒缩，皆可出现抽搐。多见于温热病极期、痉病、破伤风、痫证及小儿惊风等病。

【常见证型】

（1）风毒伤肝证：四肢抽搐阵作，项背强急，角弓反张，牙关紧闭，苦笑面容，口角流涎，烦躁或发热，脉弦紧。见于破伤风证。

（2）热极生风证：抽搐频繁有力，甚则角弓反张，烦躁不安，神识昏迷，高热惊厥，面红唇赤，涕泪皆无，口渴喜饮，尿黄便结，舌红绛苔黄燥，脉数实。

（3）肝脾两虚证：抽搐缓慢无力，时发时止，微热倦怠，面色萎黄，气短懒言，闭目昏睡或睡时露睛，大便色青或下利清谷，舌淡苔少，脉弦缓无力。

（4）血虚生风证：抽搐轻缓，手足颤抖，头晕目眩，面色淡白无华，神疲乏力，心悸失眠，四肢麻木，舌淡脉弱。

（5）阴虚动风证：四肢抽搐时作，手足蠕动，眩晕欲倒，腰膝酸软，胁肋灼痛，低热或午后潮热，舌红苔少或无苔，脉虚数。

【鉴别要点】

风毒伤肝证，以抽搐阵作，牙关紧闭，项背强急，苦笑面容，多有外伤史为临床特点。

热极生风证，以高热惊厥，抽搐频作，烦渴神昏为临床特点。

肝脾两虚证，以抽搐缓慢无力，面黄身倦，昏睡露睛为临床特点。

血虚生风证，以抽搐轻缓，手足颤抖，面白心悸为临床特点。

阴虚动风证，以抽搐时作，手足蠕动，潮热低热，舌红苔少为临床特点。

（四）出血

出血是指血不循经而溢出脉道之外，停留于脏腑组织或排泄于孔窍的症状。由于出血的部位不同，临床上有吐血、咳血、衄血、齿衄、便血、尿血、肌衄及妇女崩漏等。

出血最常见的病机是血热、气虚、阴虚火旺、血瘀等。出血症可见于外感和内伤的多种疾病。

【常见证型】

（1）血热伤络证：各种出血，量多势急，血色鲜红，发热恶热，烦躁面赤，舌红绛苔黄燥，脉数有力。心火亢盛者，心悸失眠，口舌生疮，或神昏谵语；肝火炽盛者，头目胀痛，易怒发狂，胸胁胀痛；肺热壅盛者，咳嗽气喘，痰黄黏稠，胸闷胸痛；胃火上炎者，胃脘灼痛，牙龈红肿溃烂，口渴便秘等。

（2）阴虚火旺证：出血反复不止，色紫红量较少，五心烦热，潮热盗汗，颧红咽干，眩晕耳鸣，干咳少痰，腰膝酸软，形体消瘦，尿少便结，舌红绛少苔少津，脉细数。

（3）脾不统血证：大量下血或淋漓不断，色淡质稀，面唇淡白无华或虚浮，心悸气短，神疲懒言，食少乏力，腹胀便溏，舌淡嫩胖边有齿痕，苔薄，脉细弱。

（4）脾肾阳虚证：出血势缓而色黯淡，淋漓不止，面色苍白，畏寒肢冷，脘腹隐痛喜暖喜按，神疲乏力，大便清稀或久泻失禁，舌淡紫苔白滑，脉沉细无力。

（5）湿热蕴结证：出血鲜红或暗红，身热不扬，脘痞腹胀，呕恶纳呆，口苦黏腻，小便短赤，大便不爽，或下痢脓血黏液，里急后重，或小便淋涩灼痛，舌红苔黄腻，脉滑数或濡数。

（6）血瘀伤络证：突然出血量多，或淋漓不断，色紫暗夹有血块，局部刺痛拒按，面唇青紫晦暗，舌紫暗或有瘀点瘀斑，脉沉涩或弦紧。

【鉴别要点】

血热伤络证，以出血势急量多、色鲜红、壮热、舌红绛为临床特点。

阴虚火旺证，以出血量少、色紫、反复不止、低热颧红盗汗为临床特点。

脾不统血症，以出血色淡质稀、面唇淡白无华、食少便溏为临床特点。

脾肾阳虚证，以出血色黯淡而势缓、畏寒肢冷、便溏久泻为临床特点。

湿热蕴结证，以出血鲜红或暗红、身热不扬、脘痞腹胀为临床特点。

血瘀伤络证，以出血色紫暗而夹血块、局部刺痛拒按为临床特点。

（五）咳嗽

咳嗽是肺系疾病的主要症状。各种原因导致肺失宣降，肺气不利，均可引起咳嗽。咳嗽大体上可分为外感与内伤两类。

【常见证型】

（1）风寒束肺证：咳嗽痰白清稀，兼恶寒发热，无汗，头痛身痛，鼻塞流清涕，咽痒不适，舌苔薄白，脉浮紧。

（2）风热犯肺证：咳嗽痰黄稠，咳痰不爽，兼发热恶风，汗出口渴，头痛咽痛，鼻塞流浊涕，舌尖红苔薄黄，脉浮数。

（3）热邪壅肺证：咳嗽痰黄黏稠，不易咳出，兼气喘胸闷，口鼻气灼，烦躁口渴，咽喉红肿灼痛，甚则鼻煽胸痛，尿黄便结，舌红苔黄燥，脉滑数。

（4）痰湿阻肺证：咳嗽痰多色白质稠，易于咳出，兼气喘胸闷，脘痞腹胀，或呕吐痰涎，食少便溏，舌淡胖苔白腻，脉濡或滑。

（5）肝火犯肺证：咳嗽喘急，痰稠难咳，或痰中带血，咳引胸胁掣痛，面红目赤，咽干口渴，烦躁易怒，舌红苔黄少津，脉弦数。

（6）肺阴虚证：干咳无痰，或痰少而黏不易咳出，或痰中带血，或咯血胸痛，咽喉干燥，五心烦热，潮热盗汗，舌红少苔少津，脉细数。

（7）肺气虚证：咳喘乏力，痰多而清稀，动则加剧，面色㿠白，神疲乏力，声低懒言，自汗易感冒，舌淡嫩苔薄白，脉虚弱。

【鉴别要点】

风寒束肺证，以咳嗽痰白清稀兼风寒表证为临床特点。

风热犯肺证，以咳嗽痰黄而稠兼风热表证为临床特点。

热邪壅肺证，以咳喘痰黄黏稠，口鼻气灼，烦渴咽痛为临床特点。

痰湿阻肺证，以咳嗽痰多白稠易咳，胸闷脘痞，呕恶食少为临床特点。

肝火犯肺证，以咳嗽喘急，咳引胸胁掣痛，烦躁易怒为临床特点。

肺阴虚证，以干咳无痰或痰少而黏及阴虚内热症状为临床特点。

肺气虚证，以咳喘乏力，痰多而清稀及气虚见症为临床特点。

（六）呕吐

呕吐指胃内容物从口中吐出的症状。若仅有欲吐的感觉而未吐出实物者，叫恶心。呕吐与恶心皆是胃气上逆的表现，凡外感、内伤诸病因引起胃气上逆时，便可发生呕吐。

【常见证型】

（1）寒湿犯胃证：突然恶心呕吐，胃脘胀痛或剧痛，喜暖拒按，胸闷纳呆，头身重痛，或恶寒发热，或肠鸣泄泻，舌苔白腻，脉浮紧。

（2）食滞胃脘证：呕吐未消化的酸腐食物，胃脘胀痛，嗳腐吞酸，吐后觉舒，厌食腹胀，大便不调，苔厚腻或垢浊，脉沉滑。

（3）痰饮停胃证：呕吐清水痰涎，脘闷腹胀，胃中振水音，肠鸣漉漉，口淡不欲食，或口干不欲饮，头眩心悸，舌淡胖苔白滑，脉沉弦。

（4）胃火炽盛证：食入即吐，口臭渴饮，面红心烦，或头额胀痛，或牙龈、咽喉肿痛溃烂，大便秘结，小便短黄，舌红苔黄燥，脉洪数有力。

（5）肝气犯胃证：恶心呕吐泛酸，吐出物酸腐，嗳气频多，胁肋胀满或胁脘窜痛，急躁易怒，善太息，舌边红，苔薄腻，脉弦。

（6）脾胃阳虚证：恶心呕吐时作，饮食稍多即吐，脘腹冷痛，喜暖喜按，面色㿠白，神疲乏力，畏寒肢凉，大便溏薄，舌淡苔白，脉濡缓或沉迟。

（7）胃阴不足证：呕吐反复发作，或干呕、呃逆时作，胃脘嘈杂，饥而不欲食，口燥咽干，五心烦热或潮热盗汗，消瘦，便干，舌红少苔少津，脉细数。

【鉴别要点】

寒湿犯胃证，以突发呕恶，胃脘胀痛喜暖拒按及兼表证为临床特点。

食滞胃脘证，以呕吐酸腐，嗳腐吞酸，脘胀厌食为临床特点。

痰饮停胃证，以呕吐清涎量多，脘腹胀满而有振水音为临床特点。

胃火炽盛证，以食入即吐，口臭渴饮，牙龈、咽喉肿痛为临床特点。

肝气犯胃证，以呕吐泛酸，胸胁胃脘胀满窜痛，脉弦为临床特点。

脾胃阳虚证，以呕恶时作，多食即吐，脘腹冷痛喜暖喜按为临床特点。

胃阴不足证，以呕吐或干呕时作，胃脘嘈杂，饥而不欲食为临床特点。

（七）泄泻

泄泻，是指大便次数增多，粪便稀薄，甚至泻出水样便的症状。脾失健运，肠失传导，以致水谷不化而下趋，则造成泄泻。本症可因外感、内伤多种因素引起。

【常见证型】

（1）寒湿困脾证：泄泻清稀甚则如水，便次频多，脘腹胀满或痛，呕恶纳呆，口淡不渴，肢体困重，肠鸣尿少，微恶寒，舌胖苔白腻，脉濡缓。

（2）湿热蕴脾证：泄泻黄褐色溏便如糊状而不爽，臭秽而灼肛，脘腹胀满，呕恶纳呆，渴不多饮，口苦黏腻，身热不扬，头身困重，口渴多饮，小便短赤，舌红苔黄腻，脉濡数。

（3）食滞肠道证：泻下稀便夹杂不消化食物，臭如败卵，矢气频传，腹部胀满疼痛，嗳腐吞酸，纳呆厌食，苔厚腻，脉滑。

（4）脾胃气虚证：大便溏薄，稍多食或食油腻则腹胀泄泻或呕恶，食少纳呆，面色萎黄或淡白少华，神疲乏力，气短懒言，舌淡苔白，脉缓弱。

（5）脾胃阳虚证：泄泻清稀或完谷不化，脘腹胀满或隐痛绵绵，喜温喜按，呕吐清涎，畏寒肢冷，面色㿠白或虚浮，舌淡胖边有齿痕，苔白滑，脉沉迟。若兼肾阳虚，可见五更泻，腰膝冷痛，尿少水肿等。

（6）肝郁脾虚证：腹痛肠鸣则欲泻，泻后痛止，常因情志不舒而发，胁腹胀满，嗳气食少，急躁易怒，善太息，舌苔薄白，脉弦缓。

【鉴别要点】

寒湿困脾证，以泄泻清稀次多、脘腹胀痛兼形寒肢困为临床特点。

湿热蕴脾证，以泻下溏便不爽、臭秽灼肛、身热口苦为临床特点。

食滞肠道证，以泻下不消化食物、腹胀厌食、嗳腐吞酸为临床特点。

脾胃气虚证，以便溏、多食或食油腻则加重、食少乏力为临床特点。

脾胃阳虚证，以泄泻清稀或完谷不化、脘腹隐痛、喜温喜按为临床特点。

肝郁脾虚证，以腹痛即泻、泻后痛止、常与情绪有关为临床特点。

（八）便秘

便秘，是指大便干结，排便困难，排便次数明显减少的症状。便秘为各种原因减少了粪便的水分、阻碍了腑气通降的结果，常见于热病后期、产后、老年人及体质虚弱者。

【常见证型】

（1）肠热腑实证：便秘或热结旁流，脐腹部硬满胀痛，拒按，面赤发热，或日晡潮热，口臭烦渴，尿短黄，甚则昏谵狂乱，舌红，苔黄厚燥，脉滑数有力。

（2）肠道气滞证：便秘或排便不爽，脘腹痞满胀痛，嗳气矢气后减轻，或胸闷呕恶，食少纳呆，肠鸣矢气频作，舌暗苔腻，脉弦。

（3）寒凝肠道证：便秘腹胀，脐腹冷痛急暴，遇寒加剧，得温痛减，或畏寒肢冷，恶心呕吐，舌淡苔白，脉弦紧。

（4）脾肺气虚证：虽有便意，临厕努挣不下，挣则乏力、气短、汗出，甚则虚脱晕倒，大便并不干硬，神疲气怯，腹部下坠感，面色淡白，舌淡苔薄，脉虚弱。

（5）血虚肠燥证：大便干结，努挣难下，面色萎黄或淡白无华，唇爪色淡，眩晕心悸，失眠多梦，舌淡瘦苔薄，脉细弱。

（6）肠燥津亏证：大便数日一行，干结如羊粪，口干唇燥，或口臭噎食，五心烦热，头晕颧红，小便短黄，舌红少津，苔黄燥或灰黑，脉细涩。

【鉴别要点】

肠热腑实证，以便秘而脐腹部硬满胀痛拒按、发热烦渴为临床特点。

肠道气滞证，以脘腹胀满、嗳气矢气后减轻、排便不爽为临床特点。

寒凝肠道证，以便秘而脐腹冷痛急暴、遇寒加剧为临床特点。

脾肺气虚证，以临厕努挣不下、便质不干硬、乏力气短为临床特点。

血虚肠燥证，以大便干结、努挣难下、面白心悸为临床特点。

肠燥津亏证，以大便数日一行、干结如羊屎为临床特点。

（九）小便不利

小便不利是指排尿困难，尿量明显减少的症状。小便不利主要由于肾与膀胱气化不利，也与脾失运化、肺失通调等密切相关。常见于水肿、淋浊、癃闭、里热伤津及湿温等病证。

【常见证型】

（1）肾脾阳虚证：小便不利，面浮足肿或下肢先肿，渐至全身水肿，按之凹陷不即起，胸闷脘痞，食少腹胀，大便溏薄，畏寒肢冷，神疲乏力，腰膝酸软冷痛，舌淡胖边有齿痕，苔白滑，脉沉迟而弱。

（2）风水相搏证：小便不利，尿色黄赤，睑面先肿，迅速发展至周身浮肿，按之凹陷不即起，兼有恶寒（风）发热，头身酸痛，咽痛咳嗽，脘痞腹胀，大便不畅或秘结，舌尖红苔薄白或黄，脉浮数。

（3）膀胱湿热证：小便不利，甚至点滴而出，尿频、尿急、尿道灼痛，尿色黄赤或浑浊或有砂石，小腹胀痛，或腰与少腹相引而痛，口渴不欲饮，大便不畅，舌红苔黄腻，脉滑数。

（4）瘀阻膀胱证：小便不利，或尿如细线，或点滴难出，小腹胀满硬痛，拒按，面色青紫晦暗，或大便色黑，或有急性外伤史，舌紫黯或有瘀斑瘀点，脉涩或细。

（5）热盛伤津证：小便不利而黄赤灼热，身热汗多，烦渴引饮，口干舌燥，大便干结，甚则皮肤弹性差，极度消瘦，神识昏糊，舌红少苔或无苔而干，脉细数。

【鉴别要点】

肾脾阳虚证，以尿少、水肿渐起、畏寒肢冷、食少便溏为临床特点。

风水相搏证，以尿少、水肿急起兼风热（或风寒）表证为临床特点。

膀胱湿热证，以小便不利、尿频尿急、尿道灼痛、尿色改变为临床特点。

瘀阻膀胱证，以尿如细丝或点滴难出、小腹硬痛拒按为临床特点。

热盛伤津证，以小便短黄灼热、身热烦躁、口渴引饮为临床特点。

（十）疼痛

疼痛是常见的自觉症状之一。临床根据患者主诉提供的疼痛部位和性质，可判断出疾病在脏、在腑、在经、在络、在气、在血。按疼痛发生的部位，一般可分为头痛、胸胁痛、胃脘痛、腹痛、腰痛、肌肉关节痛等。

一般说来，胀痛多为气滞，刺痛多为血瘀，重着酸痛多为湿，窜痛多为风或气滞，冷痛拘急为寒，灼痛多属火，隐痛绵绵或空痛喜按多为虚证，疼痛剧烈或胀痛拒按多为实证。

1. 头痛

【概念】 头痛在临床上颇为常见，可见于多种疾病。无论外感或内伤，引起头部气血失和，均可产生头痛。由于感受的外邪及人体阴阳气血的损伤各有不同，头痛可见于多种证型。

【常见证型】

（1）风寒束表证：头痛，痛连项背，遇寒则痛重，恶寒微热，骨节酸痛，鼻塞流清涕，苔薄白，脉浮紧。

（2）风热犯表证：头额胀痛，发热恶风，鼻塞流浊涕，面红目赤，口渴欲饮，咽痛，苔薄黄，脉浮数。

（3）风湿困表证：头痛如裹，昏胀沉重，阴雨天加重，微恶风寒，肢体困重，胸闷纳呆，苔白腻，脉濡缓。

（4）肝阳上亢证：头目胀痛，眩晕目涩，烦躁易怒，口燥咽干，失眠健忘，肢麻震颤，头重脚轻，腰膝酸软，舌红少津，脉弦细。

（5）肾精不足证：头脑空痛，眩晕耳鸣，健忘失眠，腰膝酸软，或遗精、精少不育，或月经失调、不孕，舌淡脉弱。

（6）气血两虚证：头痛绵绵不休，过劳则甚，面色淡白少华，神疲乏力，气短心悸，声低懒言，食少腹胀，舌淡瘦，脉细弱。

（7）痰浊上犯证：头痛时作，昏蒙沉重，耳鸣耳聋，身重肢倦，胸闷脘痞，呕恶纳呆或吐涎沫，或失眠健忘，苔白腻，脉弦滑。

（8）血瘀头络证：头痛如刺，痛有定处，时作时止，经久不愈，昼轻夜重，面色青紫，失眠健忘，或有头部外伤史，舌紫暗或有瘀点瘀斑，脉弦细或涩。

【鉴别要点】

风寒束表证，以头痛连项背，遇寒则痛重，恶风寒为临床特点。

风热犯表证，以头额胀痛，面红咽痛，发热恶风为临床特点。

风湿困表证，以头重如裹，昏沉胀痛，肢体困重为临床特点。

肝阳上亢证，以头目胀痛，眩晕目涩，烦躁易怒为临床特点。

肾精不足证，以头脑空痛，眩晕耳鸣，健忘腰酸为临床特点。

气血两虚证，以头痛绵绵不休，过劳则甚，面白神疲为临床特点。

痰浊上犯证，以头痛时作，昏蒙沉重，脘痞呕恶为临床特点。

血瘀头络证，以头痛如刺、固定而经久不愈为临床特点。

2. 胸胁痛

【概念】 指前胸部与两侧腋下胁部疼痛。胸痛与胁痛可单独出现，也可并见，多属心、肺、肝、胆疾病。

【常见证型】

（1）阳虚寒凝证：胸部剧痛，痛彻肩背，遇寒加重，胸中憋闷，心悸气短，咳唾喘息，面色苍白或青灰，畏寒肢冷，舌淡紫苔白滑，脉弦紧或结。

（2）痰湿内阻证：胸中胀闷疼痛，咳喘痰鸣，咳吐大量痰涎，身重体胖，眩晕心悸，脘痞呕恶，食少纳呆，舌淡胖苔白腻，脉弦滑。

（3）肝郁气滞证：胸胁胀痛，多因情绪不舒而发作或加重，胸闷太息，急躁易怒，嗳气泛酸，口苦食少，或心悸气短，舌暗苔薄白，脉弦。

（4）血瘀胸胁证：胸胁刺痛拒按，咳唾、转侧则加剧，胸胁胀闷，或胁下有痞块，或胸胁部有外伤史，面色青紫，舌质紫黯或有瘀点瘀斑，脉弦涩或结代。

（5）痰热壅肺证：胸痛咳喘，咳吐黄痰黏稠或大量腥臭脓血痰，身热烦渴，尿黄便结，舌红苔黄腻，脉滑数。

（6）饮停胸胁证：胸胁胀满掣痛，咳唾则疼痛加重，转侧不利，肋间饱满，舌淡苔白，脉沉弦。

（7）肺阴虚证：胸部灼痛，干咳无痰或痰少而黏，咯血或痰中带血，五心烦热，潮热颧红，盗汗咽干，舌尖红少苔少津，脉细数。

（8）肝阴虚证：胁肋隐隐灼痛，绵绵不休，喜按，眩晕耳鸣，两目干涩，五心烦热，潮热盗汗，咽干乏力，舌红苔少或无苔，脉弦细数。

【鉴别要点】

阳虚寒凝证，以胸痛剧烈，遇寒加重，胸闷心悸，畏寒肢冷为临床特点。

痰湿内阻证，以胸中闷痛，咳喘痰鸣，体胖呕恶为临床特点。

肝郁气滞证，以胸胁胀痛，与情绪相关，急躁易怒为临床特点。

血瘀胸胁证，以胸胁刺痛不移，拒按，胁下痞块，舌紫黯为临床特点。

痰热壅肺证，以胸痛咳喘，咳吐黄稠痰或脓血腥臭痰为临床特点。

饮停胸胁证，以胸胁饱满掣痛，咳唾、转侧则加剧为临床特点。

肺阴虚证，以胸部灼痛，干咳少痰，咯血或痰中带血为临床特点。

肝阴虚证，以胁肋隐隐灼痛，两目干涩，眩晕烦热为临床特点。

3. 胃脘痛

【概念】 胃脘痛，指剑突下、上腹中部疼痛的症状。胃脘痛多由胃、脾、肝、胆等脏腑功能失调、气机不畅所致。

【常见证型】

（1）寒邪犯胃证：胃脘剧痛，得热痛减，遇寒加剧，呕吐清涎，恶寒肢冷，面色青灰或苍白，舌淡紫苔白滑，脉弦紧。

（2）胃热炽盛证：胃脘灼痛拒按，口渴喜冷饮，消谷善饥，或食入即吐，口臭便秘，小便短赤，舌红苔黄厚燥，脉滑数。

（3）肝气犯胃证：胃院胀痛牵引胁肋，或脘胁窜痛，每因情志不畅而发作或加重，嗳气吞酸，胸闷太息，大便不爽，苔薄白，脉弦。

（4）血瘀胃络证：胃脘刺痛不移，拒按，食后痛甚，或呕血，大便色黑如柏油，面色青紫晦暗，舌紫暗或有瘀斑瘀点，脉涩。

（5）脾胃阳虚证：胃脘隐痛，空腹时明显，进食则疼痛暂缓，喜温喜按，口吐清涎，畏寒肢冷，倦怠乏力，食少便溏，面色皖白，舌淡苔白，脉沉细无力。

（6）胃阴虚证：胃脘隐隐灼痛，时作时止，嘈杂似饥而不欲食，口燥咽干，干呕呃逆，五心烦热，大便干结，舌红少苔或无苔，脉细数。

【鉴别要点】

寒邪犯胃证，以胃脘痛剧，得热痛减，呕吐清涎为临床特点。

胃热炽盛证，以胃脘灼痛拒按，口渴喜冷饮，尿黄便秘为临床特点。

肝气犯胃证，以脘胁胀痛或窜痛，与情志相关，嗳气太息为临床特点。

血瘀胃络证，以胃脘刺痛拒按，食后痛甚，大便色黑为临床特点。

脾胃阳虚证，以胃脘隐痛，空腹明显，喜温喜按为临床特点。

胃阴虚证，以胃脘隐隐灼痛，嘈杂不适，饥而不欲食为临床特点。

4. 腹痛

【概念】 指整个腹部或其中某一局部发生疼痛的症状。其范围涉及胃脘以下，耻骨联合以上，包括大腹（脐腹）、小腹、少腹。

脾、肝、胆、肾、大肠、小肠、膀胱、胞宫等居于腹内，其气血运行失调，皆能产生腹痛。一般说来，痛在大腹多属脾、大肠；痛在少腹多属肝、小肠；痛在小腹多属膀胱、肾、胞宫。腹痛胀满拒按者为实，腹痛绵绵喜按者为虚。

【常见证型】

（1）寒凝肠道证：腹部剧痛拘急，痛无休止，得热痛减，遇冷尤甚，畏寒肢冷，口和、尿清，或肠鸣泄泻，舌淡紫苔白腻，脉沉紧。

（2）肠道湿热证：腹痛，里急后重，暴泻或下痢脓血黏液，肛门灼热，脘痞腹胀，或呕恶纳呆，身热烦躁，小便短赤，舌红苔黄腻，脉滑数。

（3）肠道气滞证：腹部胀痛，或游走窜痛，痛无定处，嗳气矢气后暂舒，常随情绪波动而变化，大便不爽，舌暗苔薄白，脉沉弦。

（4）肠道血瘀证；腹中局部刺痛，固定不移，拒按，日轻夜重，或触及肿块，面色晦暗，舌青紫或有瘀点瘀斑，脉沉涩。

（5）食积肠道证：脘腹胀满作痛，拒按，嗳腐吞酸，纳呆厌食，肠鸣矢气，大便不爽，或泻下溏便臭如败卵，或便秘，舌苔厚腻或浊垢，脉滑有力。

【鉴别要点】

寒凝肠道证，以腹痛剧拘急，得温痛减，遇冷加重为临床特点。

肠道湿热证，以腹痛，里急后重，暴泻灼肛或脓血黏液便为临床特点。

肠道气滞证，以腹部胀痛或窜痛，嗳气矢气后则舒为临床特点。

肠道血瘀证，以腹中局部刺痛，固定拒按或触及肿块为临床特点。

食积肠道证，以脘腹胀痛，嗳腐吞酸，大便失常为临床特点。

5. 腰痛

【概念】 指腰部一侧或双侧疼痛的症状。腰为肾之府，腰痛与肾虚的关系至为密切。外感或内伤导致腰部经络不利，皆可引起腰痛。

【常见证型】

（1）肾虚精亏证：腰部酸软疼痛，绵绵不休，时发时止，喜捶喜按，下肢无力，眩晕耳鸣，遗精或月经不调。肾阳虚者，腰膝冷痛，面色㿠白，神疲畏寒，肢体浮肿，舌淡嫩苔白，脉沉细；肾阴虚者，心烦失眠，咽干颧红，潮热盗汗，尿黄便干，舌红少苔少津，脉细数。

（2）寒湿阻络证：腰部重着冷痛，逢阴雨天或受寒则发作或加重，得热痛减，转侧不利，或牵掣下肢冷痛、麻木，舌淡苔白腻，脉沉紧。

（3）湿热阻络证：腰胯灼热胀痛，痛处喜凉恶热，转侧不利，下肢酸软，心烦口苦，小便短黄，大便不爽，舌红苔黄腻，脉濡数。

（4）瘀血阻络证：腰部疼痛如刺，痛有定处，拒按，俯仰不便，不能转侧，或有外伤史，大便色黑或秘结，舌紫黯或有瘀点瘀斑，脉沉涩。

【鉴别要点】

肾虚精亏证，以腰痛绵绵不休，腰膝酸软，眩晕耳鸣为临床特点。

寒湿阻络证，以腰部重着冷痛，阴雨天或受寒加重，得热痛减为临床特点。

湿热阻络证，以腰胯灼热胀痛，喜凉恶热，口苦尿黄为临床特点。

瘀血阻络证，以腰部刺痛，固定拒按或有腰部外伤史为临床特点。

6. 肌肉关节痛

【概念】 指全身或局部肌肉、关节疼痛的症状。多因风寒湿热等淫邪外袭，闭塞经络，气血不通而致；也可因气血、阴阳不足，筋脉失养引起。

【常见证型】

（1）风寒湿痹证：肌肉、关节强痛、重着、肿胀、麻木，肢体屈伸不利，气候潮湿、寒冷则发作或加剧，反复发作，经久难愈。风邪偏重者，多见于上肢，痛处游走不定，苔薄脉浮；寒邪偏重者，剧烈冷痛，得热痛减，苔白滑，脉弦紧；湿邪偏重者，重痛不移，肿胀麻木，苔白腻，脉濡缓。

（2）湿热阻络证：局部关节、肌肉红肿热痛，扪之灼热，得冷则舒，发热心烦，汗出口渴，尿黄便结，或见皮肤红斑，舌红苔黄腻，脉滑数。

（3）痰瘀阻络证：肢体关节胀痛、刺痛不移，夜间痛剧，关节肿大变形，不能屈伸，或周围肌肉萎缩，面色晦暗，或肌肤甲错，舌淡胖紫或有瘀点瘀斑，苔厚腻，脉弦滑或沉涩。

（4）气血两虚证：长期肌肉、关节酸痛或隐痛，时轻时重，筋脉拘急，面色皖白或萎黄，眩晕心悸，神疲气短，倦怠乏力，食少消瘦，舌淡瘦，脉细弱。

【鉴别要点】

风寒湿痹证，以肌肉关节强痛重痛，气候潮湿寒冷则加重为临床特点。

湿热阻络证，以局部红肿热痛，得冷则舒，发热烦渴为临床特点。

痰瘀阻络证，以关节肿大变形，胀痛刺痛，活动受限为临床特点。

气血两虚证，以肢体长期酸痛隐痛，面白乏力，眩晕心悸为临床特点。

（十一）眩晕

头晕、目眩并见，合称眩晕。头晕，指自觉头脑旋转不定，如坐舟车中，重者不能站立或扑倒；目眩，指两眼发花，视物昏黑不明。眩晕以风、火、痰、虚为主要病机，涉及五脏功能失调，而尤以肝、肾、脾三脏的病证最多见。

【常见证型】

（1）肝火炽盛证：眩晕，头目胀痛剧烈，面红目赤，耳鸣耳聋，口苦口渴，胁肋灼痛，烦躁易怒，甚则狂乱、吐血、衄血，尿赤便结，舌红绛苔黄燥，脉弦数。

（2）痰浊上犯证：眩晕耳鸣，头重如裹，胸闷脘痞，呕恶纳呆，或咳吐大量痰涎，神疲嗜睡，舌淡胖苔白腻，脉濡滑。

（3）肝阳上亢证：眩晕头痛，目胀耳鸣，烦躁失眠，面部烘热，急躁易怒，腰膝酸软，头重脚轻，或肢麻震颤，舌红苔黄，脉弦数。

（4）肾阴虚证：眩晕耳鸣，腰膝酸软或痛，咽干颧红，五心烦热，潮热盗汗，遗精早泄，舌红少苔，脉细数等。

（5）气血两虚证：眩晕心悸，气短乏力，劳累则加剧，甚则昏仆，面色淡白无华，神疲自汗，声低懒言，舌淡瘦，脉细弱。

【鉴别要点】

肝火炽盛证，以眩晕而头目胀痛剧烈，烦渴易怒为临床特点。

痰浊上犯证，以眩晕而头重如裹，胸闷脘痞，呕恶纳呆为临床特点。

肝阳上亢证，以眩晕头痛，烦躁失眠，头重脚轻为临床特点。

肾阴虚证，以眩晕耳鸣，腰膝酸痛，五心烦热为临床特点。

气血两虚证，以眩晕心悸，神疲气短，劳累则加剧为临床特点。

第二部分 常见相似证候的鉴别诊断

证候鉴别诊断，是指在一些相似的证候之间，区分其临床表现的相同点和不同点，进而比较其病机的异同，以达到正确诊断的目的。

证候鉴别诊断要注意全面分析、多方比较、准确判断三大原则，以观其同而察其异，切忌以点代面，以偏概全。

（一）心血虚证与心气虚证

【相同点】 二者同为心脏虚证，且可同时出现。二证均可出现心悸、神疲、头昏、乏力、舌淡、脉弱等症。

【不同点】 二者一虚在气，一虚在血，故有不同。心气虚证以心之基本功能减退为主，神无所主而血运无力，见症以心悸，气短，胸闷，自汗为主，兼见面色㿠白，声低懒言等气虚表现；而心血虚证是心所藏之血不足，神明不能内守，故以心悸怔忡、失眠健忘为主症，兼唇甲淡白无华，眩晕肢麻，脉细等血虚表现。

（二）痰蒙心神证与痰火扰神证

【相同点】 二者都有痰，都有心神的改变。因此，二证皆可有胸闷呕恶、喉间痰鸣、神昏、苔腻、脉滑等症。

【不同点】 痰火扰神证，热象突出，如发热，心烦，气粗，口苦口渴，失眠，舌红苔黄、脉数，甚则狂乱，妄言妄动，以亢奋性精神症状为主；而痰蒙心神证无热象，以抑郁性精神症状，如表情淡漠，喃喃自语或默默，痴呆等为主要表现，痰浊内停的症状重于前证。

（三）血虚生风证与肝血虚证

【相同点】 二者皆为血虚，皆有肝血不足的临床表现，如两目干涩，视物模糊，头晕心悸，面白不华，肢体麻木，筋脉拘挛，舌质淡，脉弦细等。

【不同点】 二证病机有轻重之分。血虚生风证多为肝血虚证的病情加重，由于肝血虚而筋脉失养而形成，因此，可见四肢震颤、蠕动，甚则抽搐时作等虚风内动症状。而肝血虚证无风动之象。

（四）肾阴虚证与肝阴虚证

【相同点】 肝藏血，肾藏精，精血可同源互化。因此，二脏阴虚证常并见，且临床表现较多一致，如眩晕乏力，五心烦热，潮热盗汗，颧红咽干，虚烦不寐，舌红苔少而干，脉细数等。

【不同点】 二脏功能毕竟不同，其病机、症状亦有区别。肝开窍于目，肝阴不足，不能濡养其窍则见两目干涩、目视不明或夜盲；肝主筋，其华在爪，胁为肝经所布，故肝阴不足，不能濡养筋脉爪甲，则肢体麻木，筋惕肉瞤，爪甲不荣，胁肋隐痛。而肾开窍于耳，主骨生髓，齿为骨之余，腰为肾之府，主生殖，故肾阴不足，髓海空虚，骨骼失养，则耳鸣耳聋，发脱齿摇，腰膝酸软，骨骼痿弱，足跟痛，遗精，性欲异常等。

（五）肝阳上亢证与肝阴虚证

【相同点】 肝阳上亢源于肝肾阴虚，故二证同有阴虚内热见症，如眩晕咽干，心烦失眠，尿黄便干，舌红而干，脉细数等。

【不同点】 肝阳上亢证本虚标实，上实下虚，而见头目胀痛、面部烘热、胸闷易怒、头重脚轻，腰膝酸软，苔黄，脉弦劲等实中夹虚症状，病情较急迫；而肝阴虚证则以肝脏本身阴虚为主，不兼实证，常见两目干涩，视力下降，头痛绵绵，胁肋隐痛，脉弦等症，病程进展较缓慢。

（六）脾气虚证与脾虚气陷证

【相同点】 二者均具备脾气虚见症，如食少纳呆，食后腹胀，大便溏薄，神疲倦怠，气短乏力，面白舌淡，脉缓等。

【不同点】 脾虚气陷证重于脾气虚证，除了脾气虚的表现以外，还有清阳不升反下陷及脏器下垂的症状，前者如脘腹坠胀，食后益甚，便意频数，肛门重坠，久泻久痢等，后者指胃、肾、子宫、直肠下垂。

（七）燥邪伤肺证与肺阴虚证

【相同点】 燥邪耗伤肺津与肺阴虚的临床表现多有相似之处，如干咳少痰，痰黏不易咯出，或痰中带血，胸痛咽干，烦热等。

【不同点】 二证在病因病机和临床表现亦有区别。燥邪犯肺证为外感证，由实致虚，故见发热微恶风寒，头痛，咽喉不适，脉浮等表证，以及口、鼻、唇、咽、皮肤干燥等外燥证，多发生于秋季；肺阴虚证乃内伤虚证，或外感病后期肺津受损所致，故不兼表证，病情较前者虚弱而势缓，任何季节皆可见。

（八）肾精不足证与肾气不固证

【相同点】 两证均属肾虚，皆可有眩晕耳鸣，腰膝酸软，舌淡脉沉等。

【不同点】 肾精不足证，为生命物质的缺乏，主要表现为小儿发育不良、生殖功能低下及早衰等；肾气不固证，为肾藏精和固摄小便的功能减退，主要表现为精关不固，男子遗精、滑精、早泄，女子带下绵绵、滑胎、崩漏；或气化失职，膀胱失约，见尿频，遗尿，尿后余沥不尽、小便失禁等。

（九）肾不纳气证与肾气不固证

【相同点】 两证均属肾气虚，而具有肾虚的一般见症。

【不同点】 肾不纳气证多由久病咳喘，反复发作，肺气虚损，日久及肾，以致肾失摄纳、气不归根而成，以气喘呼多吸少、气短不能接续、动则尤甚为临床特点；肾气不固证一般不涉及肺，临床表现以精关不固和小便失摄的症状为主。

（十）心脾两虚证与心肝血虚证

【相同点】 二证均有心血虚证，而见心悸失眠、面色无华、失眠多梦、舌淡脉细等表现。

【不同点】 心脾两虚证有脾气虚的表现，如食少纳呆、腹胀便溏，或脾不统血引起的出血症；而心肝血虚证有肝血不足的表现，如头晕眼花、肢麻拘急、月经涩少或闭止等症状。

（十一）心火亢盛证与心肾不交证

【相同点】 二证均可出现心烦、心悸，失眠，多梦等心神不宁表现。

【不同点】 心火亢盛证以火盛邪实为主，表现为身热口渴，面红目赤，舌体红肿、灼痛、糜烂，尿短赤或尿道灼热、涩痛，或吐衄血，舌尖红赤，脉数有力；而心肾不交证是心肾二脏阴虚、虚火上炎所致，表现为五心烦热，潮热盗汗，腰膝酸软，眩晕耳鸣，遗精，舌红少苔或无苔，脉细数无力等。

（十二）肝肾阴虚证与心肾不交证

【相同点】　二证均有肾阴虚的见症。

【不同点】　肝肾阴虚证还有肝阴虚及肝阳上亢的症状，如两目干涩胀痛，视力减退，胁肋隐隐灼痛，头痛易怒，脉弦等；而心肾不交证还有心阴虚而虚火上炎的症状，如心悸怔忡，失眠多梦，口舌生疮，小便赤涩灼痛，舌尖红等。

（十三）痰热壅肺证与肝火犯肺证

【相同点】　二者均可出现咳喘，痰黄稠，胸胀痛，舌红苔黄等肺热壅盛症状。

【不同点】　痰热壅肺证，肺失清肃的病变突出，咳喘息粗、咳吐大量黄稠痰或脓血腥臭痰，胸闷胸痛，苔腻脉滑数；而肝火犯肺证病起于肝，必见胁肋灼痛，烦躁易怒，头目胀痛，苔燥脉弦数等肝火的表现。

（十四）肾精不足证与肝肾阴虚证

【相同点】　二者同有肾虚的基本表现。

【不同点】　肾精不足证主要有人体生长、发育、生殖等功能减退的表现，如小儿发育迟缓，男子精少不育，女子经闭不孕，成人则见过早衰老，发脱齿摇，精力衰退，动作迟缓等，而无明显的虚热征象；肝肾阴虚证既有五心烦热，潮热盗汗，口燥咽干，颧红心烦，舌红少苔等虚热症状，还有视物昏花，两目干涩，筋脉拘急，胁肋隐痛等肝阴亏损表现。

（十五）痰火扰神证与胆郁痰扰证

【相同点】　二证均有痰热所致的部分症状，如惊悸，失眠，胸闷，痰鸣，舌红苔黄腻，脉滑等。

【不同点】　痰火扰神证不仅火热炽盛，见面赤气粗，烦渴尿赤，脉数等，而且神志失常严重，有神昏、狂乱等表现；而胆郁痰扰证则有胆气郁结，痰阻胃脘的症状，如胁下胀痛，嗳气太息，眩晕口苦，呕恶食少，脉弦等，神志症状较轻。

（十六）肝胆湿热证与胆郁痰扰证

【相同点】　二证均可有肝胆郁热、脾胃受累的表现，如胁肋胀痛，口苦嗳气，胸闷烦躁，脘痞呕恶，食少纳呆，舌红苔黄腻，脉弦数等。

【不同点】　肝胆湿热证湿热壅盛，可见胁肋灼痛，厌食腹胀，黄疸，大便不调，或男性阴囊湿疹、睾丸肿痛，女性外阴瘙痒、带下黄臭量多等症；胆郁痰扰证热势较缓，以惊悸胆怯、失眠多梦、眩晕、善太息等为主要表现。

（十七）大肠湿热证与膀胱湿热证

【相同点】　两者同属下焦湿热，具有湿热的一般临床表现，如渴不欲饮或饮水不多，口苦食少，脘痞腹胀，小便短黄，舌红苔黄腻，脉濡数或滑数等。

【不同点】　大肠湿热证为大肠传导失职，腑气不畅，以暴泻灼肛或下痢脓血黏液便，腹痛，里急后重为临床特点；膀胱湿热证为膀胱气化不利，排尿失常，以尿频尿急，尿道灼痛，尿液黄赤浑浊，小腹胀急等为临床特点。

（十八）心火亢盛证与膀胱湿热证

【相同点】 两证都属实热，都可见小便短黄，尿道灼热疼痛，口苦而干，舌红苔黄，脉数有力等症。

【不同点】 心火亢盛证以上部症状、神志异常为重点，如面红目赤，口舌生疮，烦躁失眠，狂乱神昏，吐血衄血，舌尖红，苔黄燥等；而膀胱湿热证以下部症状，排尿失常为重点，如尿频尿急，尿血或尿中砂石浑浊，腰腹相引掣痛，苔黄腻等。

附二 特色诊法

人体是一个有机的整体，在整体与各部分之间，不仅有组成关系，而且有信息互应关系，部分与整体包含的信息相等，任何一个相对独立的部分，都是整体的缩影，因此观察、检测局部的微小变化，可以了解整体的情况。中医在漫长的发展过程中“见微知著”，逐渐总结经验，形成了一些特色诊法，如耳诊、甲诊、第二掌骨侧诊、五轮诊、山根诊、人中诊、掌诊、足诊、鱼际络脉诊、腹诊、脐诊、背俞穴诊等，兹择其要介绍如下。

第一部分 耳 诊

耳诊是通过观察耳郭的色泽、形态、血管及其他阳性反应物（如丘疹、脱屑等）变化；或用手指触摸其形态改变；或用探头、探棒等按压耳郭穴位以检查阳性压痛点；或用耳部信息诊断仪测量信息的变化等来诊察病证、判断预后的诊断方法。

早在《灵枢·师传》中已有“视耳好恶，以知其性”等记载，马王堆汉墓帛书《阴阳十一脉灸经》中也有对上肢、眼、咽、喉联系耳脉原理的论述，后世医书中又有阳维、珠顶、耳垂、耳郭后、郁中等耳穴及功能的记载，由此可以看出耳是诊病很重要的器官。耳穴分析理论的兴起是在20世纪50年代，法国的外科医生诺吉尔（P.Nogier）博士受一位民间医生的启发，经过6年的系统研究，于1957年《德国针术杂志》发表“形如胚胎倒影式的耳穴分布图谱”，从此耳针全息疗法在德国推广，并流传世界各地。1958年12月《上海中医杂志》刊发了耳全息穴位分布图谱。

一、诊断原理

耳与全身脏腑经络的关系相当密切。《灵枢·邪气脏腑病形》曰：“十二经脉，三百六十五络，其血气皆上于面而走空窍……其别气走于耳而为听。”说明经络与耳的关系十分密切。故《灵枢·口问》曰：“耳者，宗脉之所聚也。”五脏之中，耳与肾、心的关系最为密切。耳为肾所主，肾开窍于耳。如《中藏经》曰：“肾者，精神之舍，性命之根，外通于耳。”《素问·金匮真言论》曰：“南方赤色，入通于心，开窍于耳，藏精于心。”杨上善《黄帝内经太素》解释为“肾者水也，心者火也，水火相济，心气通耳，故以窍言之，即心以耳为窍”。此外，肝藏血，耳受血始能听。心主血，肺主气，心肺合司宗气，肺朝百脉，宗气上贯于耳，耳方能闻。脾主升清，清阳之气上达贯耳，耳方能聪。故耳具有反映全身脏器生理、病理的全息作用，察耳可较早测知内脏疾患。

二、诊察方法与注意事项

目前，耳诊已由以往的单一耳穴望诊法，发展为包括耳穴望诊法、耳穴触诊法、耳穴压痕法、耳穴电测定法、耳穴染色法、耳穴知热感度测定法、耳温测定法、耳穴压痛法、耳心反射法等多种方法在内的综合耳诊，并在临床得到了广泛应用。目前临床常用的方法如下：

1. 望诊法 通过肉眼观察耳郭的色泽、形态、血管变化及丘疹、脱屑等阳性反应物的出现，并依据其所在耳穴对病证做出诊断。望诊以充足的自然光线为佳，医者的双眼应与患者的耳郭处在同一水平位置，保持平视，避免折射或反光干扰。望诊前忌揉擦、洗浴耳郭，排除耳郭上痣、疣、脓疱、冻疮、瘢痕等假象，还应注意耳郭上阳性反应物与气候、出汗程度的关系等。

2. 触诊法 包括触摸法和压痛法。

（1）触摸法：医者一只手轻抚耳郭，用拇指指腹放在被测耳穴上，食指衬于耳背相对部位，两指腹互相配合进行触摸；或利用作压痛测定的探棒或耳穴测定仪的探头在探测耳穴时稍用压力，并在划动中感知耳穴的形态变化。触摸法主要应注意有无隆起、凹陷、压痕及其深浅和色泽改变。一般先上后下、先内后外、先右后左，按耳郭解剖部位进行。在系统触摸耳郭各部位基础上，右耳以触摸肝、胆、胃、十二指肠、阑尾穴为主；左耳以触摸胰、心、脾、小肠、大肠穴为主。

（2）压痛法：医者一只手轻扶患者耳背，另一只手持探棒、探头等以均匀压力按压耳郭各穴，观察患者的疼痛反应，寻找出压痛最敏感的耳穴。用压痛法普查耳郭或在耳轮脚周围、肿瘤特异区、三角窝探查痛点。还可采用划痕法，即用上述压力，均匀地在被测部位滑动，以观察患者的疼痛反应，并根据划痕颜色的红白和凹陷恢复的快慢来推测病证的虚实。

3. 电测定法 采用耳部信息诊断仪或耳穴探测仪探查耳穴生物电的改变，以电阻降低（阳性信号）的部位作为躯体、内脏病证诊断的参考，故又称为良导法，所探查到的穴点也称良导点。

上述各项耳穴诊断法在临床应用时可互相参照，并可根据一看（望诊法）、二摸（触摸法）、三压（压痛法）、四电（电测定法）进行系列诊察。只有对出现的各种阳性反应全面分析，方能排除假阳性点，得出比较正确的结论。

三、正常表现与生理变异

一般来说，耳郭应坚硬高耸，色泽粉红鲜润，或白而明泽，耳的上部高于眼睛，耳门宽大，耳垂厚圆，轮廓分明，左右对称。

小儿皮肤细嫩，耳上的血管脉络明显。妇女在月经期前或月经期后，耳郭和耳穴子宫区域颜色也会有变化，经前较红润，经后较淡白。另外，耳郭的色泽也会因不同季节、气候的影响而略有不同。这些都属于正常的生理现象。

四、临床应用

（一）色泽异常

全耳色白，多见于外感风寒，或寒邪直中，亦见于血虚。

全耳色青而黑，多见于剧痛。

（二）形态异常

耳轮焦黑、干枯，多为肾精亏极。耳部红肿，为少阳相火上攻，或肝胆湿热上蒸，亦可见于疖肿、冻疮等。耳背见红色脉络，伴耳根发凉，多为麻疹先兆。

耳垂经常潮红，多属多血质体质。耳垂肉厚而宽，色红，形体肥胖者易患中风。

（三）耳穴分布与应用

人体发生疾病时，常会在耳郭的相应部位出现“阳性反应”点，如压痛、变形、变色、水疱、结节、丘疹、凹陷、脱屑、电阻降低等，这些反应点就是耳穴。

耳穴在耳郭的分布有一定规律，一般来说耳穴全息投影好像一个倒置的胎儿，头部朝下，臀部朝上。与头面部相应的穴位在耳垂邻近；与上肢相应的穴位在耳舟；与躯干和下肢相应的穴位在对耳轮和对耳轮上、下脚；与内脏相应的穴位多集中在耳甲艇和耳甲腔；消化道在耳轮脚周围环形排列。如附图 2-1、附图 2-2 所示。

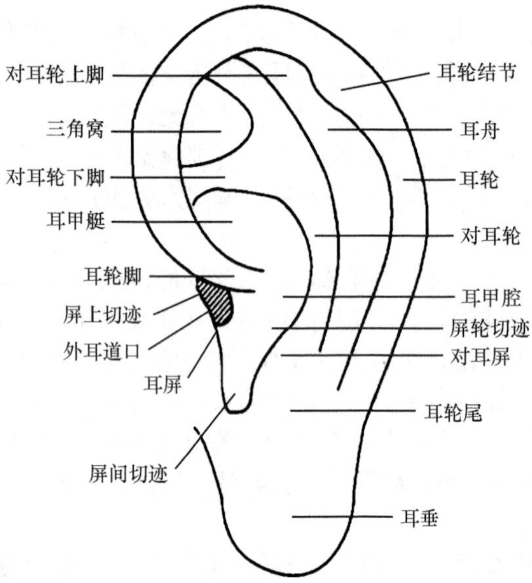

附图 2-1　耳郭

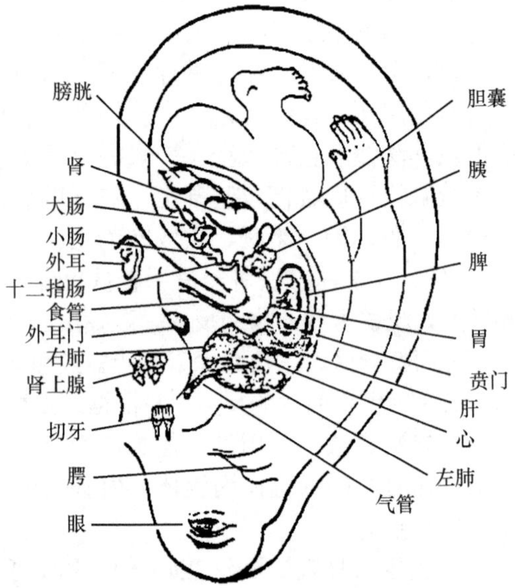

附图 2-2　耳穴分布规律图

1. 耳轮　耳郭最外缘的卷曲部分。其深入至耳腔内的横行突起部分叫“耳轮脚”；耳轮后上方稍突起处叫“耳轮结节”；耳轮与耳垂的交界处叫“耳轮尾”。有肿瘤特异区、外生殖器、睾丸、尿道、直肠下段、肛门等穴分布，可辅助诊断肿瘤及相关部位的病变。耳轮深入至耳腔内的横行突起部分为耳轮脚，耳轮脚周围对应于消化系统，有口、食管、贲门、胃、十二指肠、小肠、阑尾、大肠等穴分布，可辅助诊断相关消化系统脏腑的病变。

2. 对耳轮　在耳轮的内侧，与耳轮相对的隆起部，又称对耳轮体，对应于脊柱和躯干。有颈椎、胸椎、腰椎、骶椎、颈、胸、腹、甲状腺、乳腺等穴分布，可辅助诊断相关部位的病变。对耳轮上方有两分叉，向上分叉的一支为“对耳轮上脚”，对应于下肢。有趾、跟、踝关节、膝关节、髋关节、膝等穴分布，可辅助诊断相关部位的病变。向下分叉的一支为“对耳轮下脚”，对应于臀部。有臀、交感、坐骨神经等穴分布，可辅助诊断臀骶部疾患、内脏疼痛、坐骨神经痛等。

3. 三角窝　对耳轮上脚和下脚之间的三角形凹窝，对应于盆腔。有子宫（精宫）、盆腔、卵巢等穴分布，可辅助诊断妇科疾病和性功能障碍等。

4. 耳舟　耳轮与对耳轮之间的沟，又称舟状窝，对应于上肢。有锁骨、肩、肘、腕、指关节等穴分布，可辅助诊断相关部位的病变。

5. 耳屏　耳郭前面瓣状突起部，又称耳珠，对应于鼻咽部。有肾上腺、外鼻、内鼻、咽喉等穴分布，可辅助诊断肿瘤、鼻部疾病、咽喉疾病等。

6. 屏上切迹　耳屏上缘与耳轮脚之间的凹陷部位，对应于外耳。有外耳等穴分布，可辅助诊断外耳病变等。

7. 对耳屏　对耳轮下方与耳屏相对的隆起部位，对应于头部。有腮腺、脑点、额、皮质下等穴分布，可辅助诊断腮腺疾病、脑及内分泌疾病、前额头痛、神经系统疾病及肿瘤等。

8. 屏间切迹　耳屏与对耳屏之间的凹陷部位，对应于内分泌。有内分泌、卵巢、目等穴分布，可辅助诊断生殖系统疾病、内分泌紊乱及目疾等。

9. 屏轮切迹　对耳屏与对耳轮之间的稍凹陷部位，对应于脑干。有脑干等穴分布，可辅助诊断脑部疾病等。

10. 耳垂　耳郭最下部，无软骨的皮垂，对应于颜面部。有扁桃体、内耳、眼、舌、面颊区、肿瘤特异区等穴分布，可辅助诊断咽喉疾病、梅尼埃病及内耳疾病、眼疾、舌疾、面部疾病、肿瘤等。

11. 耳甲艇　耳轮脚以上的耳腔部分，对应于腹腔。有肾脏、膀胱、输尿管、前列腺、胰胆、肝脏等穴分布，可辅助诊断肾脏疾病、性功能障碍、泌尿系感染、前列腺疾病、胰胆疾病、肝胆疾病、神经衰弱、骨骼疾病等。

12. 耳甲腔　耳轮脚以下的耳腔部分，对应于胸腔。有心脏、肺、气管、支气管、脾脏等穴分布，可辅助诊断心脏疾病、肺部疾病、皮肤病、气管炎、消化系统疾病等。

临床可通过望诊、触摸、压痛、电测定等方法进行系列诊察，如发现上述穴位的病理反应，可辅助诊断其相对应的组织和器官的病变。

第二部分　甲　　诊

甲诊是通过观察指（趾）甲的色泽、形状、质地等变化，以诊察病证、判断预后的方法。

甲诊历史悠久，早在《黄帝内经》中就有辨甲诊病的记载。如《灵枢·本藏》说："肝应爪，爪厚色黄者胆厚；爪薄色红者胆薄；爪坚色青者胆急；爪濡色赤者胆缓；爪直色白无约者胆直；爪恶色黑多纹者胆结也。"《灵枢·论疾诊尺》指出："身痛面色微黄，齿垢黄，爪甲上黄，黄疸也。"《素问·痿论》说："骨痿者生于火热，何以别之？曰：肝热者，色苍而爪枯。"可见疾病在内，甲象可显现于外，故从诊甲入手，可达辨病的目的。历代医家对诊甲辨证亦取得十分可贵的经验。如《中藏经》中说："手足甲肉黑色者死"，"筋绝魂惊虚恐，手足甲青，呼骂不休，八九日死"。清·陈士铎《石室秘录》指出："指甲尽行脱落，此乃肾经火虚。"此外，在《四诊抉微》《形色外诊简摩》中，亦有论述。近年来有学者在前人诊甲经验的基础上，进行深入研究，取得了一定成果，对临床诊断疾病具有一定的指导意义。

一、诊断原理

指甲为脏腑气血的外荣，与人体的脏腑经络有直接联系，《灵枢·九针十二原》说："五脏五腧，五五二十五腧，六腑六腧，六六三十六腧，经脉十二，络脉十五，凡二十七气，以上下，所出为井，所溜为荥，所注为输，所行为经，所入为合，二十七气所行，皆在五腧也。节之交，三百六十五会。知其要者，一言而终，不知其要，流散无穷。"十二经脉井穴，均出入于爪甲根端，阳经自此出表，阴经自此入里，互为表里的经脉以甲皱襞、甲床丰富的孙络为沟通渠道，使爪甲成为经络输转的枢纽，故人体生理病理能反映于指甲，形成具有特异性的甲象。此外，四肢爪甲靠气血荣润。《灵枢·邪客》说："营气者，泌其津液，注之于脉，其华在爪，其充在筋，以生气血。"这些均说明四肢爪甲与气血的关系非常密切，气血变化可以在指甲上有所表现。

二、诊察方法与注意事项

在自然光下，患者伸出手掌，手指自然伸直，医者于相距约 30cm 处以肉眼直接观察，亦可借助放大镜以观察。诊察时宜逐一检查各指甲床、甲体、指甲半月，分辨其颜色、光泽、形状、质地等，必要时还可按压甲体，观察甲床的色泽改变。一般诊视两手指甲互相对比，必要时可以诊察两足趾甲。

三、正常表现与生理变异

健康指甲占手指末节约 3/5，呈长方形拱起，顶端横径稍大于基部横径，对称不偏斜，无凹陷或末端上翘的现象。甲质坚韧，有一定弹性，厚薄适中，光滑润泽，淡红含蓄，甲面无纵横沟纹，甲上无干扰斑，甲下无斑纹瘀点，甲缘整齐无缺损，甲周软组织皮肤完整而柔软，无角化、撕裂、倒刺等。轻压甲面，松后红润迅速复原。指甲基部的白色如半月形部分称指甲半月，俗称甲白，呈乳白色，占指甲面积的 1/5 左右，左右对称。成年人一般 7 个月左右指甲更新。

四、临床应用

（一）色泽异常

1. 白甲　甲床苍白，提示气血虚衰。白而润者病轻，白而枯槁无华且粗糙者病重。全甲苍白见于贫血、营养不良、肝硬化、无脉症等。甲面有白斑，提示肠道寄生虫。若呈浊白色或黑灰色，为灰指甲病。

2. 红甲　甲床红赤，提示热证。红赤而润者病轻浅，红赤枯槁者病重深。甲床出血，也属红甲，若甲游离缘出现梭形呈纵行线状出血，可见于凝血功能障碍等。心气衰竭、心血瘀阻也可致甲床紫红。

3. 黄甲　甲床色黄，提示湿热熏蒸。可见于肝胆疾病、溶血等。黄而鲜明者病轻，病程短。暗黄者病重，病程长。

4. 青甲　甲床发青，提示寒证、瘀血、痛证、惊厥。见于心血管疾病、急腹症等。久病甲青而枯槁，提示肝气将绝，预后不良。孕妇十指指甲全为青色，多为胎死腹中之兆。

5. 黑甲　甲床发黑，主寒证、瘀血、痛证。久病出现黑甲而枯槁无泽，提示肾气将绝，其病凶险。

（二）形状异常

1. 长甲　甲面修长，对光观察甲面上一般有轻微的纵行沟纹，提示呼吸功能较弱，情绪欠稳。

2. 短甲　甲面短，占末节指节 1/3 左右，提示情绪不稳定，急躁易怒，易患高血压及肝病。

3. 圆甲　甲面紧贴左右肉际，与上端肉际缘共同构成半圆形甲，提示情绪不稳，易患眩晕、偏头痛等。

4. 卵甲　甲面边围与顶端围成卵形，整个甲四周曲线缓和无棱角，对光观察甲面上有轻微的纵向纹，提示较易患胃病、头痛及失眠等。

5. 窄甲　甲面左右横径小，约为甲长的 1/3，两侧肉际较宽，提示易患颈、腰椎病、骨质增生及心脏病。

6. 阔甲　甲面横径大，顶端更显，甲根部凹下，指甲半月相应扁长，提示易患甲状腺功能变异性疾病、生殖功能低下症。

7. 方甲　甲面横纵长度比约为 4 ∶ 3 或相等，甲长不及末节指节的一半，提示易患循环系统疾病、心脏病等。

8. 梯甲　上端横径小于根部，甲面呈梯形，有时指甲半月可呈三角形或呈梯形，提示易患呼吸系统疾病。

9. 三角甲　甲上距大于甲根部，长度比为 2 ～ 3 ∶ 1，指甲半月呈三角形，提示易患中风。

10. 嵌甲　甲左右两端深陷于左右肉际之中，形成镶嵌状，提示易患神经系统疾病。如甲倒刺入肉际中，须排除因外伤及压挤所致。

11. 纵沟甲　甲面上有纵行沟条，甲面凹凸不平，多提示肝肾不足、肝阳上亢或气血亏虚，易患营养不良症、过敏症、呼吸系统疾患。40 岁以上指甲出现数条均匀的凸起纵纹线，属正常，是最早出现的一种老年信号。

12. 凸甲　甲面中央明显凸起高于四周，甲端部下垂，像贝壳或倒覆的汤匙，提示易患结核病，如根部紫色更应注意。

13. 凹甲　甲面中央凹下低于四周，多提示肝肾功能不佳，易疲劳，也易患不育症。

14. 横沟甲　甲面可见凹下横沟而凹凸不平，甲面透明度不良，多提示肺功能异常或肝气郁结。如甲下有一条瘀血带，多因受伤所致，根据其横沟至根部距离可推断受伤时间。

15. 勺甲　甲面伸长至顶端肉际时向上翘起，形如汤匙，提示易患贫血、营养不良症。

16. 软薄甲　甲面软薄缺少韧性，甲下色淡，指甲半月不整，甲皱亦不规整，提示易患出血症，也见于久病之人。

17. 剥甲　甲面与甲床逐渐分离，初起指甲游离端处发白变空，向甲根部逐渐蔓延，甲呈灰白色，无光泽，并变软薄，提示出血症及营养不良而致贫血等。

18. 黑线甲　甲面上出现一条或几条细而黑的纵行线，半月泛红偏斜，提示内分泌失调，妇女经期不调，行经腹痛。

19. 花斑甲　甲面不光洁，甲色不明润，有暗黄斑块，提示有消化系统疾病，或长期神经衰弱，易疲乏倦怠。

20. 串珠甲　甲面出现纵向凹凸不平的串珠样或甲面内有串珠样斑点，提示消化系统疾病、微量元素缺乏。

21. 筒状甲　指甲内卷如筒，也称“葱管甲”，多见于久病体虚之人，或安逸少劳者。

22. 纵裂甲　甲板不坚，失去韧性，从中央裂成两片，提示易患循环系统疾病或痴呆症，也见于外伤或甲癣。

23. 代甲　指甲自行脱落，多因患疽疔疠毒所致。如已排除外科疾患，则为“筋绝”危候。

24. 柴糠甲　甲面无光泽且自远端两侧增厚，变脆枯槁，呈朽黄色，粉状蛀蚀或缺损，表面高低不平，提示循环功能失常，易患脉管炎、肌萎缩等症，亦见于甲癣。

25. 报伤甲　甲下出现按压不散的瘀血斑点，可以显示受伤时间情况，故得名。斑点呈点状多为钝物所伤；呈条状多为撕裂伤或棍伤；呈片状多为挤压伤。

（三）指甲半月异常

指甲半月呈淡白色多为气血两虚；青色多为气血瘀滞；暗红多为心血管疾患。

指甲半月过大，易患肝阳上亢、中风；过小多为气血两虚。

指甲半月偏斜不正，甲下色粉或粉中有苍白暗区，提示机体抵抗力下降。

指甲半月缺失，甲下色淡暗，提示消化吸收欠佳，情绪紧张，机体抵抗力减弱。

（四）定位分析

临床可根据指甲诊病理信息出现部位推测机体病变部位：

1. 拇指指甲主要反映头颈部疾病及全身疾病。

2. 示指指甲主要反映头以下，膈肌以上的胸部疾病，同时反映上焦、上肢及部分中焦和咽喉部疾病。

3. 中指指甲主要反映膈肌以下至脐以上病变。

4. 环指指甲主要反映脐下至二阴以上病变。

5. 小指指甲主要反映腰、膝以下病变。

第三部分　第二掌骨侧速诊法

第二掌骨侧速诊法为山东大学张颖清教授所创。1973 年，他发现在人的手部第二掌骨侧，存在着一个有序穴位群，随后在此基础上创建了第二掌骨侧速诊法。

一、诊断原理

中医学认为，人体体表的每一个穴位均是体内脏腑、经络之气输注于体表之所在。根据穴位与脏腑对应的原则，凡是机体某一组织或器官有病，就必然会在特定的穴位上有所反映，通过按压这些穴位，就能诊断内在脏腑的病变。第二掌骨侧穴位群分布形式与它们所对应的部位或器官在整体上的分布形式相同，如附图 2-3 所示。

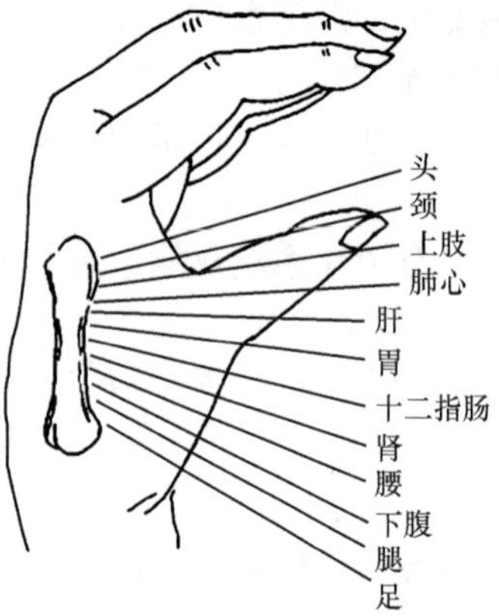

附图 2-3　第二掌骨侧全息穴位群

第二掌骨节肢的近心端为足穴，远心端为头穴。将头穴与足穴连线分为三等份，从头穴端算起，中间两点依次为颈穴上肢穴。肺穴与胃穴连线的中点为肝穴。胃穴与足穴的连线分为 6 等份，从胃穴端算起，五个点依次是十二指肠穴、肾穴、腰穴、下腹穴、腿穴。第二掌骨节肢系统包含着整个人体各个部位的生理、病理的信息，故此群穴位被称为第二掌骨侧全息穴位群。这些穴位所对应的不仅是穴名所指出的整体上的部位和器官，还包括整体上与穴名所指出的部位或器官处于同一横截面及邻近的其他部位或器官。

头穴：对应头、眼、耳、鼻、口、牙；

颈穴：对应颈、甲状腺、咽、气管上段、食管上段；

上肢穴：对应肩、上肢、肘、手、腕、气管中段、食管中段；

肺心穴：对应肺、心、胸、乳腺、气管下段、支气管、食管下段、背；

肝穴：对应肝、胆；

胃穴：对应胃、脾、胰；

十二指肠穴：对应十二指肠、结肠右曲；

肾穴：对应肾、大肠、小肠；

腰穴：对应腰、脐周、大肠、小肠；

下腹穴：对应下腹、子宫、膀胱、直肠、阑尾、卵巢、睾丸、阴道、尿道、肛门、骶；

腿穴：对应腿、膝；

足穴：对应足、踝。

因此，临床通过按压第二掌骨侧上述穴位的病理反应，就可诊断其相对应的组织和器官的病变。

二、诊察方法与注意事项

临床运用第二掌骨侧诊法时，以测患者右手第二掌骨侧为例，医者与患者相对，用右手托起患者右手，患者右手如握鸡卵状，肌肉自然放松，虎口向上，食指尖与拇指尖相距约 3cm。测试者用左手拇指尖在患者右手第二掌骨的拇指侧与第二掌骨平行处，紧贴第二掌骨且顺着第二掌骨长轴方向轻轻来回按压，可觉有一处凹长槽，第二掌骨侧穴位群即分布在此浅凹长槽内。测试者以左手拇指尖逐个按压穴位，指尖垂直于浅凹长槽的方向施力，并略带以第二掌骨长轴为轴的顺时针方向旋转 30° 的揉压动作，从而使指尖的着力点抵达相应内脏的位置。按照第二掌骨侧全息穴位群的分布图，在第二掌骨侧从头穴至足穴以大小适中且相等的压力顺序揉压一次（如果一次测试结果不明显，可再重复揉压 1 ～ 2 次）。在揉压时观察到患者有明显的麻、胀、重、酸、痛的感觉时，可在此穴稍用力揉压或按压，如患者反应强烈，则称此为压痛点。如果测试患者左手，则医者以左手托患者左手，用右手拇指尖以第二掌骨长轴为轴作逆时钟揉动。手法和步骤与测试患者右手相同。

三、正常表现与生理变异

如果某穴不是压痛点，则此穴对应的人体上的相应部位无病。第二掌骨侧没有压痛点则表现全身无病。

四、临床应用

临床上测试者可根据第二掌骨侧穴位压痛点的有无及位置做出结论：

1. 如果某一穴位是压痛点，则指示此穴所对应的人体上的同名部位或器官，或这一部位所处的横截面上的以及邻近的其他部位或器官有病，此为部位对应原则。

2. 左手第二掌骨侧穴位压痛反应较右手的同名穴位强，表明人体左侧病重或病在左侧；右手第二掌骨侧相应穴位压痛反应较左手的同名穴位强，表明人体右侧病重或病在右侧，此为同侧对应原则。

3. 与压痛点所在的穴位对应腑脏密切相关的部位有病。如肺穴压痛除说明肺有病外，还可以推断相关的皮毛有病；肝穴压痛除说明肝有病外，还可以说明目有病；肾穴压痛除说明肾有病外，还可以推断耳有病等。总之，其病变部位遵循着中医学所揭示的脏腑所主部位或器官的规律，此为脏腑所主原则。

凡疾病部位在身体上的位置比较明确的病，此法的诊断准确率较高。此方法只能确定有无疾病及病之部位，尚不能明确指示为何种疾病。

中医特色诊法尚有五轮诊、山根诊、人中诊、掌诊、足诊、鱼际络脉诊、腹诊、脐诊、背俞穴诊等，其他民族医药也形成了诸多特色诊法，如藏医耳诊、傣医甲诊、壮医目诊等，现代医家对此有诸多论文、专著论述，可供参阅。

附三 专科辨证

专科辨证，是在中医基本理论和思想的指导下，根据各专科的实际临床需要，突出具体病位，体现各专科症状特点的辨证方法。八纲辨证、脏腑辨证、气血津液辨证等常用辨证方法，多数内容适用于内科疾病的辨证，对于专科疾病的特异性反映不够。专科辨证，对于完善中医辨证体系具有重要意义。目前临床常用的专科辨证有眼科、耳鼻喉科、骨科、肛肠科、妇科等。临床上患者全身性症状明显而局部症状不突出者，以八纲辨证、脏腑辨证、气血津液辨证等方法诊断；局部症状突出时则按专科辨证诊断。

第一部分　眼科辨证

一、五轮辨证

临床上，根据五轮理论，通过观察眼部各轮症状，推断相应脏腑内蕴病变的方法，即为五轮辨证。

（一）肉轮

1. 实证　肉轮红肿，多为脾胃积热；睑缘赤烂而痒，多为脾经湿热，或外感风邪；睑皮硬结，不红不痛，多为痰湿结聚；眵泪胶黏，睑内颗粒累累，多为脾胃湿热蕴结。

2. 虚证　上睑下垂，多为中气不足；睑内色泽较淡，多为脾虚气血不足；两睑虚肿，多为脾虚湿泛，或脾肾阳虚；胞轮震颤，多为血虚生风。

（二）血轮

1. 实证　血轮红赤，多为心火上炎；红肿溢脓，多为心脾积热兼有瘀滞。

2. 虚证　血轮血丝淡红，干涩不舒，多为心阴不足，虚火上炎。

（三）气轮

1. 实证　气轮红赤，属肺经风热；赤丝满布，属肺经实热；白睛结节隆起，血脉紫暗，属火毒郁结，气血瘀滞；白睛水肿，属肺气不宣；红赤肿起，属肺热亢盛。

2. 虚证　气轮血丝淡红稀疏，属肺经虚火；白睛青蓝，属血瘀；白睛干涩少津，属肺阴不足。

（四）风轮

1. 实证　风轮星翳初起，属外感风邪；翳大浮嫩，或有溃陷，属肝火炽盛；黑睛浑浊，或兼有血丝，属肝胆湿热兼有瘀滞。

2. 虚证　翳久不敛，或时隐时现，多为肝阴不足，或气血不足。

（五）水轮

1. 实证　瞳神紧小，眼珠坠痛拒按，属肝经风热，或肝胆实火；眼珠胀痛欲脱，属肝胆火炽。

2. 虚证　瞳神干缺，属肾阴不足，或阴虚火旺；瞳神变色，属肝肾不足，或心脾两亏。

二、常见症状辨证

（一）辨视觉

视物不清，伴白睛红赤，或翳膜遮睛者，属外感风热或肝胆火炽。自觉视物渐昏者，多为血虚，肝肾两亏，阴虚火旺或肝郁气滞。自觉眼前黑花飞舞，多为浊气上泛，阴虚火动或肝肾不足。动作稍过，坐起即眼花者，多属精亏血少。目无赤痛而视力骤降，如临黑夜者，多为头风痰火，血热妄行；或七情过伤，气机逆乱，气滞血瘀，血不循经等；也可为心脾两虚，气不摄血。内障日久，视力渐降者，多属气血两亏或肝肾不足。入夜目盲不见，伴视野缩小者，多属肝肾精亏或脾肾阳虚。能近怯远者，阳气虚衰或久视伤睛；能远怯近者，多为阴精亏损。目妄见、视直如曲、视大为小、视物变色、视一为二者，多属肝肾阴亏，阴虚火旺；郁怒伤肝，气滞血瘀；脾虚湿滞，湿浊上泛，或心肾两虚，精血亏耗。

（二）辨目痛

目痛为眼科常见症状，暴痛属实，久痛属虚；持续疼痛属实，时发时止属虚；肿胀疼痛属实，不肿微痛属虚；赤痛难忍为火邪实，隐隐作痛为精气虚；痛而燥闷为肝气实，痛而恶寒为阳气虚；痛而拒按为邪实，痛而喜按为正虚。子夜至午前作痛为阳盛，午后至子夜作痛为阴盛；外障眼病引起的目涩痛、灼痛、磣痛、刺痛，多属阳；内障眼病引起的目胀痛、牵拽样痛、眼珠深部疼痛，多属阴。痛而喜冷属热，痛而喜温属寒；目赤磣痛、灼痛，伴眵多黏结，多为外感风热；胞睑赤痛肿硬，伴大便燥结，多属阳明实火；白睛微红微痛，干涩不舒，多为津亏血少；目珠胀痛如突，多为气火上逆，气血郁闭；隐隐胀痛，多为阴精不足，阳亢于上；稍加注视，即感眼胀痛，多为脾肾不足，精不上承，或为阳亢之象；眼珠深部疼痛，多为肝郁气滞，或阴虚火旺。痛连巅顶后项，属太阳经受邪；痛连颞颥，为少阳经受邪；痛连前额鼻齿，为阳明经受邪。

（三）辨目痒

目痒虽有因风、因火、因湿和因血虚等不同，但临床上仍以风邪引起居多。目赤而痒，迎风加重者，多为外感风热；睑缘赤烂，痒涩不已，或睑内颗粒肥大，痒如虫行者，多为脾胃湿热，兼感风邪；痛痒并作，红赤肿甚者，为风热邪毒炽盛；痒涩不舒，时作时止者，多为血虚生风；目病将愈而痒者，多为邪退火息，气血渐复。

（四）辨目涩

目干涩不爽者，多为津液亏耗，或水亏血少所致。伴有红赤痒痛，羞明流泪，多为风热犯目，或肺肝火盛所致，亦常由异物入目所引起。

（五）辨羞明

羞明而伴赤肿痒痛流泪者，常由风热或肝火引起；羞明而伴干涩不适，无红肿痒痛者，多属阴亏血少所致。

（六）辨目劄

目劄，是指胞睑频频眨动而不能自主的症状，多见于小儿。目劄而喜揉拭，白睛不红，或微红羞明，而偏食体瘦者，多为脾虚肝热，将成疳积。目劄而眼干涩少津，白睛不红或淡红，口咽干燥者，属肺阴虚。

（七）辨红肿

红肿为外障眼病的常见症状，其部位多在胞睑和白睛。胞睑红肿如桃，灼热疼痛，或兼硬结、脓头而拒按者，多属脾胃热毒蕴积，或兼血分瘀热；胞睑肿胀骤起，微赤多泪者，多为外感风邪；胞睑虚肿如球，皮色光亮，不伴赤痛者，多属脾肾阳虚，水气上泛；胞睑赤肿糜烂，多为湿热熏蒸；胞睑青紫肿胀，为气血瘀滞。暴发白睛微赤，泪液清稀，多为外感风寒；白睛红赤，多泪或眵泪并作，多为外感风热；白睛红赤如火，为肺经实热或三焦热盛；白睛红赤隐隐，或兼干涩不爽，多为肺经虚热；白睛赤紫肿胀，多为热毒壅结；抱轮红赤，羞明流泪，多为肝胆实热；抱轮微红，目昏泪出，多为阴虚火旺。

（八）辨眵泪

1. 辨目眵 眵属外障眼病的常见症状，多属热。眵多硬结，属肺经实热；眵稀不结，属肺经虚热；眵多黄稠似脓，属热毒炽盛；目眵胶黏，多属湿热。

2. 辨流泪 热泪如汤多属外感风热；冷泪长流或目昏流泪，多为肝肾不足不能敛泪，或排泪窍道阻塞所致。泪液减少，眼干涩昏花，多为肝肾阴亏，虚火上炎或脾失健运，气血生化不足，目失濡养所致，亦可因风热邪毒滞留，煎熬阴血引起。

第二部分　耳鼻喉科辨证

一、耳病常见症状及体征

（一）耳痛

凡新病，痛势较剧，持续不解，痛而拒按，多属实证；久病，痛势较轻，时痛时止，痛而喜按，多属虚证。

耳痛初起，痛势较轻，耳郭微红、微肿，多为耳郭受邪，如断耳疮初起；若耳道有局限性或弥漫性红肿，牵拉耳郭或按压耳屏时疼痛加重，多为耳疖、耳疮；若伴鼓膜微红，多为耳胀或脓耳初起，此时辨证多属风热外袭。

耳痛剧烈，局部红赤，在耳郭为断耳疮；若耳后完骨红肿为耳后附骨痈；若外耳道红肿剧痛为耳道疮疖；若鼓膜红赤，多为鼓膜炎或脓耳。此时辨证多为肝胆热毒壅盛，上灼于耳。

耳痛、头痛剧烈，伴壮热、呕吐或神昏谵语，多见于脓耳变证，此为火毒内扰神明之重证。

此外，外伤、异物入耳、虫伤亦可致耳痛。

（二）耳流脓

主要从流脓的时间长短、脓液的颜色及其质地、脓量和气味等方面进行辨证。

发病急，流脓初起，多为实证；发病缓，流脓日久，多为虚证。

脓色黄，多为肝胆火热上蒸；脓中带血，多为热毒壅盛，伤及血分；脓色白或色青多属脾虚；脓液黑腐污秽，多为肾虚，湿浊困结，病情较危重。

脓量多而质稠者，多属体实阳盛，湿热上蒸；脓量多而清稀，多为脾虚湿困；脓液臭秽，有豆腐渣样物，多为肾元亏虚，湿热滞留，蚀及骨质，为虚实夹杂证。

（三）耳鸣、耳聋

耳鸣暴发，鸣声大，听力下降，常见于实证、热证。外因多为风、热、湿邪壅塞耳窍；内因多为肝胆之火上炎、痰火郁结或气滞血瘀壅阻耳窍。

耳鸣渐发，鸣声细微，听力逐渐下降，常见于虚证，如肝肾阴虚、虚火上炎，或气血亏耗、耳失濡养等。

耳鸣呈高音调，高频听力下降明显，多属肝肾虚损或气血不足之证；耳鸣呈低音调，低频听力下降明显，多属肝胆热盛，或风邪外袭，邪气壅滞耳窍之证。

年老听力逐渐减退，无其他导致耳鸣耳聋史，多为肝肾亏损，气血不足，清窍失养所致。

此外，耵聍栓塞、异物入耳亦可造成耳鸣、耳聋。

二、鼻病常见症状及体征

（一）鼻塞

鼻塞初起，鼻黏膜红肿，全身伴风热表证，为风热邪毒犯表；若鼻内黏膜淡红肿胀，全身伴风寒表证，为风寒外邪侵袭。常见于伤风鼻塞。

鼻塞重，鼻黏膜及鼻甲色红肿胀，鼻涕黄稠量多，头痛较剧，多为肺、胆、脾胃之火热上蒸鼻窍。常见于鼻渊。

鼻塞日久，时轻时重或呈交替性，鼻内黏膜色淡红，下鼻甲肿胀、光滑、柔软，多为肺脾气虚，邪滞鼻窍；若鼻塞持续，鼻音重，鼻内黏膜暗红，下鼻甲肥大、质硬、凹凸不平，多为邪毒久留，气血瘀阻鼻窍。常见于鼻窒。

阵发性鼻塞、鼻痒、喷嚏频作，鼻涕清稀，鼻甲肿胀、苍白，为肺、脾、肾虚，寒邪凝聚。常见于鼻鼽。

鼻内堵塞感，鼻黏膜干燥萎缩，涕痂积留，多为燥邪犯肺，鼻窍失养，或肺肾阴虚，脾气虚弱，鼻失滋养而致鼻槁。

小儿单侧鼻塞，流污秽脓血涕，多为鼻腔异物染毒而致。

（二）流涕

鼻涕多而清稀，若系鼻病初起，伴有表证者，多属风邪犯鼻；若系久病，且阵发性发作，多为鼻鼽，证属肺、脾、肾虚，阳气不能上奉，失于温化所致。

鼻涕黄浊如脓样，或带血丝，量多，涕自上而下引流，鼻甲红赤肿胀，为鼻渊，多属肺、胆、脾胃热盛，上灼鼻窍。

流涕日久，鼻涕黏黄或黏白而量多，自上而下引流，鼻甲肿胀色淡，为鼻渊，多属肺气虚或脾气虚。

久病涕黄绿，或干结成痂，鼻内干燥，多为肺脾气阴两虚，邪毒久留，耗伤阴液。可见于鼻槁。

（三）鼻衄

血色鲜红，多属湿热证。若量少、点滴而出，多为风热犯鼻，或燥热邪气所伤；若量多不止，多为胃腑热盛，或肝胆火热壅盛之证。

血色淡红，渗渗而出，量或多或少，多为气不摄血；衄血色红而量不多，时发时止，多见于阴虚火旺之证。

入夜衄血，渗渗而出，多为阴虚，或气阴两亏。

鼻衄见于鼻中隔前端易出血区，可因挖鼻、外感、易出血区黏膜溃疡或鼻黏膜干燥引发，多为实证、热证。

鼻衄见于后鼻孔部位，血液倒流于咽部，见于年长者，多为肝胆火盛或阴虚阳亢之候；年少者要警惕鼻咽部纤维血管瘤。

三、咽喉部常见症状及体征

（一）咽喉红肿疼痛

病初起，咽喉红肿、疼痛，多为风热外袭，邪在肺卫；若咽喉淡红、微肿、微痛，多属风寒表证。常见于喉痹、乳蛾等病初期。

咽喉疼痛较剧，咽部红肿较甚，喉底颗粒红肿突起，或喉核红肿，或声带红肿、闭合欠佳，多为邪热由表入里，肺胃热盛。常见于喉痹、乳蛾、喉喑等病。

咽喉疼痛剧烈，发病迅速，咽喉红肿高突，色深红，是肺胃热毒壅盛，火热上蒸，内外邪热搏结之实热证；若红肿疼痛剧烈不减，为热毒壅盛，可致化腐成痈，常见于喉痈。

咽喉病日久，微红、微肿、微痛，多属虚证；若咽部微痛、干热，喉底颗粒如帘珠状突起，潮红，或喉核前后潮红，上有细白星点，或见声带微红微肿，多为阴虚，虚火上炎。常见于喉痹、乳蛾、喉喑等病。

（二）咽干焮痒、异物感

咽喉病初起，咽痛、咽干、灼热、咽痒咳嗽、咽部红肿，多属风热外袭。

咽喉病日久，咽内发干、有痒感、焮热感，哽哽不利，干咳少痰，多为肺肾阴虚，虚火上炎。

咽喉病日久，咽喉哽哽不利，有痰黏着感，口淡不渴，胸闷恶心，多为脾虚湿困；若咽喉堵塞有异物感，焮热感，痰黏难咯，伴见喉底颗粒增多暗红，喉核肥大质韧，声带暗红或有小结等，多为痰瘀搏结于咽喉所致。

咽喉异物感如梅核阻塞，但不碍饮食，常伴抑郁多疑、心烦郁怒者，多为肝郁气滞、痰气交阻之证。

咽喉梗阻，异物感严重，饮食难下，呼吸不顺，当注意咽喉、食管是否有肿瘤。

（三）声音异常

咽喉病初起，发病迅速，咽喉肿痛，言语不清，口中如含物，多为咽喉痈，肺胃邪热壅盛之证。

喉病初起，猝然声音不扬，甚则声音嘶哑，喉部不适，疼痛，声带红肿，为风热犯肺；若声带鲜红肿胀，上有黏痰，咳嗽痰黄，为痰热壅肺。

声音嘶哑日久，咽喉干涩微痛，喉痒干咳，痰黏少，午后尤甚，多为肺肾阴虚，虚火上炎；若声嘶日久，语音低沉，讲话不能持久，声带肥厚或有息肉、小结，声门闭合不良，多为气滞血瘀痰凝；若声嘶日久，讲话费力，气短乏力，声带松弛，闭合欠佳，多为肺脾气虚。

妊娠后期，出现声音嘶哑，甚至不能发音，为“子喑”，多因肾之精气不能上达肺系，咽喉失养而致。

突然失音，咳嗽声音如常，咽喉检查无异常，多为七情所伤，肝郁气滞所致。

（四）咽喉病危候

咽喉病出现吸气性呼吸困难，多属危候，临床常伴见咽喉红肿疼痛、痰涎壅盛、语言难出、声如拽锯、汤水难下等症状，严重者可发生窒息死亡。常见于急喉风，多为热毒痰浊壅结咽喉之证。

第三部分　骨科辨证

一、疼　　痛

（一）风痛

肢体关节疼痛，游走不定，行窜周身，关节屈伸不利，上下相移，但多见于上肢。

（二）寒痛

肢体关节剧痛，固定不移，关节不得屈伸，皮色不变，喜热，畏寒。

（三）湿痛

肌肉关节沉重疼痛，部位不移，多见于腰脊、下肢；或肌肤麻木，转动困难；或手足麻痛；或痛处漫肿，肤色不变。

（四）热痛

肢体关节灼热烧痛，随痛随肿，扪之灼热，痛不可近；或见身热，口渴，心烦。

（五）虚痛

肢体关节酸痛，或骨折后期，愈合不良，兼有心悸、气短，自汗头晕，耳内蝉鸣，腰膝酸软。

（六）实痛

肢体关节疼痛，与风寒湿热之淫邪性质难分，机体壮实，气血不虚，既有寒邪收引之剧痛，又有湿邪重着之沉痛，还有游走窜痛，或骨折创伤瘀血作痛。

二、麻　　痹

（一）风寒湿痹

肢体麻痹不仁，疲乏无力，遇风寒雨湿气候则加重，或局部肿胀。

（二）气血两虚

气血不足，筋脉失养，多见于骨折后期，肢端麻痹，发力或痛症后期，如坐骨神经痛、神经型颈椎病上肢麻痹，小腿或掌指麻痹不仁，肌力下降，肌肉萎缩，面色苍白或萎黄。

（三）血瘀证

局部麻痹，肌筋板实或皮色瘀斑，局部压痛，多见于肌筋膜粘连等症。一般中风先兆及心血管疾病也可有四肢麻痹，临床需鉴别诊断。

三、肿　　胀

肿胀指四肢或受伤局部肿胀，骨科临床上的肿胀，由创伤、骨关节炎及骨感染病变所致。

（一）新伤肿

若皮肤呈橘皮状变厚，高低不平，是瘀滞严重的征象；若瘀阻更甚者，肿胀硬如石，局部可出现水疱、血疱；若瘀滞气血阻断，除肿胀严重外，肢体还表现青紫发凉，知觉迟钝或消失，此属危症。

（二）骨伤肿

外力侵及机体，损筋伤骨，气血瘀滞，产生疼痛、肿胀。损伤严重的，肿胀亦严重。

（三）筋伤肿

闪筋、扭筋临床表现疼痛，但不肿胀，挫伤筋肉或筋肉的撕裂伤则出现肿胀，筋伤肿胀的消退伴随着疼痛的减轻及功能的恢复。

（四）气虚肿

气虚肿胀，临床表现为早轻晚重，肢体抬高肿胀可减，而肢端颜色较淡。肢体下垂时肿胀则加重，肢端颜色较深，因气虚运血无力所致。故凡气虚肿胀，指压留痕，临床上常见于骨伤症后期，久病则虚，尤其是卧床患者，缺乏功能活动，多数出现气虚肿胀。个别早期瘀血肿胀也可出现气虚征象，但多是局部性的，常因固定不当，或缺少活动能力所致。

（五）热毒结聚肿

其肿胀随着热毒结聚而增重，少有经 3 ～ 5 日即消退者，其肿胀多表现为焮热而痛，皮色发红，局部多发热灼手，并且多数有恶寒发热或寒热往来等全身症状。

（六）寒湿肿胀

寒湿肿胀，其肿胀常表现为皮色变淡，局部温度偏低，肢体沉重，遇寒湿则肿胀加重，严重时触摸皮肤有湿腻感。此类肿胀多是损伤后期的并发症。

第四部分　皮肤科辨证

一、皮肤病的自觉症状

皮肤病的自觉症状最主要的是瘙痒，其次还有疼痛、灼热、蚁走感、麻木感。

（一）瘙痒

瘙痒是一种可诱发搔抓和摩擦的不愉快的皮肤感觉，是皮肤病最常见的、患者最痛苦的自觉症状。

1. 风痒　阵发性瘙痒，痒无定处，或遍身作痒，抓破出血、结痂而不湿烂。

2. 湿痒　瘙痒缠绵难解，抓破糜烂、渗液，多见于人体下部和褶皱部位。

3. 热痒　皮损红肿，灼热瘙痒，遇热加重，抓破渗血，甚则糜烂、渗液或化脓、结痂。

4. 虫痒　奇痒难忍，状如虫行皮中，夜间尤甚，浸淫蔓延，或可传染。

5. 血虚血燥痒　多为阵发性瘙痒，常昼轻夜重，皮肤干燥脱屑，日久皮肤粗糙肥厚。

6. 血瘀痒　结节、斑块瘙痒，痒有定处，顽固难愈。

（二）疼痛

1. 寒痛　皮肤温度低，皮肤苍白青紫，疼痛遇寒加重，得暖则减。

2. 热痛　皮肤红肿疼痛，遇热加重，得冷则减。

3. 气滞痛　痛无定处，阵发性疼痛，或抽痛、窜痛。

4. 血瘀痛　痛有定处，肿块、瘀斑、结节疼痛。

（三）灼热

灼热感为热邪或火邪炽盛，炙灼肌肤所致。

（四）蚁走感

蚁走感与瘙痒感相似，但程度较轻，由虫淫或气血不和所致。

（五）麻木感

麻木感常见于一些特殊的皮肤病，如麻风，一些慢性皮肤病后期也偶见之。一般认为麻木为血虚；或湿痰败血阻络，经脉失养；或气血凝滞，经络不通所致。

二、皮肤病的他觉症状

凡在皮肤上客观存在的，能看到、摸到、检查到的异常变化称他觉症状或客观症状。这种皮肤的异常变化称为皮损。

（一）原发性皮损

原发性皮损是皮肤病变直接产生的皮损，又称原发疹。

1. 斑疹　淡红斑辨证属风热；鲜红斑属血热。压之不褪色，多为出血性红斑，色红属血热；暗红属血瘀。红斑稀疏为热轻，密集为热重；深红、紫红为热毒炽盛。色素减退性白斑和色素脱失性白斑，辨证属气血凝滞，或血虚风盛。黄褐色斑或黑褐色斑，辨证多属肝肾不足，或气滞血瘀。

2. 丘疹　淡红色丘疹辨证属风热；鲜红色丘疹属血热；皮色或淡褐色丘疹属风湿或脾虚湿蕴。

3. 风团　色红辨证属风热；色淡白属风寒或血虚受风。

4. 疱疹　正常皮肤上的水疱辨证属湿；红斑基础上的水疱属湿热；红斑、大疱、糜烂属热毒；血疱属血热或血瘀。

5. 脓疱　多发于红斑上或周围有红晕，辨证属热毒。

6. 结节　色红，多发于下肢，辨证属湿热血瘀；暗红属气滞血瘀；皮色或褐色的结节属痰湿凝结。

7. 囊肿　多属痰湿。

（二）继发性皮损

继发性皮损是由原发性皮损演变而来，或由于治疗、搔抓继发而来的皮肤损害，又称为继发疹，包括鳞屑、糜烂、溃疡、浸渍、结痂、抓痕、皲裂、苔藓样变、色素沉着、瘢痕增生、萎缩。

1. 鳞屑　红斑上的鳞屑辨证属热盛生风；干燥性鳞屑属血虚或血燥；油腻性的鳞屑或痂屑属湿热。

2. 糜烂　属湿热；糜烂面有脓液多属热毒。

3. 溃疡　疮面红活，脓稠色黄，腐肉易脱，周围红肿辨证属热毒；溃疡疮面灰暗，脓液清稀，腐肉不易脱落，疮面难收难敛，不知痛痒，属气血虚弱；溃疡疮面肉芽水肿为湿盛。

4. 浸渍　属湿；浸渍糜烂属湿热。

5. 结痂　属湿热；脓痂属热毒未清；血痂属血热或血燥。

6. 抓痕　多由瘙痒引起，风盛、血热、虫毒、血虚风燥等均可引起。

7. 皲裂　多发生在皮肤纹理处，伴疼痛出血、皮肤干燥、角化。多属血虚风燥。

8. 苔藓样变　多属血虚风盛。

9. 色素沉着　多属局部气滞血瘀。

10. 瘢痕　增生性瘢痕，高于皮肤表面，色红，质硬，有痒痛感，为局部气血凝滞不散所致。萎缩性瘢痕，低于皮肤表面，色白，柔软，一般无自觉症状，为局部气血失和，皮肤失于濡养所致。

11. 萎缩　多属气血亏虚，或脾肾不足，或气血瘀滞，皮肤失于濡养所致。

第五部分　妇科辨证

一、望　诊

根据妇科的特点，应注意观察月经、带下和恶露的量、色、质的变化。

（一）望月经

经量过多，多属血热或气虚；经量过少，多属血虚、肾虚或寒凝血滞；经量时多时少，多属气郁、肾虚。经色紫红或鲜红，多属血热；经色淡红，多属气虚、血虚；经色紫暗，多属瘀滞。经质黏稠，多属瘀、热；经质稀薄，多属虚、寒；夹紫暗血块者，多属血瘀。

（二）望带下

带下量多，是属病态，或因湿热较重，或由脾虚、肾虚。带下色白，多属脾虚、肾虚；带下色黄，多属湿热或湿毒；带下色赤或赤白相兼，多属血热或邪毒；带质清稀，多属脾虚、肾虚；带质黏稠，多属湿热蕴结。

（三）望恶露

恶露量多，色淡质稀者，多为气虚；色鲜红或紫红，黏稠者，多属血热；色紫黑有块者，多为血瘀。

二、闻　诊

闻诊包括听声音、嗅气味两个方面。

（一）听声音

听患者的语音、呼吸、嗳气、叹息、痰喘、咳嗽等声音，可帮助判断病位病性。

（二）嗅气味

在妇科主要是诊察月经、带下、恶露等气味。若气味腥臭，多属寒湿；气味臭秽，多属血热或湿热蕴结；气味恶臭难闻者，多属邪毒壅盛，或瘀浊败脓等病变，为临床危重表现。

三、问　诊

在妇科疾病的诊察中问诊主要是与妇女经、带、胎、产有关的内容。

（一）月经

经期提前，多属血热或气虚；经期错后，多属血虚或寒凝；经期或先或后，多属肝郁或肾虚。月经持续超过 7 天以上者，属月经过多或经期延长；不足 2 天者，为月经过少。育龄妇女突然停经，应注意是否妊娠。若经前或经期小腹疼痛拒按，多属实证；经后腰酸腹痛，按之痛减，多属虚证。胀甚于痛者，多属气滞；痛甚于胀者，多属血瘀。小腹冷痛喜按，得温痛减，多属虚寒；小腹冷痛拒按，得温痛减，多属实寒。

（二）带下

带下量明显增多，色白清稀，气味腥臭者，多属虚证、寒证；色黄或赤，黏稠臭秽者，多属热证、实证。同时还应注意阴部有无坠、胀、痒、痛等情况。

（三）婚产史

问结婚年龄，配偶健康情况，孕产次数，有无堕胎、小产、难产、死胎、葡萄胎、胎前产后诸病，以及避孕措施等。

四、切　诊

切诊包括切脉与按诊两个部分。

（一）脉诊

1. 月经脉　月经将至，或正值月经来潮期间，脉多滑利。脉缓弱者，多属气虚；脉细而无力或细弱者，多属血虚；脉沉细者，多属肾气虚；脉细数者，多属肾阴虚，或虚热；脉沉细而迟或沉弱者，多属肾阳虚。脉弦者，多属气滞、肝郁；脉涩而有力或滑者，多属血瘀：滑而有力者，多属痰湿与血搏结。脉沉紧者，多属血寒；脉沉迟无力者，多属虚寒；脉沉紧或濡缓者，多属寒湿凝滞。脉滑数、洪数者，多属血热；脉细数者，多属虚热；脉弦数有力者，多属肝郁化热。

2. 带下脉　脉缓滑者，多属脾虚湿盛；脉沉弱者，多属肾气虚损；脉滑数或弦数者，多见湿热；脉沉紧或濡缓，多见寒湿。

3. 妊娠脉　妊娠 3 月后，六脉多平和而滑利，按之不绝，尺脉尤甚。若妊娠脉现沉细而涩，或两尺弱甚，多属肾气虚衰，冲任不足，易致胎动不安、堕胎等。若妊娠末期脉弦而劲急，或弦细而数，多属肝阴不足，肝阳偏亢，易致妊娠眩晕、妊娠痫证。

4. 临产脉　又称离经脉。六脉浮大而滑，即产时则尺脉转急，如切绳转珠，同时中指本节、中节甚至末端指侧动脉搏动。

5. 产后脉　产后冲任气血多虚，故脉多见虚缓和平。产后病脉，若脉浮滑而数，多属阴血未复，虚阳上泛，或外感实邪。脉沉细涩弱者，多属血脱虚损诸证。

（二）按诊

若妇女经行之际，小腹疼痛拒按，多属于实；隐痛而喜按，多属于虚；诊四肢不温，小腹疼痛，喜热喜按，多属虚寒。若察得小腹内有结块，则为癥瘕之病，其结块坚硬，推之不动，按之痛甚者，为血瘀；其结块不硬、推之可移，按之可散者，为气滞。

第六部分　肛肠科辨证

肛门直肠疾病常见的症状有便血、肿痛、脱垂、流脓、便秘、分泌物等。由于病因不同，表现的症状及轻重程度也有别。

一、便　血

若血色鲜红，血出如箭，并伴口渴、便秘、尿赤、舌红、脉数等症者，多属风热肠燥；便血色淡，伴有面色无华、心悸、神疲、乏力、舌淡、脉沉细等症者，多属血虚肠燥；便血色晦暗夹黏液，常伴口干不欲饮、溏薄、小便短赤、舌红苔黄腻、脉濡数者，多为大肠湿热。若便血为脓血或黏液与脓血混合，色暗红呈酱色或粉红色，气味恶臭，多为肠间湿热蕴久成毒，见于直肠癌。

二、肿　痛

肿胀高突，疼痛剧烈，多为湿热毒盛；如按之应指，多为肛痈酿脓；外痔突发肿痛，其色紫暗者，多为血栓外痔；肿势平塌，发展缓慢，疼痛较轻，伴全身潮热盗汗，舌红少苔，脉细数者，多为痨性（结核性）肛周脓肿。如肛门灼热而痛，属燥热，见于肛裂等病；小腹不热、酸痛而喜按属寒湿；肛肠痛无定处，游移走动，责之于风；痛处固定，责之瘀血；肛周疼痛剧烈而拒按，排便加重，属实证，系毒热蚀筋，发为肛痈之症。肛门局部肿而高凸，根脚收缩，色红赤，属阳证、实证，多见于肛痈实证；肿而平塌下陷，根脚散漫，色暗属阴证、虚证，见于结核性肛痈。

三、脱　垂

内痔脱出时，脱出物多呈草莓状，其色暗红，或紫暗；直肠息肉脱出时，肿物呈圆形带蒂；直肠脱垂时脱出物呈圆柱形或圆锥形。脱垂而不易回纳者，多因气血亏虚、中气下陷所致；内痔脱出，不能还纳，肿痛较甚，多为湿热下迫所致；若复染毒，则可出现肿物糜烂坏死。

四、流　脓

脓的色、质、味：脓色鲜黄、质稠、味腥臭，为气血充实，见于细菌性脓肿；脓色灰白、质如泔水、味不臭，为气血虚衰，见于结核性脓肿。脓出黄稠者多为湿热壅盛，属实证。脓出稀薄不畅，或夹败絮样物者，多为阴虚湿热，属虚证或虚实夹杂证。肛门皮下脓肿、坐骨直肠窝脓肿见有局部皮肤红肿热痛，触之有波动者为脓已成；骨盆直肠窝及直肠后深部脓肿看不到明显的红肿热痛，也触及不到波动感，而以胀痛加剧作为判断成脓的指标之一，辅以穿刺抽脓而确诊；黏膜下脓肿则以肛内指诊等方法确定成脓与否。

五、便　秘

便秘是肛裂、痔、肛周脓肿等疾病的常见症状。临床需结合其他症状进行辨证，如便秘时大便带血者多为肛裂，便秘并肛周红肿热痛者多为肛周脓肿，便秘且便时滴较多鲜血者多为内痔。

六、分泌物

分泌物的出现多为湿热下注或热毒蕴结所致。肛内肠液流出，浸淫肛周者，多系肛门括约肌松弛，内痔或肛管直肠脱垂所致；肛周潮湿浸渍，伴瘙痒抓痕者，为肛周湿疹，又分湿重、热重。热重者局部潮红灼热；湿重者局部灰白潮湿；若伴局部肿痛、破溃流脓性分泌物者，多为肛瘘继发感染。

七、瘙　痒

肛周皮肤痛痒，伴周身作痒，时作时休，有抓痕而无渗液者，属风盛，见于肛门瘙痒症；肛周浸淫而痒，渗出液多为湿盛，见于肛周湿疹；肛周焮红，灼热作痒且有渗液糜烂者为热盛，见于肛周湿疹急性期；肛口内痒若虫行，侵及肛外，系虫淫，见于蛲虫病；肛周皮肤变厚而干燥，脱屑作痒，见于慢性顽固性湿疹等。